Een vreemdelinge in De̶n̶ H̶a̶a̶g̶

Een vreemdelinge in Den Haag

Uit de brieven van Koningin Sophie der Nederlanden aan Lady Malet

Hella S. Haasse

en

Prof. S.W. Jackman

Sijthoff / *Amsterdam*

ISBN 90 218 2605 4

Inhoud

Fremd bin ich eingezogen,
fremd ziehe ich wieder aus.

(Wilhelm Müller, 'Der Abschied'
uit de cyclus *Die Winterreise*)

To Paul Woodcock
Philos Agathos
SWJ

Voorwoord

De brieven die koningin Sophie der Nederlanden geschreven heeft aan haar vriendin en vertrouwelinge Lady Malet, de vrouw van een Engels diplomaat, maken deel uit van een grotere collectie, het archief Malet. Thans is dit ondergebracht in de manuscriptenverzameling van de William R. Perkins Library van de Duke University te Durham, Noord-Carolina, in de Verenigde Staten. Professor Jackman correspondeerde aanvankelijk met deze instelling in verband met zijn boek *Romanov Relations* (Macmillan, Londen 1969), een uitgave van de brieven van koningin Anna Paulowna, echtgenote van koning Willem II, aan haar broers de tsaren Alexander I, Nikolaas I en groothertog Constantijn. Van Mr. W.R. Erwin van de afdeling manuscripten vernam professor Jackman dat er een uitgebreide briefwisseling had bestaan tussen koningin Sophie en Lady Malet. Op de vraag of hij soms belangstelling voor die brieven had met het oog op eventuele publikatie, reageerde professor Jackman onmiddellijk in positieve zin.

Het Fonds voor Wetenschappelijk Onderzoek, Studieverlof en Studiereizen van de Canadese Universiteit van Victoria te Brits Columbia – professor Jackman doceert daar geschiedenis – stelde op royale wijze een bedrag beschikbaar, zodat de brieven op microfilm gezet konden worden. Die microfilm werd vervolgens naar Victoria gestuurd. Op verzoek van professor Jackman zorgde madame Bérangère Steel voor een eerste transcriptie. Zij had al eerder haar medewerking verleend bij het afschrijven van de in het Frans gestelde brieven van koningin Anna Paulowna. Hoewel haar taak enigszins verlicht werd door het feit dat de brieven van koningin Sophie in het Engels geschreven zijn – een taal, die de vorstin met groot gemak hanteerde – heeft een en ander toch voor madame Steel en de andere medewerkers van professor Jackman een ontzaglijke opgave betekend: de correspondentie met Lady Malet bestrijkt een periode van meer dan dertig jaar, en de brieven zijn vaak zeer uitvoerig. Aan de hand van de transcriptie werd een voorlopige versie uitgetikt.

Professor Jackman maakte een keuze uit het materiaal. Bovendien schreef hij een inleiding, en stelde hij een notenapparaat samen. Vele personen en instellingen zijn hem, tot zijn grote erkentelijkheid, behulpzaam geweest met praktische medewerking en/of adviezen en waardevolle reacties. In het bijzonder dienen genoemd te worden – naast uiteraard de voorzitter en het College van Curatoren van de Duke University, alsmede de afdeling handschriften van de Perkins Library –: Mr. en Mrs. Richard Steel, de heer en mevrouw Cornelis Willems, Sir Roger Fulford, Sir Robin Mackworth-Young, Mr. Geoffrey Skelsky, prof. Jennifer Waelti-Walters, dr. John Honey, dr. W.T. Wooley, drs. B. Woelderink, dr. Coenraad Tamse, kolonel L. van Dorp, Lord Napier and Ettrick, Christian Herzog von Oldenburg, de heer J. van der Lee, en eveneens de bibliothecarissen en medewerkers van de volgende bibliotheken: de McPherson Library van de Universiteit van Victoria, de universiteitsbibliotheek van de Universiteit van Cambridge, de Royal Library in het kasteel van Windsor, de Library of Congress in Washington D.C., de Boston Athenaeum te Boston, Massachussetts. De Engelse tekst werd getypt door Susan McCue, Joan Whitfield en June Belton; zij verdienen bijzondere dank voor de wijze waarop zij hun moeilijke taak hebben vervuld.

Het buitengewoon omvangrijke manuscript (ruim zeshonderd pagina's en in deze vorm uiteraard niet voor een niet-wetenschappelijke uitgave geschikt) werd door uitgeverij Sijthoff, die inmiddels de rechten tot publikatie verworven had, ter inzage gegeven aan Hella S. Haasse met het verzoek het voor een Nederlandse uitgave te bewerken. Het uit historisch en psychologisch opzicht belangwekkende materiaal boeide de schrijfster zozeer, dat zij er in toestemde als mede-redacteur op te treden.

Zij vertaalde de brieven; bracht de om praktische redenen noodzakelijke bekortingen aan door te laten vervallen wat naar haar mening voor een goed begrip van de grote lijnen niet onmisbaar was. Voorts verwerkte zij in de inleidende teksten een gedeelte van de noten van professor Jackman, gegevens uit de weggelaten gedeelten van een aantal brieven, en resultaten uit eigen onderzoek. In plaats van de aanvankelijk gemaakte indeling in perioden van telkens ongeveer tien jaar parallel aan bepaalde ontwikkelingen in de internationale politiek van het tijdperk, rangschikte zij de brieven in drie delen, waarbij het zwaartepunt kwam te liggen op ontwikkelingen in levensloop en persoonlijkheid van koningin Sophie. Een en ander is geschied met de bedoeling dit belangwekkende 'document humain' dat, enerzijds door zijn overvloed aan gegevens en anderzijds door zijn onvolledigheid (de brieven van Lady Malet zijn niet bewaard gebleven) vormeloos en daarom wellicht minder toegankelijk zou zijn, voor een geïnteresseerd publiek leesbaar te maken.

De historica drs. Thera de Graaf is zo vriendelijk geweest het manuscript op geschiedkundige feiten te controleren, waarvoor de redacteuren gaarne van hun erkentelijkheid getuigen.

Inleiding

Prinses Sophia Frederika Mathilde van Württemberg werd op 17 juni 1818 geboren als jongste kind van koning Wilhelm I van Württemberg en diens tweede vrouw, groothertogin Katharina Paulowna van Rusland, dochter van tsaar Paul I, en zuster van de tsaren Alexander I en Nikolaas I.

Toen Sophia – of Sophie, zoals zij op zijn Frans genoemd werd – een jaar oud was, stierf haar moeder. Haar vader trouwde voor de derde maal, nu met zijn nicht Pauline van Württemberg. Uit dit huwelijk werden nog drie kinderen geboren, een zoon en twee dochters. Koningin Pauline deed haar plicht ten opzichte van Sophie en haar iets oudere zuster Marie, maar zij was geen moeder voor hen. Alle goede bedoelingen ten spijt werden de meisjes streng opgevoed, naar verluidt op wens van hun vader die hen de best mogelijke vorming wilde geven en bang was voor verwennerij. Zij hadden hun eigen verzorgsters, eerst Russinnen, wier aanpak echter te primitief en te slordig bleek, en daarna gouvernantes. Vooral een zeer toegewijde – maar wél al te toegeeflijke – Engelse 'nanny', en de kunstzinnige en muzikale Charlotte de Baur, een hofdame en vriendin van wijlen koningin Katharina, hadden grote invloed op Sophie. Lessen in literatuur, aardrijkskunde en geschiedenis kreeg zij van de heer Rost, en zij leerde voortreffelijk Frans spreken en schrijven onder leiding van de heer Toussaint.

Later verklaarde Sophie, dat zij alleen moederliefde gevonden had bij haar tante, Catherine van Württemberg. Deze was in 1807 getrouwd met Jérôme Bonaparte, koning van Westfalen, de jongste broer van Napoleon I. Na de val van de keizer en de ineenstorting van diens rijk, leefden Catherine en haar man een tijd lang in Württemberg met hun kinderen Jérôme, Mathilde en Napoleon. Haar leven lang zou Sophie verknocht blijven aan de twee laatstgenoemden; Jérôme stierf in 1847.

De sfeer in het nieuwe koninklijke paleis te Stuttgart waar Sophie opgroeide, was voor die tijd tamelijk modern. De oorlogen van het Napoleontische tijdvak behoorden tot het verleden; men kon aangenaam leven in Zuid-Duitsland. Württemberg, in het hart van het Europese continent, is een land van liefelijke heuvels en dalen, boomgaarden, bossen, het romantische pastorale Duitsland. In Sophies jeugd werd het beeld van de stadjes en dorpjes nog geheel beheerst door barokke kerktorens en huizen met 'vakwerk'-gevels. Het was ook een oud, rijk cultuurgebied, de bakermat van alle grote Duitse dynastieën: Hohenstaufen, Hohenzollern, Habsburg.

Het Württembergse vorstenhuis onderscheidde zich in de loop der eeuwen herhaaldelijk door de neiging een zelfstandige, desnoods van die der Duitse keizers afwijkende, politiek te volgen, gekenmerkt door realiteitszin; soms weinig scrupuleus, altijd gespitst op het uitbuiten der omstandigheden tot eigen voordeel.

Koning Wilhelm had liberale beginselen en was zeer gezien, zowel bij zijn onderdanen als bij zijn collega's onder de Duitse soevereine vorsten. Hij had blijk gegeven van grote moed, toen hij in 1814 de Württembergse divisies aanvoerde tijdens de aanval der geallieerden op Parijs. Hij was echter levenslang een tegenstander van het militaristische Pruisen. Zijn aandacht ging vooral uit naar de verbetering van handel en landbouw in zijn koninkrijk. De liberaal gezinde jongeren in Württemberg zagen in hem de keizer van een toekomstig Verenigd Duitsland.

De politiek-gerichte belangstelling, en ook het vermogen respect in te boezemen door persoonlijke eigenschappen, had Sophie van haar vader geërfd. Zij kreeg de gebruikelijke conventionele opvoeding van jonge mensen van haar stand: zij sprak, las en schreef Duits, Frans en Engels en kende wat Italiaans; als achttienjarige maakte zij een kunstreis naar onder andere Milaan en Napels. Haar vader moedigde haar aan veel te lezen en dan vooral serieuze literatuur; de jeugdige Sophie gaf zelf de voorkeur aan filosofische werken van Kant en Hegel. Ook betrok koning Wilhelm haar in zijn staatszaken, besprak de politieke situatie en de diplomatieke problemen met haar en liet haar officiële stukken in of uit het Frans vertalen. Zijn leven lang beschouwde hij haar als zijn vertrouwelinge. Als kind was Sophie een wildebras, nonchalant waar het haar uiterlijk en kleding betrof (dit zou altijd zo blijven). Al toen zij een jong meisje was, viel zij op door haar intelligentie en haar zelfbewuste optreden.

Het was in de negentiende eeuw voor vrouwen – en dus ook voor prinsessen – vanzelfsprekend dat zij hun ware bestemming zouden vinden in trouwen en kinderen krijgen. Een bevredigend gezinsleven werd een waarborg geacht voor een bestaan met een zekere mate van onafhankelijkheid en materiële zekerheid. Een prinses had niet veel keus. In het algemeen kwam alléén in aanmerking een pretendent uit een regerend Huis of uit een vorstelijke familie die niet meer de soevereine macht, maar wel nog de titels bezat. Een enkele maal werd er wel eens een huwelijk gesloten met niet-'ebenbürtige' personen (Sophies zuster Marie bijvoorbeeld trouwde met de schatrijke graaf Alfred Neipperg), maar iets dergelijks bleef toch een uitzondering. Prinsen, die eens een van de toenmalige keizerlijke, koninklijke of groothertogelijke tronen zouden erven, stonden uiteraard het hoogst genoteerd. De kleine Duitse vorstendommen vormden een ware huwelijksmarkt. Prinsessen werden bij wijze van spreken uitgestald, en in de intieme correspondentie tussen hun bloedverwanten en kennissen tot in de kleinste bijzonderheden qua uiterlijk en karakter beschreven. Sophie deed ijverig mee aan deze gewoonte. Romances, trouwplannen en huwelijken van vorstelijke kennissen (onder andere van een neef van Sophie, hertog Franz von Teck met prinses Mary van Cambridge) leverden stof voor heel wat gedachtenwisselingen tussen haar en Lady Malet. Huwelijken werden in hoofdzaak door de ouders gearrangeerd. Voor zover de gevoelens van de jonge mensen in kwestie een rol speelden, kwamen die op de tweede plaats. Indien men vond dat de twee ook maar enigszins bij elkaar pasten, werd aangenomen dat zij – eenmaal getrouwd – verder wel in redelijke verstandhouding zouden leven. Voor Sophie leken aanvankelijk in aanmerking te komen koning Otto van Griekenland, en ook hertog Wilhelm van Brunswijk. Politieke overwegingen deden de eerste verbintenis niet doorgaan – Sophies vader had geen vertrouwen in de spiksplinternieuwe Griekse monarchie. Toeval verhinderde een declaratie van de tweede kandidaat, want het gerucht ging dat Sophie niet meer 'vrij' was. De vorstelijke families waren haast allemaal nauw aan elkaar verwant. Neven en nichten ontmoetten elkaar regelmatig op familiebijeenkomsten. Bovendien maakten prinsen, zodra zij volwassen geworden waren, altijd een 'grand tour', deels om huwelijkskansen te verkennen, deels om hun opvoeding te voltooien en de geneugten van sport en mondain leven te proeven.

Willem van Oranje, erfprins der Nederlanden, vormde geen uitzondering op die regel. Hij was op 19 februari 1817 geboren als oudste zoon van kroonprins Willem en diens vrouw Anna Paulowna, evenals de moeder van Sophie een dochter van tsaar Paul I. De erfprins bracht een bezoek aan zijn oom in Stuttgart en ontmoette daar zijn nichtje Sophie. Tijdens een bezoek dat zij in 1837 met haar vader en zuster aan een aantal Nederlandse steden had gebracht, was er van een kennismaking niets gekomen, omdat Willem toen juist zijn militaire dienstplicht vervulde. Hij vond het mooie meisje aantrekkelijk: zijn keuze was gemaakt. Hoewel Sophie eigenlijk verliefd was op hertog Wilhelm van Brunswijk, nam zij op advies van haar vader het aanzoek aan. De Nederlandse prins was fors en knap en had als stamhouder van de Oranjedynastie uitstekende vooruitzichten. Het jonge paar werd op 18 juni, een dag na Sophies eenentwintigste verjaardag, in de echt verbonden.

De ouders van prins Willem waren niet erg ingenomen met dit huwelijk. Met name Anna Paulowna, die de bruiloft niet bijwoonde, was er ten zeerste tegen. Zij had altijd een intense hekel gehad aan haar oudere

zuster Katharina, de moeder van de bruid. Waarschijnlijk was Anna jaloers, omdat Katharina – een sterke persoonlijkheid – hoog in de gunst
stond bij de door de hele familie aanbeden tsaar Alexander i. Katharina
was ook – in tegenstelling tot Anna – altijd pro-Engels geweest, en had
zelfs eens als haar mening uitgesproken dat Holland voor Engeland een
superbe provincie op het vasteland van Europa zou kunnen zijn. Sophie
zou er later blijk van geven die bewondering voor Engeland en al wat
Engels was, te delen. Over het algemeen vonden mensen die Katharina
goed gekend hadden, dat Sophie zowel uiterlijk als wat karakter betreft
sterk op haar moeder leek. Katharina had zich een sociaal bewogen vorstin betoond, actief op het gebied van voedselvoorziening voor de armen; zij had scholen gesticht en spaarkassen opgericht. Zij was geïnteresseerd in literatuur, wetenschap en geschiedenis, en had contact met
geleerden van haar tijd. Anna Paulowna droeg de vijandigheid die zij jegens haar zuster gevoeld had, over op haar schoondochter. Zij verdacht
Sophie ervan berekenend te zijn, iets dat destijds ook over Katharina
gezegd was. Bovendien opperde zij bezwaren tegen een huwelijk tussen
naaste bloedverwanten: bruid en bruidegom waren volle neef en nicht.
Anna Paulowna was wat dit betreft niet consequent, want enkele jaren
later zou zij haar enige dochter wél toestaan te trouwen met een volle
neef – bovendien óók een kleinkind van de als krankzinnig beschouwde
tsaar Paul i.

Begin juli 1839 kwamen de erfprins en zijn jonge vrouw in Den Haag
aan. De ontmoeting tussen Sophie en haar schoonmoeder verliep tamelijk goed. Sophie gedroeg zich tactvol, correct en hoffelijk, maar zij was
niet bij machte gevoelens van sympathie op te brengen. Anna Paulowna
constateerde een (te) groot verschil in rijpheid tussen de jonge mensen;
vergeleken bij de beheerste Sophie maakte Willem de indruk een kleine
jongen te zijn. In een brief aan haar broer tsaar Nikolaas i, kort na het
huwelijk geschreven, merkte Anna op: 'Zij [Sophie] voelt beslist niets
voor hem, maar ze is erg eerzuchtig, en daarom slikt ze hem – met het
oog op een schitterende toekomst.' Waren dit alleen maar hatelijke insi-
nuaties? Mogelijk hoopte Sophie, geschoold door haar vader, later een
invloedrijke rol te kunnen vervullen als gemalin – eens koningin – naast
een Oranje die in intellectueel opzicht haar mindere was. Zij was tenslotte een achterkleindochter van Katharina de Grote van Rusland en in
vele opzichten even begaafd als haar leeftijdgenote Victoria, die enkele
jaren tevoren de Engelse troon bestegen had.

Vier jaar na de bruiloft had het jonge paar twee zoons, Willem (4 september 1840) en Maurits (15 september 1843). Van romantisch liefdes-
geluk was nooit sprake geweest en rustig en verstandig samenleven konden deze echtgenoten ook niet. Willem ging al spoedig verhoudingen
aan met andere vrouwen. Sophie was hem te koel, te superieur, te over-

gevoelig in geestelijk opzicht en te teer wat haar gestel betreft (zij was heel vaak ziek). Hij was haar te grof, te driftig, te zinnelijk, te weinig geïnteresseerd in cultuur en politiek. Hij begreep haar intellectuele behoeften niet en zij kon zijn eenvoudige, vaak kinderlijk goedhartige inborst niet naar waarde schatten. Een tijd lang schijnen zij zelfs een duurzame scheiding overwogen te hebben, maar de belangen van de twee kleine prinsen gaven de doorslag en dus bleef het huwelijk in stand; zij het slechts in naam. Gedurende deze crisis ondervond Sophie wie haar ware vrienden waren: haar vader, haar mans oom, prins Frederik der Nederlanden en haar schoonvader – sinds 1840 koning Willem II. Prins Frederik, die zeer op haar gesteld was, betoonde zich toen en later daadwerkelijk een steun en toeverlaat. Op de andere leden van de familie kon Sophie niet rekenen. Koningin Anna bleef steeds koud en gereserveerd. Wat de broers van haar echtgenoot betreft had Sophie een hekel aan Hendrik, die zij achterbaks en een opportunist vond; Alexander hield zij voor week en verwend, alleen geïnteresseerd in zijn eigen genoegens. Haar schoonzuster, hertogin Sophie van Saksen-Weimar, zag zij zelden, maar zij beschouwde haar – het lievelingskind van Anna Paulowna – als een vijandin. De tante van haar man, prinses Marianne – gehuwd met prins Albert van Pruisen – een warmbloedige vrouw die haar eigen leven durfde te leiden, was in Sophies ogen een onmogelijk, zedelijk laagstaand schepsel.

Sophie leefde geïsoleerd in Den Haag. Zij zocht troost in lectuur en studie en in correspondentie met bevriende relaties buiten Nederland. Aan het hof van haar vader te Stuttgart had zij al kennis gemaakt met enkele belangwekkende persoonlijkheden, zoals de diplomaat Sir William Russell, de Württembergse politicus Karl von Hugel, en de oriëntalist Julius Mohl – die haar, toen zij nog een kind was, 'een wezentje van licht en zonneschijn, louter kwikzilver' noemde. Natuurlijk schreef zij regelmatig aan haar zuster Marie en aan Napoleon en Mathilde Bonaparte. In de loop der jaren zou de kring van haar correspondenten zich enorm uitbreiden; behalve met staatshoofden, vorstelijke familieleden en bevriende aristocraten overal in Europa, onderhield zij contacten met politici als Adolphe Thiers in Frankrijk, Lord Stanley en Lord Clarendon in Engeland en met geschiedschrijvers en filosofen als Macaulay, Von Ranke, Motley, Renan en Guizot.

Zowel Motley als Von Ranke zijn herhaaldelijk Sophies gasten geweest op Huis ten Bosch. Motley beschreef haar in 1858 als volgt in een brief aan zijn vrouw: '[Zij is] groot en blond, met mooie tanden, kleine, blanke en buitengewoon mooi gevormde handen; zij heeft een welluidende stem, zij spreekt vloeiend Engels, vrijwel zonder accent.' Hij vond haar 'werkelijk zeer begaafd, erg verstandig en ontwikkeld.' Het meeste trof hem, dat men in haar nabijheid geheel vergat dat zij koningin was, en haar uitsluitend beschouwde als 'een intelligente en hoogst aantrekkelijke vrouw'. Von Ranke noemde haar 'een zo buitengewone vrouw, dat ik nergens haar gelijke heb aangetroffen (...) zij is zo geheel en al op de hoogte van alle tijdsvragen, van alle toestanden der volkeren, van alle verwikkelingen en kwesties der kabinetten, dat ik haar eigenlijk niets heb kunnen vertellen dat haar vreemd of nieuw was. Zij leeft een Europees leven, zij is een kosmopoliet (...)'

Onder de leden van de hofhouding en de buitenlandse diplomaten in Den Haag had Sophie wel kennissen, maar zij vond er zelden geestverwanten. Altijd behield zij een scherpe blik – maar niet zonder humor – voor de hebbelijkheden en poses van het kleine wereldje in de hofstad. Zij volgde met aandacht de benoemingen van diplomaten, zowel met het oog op hun geschiktheid voor het ambt als wat betreft hun kwaliteiten (en die van hun echtgenotes) als gesprekspartners. Verscheidene van hen, die zij had leren kennen toen zij verbonden waren aan de Britse ambassade in Den Haag, bleven na verandering van werkkring haar vrienden, zoals bijvoorbeeld Lord Cowley en zijn vrouw en Lord Napier. In dit milieu heeft zij ook Lady Malet ontmoet.

In maart 1849 overleed koning Willem II en Sophies echtgenoot werd koning Willem III. Willem II was een populair vorst geweest, die onder invloed van Anna Paulowna aan het Nederlandse hofleven ongekende luister had weten te geven. Daar hij geen aanleg had voor financieel beheer, stak hij zich diep in de schulden; zijn schitterende schilderijenverzameling had hij als onderpand voor leningen afgestaan aan zijn zwager, tsaar Nikolaas I van Rusland. Sommige van de grootste kunstwerken die zich tegenwoordig in de Hermitage te Leningrad bevinden, hingen vroeger in de Gotische Zaal van paleis Kneuterdijk in Den Haag. Na de dood van Willem II kocht Anna Paulowna met eigen kapitaal het slot Soestdijk, haar geliefkoosd zomerverblijf, van de schuldeisers. Even leek het alsof kroonprins Willem besloten had afstand te doen van de troon ten behoeve van zijn oudste zoontje. Hij was het niet eens met de grondwetswijzigingen die in het laatste levensjaar van zijn vader tot stand gekomen waren. Anti-liberaal in hart en nieren, had hij bovendien volstrekt geen belangstelling voor regeringszaken; hij was onvoldoende op de hoogte, kon dat ook niet zijn, omdat Willem II hem overal buiten gehouden had. Uiteindelijk nam hij zijn verantwoordelijkheden toch op zich. Hij zou meer dan veertig jaar regeren.

In juni 1850 werden Willem en Sophie getroffen door het verlies van hun jongste zoon, Maurits. Deze droevige gebeurtenis bracht hen niet tot elkaar, hoewel zij in augustus 1851 weer een kind kregen, prins Alexander. Diens zwakke gezondheid berokkende Sophie voortdurend zorg. Tussen moeder en zoon ontstond een uitzonderlijk innige verhouding, nog versterkt door het feit dat Willem III zelden of nooit notitie nam van de jongen die hij als geestelijk noch lichamelijk volwaardig beschouwde. De oudste zoon, kroonprins Willem, werd al op jeugdige leeftijd aan Sophies toezicht en invloed onttrokken. Zijn opvoeders vonden hem een lastige jongen; Sophie zag in hem, naast veel goeds, ook eigenschappen die haar angst voor de toekomst inboezemden. Zij wilde absoluut niet dat hij met een lid van de tsarenfamilie Romanow zou trouwen, en deed wat zij kon om een verbintenis tot stand te brengen met een van de dochters van koningin Victoria van Engeland. De Oranjeprins had echter al op jeugdige leeftijd de naam een losbol te zijn. Koningin Victoria en haar echtgenoot, prins Albert, moedigden een en ander bepaald niet aan. Willem zelf toonde trouwens geen enkele belangstelling voor een huwelijk met een prinses.

Koning Willem III en koningin Sophie leefden sinds ongeveer 1852 in feite gescheiden. Zij woonde 's zomers in Huis ten Bosch en hij op Het Loo. Gedurende de wintermaanden brachten zij steeds enige tijd door in het paleis aan het Noordeinde in Den Haag, maar ook daar hadden zij ieder hun eigen appartementen. Zij ontmoetten elkaar bij officiële gelegenheden en ontvingen naar behoren samen hoge gasten. Jaarlijks gingen zij voor een statiebezoek naar Amsterdam, vergezeld van hun zoons en de hofstoet. Voor het overige had de koning zijn vriendenkring en de koningin de hare en namen zij elk op eigen gelegenheid vakantie. Sophie begaf zich ieder jaar naar Stuttgart om haar vader op te zoeken; zij deed dit tot zijn dood in 1864.

Met grote belangstelling volgde Sophie vanuit Nederland de ontwikkelingen in de internationale politiek. Zij was verontrust over de steeds duidelijker aan de dag tredende tendens tot eenwording van Duitsland onder Pruisische hegemonie. Zij besefte, dat dit het einde zou betekenen van de beschavende invloed die uitgeoefend werd door staten als Beieren, Württemberg en Hessen. De opkomst van Pruisen wilde zeggen: de ondergang van het door Habsburgers geregeerde keizerrijk Oostenrijk. Sophie hoopte, dat het tanende prestige van de Habsburgse dynastie zich op een ogenblik weer zou doen gelden, al was het alleen maar om de macht van Pruisen te beknotten. Het feit dat Oostenrijk in 1866 uit de Duitse Bond werd geweerd, zou volgens haar een krachtmeting tussen Parijs en Berlijn ten gevolge hebben. Toen die krachtmeting in 1870 ook werkelijk kwam, en daarmee de ineenstorting van het Tweede Franse Keizerrijk, was zij zeer pessimistisch gestemd. Het nieuwe Duitse imperium, een schepping van de Pruisische kanselier Otto von Bismarck, zou onvermijdelijk in Europa de lakens gaan uitdelen. In plaats van een tijdperk van liberalisme zou er een tijdperk van militarisme aanbreken. Sophie zag zeer scherp, dat er een andere orde der dingen was ingetreden.

Zij was dol op haar vader, koning Wilhelm van Württemberg; volgens haar waren zijn politieke opvattingen altijd zinnig; hij alleen had leiding kunnen geven aan een coalitie tegen Bismarck. Haar vaders opvolger, haar jongere halfbroer Karl, beschouwde zij als een zwakkeling, gedomineerd door zijn Russische vrouw Olga, een dochter van Tsaar Nikolaas I.

Grote bewondering koesterde zij voor de Engelse grondwet. Haar belangrijkste relaties in Groot-Brittannië waren aristocraten van de partij der Whigs, liberalen van de oude school. Mannen als Lord Clarendon, Lord Cowley, Stanley (de latere Lord Derby) en Lord Napier, die zich tot haar persoonlijke vrienden mochten rekenen, belichaamden een liberale instelling en constitutionele handelwijzen die volgens haar van gezond verstand getuigden. Zij was bewust pro-Frankrijk, vooral ook door haar verering voor Louis Napoleon Bonaparte – de latere keizer Napoleon III – en fel anti-Russisch, hoewel ze een nicht van tsaar Nikolaas I en tsaar Alexander II was. Haar leven lang stond zij zeer kritisch ten opzichte van haar familieleden uit het Huis Romanow. 'Bij de leden van die familie ontbreekt er dikwijls een schakel in hun verstandelijke vermogens: moreel besef, gezond verstand, of gewoon maar menselijk begrip,' verklaarde zij eens. Zij achtte hun politiek een gevaar voor de vrede in Europa en vond de Russische gedragslijn volstrekt in strijd met de ontwikkeling van het liberalisme. Merkwaardig genoeg schrijft koningin Sophie in haar brieven aan Lady Malet in het algemeen weinig over de Nederlandse politiek. Van tijd tot tijd geeft zij commentaar bij veranderingen binnen de regering of betuigt zij haar instemming met bepaalde wetsvoorstellen. Voor een aantal Nederlandse staatslieden, zoals Thorbecke, Groen van Prinsterer en Van Hall, had zij stellig waardering. Uit enkele opmerkingen blijkt ook hoezeer zij doordrongen was van de enorme mogelijkheden die de koloniën boden. Maar uit tact en voorzichtigheid hield zij zich op de achtergrond. Willem III liet overigens op ondubbelzinnige wijze blijken, dat hij geen enkele politieke inmenging harerzijds duldde.

Sophies respect voor de resultaten van particulier initiatief op het gebied van de armenzorg, vooral in Amsterdam, bracht haar tot uitgebreide bemoeienis met wat in haar tijd nog liefdadigheid heette. Zij bekostigde bijvoorbeeld uit eigen middelen kunstledematen en andere protheses voor noodlijdende invaliden. Zij toonde ook stimulerende belangstelling voor kunst en wetenschap, en las volgens eigen zeggen 'ontelbare Nederlandse artikelen en boeken'. Toch beklaagden Nederlandse schrijvers en dichters zich wel eens over haar voorkeur voor literaire produkten van vreemde bodem; voor die vermeende verwaarlozing heeft Conrad Busken Huet op meesterlijke wijze een verklaring gegeven in zijn beroemd geworden artikel in *De Gids* van januari 1865 'Een avondje aan het Hof'.

Het kan niet ontkend worden dat Sophie eigenlijk niet van de Nederlanders, hun taal en hun gewoonten hield, maar zij was wel degelijk getroffen door blijken van waardering en genegenheid van het Nederlandse volk. In de laatste twee decenniën van haar leven heeft zij het vaak over 'wij' en 'ons' wanneer zij de Nederlanders bedoelt. Misschien bevatten haar brieven aan Lady Malet zo weinig informatie over Nederlandse aangelegenheden, omdat zij haar vriendin goed op de hoogte achtte van wat er in Den Haag gebeurde. Een andere reden was wellicht dat zij bang was dat haar brieven door derden geopend werden.

Het Nederland waar Sophie in 1839 als erfprinses haar intrede deed, had – ondanks de nederlaag die het in 1830 door de afscheiding van België geleden had – nog enkele, op het grootse zeventiende-eeuwse verleden gebaseerde pretenties wat betreft de rang die het in Europa diende in te nemen. Tijdens de regering van Willem II werd het echter duidelijk (vooral door de aanpak van in economisch opzicht nuchter denkende politici) dat Nederland een kleine handelsnatie was, en het meest gebaat bij neutraliteit. In conflicten over het eigen grondgebied (Luxemburg, Limburg) waarbij buitenlandse mogendheden betrokken waren, moest het bakzeil halen, of had het een gunstige afloop te danken aan ontwikkelingen en beslissingen elders. Bij het tot stand komen van de grondwetsherziening speelde Willem II, die zich meer voor militaire aangelegenheden en koninklijke representatie interesseerde dan voor staatkunde, een onberekenbare, door emotionele reacties bepaalde, rol. Een en ander resulteerde op een kritiek ogenblik in een overwinning van de liberalen onder Thorbecke. Willem III had uitgesproken reactionair-conservatieve opvattingen en erkende zelf dat hij ongeschikt was voor de rol van constitutioneel vorst. Heel zijn langdurige regering (veertig jaar) werd gekenmerkt door hevige scènes met zijn ministers. Bij kabinetsformaties en benoemingskwesties wist hij vaak met grote hardnekkigheid zijn zin door te drijven, overtuigd als hij was dat zijn standpunt in wezen de mening van het Nederlandse volk vertegenwoordigde. Anderzijds: 'De ontwikkeling in de richting van een systeem met meer invloed van het parlement (hem persoonlijk ten zeerste antipathiek) heeft hij soms ongewild bevorderd. Zo kwam het voor, dat een minister zaken die hij eigenlijk het liefst per Koninklijk Besluit had afgedaan, met het oog op de lastige, soms onredelijke koning ten slotte toch maar liever in de vorm van een wetsontwerp aan de Kamer voorlegde.'[1]

Sophies denkbeelden waren vooruitstrevender en genuanceerder, maar haar mening werd niet gevraagd. Zij, die zich in haar uitgebreide correspondentie bij voorkeur bezighield met de buitenlandse politiek, stelde zich zeer gereserveerd op ten aanzien van de parlementaire ups and downs in Nederland. Maar zelfs uit de summiere mededelingen die zij van tijd tot tijd aan Lady Malet deed, blijkt, dat zij op de achtergrond de parlementaire ontwikkelingen in Nederland aandachtig volgde. Pas na 1868, toen de liberale beweging, die ongetwijfeld haar sym-

1. J.C. Boogman, 'De "revolutie" van 1848 en haar nasleep', in: *Algemene Geschiedenis der Nederlanden*, deel 12, Haarlem 1977, p. 352.

pathie had, leek te verzanden in gezapigheid, verloor zij alle belangstelling – althans die indruk krijgt men uit haar brieven aan Lady Malet. Elise van Calcar, die de eerste biografische schets over Sophie schreef, gaf de instelling van de koningin als volgt weer: 'Met staatslieden die in functie waren, ging zij nooit gemeenzaam om, hoe hoog zij ook hun verdienste mocht waarderen, als wilde zij daarmee te kennen geven boven het gewoel der dag aan dag strijdende partijen te staan, die in de Kamers en aan de Ministeriën afwisselden. Zij bewaarde een merkwaardige neutraliteit en generlei richting heeft ooit met recht kunnen beweren begunstigd of veronachtzaamd te worden.'

Wie was Lady Malet? Over háár persoonlijkheid en omstandigheden is betrekkelijk weinig bekend. Marian Dora was het enige kind van John Spalding en Mary Anne Spalding, wier meisjesnaam Eden was. Vroeg weduwe geworden, had Mrs. Spalding in 1821 een tweede huwelijk gesloten met de om zijn originele en vooruitstrevende denkbeelden bekende, briljante advocaat Henry Peter Brougham, die in 1830 tot Lord Chancellor benoemd en in de adelstand verheven werd. Tussen de intelligente, bekoorlijke Marian en haar stiefvader, een zeer ontwikkeld en begaafd maar excentriek mens met een moeilijk karakter, groeide een wederzijdse gehechtheid waarin het – naar alle waarschijnlijkheid vroegrijpe – meisje zowel voor haar behoefte aan een vaderfiguur als voor haar ontwakende vrouwelijke behaagzucht bevrediging vond. In 1834 trouwde zij met Sir Alexander Malet, die haast tweemaal zou oud was als zij. Hij had als attaché en legatiesecretaris gewerkt in de gezantschappen in St. Petersburg en Lissabon. In het jaar van hun huwelijk werd hij naar Den Haag overgeplaatst. Zij kregen twee zoons, Henry en Edward.

In 1837 overleed, naar het schijnt onder tragische omstandigheden, Eleanor Louise, het enige kind van Lord en Lady Brougham. Deze gebeurtenis bracht Marian en haar stiefvader nog dichter tot elkaar, maar leidde wegens wederzijdse jaloezie tevens tot verwijdering tussen haar en haar moeder.

Vermoedelijk leerden Sophie en Marian elkaar pas goed kennen in het voorjaar van 1842. In de meimaand was de beroemde Haagse kermis, 'de eerste die ik ooit heb meegemaakt' schreef Sophie jaren later, 'een tijd, die ik nooit zal kunnen vergeten'. Er waren bals en ontvangsten, maar over Sophies leven viel een schaduw. Men krijgt de indruk, dat zij toen voor het eerst geconfronteerd werd met ontrouw van haar echtgenoot en in verband daarmee met boosaardigheid en onbetrouwbaarheid van personen in haar naaste omgeving. Misschien was zij zwanger, en daardoor extra gevoelig voor emotionele schokken. In december 1841 schreef koningin Anna Paulowna aan een familielid over Sophie, op de toen ten opzichte van 'delicate omstandigheden' gebruikelijke indirecte manier: 'In de komende winter zal zij veel zorg en aandacht nodig hebben', en Sophie zelf had het tegenover Lady Malet over de mogelijkheid te zullen sterven tijdens haar 'confinement', een woord dat zij nooit anders gebruikte dan in de betekenis van 'bevalling'. Wel staat het vast, dat zwangerschap voor Sophie gelijk stond met een periode van vrijwel eenzame opsluiting, de tweede betekenis van het woord 'confinement'. Toen zij haar eerste kind verwachtte, moest zij van haar schoonmoeder maandenlang binnenshuis blijven op Zorgvliet, het huidige Catshuis. Mogelijk wilde men haar in het voorjaar van 1842 weer daarheen verbannen. In haar brieven zinspeelt Sophie op een bepaalde, voor haar blijkbaar zeer krenkende gebeurtenis, waarbij Lady Malet – zoals uit een later onder woorden gebrachte herinnering blijkt – 'in een roze japon, met een krans van donkere violen in het haar, en een zwartfluwelen lintje om de hals' als een goede fee troostend was opgetreden, met zoveel tact en oprechte hartelijkheid, dat Sophie haar vanaf dat ogenblik tot aan het einde van haar leven als een vertrouwde vriendin zou beschouwen. Al gauw hadden zij geen geheimen meer voor elkaar. Zij waren ongeveer even oud, hadden allebei intellectuele belangstelling, een romantisch gevoelsleven, en kwamen als vrouw tekort in hun huwelijk. Sir Alexander Malet schijnt een integere maar saaie persoonlijkheid geweest te zijn, ook in erotisch opzicht niet de geschikte partner voor zijn veel jongere, temperamentvolle, aantrekkelijke vrouw. Wat Sophie betreft, hoewel zij niet van haar man hield, was zij te intelligent en te trots om te kunnen verdragen dat zij voor hem in feite minder telde dan de vaak nogal vulgaire maîtresses bij wie hij vertier en sexuele bevrediging zocht. Men krijgt de indruk, dat Lady Malet wel sympathie voelde voor Willem en zijn 'goede hart', en dat zij met wijze raadgevingen van meer ervaren vrouw vaak een kalmerende invloed had op Sophie, die telkens weer ten prooi was aan ziekmakende vlagen van depressie.

Al vrij snel nadat de twee vrouwen vriendschap gesloten hadden, werd Sir Alexander overgeplaatst, eerst naar Wenen en daarna naar Stuttgart. In 1849 werd hij benoemd tot Brits gevolmachtigd minister bij de Duitse Bond in Frankfurt. Hoewel Sophie meer dan eens in de loop der jaren getracht heeft via haar Engelse relaties gedaan te krijgen dat aan het echtpaar Malet de ambassade in Den Haag zou worden toegewezen, is dit nooit gelukt. Wanneer zij naar haar vader in Stuttgart ging en later, tijdens korte reizen naar Engeland, kon Sophie soms bezoeken aan of van haar vriendin inlassen. Meestal ontmoetten zij elkaar in het een of ander 'Kurort' in Baden of Bad Ems, Bad Ischl, of Torquay aan de Engelse kust, geliefkoosde zomerverblijven van de Europese society. Ook kwam Sophie wel eens bij het echtpaar Malet in Frankfurt, wanneer zij op doorreis was. Gedurende vijfendertig jaar schreven zij elkaar vrijwel wekelijks over alles wat hen bezighield: hun kinderen, vrienden en kennissen, de boeken die zij lazen, politiek, persoonlijke problemen. 'Uw brieven zijn zo helemaal uzelf, uw manier van praten, dat ik er louter vreugde aan beleef,' schreef Sophie dankbaar. Maar ondanks die vertrouwelijkheid bleef in hun omgang toch de traditionele afstand gehandhaafd. Sophies brieven beginnen altijd met 'Dear Lady Malet', en Lady Malet sprak Sophie blijkbaar steeds aan als 'Madam'. Sophie noemt tegenover haar vriendin haar kinderen en naaste familieleden bij hun voornamen, zonder titel. Maar haar echtgenoot duidt zij altijd aan als 'de prins' of 'de koning', en Marian Malets man heet onveranderlijk 'Sir Alexander'.

Alleen de brieven van Sophie – of althans het overgrote deel daarvan – zijn bewaard gebleven. Zij heeft alle door haar vriendin geschreven brieven verbrand en – het dient gezegd – aan Lady Malet gevraagd hetzelfde te doen met de hare. Waarom is dat niet gebeurd? Heeft Lady Malet gehoopt, dat op die manier ooit iets aan het licht zou komen van de ware – gecompliceerde – aard en het inderdaad verrassende politieke inzicht van de haars inziens miskende, zwaarbeproefde koningin der Nederlanden? Misschien ook heeft zij geen afstand willen doen van brieven, die getuigden van haar persoonlijke invloed en die haar een zekere macht gaven over haar hooggeplaatste vriendin. Zij wist, dat Sophie er nog andere intieme correspondenten op nahield. Ondanks Sophies herhaalde verzekering dat zij, Marian Malet, de uitverkoren vertrouwelinge was en altijd blijven zou, heeft deze weleens getwijfeld. Dat blijkt uit enkele curieuze documenten, die Lady Malet aan haar verzameling epistels van Sophie heeft toegevoegd: een paar memoranda bij brieven van Sophie of naar aanleiding van een ontmoeting, kennelijk bedoeld om bepaalde problematische momenten in hun verhouding van commentaar te voorzien. Deze schaarse ontboezemingen bevatten meer verwijzingen naar onderlinge spanningen dan men in de paar honderd bewaard gebleven brieven van Sophie aan Lady Malet aantreft. Hun vriendschap werd blijkbaar op de proef gesteld in 1867, toen de Malets tevergeefs hoopten door bemiddeling van koningin Sophie weer een belangrijke diplomatieke post toegewezen te krijgen. Sir Alexander was na de opheffing van de Duitse Bond niet meer elders aangesteld en – te vroeg - gepensioneerd.

Aan een in maart 1844 zowel bij Sophie als bij Lady Malet door de Engelse frenoloog dr. Castle verrichte schedelmeting (het verslag daarvan bevindt zich tussen de brieven) danken wij een karakterschets van de twee jonge vrouwen in de beginperiode van hun vriendschap. Castle onderstreepte de bijzondere kwaliteiten van Sophie, 'een geheel van eigenschappen dat gevarieerder en briljanter is, dan men gewoonlijk bij vrouwen aantreft'. Maar hij verbloemde anderzijds niet, dat er in dit schitterende tableau ook sprake is van 'een zekere ongelijkmatigheid, een grilligheid wat betreft wilsuitingen en verlangens, die een oppervlakkige beschouwer er gemakkelijk toe zouden kunnen brengen haar andere, waarlijk superieure gaven te miskennen'. Tot die minder positieve eigenschappen rekende Castle Sophies overgevoeligheid, haar snel gekwetst zijn door op zichzelf onbelangrijke zaken, haar neiging tot al te impulsief handelen. Opvallend noemde hij de rol van de verbeeldingskracht in haar vriendschaps- en liefdesgevoelens. 'Mevrouw is echter kieskeurig in haar genegenheid, er zijn maar weinig mensen om wie zij echt geeft. De waarheid hiervan zal mevrouw, wanneer zij er over nadenkt, zelf eerder inzien dan de mensen die haar kennen, want aan allen met wie zij dagelijks te maken heeft, betoont zij een zekere welwillendheid, waardoor men wat haar werkelijke gevoelens betreft op een dwaalspoor wordt gebracht.'

Lady Malet komt uit dit onderzoek tevoorschijn als iemand met 'een hartstochtelijke behoefte aan genegenheid, zeer veel energie en doorzettingsvermogen, een levendige intelligentie' en – iets minder geprononceerd maar toch duidelijk aanwezig – *eerzucht*. Liefde, in de zin van passie, speelde – aldus Castle – in haar bestaan een overwegende rol; zij wist zich aan dergelijke gevoelens over te geven met volstrekte openhartigheid, maar eiste eenzelfde benadering en fijngevoeligheid van de andere partij. Was haar jaloezie eenmaal gewekt, dan beheerste die haar geheel en al. Vergeven en vergeten viel haar zwaar. Misschien heeft Lady Malet deze, ondanks de verouderde schedelleer treffende analyse van hun beider persoonlijkheid niet voor niets bewaard.

De mooie Marian had vele bewonderaars en beleefde een paar romantische liefdesavonturen. Er valt niet uit te maken of het hier ging om echte liaisons of om overwegend platonische 'amitiés amoureuses'. Sophie kon zich in haar positie geen flirt veroorloven, maar hoewel zij niet koket was, ontbrak het haar zeker niet aan behaagzucht. Tussen de regels van haar brieven aan Lady Malet door leest men haar honger om als vrouw bewonderd te worden, ook juist, waar zij het doet voorkomen alsof zij bewust afstand gedaan heeft van alle pretenties in die richting. Zij reageerde vaak irrationeel 'kattig' op uiterlijk, doen en laten van andere vrouwen, die wél succes hadden, vooral op de echtgenotes van de mannen met wie zij graag omging. Of zij ooit werkelijk een minnaar of minnaars heeft gehad – hetgeen door sommigen aangenomen wordt – blijkt in elk geval *niet* uit de brieven aan Lady Malet. Zeker is, dat Sophie, gezien de lectuur die zij zich naast ernstiger studies veroorloofde, van memoires en biografieën van demi-mondaines, courtisanes en 'vrij' levende artiesten, gefascineerd was door wezen en gedrag van deze vrouwen die, met name in Parijs, de toon aangaven en alle mannen – vorsten niet uitgezonderd – aan hun voeten zagen. Lady Malet schreef zelfs een roman in het Engels over een dergelijk personage: *Violet, a danseuse*.

Sophie, bij haar geboorte een zevenmaands kind, is nooit sterk van gestel geweest en haar brieven wemelen van toespelingen op haar slechte
gezondheid. Geleidelijk openbaarden zich de symptomen van een ernstige hartkwaal. Zij leed in toenemende mate aan duizelingen, be-
nauwdheden, reumatische pijnaanvallen. Vermoedelijk speelden de
zorgen en teleurstellingen die zij te verduren had, en vooral de hevig-
heid waarmee zij op dit alles reageerde, een grote rol. Haar dood kwam
voor de buitenwereld toch nog betrekkelijk onverwacht. Zij overleed in
het Huis ten Bosch, op 3 juni 1877. Volgens haar wens werd zij in een
witte japon, bedekt met haar bruidssluier, opgebaard op de chaise-
longue waarop zij zo vaak had liggen lezen. De bijzetting in de Nieuwe
Kerk te Delft vond plaats op de 10de juni, onder overweldigende belangstelling van de bevolking. De weg naar de kerk was op vele plaatsen
door inwoners van de stad met bloemen bestrooid. Prins Alexander en
de oude prins Frederik lieten tijdens de rouwdienst hun tranen de vrije
loop en kroonprins Willem nam, zoals een ooggetuige wist te berichten,
op tedere wijze de hand van zijn broer in de zijne. Voor hij de kerk verliet, omhelsde koning Willem III zijn beide zoons, met wie hij in de afgelopen jaren nauwelijks contact had gehad. Dit gebaar van medeleven
betekende echter niet, dat er in de toekomst sprake zou zijn van een betere verstandhouding. De koning bleef hardnekkig weigeren zijn toestemming te geven tot het huwelijk dat prins Willem wilde aangaan met
een Nederlands meisje van niet-vorstelijken bloede, gravin Mathilde
van Limburg Stirum. Het gevolg was, dat de kroonprins zijn nutteloze,
in wezen tragische, losbandige vrijgezellenbestaan in Parijs voortzette.
De intelligente maar ziekelijke Alexander leefde teruggetrokken in zijn
kleine paleis aan de Kneuterdijk in Den Haag.

In 1879 trouwde Willem III met de twintigjarige prinses Emma van
Waldeck-Pyrmont. In juni van datzelfde jaar overleed de kroonprins in
zijn appartement vlak bij de Parijse Opéra, slechts bijgestaan door een
kamerdienaar. Even eenzaam stierf in 1884 zijn broer Alexander, wiens
kortstondig functioneren als troonopvolger overschaduwd werd door
diepe rouw en aanvallen van geestelijk en lichamelijk lijden.

Een klein meisje van vier jaar, Wilhelmina, gold voortaan als 'de vermoedelijke erfgename van de Kroon'. Sophie van Württemberg en haar
zoons waren verenigd in de koninklijke grafkelder.

Deel I
1842–1849

'*Mijn leven is hard en eenzaam.*'
(29 april 1844)

'*Ik weet, dat mijn aanwezigheid hier geen
enkele invloed, ten goede noch ten kwade,
heeft op de gebeurtenissen, maar ik moet mij
zo gedragen dat geen blaam
mij kan treffen.*'
(4 september 1848)

De periode
1842–1849

In 1842, het jaar waarin de briefwisseling tussen kroonprinses Sophie en Lady Malet begon, zag Europa er op de kaart nog vrijwel geheel zo uit als vlak na het Congres van Wenen (1814). Wel waren in 1830 in Frankrijk de Bourbons ten val gebracht; Louis Philippe uit het Huis Orléans had de troon bestegen; België en Griekenland waren onafhankelijke staten geworden. Het leek alsof de behoudende anti-liberale beginselen die destijds door de Oostenrijkse kanselier Metternich waren geformuleerd, nog steeds geldigheid bezaten en zelfs als gezaghebbend werden beschouwd. Toch kondigden zich al veranderingen aan die in de algemene politieke ethos een ware omwenteling zouden veroorzaken.

De eerste huwelijksjaren van Willem en Sophie stonden in het teken van het 'schandaal' rondom koning Willem I, die na de dood van zijn echtgenote, Wilhelmina van Pruisen, wilde hertrouwen met een van haar hofdames, de Belgische gravin Henriëtte d'Oultremont. In oktober 1840 ondertekende de oude vorst de akte van abdicatie, een maand na de geboorte van zijn eerste achterkleinzoon.

Willem II en Anna Paulowna werden op 28 november van dat jaar met voor Nederlandse begrippen ongekende pracht en praal ingehuldigd in de Nieuwe Kerk te Amsterdam. Uiteraard vervulde het kroonprinselijk paar een representatieve rol bij die plechtigheid, bij de grote diners voor de Staten-Generaal en het corps diplomatique, het bal voor dertienhonderd personen in de Burgerzaal van het Paleis op de Dam, en bij alle feestelijkheden daarna in de residentie.

Willem en Sophie woonden aan het Plein in Den Haag in het gebouw van het huidige ministerie van buitenlandse zaken. Dat was toen een somber, kil huis met een stukje grond erbij dat nauwelijks een tuin mocht heten. Sophie had aan de voorzijde van dit 'paleis' een boudoir. Hoe zij dat had ingericht, is te zien op een aquarel van H.F.C. ten Cate uit 1849. Er staat naar Victoriaanse opvattingen modern meubilair. De muren zijn bedekt met schilderijen en portretten, vooral boven de schrijftafel. Naast dat bureau, op een laag kastje, bevindt zich de cassette waarin Sophie haar postpapier bewaarde.

Anna Paulowna was allesbehalve tevreden over karakter en gedrag van haar schoondochter. Op 9 december 1840 schreef zij aan haar broer, tsaar Nikolaas I: 'Zij vindt Holland te klein en te lelijk, de mensen saai. Haar gezondheidstoestand is uiterst beklagenswaardig, zij jammert erg over het klimaat...' Sophie van haar kant stond met wantrouwen tegenover de koningin, in wier karakter een haast overdreven (Russisch-orthodoxe) vroomheid, tsarenhoogmoed, zelfopgelegde bescheidenheid en plichtsbesef, en een – in Anna Paulowna's correspondentie tussen de regels meeklinkende – overtuiging van eigen voortreffelijkheid verenigd waren.

In februari 1841 trouwde ex-koning Willem I, voortaan Willem Frederik genoemd, met gravin d'Oultremont. Zij woonden op Het Loo. Naar het schijnt kon Sophie het goed met hen vinden. Willem Frederiks dood in december 1843 en het definitieve vertrek van zijn weduwe naar haar Belgische bezittingen, hebben voor Sophie stellig het wegvallen van haar welgezinde personen betekend. In maart 1843 vroeg zij mevrouw Falck, geboren De Roisin, een vriendin van gravin d'Oultremont en evenals deze een voormalige hofdame van wijlen koningin Wilhelmina, haar grootmeesteres te willen worden: 'Ik ben jong, ik heb een kind, en zal er spoedig twee hebben, ik heb de raadgevingen van een vriendin nodig om me te steunen op een weg die soms moeilijk en gevaarlijk is. Wees er voor mij, neem [mijn voorstel] aan.' Mevrouw Falck en haar echtgenoot, gepensioneerd secretaris van staat van Willem I, betoonden zich inderdaad trouwe vrienden. Toen mevrouw Falck in 1844 ernstig ziek was, bezocht Sophie haar tweemaal per dag. Ook de hofdame mevrouw Emilie Pabst, die Sophie vergezelde op haar eerste bezoek aan Lady Malet in Wiesbaden in 1842, bleef dertig jaar lang op haar post. Een andere vertrouwde figuur was in die jaren Miss Mary Eusden, de gouvernante van Willem en Maurits toen die nog klein waren en later Sophies gezelschapsdame met wie zij Engels sprak en las. Wat de adellijke kringen in Den Haag betreft sloot Sophie vriendschap met Vincent van Tuyll van Serooskerken, de aanvankelijk als enigszins excentriek en mislukt beschouwde zoon van een hoffunctionaris, en diens vrouw. Een van hun dochtertjes was haar petekind. Sophie koesterde grote bewondering voor de haars inziens 'Engelse' ondernemingszin van deze aristocraat, die in 1850 naar Oost-Indië ging om daar een tinmijn te ontginnen en als gefortuneerd man terugkeerde.

In de ambtswoningen van diverse ambassadeurs en in de paleizen van de leden van de koninklijke familie vonden regelmatig feesten en ontvangsten plaats. 'I hate those balls,' schreef Sophie aan Lady Malet. Een bijzondere plechtigheid vond zij wel de opening van de Gotische Zaal, die Willem II in de toen modieuze middeleeuws-romantische stijl had laten bouwen. Matig geamuseerd nam zij deel aan de door haar echtgenoot georganiseerde toneelvoorstellingen en bal-masqués: 'Ik verveel me dood bij al dat gepraat over mutsen en fluweel, enzovoort.

De prins is net een klein kind, wel tien maal per dag moet hij kostuums passen, zich verkleden. Maar hij is tenminste in een goed humeur.' Willem zou zijn leven lang bijzondere aandacht tonen voor theater, opera, acteurs – en actrices! Zelf zong hij niet onverdienstelijk en hij componeerde ook. Hij hield van 'lichte' muziek; Sophie, die quatre-mains speelde met Franz Liszt, wanneer die op Het Loo te gast was, had daarentegen een voorkeur voor de klassieken, en voor de romantische avantgarde componisten van haar tijd.

Op 17 december 1844 gaf Sophie op haar beurt een feest, een kinderbal. Behalve de kleintjes waren alleen de ouders uitgenodigd: 'Het was toch zo'n fris schouwspel, daar in die lange galerij!' In de winter werd er veel geschaatst door de Nederlandse hovelingen. De heren verlieten vaak in galakleding de balzalen om aan de Vijverberg de ijzers onder te binden. 'Dan alleen zijn die stijve Hollanders zwierig,' schreef Sophie aan Lady Malet. 'De dames in hun donkere winterjaponnen glijden als zwarte zwanen over het ijs.'

Lady Malet behoorde al tot de Haagse society toen Sophie er als erfprinses haar intrede deed en kende alle leden van die besloten kring. Sophies brieven uit de eerste tijd van hun correspondentie wemelen van toespelingen op vaak alleen maar met initialen aangeduide personen; haar vriendin had genoeg aan een half woord om te weten wie er bedoeld werd. Zij beleefden beiden kennelijk veel genoegen aan malicieuze scherts over snobs en flirtende dames en leefden mee met drama's en schandalen, zoals bijvoorbeeld de opkomst en ondergang in de Haagse uitgaande wereld van de beeldschone echtgenote van een der leden van de Britse ambassade. Sophie pleitte voor lankmoedigheid ten opzichte van deze 'ongelukkige jonge vrouw', die zich kennelijk het hoofd op hol had laten brengen.

Sophie wist soms rake en humoristische typeringen te geven van 'de mensen met wie ik leven moet'. Zo schreef zij bijvoorbeeld over madame Eastbourne, een 'femme à la mode', die kroonprins Willem een tijdlang met zijn attenties vereerde: 'Wij noemen haar Lodewijk XIV, met haar lange krullen en grote neus lijkt zij sprekend op zijn portret.' Over Mr. Hudson, verbonden aan de Britse ambassade: 'Hij is geen heilige en ook geen smachtende aanbidder met een chronisch gebroken hart, maar iemand die aan niets anders denkt dan aan sport, paarden, jockeys en ijskoude champagne: een dikke, altijd whist-spelende vrijgezel, die er niet uitziet alsof hij ooit verliefd is geweest of het zou kunnen worden.' Over een zekere Lady P.: 'Een vreemde vrouw, met flodderige krullen, ongegeneerde manieren, blote schouders; haar dansen doet denken aan de cancan; maar ze is vriendelijk, beleefd, en gemakkelijk in de omgang.' Over het echtpaar Van Tuyll van Serooskerken: 'Hij en zijn heel erg lelijke vrouw schijnen het goed met elkaar te kunnen vinden. Zij is intelligent, maar haar hele gezicht is behaard. Zij heeft een bruuske en scherpe manier van doen, is erg dol op hem; hij geeft een *beetje* van zichzelf.' Over Lord Cadogan, een Engelsman met familie onder de Nederlandse adel, die zich tot Sophie aangetrokken voelde, maar tegelijkertijd kwaad over haar sprak en er een duivels plezier in scheen te vinden haar op de hoogte te brengen van de escapades van haar man: 'Met een zeker genoegen vertelde hij mij allerlei dingen die ik eigenlijk liever niet had willen horen. Lord Cadogan als minnaar of als echtgenoot zou ik mijn ergste vijandin niet toewensen, hij is een van die mensen "die zich vermeien in het ongeluk van hun vrienden" zoals La Rochefoucauld zegt. Hij was jaloers op mijn kleine jongen en kon niet verdragen dat ik het kind liefkoosde, en als ik de koning een hand gaf was er een gemene grijns op zijn gezicht waarvoor ik hem had kunnen haten. Ik houd niet van Lord Cadogan en ben boos omdat hij mij aardig vindt.'

Tot de vrienden die Sophie al in deze jaren goed leerde kennen, behoorde ook het diplomatenechtpaar Lord en Lady Cowley. Henry Wellesley, eerste graaf Cowley, tot 1848 als gezantschapsattaché achtereenvolgens werkzaam bij de ambassades in Den Haag en Stuttgart, stond bekend als integer en bekwaam. Sophies vader was zeer op hem gesteld. Sophie deelde dit gunstige oordeel, vond hem bovendien 'so gentlemanlike'. Zijn vrouw gold als een autoriteit op het gebied van het society- en hofleven. Zij was een opgewekte, amusante persoonlijkheid, een bron van informatie over de leden van het corps diplomatique. In 1848 werd Lord Cowley zeer tegen zijn zin benoemd tot Brits gevolmachtigd minister in 'horrid Bern', zoals zijn vrouw de saaie Zwitserse hoofdstad kwalificeerde. Sophie deed een poging via het echtpaar Malet, dat toen in Stuttgart aangesteld was, te bewerkstelligen dat de Cowleys overgeplaatst werden naar een aangenamere standplaats. Lord Cowley werd nog in datzelfde jaar met een speciale opdracht afgevaardigd naar Frankfurt, om de zittingen van het Frankfurter Parlement bij te wonen. In hoeverre Sir Alexander inderdaad de hand had in deze verandering wordt uit de brieven van Sophie niet duidelijk.

Lady Malet maakte in Stuttgart furore als gastvrouw. In december 1844 hoorde Sophie van haar zuster Marie: 'Lady Malet is mij komen opzoeken. Ze is me zeer goed bevallen door de manier waarop ze over Stuttgart spreekt, met zoveel gezond verstand en mildheid; zij zegt, dat ze zich niet al te zeer verveelt en het redelijk wel naar haar zin heeft. Het is werkelijk iemand met een goede instelling. Ik vond haar "jolie". Zij heeft mijn hand gedrukt, toen ik tegen haar zei, dat ze me een genoegen zou doen me vaak te komen bezoeken.' Ook Sophies schoonzuster Olga was zeer te spreken over de vrouw van de nieuwe Britse gezant: 'Het bal bij de Malets was charmant,' schreef zij in 1847. 'Eindelijk ben ik dan eens bij hen geweest. Trappenhuis en salons vol bloemen, heel veel mensen, een klein intiem souper, men bleef tot drie uur 's nachts praten. Zij had zich een maand lang nergens vertoond en niemand ontvangen, maar op die dag leefde zij wat op en maakte vele veroveringen, onder andere prins Z., die zelfs Frans ging spreken onder invloed van haar mooie ogen en van de sherry.'

Dat Lady Malet de bijzondere kwaliteiten van koning Wilhelm van Württemberg onderkende, verstevigde nog de band tussen de vriendinnen. Het lijkt alsof Sophie in haar brieven aan Lady Malet haar vriendschappelijke gevoelens voor de Cowleys, vooral voor Lady Cowley, die zij altijd bij haar voornaam Olivia noemde, enigszins tracht te dempen. Misschien met het oog op mogelijke jaloerse reacties van Lady Malet. In 1849, na een logeerpartij van het echtpaar Cowley op Het Loo, schreef Sophie aan haar vriendin: 'Zij [Olivia Cowley] was aardig en vrolijk en briljant als altijd, maar – en wat ik nu ga zeggen is misschien gemeen – zij is te jong voor mij, haar energie, haar opgewektheid, overweldigen me soms; toch is zij elf jaar ouder dan ik. Ondanks al haar "brille" had ik af en toe de indruk dat het allemaal maar uiterlijke schijn, en haar vriendelijkheid jegens mij gemáákt was – ik zou dit voor niets ter wereld tegen iemand anders dan tegen u zeggen, maar het *is* zo, en soms zou ik haar dankbaar geweest zijn voor een beetje humeurigheid of een boutade. Lord Cowley, die alleen de laatste paar dagen bij ons was, om haar te halen, mag ik buitengewoon graag.' Sophie bleef haar leven lang op voet van vertrouwelijkheid met Olivia Cowley corresponderen. Op het eerste gezicht lijkt dit niet helemaal consequent; maar het wordt begrijpelijk, wanneer men verneemt dat Lady Cowley juist door haar opgewektheid na de dood van de kleine prins Maurits Sophie wat afleiding wist te verschaffen. Sophie bleef er haar altijd dankbaar voor.

Onder de andere intieme vrienden van wie Sophie in de jaren 1842 tot 1849 al regelmatig gewag maakte in haar brieven aan Lady Malet, namen uiteraard haar neef Napoleon en haar nicht Mathilde een belangrijke plaats in. De eerste leidde in die jaren het bestaan van een internationale avonturier; wat Mathilde betreft, zij had zich na een kort stormachtig huwelijk met de schatrijke Russische vorst Demidow laten scheiden en vervulde sindsdien in Parijs de rol van kunstlievende 'grande dame', die in haar salons beroemdheden als Sainte Beuve, Flaubert, Renan, Taine en de gebroeders De Goncourt ontving. Ongetwijfeld belichaamde Mathilde voor Sophie een vorm van vrijheid, die voor háár nooit weggelegd zou zijn. Misschien benijdde zij haar ook meer dan zij ooit zou toegeven. Tegenover Lady Malet noemde zij Mathilde charmant en hartelijk, een echte vrouw van de wereld, maar oppervlakkig en geheel en al op haar eigen genoegens gericht. Was ook hier weer sprake van een afdempen terwille van Lady Malet? De vriendschap tussen Sophie en Mathilde Bonaparte dateerde uit hun meisjesjaren. Bij hun eerste afscheid, in 1833, schreef Sophie in Mathildes album: 'Lieve Mathilde, in jou heb ik een vriendin voor het leven gevonden. Ik weet dat niets ooit de band die onze harten bindt zal verbreken.' Veertig jaar later verklaarde Mathilde: 'Zij had gelijk: niets heeft verbroken of kan ooit breken wat ons verbindt.' Sophie schreef veertig jaar lang iedere week een briefje aan haar nicht. Na de dood van Sophie was Mathilde het enige familielid dat aandacht besteedde aan kroonprins Willem in Parijs, zij zocht hem in 1879, toen hij doodziek was op om hem te 'soigneren', zoals een tijdgenoot weet te melden. Dit gedrag lijkt in tegenspraak met het 'weinige warme gevoel' dat Sophie in een aan Lady Malet gerichte brief uit 1876 aan Mathilde toeschreef. Wat haar neef Napoleon betreft gaf Sophie er blijk van de zeer kritische meningen te delen die er over hem in omloop waren ('cynisch, roekeloos, losbandig'), maar zij verloor toch nooit haar geloof in de capaciteiten van deze merkwaardige figuur vol tegenstrijdigheden, die met al zijn progressieve denkbeelden en zijn eerzucht gedoemd was levenslang op de achtergrond te blijven; hij kwam nu eenmaal niet als eerste in aanmerking om de 'kroonprins' van de Bonapartisten te zijn. Die rol was weggelegd voor zijn neef Louis Napoleon, zoon van de man die als Lodewijk Napoleon van 1806 tot 1810 koning van Holland was geweest. Na de scheiding van zijn ouders en de ondergang van hun aller beschermheer Napoleon I, bracht Louis zijn jeugd door aan het meer van Konstanz temidden van de Zwitserse en Beierse bergen. In de als 'overgevoelig en dromerig' beschouwde jongen rijpte de overtuiging dat hij geroepen was de erfgenaam van Napoleon I te zijn. Toen de hertog van Reichstadt, het 'adelaarsjong', de enige zoon van de grote keizer, in 1832 aan tuberculose overleed, begon Louis Napoleon zich in ernst op zijn toekomst voor te bereiden. Al in 1836 trachtte hij, tevergeefs, met behulp van het garnizoen van de vesting Straatsburg een staatsgreep uit te voeren. Door de regering van koning Louis Philippe werd hij uit Frankrijk verbannen. In 1840 deed hij, ditmaal in Boulogne, een tweede, ook weer mislukte poging de monarchie ten val te brengen. Men veroordeelde hem tot levenslange gevangenisstraf in het fort van Ham, maar hij wist als metselaar vermomd te ontsnappen. Door zijn aandacht trekkende activiteiten was hij gaandeweg voorman en boegbeeld van de Bonapartistische partij geworden.

Sophie had deze neef van Mathilde en Napoleon in haar meisjesjaren in Stuttgart leren kennen en evenals Mathilde – die een tijdlang min of meer als zijn verloofde werd beschouwd – gedweept met de jonge man met de zielvolle ogen en intense belangstelling voor literatuur en geschiedenis, die in Italië deelgenomen had aan de vrijheidsstrijd der Carbonari. Er zou nooit een einde komen aan haar aanhankelijkheid, verering zelfs, voor die wonderbaarlijke man, zoals zij hem eens in een brief aan Lady Malet noemde. Hij schreef ook enkele boeken: tijdens zijn ballingschap in Engeland *Les idées Napoléoniennes* (1839), en later toen hij gevangen zat in het fort van Ham *L'extinction du pauperisme*. Deze politiek-literaire creativiteit is stellig een van de belangrijkste redenen geweest van Sophies bewondering voor Napoleon III.

Als gevolg van de februari-revolutie van 1848 moest Louis Philippe zijn koningschap opgeven. De Tweede Republiek werd uitgeroepen. In juni trachtten radicale elementen de macht aan zich te trekken, maar tijdens de zomermaanden herwonnen de gematigd-republikeinen die bij de voorafgegane verkiezingen de meerderheid behaald hadden, met behulp van de Nationale Garde hun positie. Vijf departementen hadden Louis Napoleon kandidaat gesteld voor de functie van president. In december werd hij met meer dan vijf miljoen stemmen gekozen. In hem zag Sophie haar ideaal van een staatshoofd met liberale beginselen, die in het onrustige Europa een positieve evenwicht-scheppende kracht zou kunnen zijn.

De februari-revolutie had ook elders latent verzet tegen verouderde staatsvormen doen opvlammen. Haast overal zagen monarchen zich gedwongen de bevoegdheden van vertegenwoordigende lichamen uit te breiden en zich constitutionele beperkingen te laten welgevallen. Metternich nam in maart 1848 ontslag als kanselier van het Habsburgse keizerrijk Oostenrijk; door de keizer werd daarop aan alle gebieden onder Habsburgse heerschappij een liberaal bewind toegezegd. De koning van Piedmont trachtte de Italiaanse staten tot een eenheid te bundelen en verklaarde de Oostenrijkse overheersers de oorlog; de Hongaren eisten eigen verantwoordelijkheid binnen het Habsburgse Rijk. Wenen was het centrum van anti-monarchistische stromingen. De keizerlijke legers beantwoordden een en ander met geweld van wapenen, dat na verloop van tijd succes had. Onder druk van conservatieve kant deed de toegeeflijke keizer Ferdinand afstand van de troon ten gunste van zijn achttienjarige neef Frans Jozef.

Het merendeel van de soevereine vorsten in Duitsland – zelfs de hoogst autoritaire koning van Pruisen – werd gedwongen een liberale grondwet te aanvaarden. Sinds maart 1848 was het Parlement van Frankfurt bezig een grondwet te ontwerpen voor een verenigd Duits keizerrijk. In het toonaangevende Pruisen bleek echter die liberale tendens niet levensvatbaar. Koning Friedrich Wilhelm van Pruisen weigerde zelfs de hem aangeboden keizerskroon ('die kroon uit het slijk', zei hij verachtelijk) te accepteren. Lord Cowley, die in 1848 als buitengewoon waarnemer met volmacht van de Britse regering naar het Parlement van Frankfurt was afgevaardigd, werd in 1849 in die functie opgevolgd door Sir Alexander Malet.

In Engeland herleefde de agitatie van de Chartisten die een massaal ondertekende petitie om kiesrechtuitbreiding bij het parlement indienden. Hier en daar in het land braken rellen uit maar een plan tot revolutie werd tijdig ontdekt, zodat de regering van Lord John Russell stevig in het zadel bleef.

Ook aan Nederland ging de revolutie voorbij. Willem II was geen krachtige, maar wel een beminnelijke en zeer representatieve persoonlijkheid. Minder eenzijdig op Nederlandse belangen gericht dan zijn op politiek gebied uiterst conservatieve vader, leek hij aanvankelijk niet de meest geschikte figuur om de door de afscheiding van België in 1840 veroorzaakte economische crisis te overwinnen. Dat het landsbeleid in dat opzicht toch op hervorming en sanering gericht bleef, was met name te danken aan Mr. Floris Adriaan van Hall die tussen 1842 en 1848 eerst als minister van justitie en vervolgens als minister van financiën fungeerde. Meer als gevolg van tegenstrijdige elementen in zijn karakter dan van bewuste keuze, stemde Willem II in met een herziening van de grondwet, ontworpen door de liberaal Johan Rudolf Thorbecke die in die jaren hoogleraar in de rechtsgeleerdheid te Leiden was. Over de positie van de koning handelde grondwetsartikel 53 dat luidde: 'De koning is onschendbaar; de ministers zijn verantwoordelijk.' Het heeft lang geduurd voordat deze formulering algemeen werd uitgelegd in die zin dat benoeming en ontslag van ministers afhankelijk waren van de parlementaire verhoudingen, en niet alleen van de wil van de koning.

In die roerige tijd gold Sophies aandacht vooral de gebeurtenissen in Berlijn, Wenen, Frankfurt en Parijs. Zij maakte zich ernstige zorgen om familieleden en bevriende vorstelijke personen die verdreven werden of zelfs moesten vluchten. Hoewel zij over het algemeen liberale opvattingen had, stond zij tegelijkertijd zeer kritisch ten opzichte van het fanatisme van hen, die streden voor grotere politieke vrijheid. Zij was oprecht ontsteld wanneer er troepen werden ingezet, maar erkende dat de orde gehandhaafd diende te worden. Zij voelde echter diepe afschuw toen de Oostenrijkse regering Russische soldaten liet komen om de opstand in Hongarije te onderdrukken.

Na de geboorte van prins Maurits werd de verhouding tussen Willem en Sophie zienderogen slechter. Sophie raakte er in toenemende mate van overtuigd, dat haar man bij vlagen geestelijk gestoord was. Anna Paulowna daarentegen, hoewel niet blind voor het onbeheerste karakter van haar oudste zoon, verdacht Sophie ervan de moeilijkheden aan te dikken en alarmerende geruchten te verspreiden met de bedoeling zelf te zijner tijd de voogdij over de kinderen en het regentschap aan zich te trekken. Zeker is wel, dat Sophie, wier persoonlijkheid in het begin van haar verblijf in Nederland bij regering en volk over het algemeen weinig weerklank wekte, in de laatste jaren voor de troonswisseling meer en meer waardering ondervond en zich zelfs van een aanhang onder de parlementariërs verzekerd kon weten.

Omstreeks 1847 hadden de onenigheden tussen Willem en Sophie vooral te maken met de opvoeding van hun kinderen. In 1846 werd baron Forstner de Dambenoy, die ook de leiding had gehad bij de vorming van de kroonprins en goed met hem bevriend was, belast met het toezicht op de lessen van de kleine prinsen. Sophie was het volstrekt niet eens met het door deze intendant opgestelde programma. Op 9 december 1847 schreef zij een nota bij het voor haar oudste zoon ontworpen opvoedingsplan. Zij wilde, dat hij verschillende leermeesters zou hebben 'opdat hij er aan zal wennen zich op grond van vele meningen een eigen oordeel te vormen'. Zij bekritiseerde Forstner de Dambenoy's opvatting, dat geschiedenis – een vak waarvoor *zij* nu juist zoveel voelde – een verkeerde invloed zou uitoefenen op een jeugdig gemoed en verwierp zijn voorstel tot intensieve beoefening van de wiskunde, die volgens haar 'wel tot nauwkeurigheid zal leiden, maar de geest zijn verhevenheid ontneemt'.

In januari 1848 vertrok kroonprins Willem voor onbepaalde tijd naar Engeland, officieel voor jacht en ander mondain vermaak bij bevriende leden van de Britse adel, maar volgens Sophie om zijn zwangere maîtresse gezelschap te houden. In die tijd begonnen de geruchten te circuleren als zou hij van plan zijn afstand te doen van zijn rechten op de troon ten behoeve van zijn oudste zoontje. Daar koning Willem II ernstig ziek was, werd tijdens de afwezigheid van de wettige opvolger diens echtgenote, Sophie, meer dan eens door leden van de regering geraadpleegd; zij kon hierin een bewijs zien van hun groeiend respect voor haar inzicht.

Zij kwam in levensgevaar te verkeren door bloedvergiftiging, naar haar overtuiging het gevolg van een onverantwoordelijke behandeling door hofarts Everard, jegens wie zij wantrouwen koesterde alleen al omdat hij bij Anna Paulowna in de gratie was.

In maart 1849 overleed koning Willem II, na een regeringsperiode van slechts zeven jaar. Ondanks de spanningen en problemen binnen de koninklijke familie en in de leidende politieke kringen, werd hij zonder noemenswaardige (althans niet of nauwelijks tot brede lagen van het volk doorgedrongen) moeilijkheden opgevolgd door zijn oudste zoon, voortaan Willem III. De kroningsdag, op 12 mei 1849 was alom, en uiteraard vooral in Amsterdam, aanleiding tot grootse en uitbundige feestelijkheden. 'Treffend was het schouwspel, dat de koning en de koningin in een open rijtuig, zonder begeleiding, door Amsterdam reden, temidden van door mensen opgehoopte straten, op het tijdstip toen alle tronen in Europa wankelden,' noteerde jhr. C. Hartsen, minister en lid van de Eerste Kamer, in zijn dagboek. In een in 1867 uitgegeven Gedenk album beschrijft G. Engelberts Gerrits de intocht van Willem en Sophie alsvolgt: 'De Koning, een jeugdig krachtig man, gezeten op een fraaien schimmel en begeleid door eene eerewacht (…) reed stapvoets voort onder het uitgelaten gejubel van duizenden en duizenden.' En: 'Ziet, daar volgt de minnelijke Koningin, in hare prachtige staatsiekoets, prijkende met kroon en wapens en getrokken door een achttal vurige fiere schimmels (…) In haar aanschouwde men de teedere vrouw, die de kleine prinsen – Willem van Oranje en Maurits – zo digt het wezen kan, stelt aan haren moederlijken schoot, hen aanspoorende de verrukte menigte kushandjes toe te werpen, door zelve voor te gaan met onverpoosde begroetingen, als zoovele getuigen van haar ontroerd gemoed.' Even later verschenen Willem en Sophie op het balkon van het Paleis op de Dam om, aldus de chroniqueur, 'de teedere spruiten hunner huwelijksmin' voor te stellen aan het publiek.

22 maart 1842

Lieve Lady Malet,

Nadat ik u voor de laatste maal ontmoette, heb ik niemand meer gesproken, en na donderdag jongstleden ben ik zelfs mijn huis niet uitgeweest. De paasweek heeft steeds – al sinds de tijd toen ik een kind was – een bijzonder diepe indruk op me gemaakt. In Duitsland brengen wij die dagen altijd in de familiekring door; de godsdienstoefeningen in onze overigens zo nuchtere kerk hebben dan meer warmte en geestdrift dan bij andere gelegenheden. Maar nu vier ik nooit meer Pasen; ik ben alleen met mijn herinneringen. Wat voor nieuws hebt u uit Engeland? Volgens mij is het voorstel van Sir Robert Peel[1] de grootste stap vooruit in de Engelse politiek sinds het kieswetontwerp van 1832, en de discrete wijze waarop een en ander is uitgewerkt vind ik bepaald buitengewoon. Toch mag ik Sir Robert niet, ik mis in hem altijd iets, een zeker *cachet*. Maar mijn oordeel is misschien niet rechtvaardig, mijn vrienden zijn nu eenmaal allemaal Whigs.

Ik stuur u nu eindelijk het beloofde boek van Quinet, *Du Génie des Réligions*, dat ik uit Parijs kreeg, waar het sensatie heeft verwekt. Hij is een autoriteit op het gebied van Duitsland en Duitse filosofie, een aanhanger van die stroming die niet verder komt dan de conclusie, dat er eigenlijk Niets is. Iemand die werkelijk denkt, kan dat nooit als dé waarheid erkennen. Wij twijfelen allemaal wel eens – maar daar volgt dan een reactie op: een des te vaster geloof.

Doe ik er verkeerd aan zo aan u te schrijven? U kent me haast niet, en het Lot heeft mij in een wel zeer uitzonderlijke positie geplaatst. Maar, al verschillen onze opvoeding en de genegenheid die ons ten deel is gevallen, er is misschien maar weinig afstand tussen u en mij in de enige werkelijkheid waar het op aankomt, die van de geest.

Ik hoor, dat u vanavond naar de 'hoge vrouwe'[2] gaat. Daardoor moet ik weer denken aan een zekere soiree in het begin van deze winter, waar ik ook was, en waar u mij toen zo vriendelijk tegen mij geweest bent. Goodbye. Ik hoop u spoedig weer eens te zien, maar op het ogenblik voel ik me niet goed en ben ik geen aangenaam gezelschap...

35

1. Sir Robert Peel (1788–1850), Engelse premier en leider van de conservatieven, de Tories. Tijdens zijn ambtsperiode werden de importtarieven voor voedselprodukten verlaagd. Als compensatie werd een inkomstenbelasting geheven.
2. Waarschijnlijk is hiermee Anna Paulowna bedoeld.

Vrijdagochtend

Ik moet wel een zeer ondankbare indruk maken, lieve Lady Malet, omdat ik u nu pas bedank voor het boek en het fragment handschrift van Lord Brougham, die u me eergisteren hebt gestuurd. Uw vriendelijke woorden en het geschenk zijn wel degelijk aan mij besteed. Ik tracht me te verdiepen in de grafologie; het handschrift dat ik nu bestudeer (dat van Lord B.) is vol energie en wispelturigheid. Ik weet niet of dat klopt. Het boek heb ik gelezen in een lange saaie nacht, en ik heb er heel wat informatie uit opgedaan betreffende verschillende Engelse staatslieden, vooral over Fox[1], die ik altijd erg bewonderd heb en die ik veel hoger aansla dan Lord Brougham blijkt te doen.

Onder de boeken van mijn moeder vond ik de memoires van mademoiselle Clairon, de actrice.[2] Zij is eerlijk, zij verzwijgt niets over haar leven, haar vak, de tegenslagen in haar loopbaan, zij vertelt dat allemaal duidelijk en eenvoudig. Het is niet zo bijster belangwekkend, maar het leest vlot.

Ik hoop dat u zich zult amuseren bij de [   ][3]. Ik ga er niet heen, want ik voel mij miserabel. Het spijt me, dat ik u nu niet zal zien, want ik ben werkelijk zeer op u gesteld. U bent een van de zeer weinige oprechte mensen die ik ooit ontmoet heb, u bent dat zowel van nature als in bewust streven, daarnaar wordt u beoordeeld en daarom houdt men van u. Ik denk vaak aan u – maar vandaag ben ik diep ellendig.

1. Charles James Fox (1749–1806) werd in 1782 minister van buitenlandse zaken. Hij was een tegenstander van te grote invloed van de koning en had een belangrijk aandeel in de afschaffing van de Engelse slavenhandel.
2. Mademoiselle Clairon (1724–1803).
3. Opengelaten in de tekst.

[Kennelijk in grote haast en verwarring op papier gegooid. Haast onleesbaar. Geschreven in een mengelmoes van Engels en Frans.]

28 maart 1842

Het is vier uur in de ochtend – ik sta op het punt te vertrekken. Ik denk aan u, die zo lief voor me geweest is, en het is alsof ik in ballingschap ga, nu ik u verlaat. U weet meer over mijn leven dan wie ook van mijn eigen familie. God zegene u. Eens zullen we elkaar weerzien. Indien ik tijdens mijn 'confinement' mocht sterven, denk dan aan mij als aan een van de mensen die u het meest naar waarde heeft weten te schatten. Ik heb niets en niemand meer op deze wereld, ik lijd meer dan iemand zich kan voorstellen. Breng mijn groeten over aan uw man die ook zo aardig voor mij geweest is – wees gelukkig – en denk aan mij.

20 april 1842

Ik had nooit gedacht dat het zover zou komen, maar ik heb op het ogenblik het gevoel dat er in mijn leven een keerpunt op handen is. Vanmorgen had ik volgens de dokter hoge koorts, misschien krijg ik malaria. Als ik de gevolgen moet dragen van de verschrikkelijke ramp die mij overkomen is – *mij* treft geen blaam –: *die* durf ik onder ogen te zien. Het ergste is het zwijgen, het bedrog, het knagende gevoel in mijn hart, en de verachting en afschuw die zullen blijven zolang ik leef. Ik voel me opgesloten in het donker. Ik heb geen moed om plannen te maken. Indien ik voor een poos zou weggaan, moet ik toch eens weer opnieuw beginnen – en ik weet wat dat wil zeggen. Volgende week stuurt mijn vader iemand die hij vertrouwt, om mij raad te geven. Wat in deze kwestie belangrijker voor mij is dan mijn eigen leven: mijn kind.

Het zou me goed gedaan hebben het Requiem te horen; muziek is het enige dat altijd helpt, omdat het alles omvat, en de snaren van ons gevoel – geen enkele uitgezonderd – laat meetrillen. Muziek brengt vergetelheid, en te kunnen *vergeten* is al wat ik vraag. Maar als ik naar dat concert gegaan was, zouden de mensen gezegd hebben dat ik mijn zieke man in de steek liet, enz. Ik ben de hele dag alleen met het kind.

16 mei 1842

Toen ik vanochtend mijn ogen over mijn boeken liet gaan, ontdekte ik dat ik nog altijd uw *Edinburgh Review* hier heb. Neem het mij niet kwalijk! Ik ben bezig alles af te handelen en mijn zaken te regelen en de afgelopen zeven maanden uit mijn gedachten te bannen. Die zijn voorbij, als zoveel andere nare ogenblikken, ik denk dat het after all het beste is de diepere zin er uit te peuren en *die* vast te houden.

Dat ik u heb leren kennen, beschouw ik als een van de weinige positieve gebeurtenissen in mijn leven. Altijd zal ik mij uw oprechte hartelijkheid herinneren, toen ik u deelgenoot maakte van mijn ellende – nogmaals mijn dank daarvoor. In de loop van deze winter hebt u misschien wel eens een verkeerde indruk van mij gekregen, mij koud en grillig gevonden. Ik weet dat ik dat niet ben. Geloof me, nu ik op het punt sta weg te gaan en het maanden zal duren voor wij elkaar weer ontmoeten: wij, u en ik, zijn niet met elkaar te vergelijken. Waar *ik* alleen maar in de smaak val, verovert *u* aller harten, wat energie en capaciteiten betreft bent u mijn meerdere en bovendien hebt u, door uw maatschappelijke positie, de vrijheid die bij uw karakter past, terwijl ik gebonden ben door bekrompen tyrannie. U kunt in onze relatie helemaal harmonisch uzelf blijven. Dit is geen valse bescheidenheid van mij, ik heb meer gevoel van eigenwaarde dan de meeste mensen, maar ik moet nu eenmaal, zo lang ik leef, mijn noodlot dragen. Door u te schrijven zoals ik nu doe, breng ik het offer van mijn trots, maar het is juist. Wij gaan allebei op reis: *uw* vertrek betekent voor de uwen een diep, pijnlijk gemis, het mijne is een onbelangrijke gebeurtenis. Dat is het verschil, het kan niet anders of u voelt dat ook.

Indien ik u ooit onaangenaam bejegend of gekwetst heb, vergeef me. Ik wens u veel geluk! En als ik u ooit ergens mee van dienst kan zijn of wanneer u mij nodig hebt, kunt u op mij rekenen.

Stuttgart, 13 juni 1842

Ik heb er half en half over gedacht om op de terugreis een dag over te blijven in Ems[1], maar later overwoog ik dat het verstandiger was de kortste weg te nemen. Naar huis gaan *moet* ik – als ik niet ziek ben – op de 1ste of 2de juli. Ik zie heel erg tegen die terugkeer op en vooral tegen de eenzaamheid die dan weer begint.

Over een paar dagen word ik vierentwintig. Een verjaardag is eigenlijk een trieste zaak, niet omdat we weer *ouder* zijn, maar omdat we, als we teveel stilstaan bij wat achter ons ligt, bevangen worden door een ondragelijk gevoel van teleurstelling.

1. Daar verbleef Lady Malet.

[Uit een memorandum van Lady Malet (21 juni 1842) zou men kunnen opmaken, dat zij op of vlak na Sophies verjaardag (17 juni) een bezoek gebracht heeft aan haar vriendin in Stuttgart. Waarschijnlijk was zij in verband met een 'kuur' in Wiesbaden of vanuit Wenen onderweg daar naar toe.

'Gisteravond ging ik naar de [   ][1]. Zij leek koel, die indruk had ik, en zeer neerslachtig. Zij beklaagde zich er over dat zij niemand kon vertrouwen. Eenmaal zei ik: 'U denkt heel slecht over S[on Altesse?].' Stug antwoordde zij: 'nee,' en voegde er toen aan toe: 'Ik heb nooit kwaad gesproken.' En toen zij zag dat ik verbaasd opkeek: 'Ja, ditmaal heb ik erg veel kwaad gesproken, jazeker, erg veel – ik neem hem niet terug, als hij nu hier was zou ik het hem zeggen.' Ik antwoordde bitter: 'O ja, hij heeft zich heel gemeen, heel slecht gedragen, dat geloof ik wel.' Zij zei niets. Daarna vroeg zij weer: 'Wie maakt hij het hof in Parijs?' en zij zei dat zij niet wist [   ][2] madame G. 'Al die dingen hebben me gekwetst, als gewoonlijk wordt er gedaan alsof ik niet besta.' Ik ben drie uur bij haar geweest, en behalve deze paar woorden hebben we niet over S[on Altesse?] gesproken. Ik zei tegen haar, dat ik hem verteld had dat zij mij geschreven had dat hij zich slecht gedragen had. Zij zei: 'Dat maakt geen verschil, hij haat me.' Alles bij elkaar vond ik haar zeer verbitterd; maar geen beschrijving van onrechtvaardigheid kan mij ooit nog verbazen, ik heb teveel gezien.]

1. Opengelaten in de tekst.
2. Enkele onleesbare woorden.

23 juni 1842

Op 5 juli aanstaande ga ik naar Mainz, ik moet dan de rivier over om een bezoek te brengen aan mijn nicht, de hertogin van Nassau. Als u me de naam van uw hotel in Wiesbaden laat weten, hoop ik dat u er geen bezwaar tegen hebt dat ik bij u langsrijd en u kom opzoeken (want hier in het buitenland bent *u* niet de vrouw van een Engelse diplomaat en *ik* geen kroonprinses). Maar hebt u andere plannen, zie daar dan niet om mijnentwil van af. Wilt u zo vriendelijk zijn mij bericht te sturen zodra u in Wiesbaden bent.

U moet er alleen maar aan denken dat ik u graag mag en u waardeer en hoogacht, gevoelens zoals ik die de weinige voortreffelijke mensen die ik ken toedraag; het vooruitzicht u te zien vormt het enige lichtpunt van mijn niet bepaald opwekkende reis.

Den Haag, 12 juli 1842

Niet *u*, maar *ik* moet excuses maken voor mijn bezoek in Wiesbaden. Ik had veel vroeger moeten komen, rekening moeten houden met wat in Duitsland comme il faut is; een bezoek na negen uur 's avonds is daar ondenkbaar, maar ik had geen keus: in Baden hadden ze mij verkeerd ingelicht wat de afstand betreft en bovendien was er vertraging door de hitte en de stoffige weg. Maar ik heb u even gezien; al was het maar kort, het was prettig en ik dank u voor uw vriendelijke ontvangst. Het enige echt heel vervelende ogenblik was bij aankomst bij Hotel Adler, toen de mensen daar uw naam zelfs niet bleken te kennen, en mijn hofdame, mevrouw Pabst, mij slaperig kwam vertellen dat u beslist niet in Wiesbaden was. In uw kleine salon voelde ik mij zo helemaal op mijn gemak – dank u, lieve. Ik kan niet veel betekenen in uw leven, maar ik ben op u gesteld omdat u nu eenmaal *u* bent, en ik *ik*. Goddank weet u wat het zeggen wil wanneer een kind ziek is; wegkwijnen is het ergste dat er bestaat, zonder liefderijke zorg is het een gevaarlijke ziekte. Voor mijzelf ben ik werkelijk niet bang. Ik heb nooit mazelen gehad; ik ben herhaaldelijk bij patiënten geweest die er aan leden zonder zelf aangestoken te worden.

Toen ik in Mainz terugkwam was ik doodmoe, ik was twintig uur achterelkaar op de been en onderweg geweest, maar op het schip voelde ik mij beter dan ik in weken gedaan had. Ik heb een paar uren op Het Loo doorgebracht, daar waren alleen de twee oudjes, maar die leken blij mij te zien. De koning bewonderde zijn achterkleinzoon. Hoe saai het er ook is, ik had graag nog wat willen blijven om hen genoegen te doen, maar ik was verplicht ook nog naar Soestdijk[1] te gaan en daar was het afschuwelijk. Gelukkig mochten wij na een halve dag verder reizen, en nu ben ik weer in Den Haag. Den Haag is volstrekt leeg, zelfs op straat heb ik niemand gezien die ik ken. Scheveningen is ook leeg, maar er zijn wel appartementen besproken door een prinses uit Beieren, die echter verklaard heeft dat zij niemand wil ontvangen of bezoeken. Voor de gezelligheid heb ik een oude Duitse generaal, die iedereen de keel uithangt behalve mij, omdat ik hem al sinds mijn kinderjaren ken. Ik hoor dat er een nieuwe Russische attaché en een nieuwe Belgische gezant zijn, maar die heb ik nog niet ontmoet. Als het weer mooi, en de koningin weg blijft (dan hoef ik die vervelende dagelijkse visites niet te maken), is me misschien een prettige rustige tijd gegund.

Voor ik uit Stuttgart wegging, las ik in de couranten een verslag van het huwelijk van graaf Dietrichstein.[2] Ik wilde er niet met u over praten toen ik bij u was, omdat ik niet wist of het u verdriet zou doen. We kunnen van tevoren nooit beoordelen welke indruk dergelijke dingen op ons zullen maken. Maar ik geloof dat alle veranderingen in de omstandigheden en het gedrag van wie we liefhebben, en waar we zelf helemaal buiten staan, pijn doen. Over de bruid weet ik niets, behalve dat zij heel rijk is en een buitengewoon dun middeltje heeft.

1. Zomerverblijf van koning Willem II en koningin Anna Paulowna.
2. Een voormalige aanbidder van Lady Malet.

25 augustus 1842
Ik heb niets te bestellen uit Londen, hoewel, ja toch, als u soms aardige modellen ziet voor jongenskleertjes, wilt u die dan eens bekijken en mij erover berichten, als ze niet te duur zijn laat ik ze komen voor mijn kleine boy.

Uit Den Haag heb ik geen nieuws. Er wordt op een pijnlijke manier geroddeld, ik slijt mijn leven vervuld van een ellendig gevoel van volstrekte hopeloosheid. Ik denk vaak aan u, die zo goed en hartelijk voor mij geweest bent.

En nu moet ik eindigen. Het is al heel laat – voor Den Haag! Ik denk: middernacht.

Toen ik uw brief kreeg, was ik in Keulen, temidden van de drukte en het vertier aan een buitenlands hof, met militaire manoeuvres, etc. Ik was plotseling uit Den Haag vertrokken, om mijn vader te ontmoeten en om de Pruisische majesteiten goedendag te zeggen, ik was nogal in de war en ben nog steeds niet helemaal tot rust gekomen.

Ik moet recapituleren, ik geloof dat ik u heel wat te vertellen heb. Toen ik u ongeveer een maand geleden schreef, was ik zo moe en zo verbitterd dat ik dacht op een keerpunt in mijn leven gekomen te zijn. Zonder één enkele vriend om me leiding en raad te geven en voor mijn belangen op te komen, voelde ik mij zo diep gekwetst – niet in mijn hart, maar in mijn vrouw-zijn en in mijn eergevoel – dat ik vóór alles mijn vrijheid terug wilde, die mij weliswaar nooit meer gelukkig kan maken, maar mij wel rust en vrede kan geven na alle beproevingen en vernederingen die mijn deel geweest zijn. Ik vertel u dat allemaal omdat ik het gevoel heb dat wij elkaar ons hele leven lang gekend en samen heel veel doorgemaakt hebben; het doet mij ook goed me uit te kunnen spreken.

De manier waarop een en ander is afgelopen is te ingewikkeld om te beschrijven, de koning was wel vriendelijk tegen mij, maar de koningin hard en boosaardig als altijd. Juist was er enige verbetering in de toestand, toen ik bericht kreeg dat mijn zuster gevaarlijk ziek lag met zenuwkoortsen. Mijn vader dacht er eerst over zijn reis op te geven, maar omdat zij weer wat opknapte, besloot hij toch maar te vertrekken, met de bedoeling na de manoeuvres onmiddellijk terug te keren, en hij schreef mij dat ik, als ik hem wilde spreken, naar Keulen moest komen. Ik verloor geen ogenblik en heb twee dagen en twee nachten gereisd, bij aankomst was ik niet moe en in uitstekende conditie. Ik vond het heerlijk mijn vader te zien en geruststellend nieuws over mijn zuster te krijgen, en de hele sfeer daar was zo opwekkend en levendig, dat ik mij werkelijk bijzonder heb geamuseerd. Onder de tweeënzeventig Engelsen die zich voor hun geliefde sightseeing in Keulen bevonden, waren er verschillende zeer de moeite waard.

De koning van Pruisen is bepaald heel intelligent, een zeer begaafd man, hoewel ik zijn politieke gedrag soms op het randje van belachelijk vind. De wijn is goed, maar schuimt te veel, dacht ik vaak, wanneer hij weer eens een redevoering hield, met letterlijk *alles* erin: oorlog en vrede, liefde voor God en de mensen; er is altijd iets wazigs in zijn meest lumineuze ideeën, waardoor die op anderen minder briljant overkomen dan hij denkt. In zijn positie is hij de tweede man in Duitsland – Metternich komt op de eerste plaats.

Misschien vindt u het wel aanmatigend van mij, Lady Malet, dat ik bij u met Lord Byron kom aanzetten! Ik heb u eens horen zeggen, dat u zijn *Childe Harold* als een *vriend* beschouwde. Mag ik u deze uitgave aanbieden, die ik uit Engeland gekregen heb en die in elk geval de verdienste bezit dat hij tracht de grote schrijver eer aan te doen. U bereidt me een grote vreugde door dit boek aan te nemen, want dan weet ik tenminste dat mijn naam verbonden is aan iets waar u op gesteld bent, iets dat *blijft*; we hebben immers allemaal in onze jeugd werken van Byron tot *lijfboeken* gehad en met hem meegeleefd – ook al leggen we hem eens terzijde, hij blijft onvergetelijk.

Stuttgart, 6 april 1843

Ik ben heel treurig gestemd; maar ik heb veel te doen, al kom ik mijn kamer niet uit. Ik hoor veel, politiek nieuws, roddels, etc., daardoor raak ik weer op de hoogte. Uit Rusland verwacht ik mijn oudste broer, die ik in geen vier jaar gezien heb, met zijn vrouw en twee kinderen; ik hoop wetenswaardigheden over een ander land, een ander soort leven te vernemen. Hoe klein ook, deze stad is als het ware een doorgangsgebied, met een va et vient van mensen, onderweg naar of op de terugreis van Italië, Parijs, Wenen, alsof het tochtjes van Den Haag naar Amsterdam betreft... Er *gebeurt* tenminste iets.

Stuttgart, 25 april 1843

Ik ben erg ziek, er gaat geen dag voorbij zonder aanvallen die me uitputten. Ik ben te zwak om te lopen. Ik begrijp niet, waar de baby gebleven is, want ik ben magerder dan ooit tevoren.

Ons huis is vol mensen. Op weg naar Engeland kwam mijn broer uit Rusland hier met zijn vrouw, een *suf* mens, die elk jaar in verwachting is, en een horde ziekelijke schreeuwende kleine kinderen. Hij is wel een goede kerel, maar zo vol vooroordelen, zo gepreoccupeerd met zichzelf en zijn eigen bezigheden, dat zijn natuurlijke welwillendheid geen kans krijgt zich te ontplooien. Om kort te gaan, ik heb geen contact met hem en leid als altijd mijn eigen eenzame leven.

Overal in Duitsland heerst grote afkeer van Nederland en de Nederlandse regering. Het is het toppunt van dwaasheid voor een kleine mogendheid om met iedereen op kwade voet te staan.

Indien u *Adolphe* van Benjamin Constant nog nooit gelezen hebt, moet u dat eens inkijken. Het is maar een kort verhaal. Ik las *Adolphe* voor het eerst toen ik nog heel jong was, nauwelijks achttien, ik was toen bepaald *geschokt*. Nu ik het boek weer lees, is die vroegere indruk weg, maar ik vind de roman de moeite waard om zijn buitengewoon sobere stijl.

Den Haag, 5 februari 1844

Mijn leven in de afgelopen tien dagen is geweest zoals u wel weet en erger nog, want u was niet hier, de enige die me sommige dingen kan verduidelijken; bovendien zijn er andere treurige, akelige dingen gebeurd.

Jongstleden zaterdag, nadat ik een bericht van mijn vader ontvangen had, ging ik naar de koning, verzocht om een audiëntie, kreeg die ook, en verklaarde tegenover hem dat ik naar mijn familie wilde. De koning was een en al glimlach en vriendelijkheid, drukte mijn hand en beloofde mij grif wat ik gevraagd had. Dus ging ik tevreden weg, vol goede hoop, en maakte een wandeling in de duinen.

Toen ik terugkwam trof ik enkele voorbereidingen voor mijn reis. Plotseling komt de prins met een lang gezicht binnen. Hij was bij zijn vader geroepen, die hem had opgedragen mij te zeggen dat de reis me niet toegestaan werd, omdat ik hier moet zijn terwijl de nieuwe belastingwetgeving wordt behandeld.[1] Ik wil wel bekennen dat ik woedend was, me tekortgedaan, getergd voelde; want ik begreep maar al te goed uit welke hoek die tegenwerking kwam. De prins was in deze hele kwestie welwillend geweest, maar ik kon het niet verkroppen, dat iemand zo laf is 'ja' te zeggen in mijn gezicht en dan een ander belast met de taak mij te vertellen dat het 'nee' moet zijn. De volgende dag was het zondag. Ik moest aan het hof dineren. Ik ging erheen. Vóór het diner ontweek de koning mij. Toen ik hem na het eten een ogenblik niet in gesprek zag, liep ik naar hem toe en zei dat ik erg onaangenaam getroffen was door zijn beslissing en dat ik hoopte dat hij zo vriendelijk zou zijn mij nog eens aan te horen. 'Non, ce n'est pas le moment,' zei hij in verwarring en haastte zich weg. Ik bespaar u een beschrijving van mijn woede.

1. Minister Van Hall stelde voor een staatslening uit te schrijven om met de opbrengst hiervan de Nederlandse staatsschuld te verlichten. Als de lening niet zou worden voltekend, zou een vermogensbelasting worden ingevoerd. Eind februari 1844 werden deze voorstellen door de Tweede Kamer aangenomen.

12 februari 1844

Changement de tableau: mijn vader heeft iemand gestuurd om te vragen of ik toestemming krijg weg te gaan en de koning heeft zich laten vermurwen, maar er staat nog niets vast. Als ik vertrek, zou ik de 20ste of volgende week gaan en op zijn laatst de 25ste in Stuttgart zijn. In elk geval heb ik twee weken verloren, *zonder reden*. Mijn echtgenoot is niet onvriendelijk geweest. Er was in deze kwestie sprake van allerlei gekonkel en misverstanden omdat de koning niet met mij wilde komen praten. Iedere derde die zich er mee bemoeit is een drawback. Enfin, ik sta op het punt mijn vleugels uit te slaan.

Stuttgart, 10 maart 1844

Sinds zondag, de dag van uw vertrek[1], tot vrijdag j.l. heeft mijn vader tussen leven en dood gezweefd. Zijn influenza ging over in een longontsteking die dreigde te ontaarden in een verlamming van de ademhalingsorganen. *Zijn* vader is daaraan gestorven. Zelf was hij er erg van onder de indruk, hij bereidde zich al voor op de dood en sprak daar voortdurend over. De nachten waren vreselijk, ik ben er jaren ouder door geworden.

Voor de zoveelste maal geef ik mij er rekenschap van dat hij van alle mensen het meest voor mij betekent. Niet, dat ik het meest van hem houd, maar sinds mijn kindertijd heb ik hem steeds als mijn geestelijke leidsman beschouwd en al wat ik voelde, hetzij goed of slecht, getoetst aan *zijn* denkbeelden. Als er niet weer een inzinking komt, mogen we hem als gered beschouwen.

1. Lady Malet had Sophie een bezoek gebracht.

Stuttgart, 22 maart 1844

Mijn vader knapt langzaam op, hij is nog zwak en nerveus en heeft veel verzorging nodig. Ik leid een kalm leven, ga nooit ergens heen, maar soms heb ik 's avonds vier of vijf mensen op bezoek die ik goed ken, en met wie ik kan praten of eventueel zwijgen, al naar ik lust heb. Het weer is niet slecht en ik wandel elke dag in de bergen met mijn kind en Miss Euston – dat is net alsof ik alleen ben. Het *verrassende* van het berglandschap doet me goed, want het leidt mijn gedachten af. Uit Den Haag heb ik, sinds mijn laatste brief aan u, niets gehoord, behalve van de kinderverzorgster en van mijn echtgenoot, die *nooit* over andere mensen schrijft of over wat 'men' zegt. Over brieven gesproken: eentje van de kindermeid was zoek geraakt, ik had geen bericht van mijn kleine jongen en was ongerust. Na twaalf dagen kwam er eindelijk iets – waarschijnlijk is de brief aangehouden en geopend, hoewel hij uitsluitend kleinigheden betreffende de kinderkamer bevatte.

De belastingen in Holland zijn zo hoog. *Ik* moet volgens de nieuwe regeling vijfentwintigduizend gulden betalen. *Ik* kan dat doen, maar voor sommige anderen is het een zware opgave...

Hij [de frenoloog Mr. Castle] zegt – en dat is waar – dat ik ook *trouw* ben. Wat 'liefde' betreft: ik weet haast zeker dat bij mij hartstocht nooit lang duurt, maar wel in genegenheid kan veranderen en dan voor *altijd* is. In *die* zin heeft hij gelijk; wat mijn 'briljante' geest betreft, dat is allemaal onzin. Maar ik ben wel 'kieskeurig', alles wat hij daarover zegt is juist. Hoewel u zei dat het u niet schelen kon, heb ik *uw* onderzoek aan niemand laten zien behalve aan mijn zwager, die met Castle samenwerkt. Zelfs mijn zuster heeft het niet gelezen. Ja, zij is aardig en goed

44

en gelukkig. Wij zijn de hele dag samen. Op het ogenblik is zij bij mij en speelt met mijn kind. Maar haar leven zou gebroken zijn, indien zij mijn vader verliest; dan heeft zij niets meer.

Ik ben doodsbang voor mijn terugkeer naar Holland. Ik beef bij de gedachte dat ik gauw moet gaan; de laatst mogelijke datum voor mijn vertrek van hier is de 18de april, de vroegste 10 april.

Het belangrijke politieke nieuws van het ogenblik is de mogelijkheid van een bezoek van de tsaar van Rusland aan Engeland. Ik geloof wel dat dit zal gebeuren, al vraagt men zich af: à quoi bon?

Den Haag, 29 april 1844

Ik ben nu alweer sinds vier dagen hier. Het is helder weer, en de bomen zijn zo groen dat zelfs mijn kleine tuintje er mooi door wordt. Ik zit daar iedere dag van twee tot vier met mijn kinderen. De baby is allerliefst, met een fijn gezichtje en de gelaatskleur van een Engels kindje. Hij lijkt het meest op mij, maar ik zie er op het ogenblik allesbehalve mooi uit: geel, mager – maar wat geeft dat? Als ik mijn kinderen niet had, zou het thuis een hel zijn. Er is weer eens een vrouw in het spel, tijdens mijn afwezigheid heeft zich een heel schandaal afgespeeld. Madame Gautier beweerde dat zij zwanger was.

De koning is aardig voor me, de rest van de mensen aan het hof ook. Mijn leven is hard en eenzaam, maar op het ogenblik ben ik zo, dat ik alles zonder verzet aanvaard. Binnen in mij is alles stil, ik sleep me voort alsof ik al dood was.

Den Haag, 19 mei 1844

Op de 1ste of 2de juni ga ik met mijn echtgenoot en mijn kinderen voor de duur van zes weken naar Het Loo. Het zal er niet bijzonder amusant zijn, maar tenminste rustig, geen scènes, geen verplichte visites en *misschien* een paar aardige Engelse gasten. Wat reizen betreft, ik heb van de koning toestemming gekregen om hetzij naar Ischl, hetzij naar Italië te gaan; maar ik wil niet naar Italië zonder mijn man en *hij* kan niet besluiten, vanwege een reis naar Luxemburg die hij wil maken, en belangrijke bezigheden die hij zégt te hebben, en een liefdeshistorie die ik wéét dat hij heeft. Alles hangt dus nog in de lucht, maar volgende week wordt een en ander beslist, en dan zal ik schrijven.

Terwille van mijn kinderen ben ik blij wat buitenlucht te krijgen; de oudste is bleek en vaak wat koortsig, maar het kleintje is flink en stevig. Overigens ben ik heel kalm, ik verveel me erg, vooral 's avonds tussen zeven en negen uur, als mijn kinderen naar bed zijn, de lange eenzame dag achter mij ligt en me weer een avond om niet door te komen wacht. Steeds het geluid van regen en wind tegen de ruiten, de bomen op het

Plein zwiepen heen en weer. Ik ben treurig gestemd en ik denk aan u, ik kan u niet zeggen hoe ik het betreur dat u niet meer hier bent.

Den Haag, 26 mei 1844

Vernietig alstublieft nooit meer uw brieven aan mij. Wat *u* onbelangrijk vindt wanneer u het nog eens overleest, vind *ik* juist wél interessant, omdat ik u ken, en omdat het mij u laat zien zoals u zich op dat moment voelt. Hoe dan ook, u bent voor mij altijd dezelfde als toen u troostend bij mij kwam in mijn gevangenis. Helaas, ik heb niets nieuws te vertellen. Ik word heen en weer geslingerd tussen het verlangen mijn plannen van vijf jaar geleden verwezenlijkt te zien (ik zou weer naar Italië willen gaan, maar ook naar Ischl, om u daar te ontmoeten) en de gedachte, dat ik voor zo lange tijd van mijn kinderen gescheiden zal zijn en ook nog allerlei *andere dingen* die een grote belemmering vormen. Want ik houd van rust en wil dat het zo blijft. Mijn zuster gaat wél naar Italië, dat brengt me dan weer in verleiding... Ten slotte heb ik een besluit genomen in overeenstemming met mijn besluiteloosheid en aan mijn vader geschreven: 'Beslis voor mij!' *Hij* gaat *niet* naar Italië, is dus volstrekt onpartijdig. Ik heb hem gezegd dat ik, als ik naar Ischl ga, in september een tijdje bij hem kom. Tegen het einde van de week zal ik zijn antwoord wel krijgen.

Het Loo, 3 juni 1844

Vanmorgen toen ik uit rijden was, sloeg mijn paard op hol. Ik dacht er even over om me te laten vallen, maar het leek me toch beter om in het zadel te blijven. Het paard rende rechtstreeks naar zijn stal en bleef daar staan. Ik heb een gezwollen oog, als gevolg van een klap van het hoofd van het paard, maar verder is er goddank niets gebeurd.

Op de dag dat mijn vader mijn brief kreeg, moest hij juist voor een paar dagen weg. Hij liet bericht achter dat hij mij na zijn terugkomst zou antwoorden. Ik schaam mij over die eeuwige onzekerheid, en heb al bijna genoeg van de reis. Ik voel steeds minder voor dingen die mijn rust verstoren; in kalmte ligt mijn enige kans op geestelijk geluk. Het liefst zou ik willen dat u weer in Den Haag kwam. Ik neem die wens wel eens op in mijn gebeden; ik koester een heel speciale genegenheid voor u. Ik heb een goede verstandhouding met mijn zuster en mijn nicht, dat is een kwestie van gewoonte en van familiebanden, maar de enige echte zielsverwantschap is met u. In Stuttgart voelde ik toch een zeker gebrek aan hartelijkheid bij mijn familie, en daar heb ik onder geleden.

Ik ben nu sinds drie dagen op Het Loo. U weet, dat we in Den Haag de tsaar van Rusland op bezoek gehad hebben. Vandaag een week geleden kondigde hij zijn komst aan, de Russische ambassadeur kreeg per koerier een boodschap dat Zijne Keizerlijke Hoogheid ieder ogenblik kon arriveren; het was toen twee uur in de nacht! Het overrompelde gezantschap had maar één gedachte: een kapper ontbieden (om twee uur!) om iedereen het haar te laten knippen volgens de militaire voorschriften. Het moet een zeer vermakelijk tafereel geweest zijn. De tsaar kwam echter pas om tien uur 's ochtends. Ik vond hem erg veranderd, ook al heeft hij niet meer rimpels, en is hij niet dikker geworden dan de laatste maal dat ik hem gezien heb. Maar dat platte gezicht, die gelaatstrekken, die vroeger goed gevormd waren, maar nu zonder uitdrukking, grote steeds starende ogen, een uitermate hard en eentonig stemgeluid... Hij liet het voorkomen alsof hij door Sir Robert Peel *uitgenodigd* was om naar Engeland te komen, en hij zei over koningin Victoria: 'Men zegt dat ze charmant is,' en beweerde verder dat alle Engelse vrouwen er ordinair uitzagen! Zelfs mijn echtgenoot, die een grote bewonderaar van Rusland is, zei: 'Als hij geen tsaar was, zou hij een vervelende vent zijn.' De tsaar was niet onvriendelijk tegen mij, maar hoewel hij toch mijn oom is: geen zwem van echte hartelijkheid, en zijn complimenten en kussen zijn alleen bestemd voor de *prinses van Oranje*. Hij had Orlow[1] bij zich, die geen gelegenheid voorbij liet gaat om hatelijkheden te debiteren over de Oostenrijkers, hetgeen ik van zeer slechte smaak vond getuigen. Wij hebben het gezelschap maar eenmaal ontmoet: een diner 'en famille'. De volgende morgen gingen zij scheep naar Engeland, daar blijven ze tien dagen, dan komen ze weer in Den Haag, waar ik dan van hieruit heen ga, en vervolgens reizen ze naar Kissingen – voor het bronwater – en naar Berlijn en Kopenhagen. Steeds maar onderweg, zonder iets te zien en zonder iets te *willen* zien.

1. Aleksei Feodorowich, prins Orlow (1786–1861), adviseur van tsaar Nikolaas I, op wie hij heel veel invloed had.

Den Haag, 13 juni 1844

Daar zit ik dan weer in mijn kleine salon en denk aan u. Niets is veranderd, geen stoel is verschoven. Nu ik voor de tweede maal in Den Haag terugkom zonder u hier te vinden, voel ik opnieuw hoezeer ik u mis.

Ik verliet Het Loo om de tsaar te ontmoeten, maar in plaats van de beloofde twee dagen is hij maar vierentwintig uur gebleven, omdat hij naar Rusland teruggeroepen werd wegens levensgevaarlijke ziekte van zijn derde dochter. Hij was maar matig verrukt van Engeland; de koningin en prins Albert vielen wel bij hem in de smaak. Hij had maar twee knappe vrouwen gezien. De militaire parade te Windsor vond hij onverklaarbaar slecht, en hij had geen woorden voor het feit dat Sir Robert Peel naast het rijtuig van de koningin stond in een geklede jas en met een strohoed op! Hij was vol lof over de politie; ik denk dat ze er hun handen vol aan hadden met hem te beschermen! (Zelfs in Rotterdam werd een Pool gearresteerd die bepaald geen vriendelijke bedoelingen had.) Op de enige ochtend van zijn verblijf hier, liet de koning te zijner ere een parade houden, die hij zei te bewonderen, maar Orlow lachte en vond alles even slecht – ik denk dat *hij* de gedachten van zijn heer en meester onder woorden bracht. Na zijn vertrek regende het onderscheidingen, zelfs voor alle officieren van de koning. *Mij* gaf hij een armband, hij sloofde zich uit om vriendelijk te zijn, maar dat raakt me niet.

Ik was graag gisteren weer teruggegaan naar Het Loo, maar mijn echtgenoot wilde dat ik bleef voor de verjaardag van prins Hendrik, dat is vandaag. Dus vertrek ik vanavond, gelukkig dit huis weer te kunnen verlaten, waar het zo saai is als de kinderen er niet zijn...

Het Loo, 19 juni 1844

Ik was liever naar Ischl gegaan, maar ik moet nu eerst vlug naar Italië, voor de zeebaden daar, die in tegenstelling tot onze noordelijke wateren maar tot einde augustus goed zijn. De prins brengt mij tot Genua en vertrekt weer over veertien dagen; ik reis dus alleen terug en ben dan vrij om te doen wat ik wil. Ik maak desnoods een omweg om u even te zien, dat is zo nodig voor mijn zieleheil als de lucht van Italië voor mijn lichamelijke gezondheid. 29 september is de verjaardag van mijn vader, hij wil graag dat ik dan bij hem ben.

U bent erg bescheiden; ik heb gehoord van het succes dat u in Wenen gehad hebt. Ook al liet u het innerlijk koud, het geeft toch een prettig gevoel van zekerheid.

Ik kwam vrijdag hier op Het Loo terug; er was een ware invasie, tien gasten voor de valkenjacht. Vandaag zijn ze weer vertrokken. Wij hebben afschuwelijk slecht weer gehad, behalve op mijn verjaardag; toen kwam de koning met een heel gezelschap uit Den Haag. Die anderen voor de jacht, de koning voor mij, of liever: om op de buitenwereld die indruk te maken.

Al die bezoeken kunnen mij niet amuseren; wat ik nu prettig vind is paardrijden; galopperen over de heide schenkt me wat ik niet in gezelschap van anderen vind: vergetelheid...

Ik wilde, dat ik u mijn twee jongetjes kon laten zien. De oudste is wat magerder geworden, maar zo gegroeid. En het kleintje is schattig, hij heeft twee tandjes, goddank krijgt hij ze zonder veel pijn. Ik bemoei mij hier haast uitsluitend met de kinderen, de dagen gaan vlug genoeg voorbij...

Aan boord van het stoomschip, bij Keulen, 17 juli 1844

Ik ben later dan ik van plan was van Het Loo vertrokken, om de prins gelegenheid te geven helemaal beter te worden. Hij had een hevige aanval van geelzucht en is nog steeds bruinig van tint. Op weg naar huis deed ik Soestdijk aan, het zomerverblijf van de koningin, om daar afscheid te nemen.

Nu ik goed en wel op reis ben, voel ik me prettig, maar ik vond het erg moeilijk om van mijn kinderen weg te gaan. De oudste, die wat lastig wordt, was tegen mijn verwachting in zo aanhankelijk, zo bedroefd, dat ik me ellendig voelde. Maar de reis zal versterkend zijn, zowel voor mijn lichamelijke toestand als voor mijn moreel. De prins is in een goed humeur.

Venetië, 8 september 1844

Sinds eergisteren ben ik hier. Wat is Venetië onvoorstelbaar prachtig. Geen levende ziel die ik ken, en toch leef ik als onder een betovering...

Den Haag, 23 oktober 1844

Mijn dagen zijn miserabel. Ik weet niet – en wil niet weten – wie verantwoordelijk is voor de vervreemding tussen mij en [   ][1]. Maar ik heb geen rust meer. Al die dingen geven me zorg en ergernis. Geleidelijk raak ik in de stemming, die u in Stuttgart eens omschreven hebt als 'onrechtvaardig uit pure verbittering'. Ik heb nergens zin in; de dagen kom ik wel door met lezen en schrijven en de kinderen, maar 's avonds en vooral 's nachts (iedere nacht) voel ik me diep ellendig.

Ik hoop dat u naar Florence of Parijs wordt overgeplaatst. Schrijf mij, geloof me, de correspondentie met u is een van de weinige genoegens die me gebleven zijn.

1. Opengelaten in de tekst, maar stellig is prins Willem bedoeld.

Den Haag, 2 november 1844

Ik leef in hoofdzaak voor mijn kinderen. Ik studeer, ik lees Tacitus (boeiend) en een heel goed boek, *Les Césars* door de graaf De Crespigny. Wat een tijden waren dat! Caesar-zijn betekende: een halfgod zijn, *alles* mogen. Wat is een monarch in onze dagen vergeleken bij de heersers van toen, en onze luxe naast hun verfijnde weelde! Ik geniet nu pas werkelijk van mijn reis, want die heeft mij zoveel nieuwe gezichtspunten, zoveel onderwerpen voor lectuur geschonken. Wanneer na het diner dat nare, saaiste uur van de dag aanbreekt, sluit ik mijn ogen en tracht me weer de schilderijen, de standbeelden, de monumenten voor de geest te halen, die me zo getroffen hebben.

Den Haag, 19 november 1844

Vrijdag had ik u willen schrijven, maar toen is er iets gebeurd dat eigenlijk nogal vulgair is. Naast mijn schrijftafel, op een hoekkastje, staat een cassette met blanco postpapier, die ik zeker vier of vijf maal per week gebruik. Vrijdag had ik een vel papier nodig; uit de cassette viel een brief. Ik dacht dat het een oude brief van mij was, die ik daar had laten liggen. Ik las: 'Mon cher Prince.' De brief was geschreven door een vrouw, gedateerd 'Amsterdam, woensdag'; een bedankje voor een of ander geschenk; kennelijk een danseres of zo iemand, en ondertekend 'J.P.'. Het had niet veel te betekenen, wat lieve woordjes en dank. Die schrijfcassette gebruik ik sinds dit voorjaar vrijwel dagelijks, ja haast ieder uur. Ik had hem bij mij op Het Loo, en tijdens mijn afwezigheid was hij afgesloten, hoewel ik er geen beschreven papier in bewaar. Bewijzen van ontrouw heb ik niet nodig, details kunnen me niet schelen.

Wat belangrijker is, toen ik de laatste maal in Stuttgart was, heb ik Papa mijn erewoord gegeven dat ik nooit meer ergens naar zou vragen of proberen iets te weten te komen; dat is het beste, dat bespaart me verdriet. Wat mij met ontzetting vervult is het feit dat iemand blijkbaar de macht heeft *in* mijn kamer en *aan* mijn persoonlijke bezittingen te komen. De brief was ook kennelijk *gestolen* van de eigenaar. Ik vertelde het hem, hij schrok, zei dat het een oude geschiedenis was, enz. Ik ondervroeg iedereen die hier toegang heeft: dienstboden, kindermeisjes. Niemand heeft iets gezien, en ik begrijp ook niet wat voor belang iemand erbij kan hebben om mij dat ding te laten zien. Behalve één mens, de koningin, die weet dat wij nu vrede gesloten hebben en die ons weer uit elkaar wil drijven. Neem mij niet kwalijk dat ik zo uitvoerig schrijf over een affaire die alleen maar voor mij van enig belang is, maar het heeft me zeer beziggehouden, en het geeft me het gevoel alsof er onzichtbare krachten rondom mij aan het werk zijn; dat maakt me verschrikkelijk bang.

Het is nu dinsdag, een mistige Hollandse dag. Ik heb straks een groot diner voor de Raad van State en de Staten-Generaal (er zijn heren bij met heel wat eisen tot hervorming). Mijn kinderen maken het goed, ik tracht mijn blik gericht te houden op de lichtpunten in mijn bestaan, om dat zo goed mogelijk te kunnen dragen.

Den Haag, 3 februari 1845

Ik houd heel veel van mijn zuster, zij is de beste ziel die er bestaat; maar zelfs in onze briefwisseling stoot ik me aan haar. Zij heeft massa's vooroordelen; op zichzelf zou dat niet zo erg zijn, maar zij verandert voortdurend van mening en wijst dingen af zonder de reden daartoe te onderzoeken. Op het ogenblik is zij niet ongelukkig. Zij heeft van allerlei te doen; maar ik beef wanneer ik denk aan haar oude dag: geen kinderen, geen positie. *Ik* heb zorg om mijn kinderen, maar niet voor mijzelf. Het ergste komt, wanneer de koning voorgoed zijn ogen sluit, ik smeek God op mijn knieën dat het nog heel lang moge duren voor het zover is. Een geestelijk gestoord mens – en erger nog. Een zwakkeling zou zich laten leiden uit eigenbelang, een volslagen krankzinnige kan men het gezag ontnemen, maar dit onberekenbare mengsel van absurditeit, onmenselijkheid, dwaasheid – met daar tussenin ogenblikken van welwillendheid en rechtvaardigheid – zelfs een Talleyrand zou hem niet aankunnen. Het afschuwelijke van mijn positie is, dat *ik* vaak de schuld krijg van zijn dwaasheden en dat sommigen, met wie ik dagelijks moet omgaan, er een duivels plezier in scheppen op alles kritiek te hebben, op het model van mijn schoenen, de kleur van een japon, op alles, alles. Op het ogenblik is hij verliefd op madame Eastbourne, dat vind ik niet zo erg; voor haar plezier heeft hij een bal costumé georganiseerd. Ik zie hem haast nooit. Een hevig geschilpunt is zijn *adem*, die iedereen opvalt en die vermoedens wekt... Het is zo erg, dat mijn kleinste jongen, op wie hij dol is, begint te huilen als hij hem een kus wil geven – op een afstand houdt hij wel van zijn vader...

3 maart 1845

Het bal duurde van acht uur 's avonds tot drie uur in de nacht, het was het vrolijkste feest dat ik ooit heb meegemaakt in Den Haag. Mijn kostuum was goed en oogstte bewondering. Ik droeg een zilveren kleed en daar overheen een met diamanten bestikte tuniek, op mijn hoofd had ik twee vleugels van zilvergaas, ook met diamanten en bloedkoralen geborduurd. Iedereen vond me mooi, maar ikzelf voelde mij niet zo. Ik was 'triste', en omdat ik helemaal aan het einde van de zaal zat, tussen twee dames waarvan de ene aan het koketteren was en de andere voor zich uit staarde, deed ik er ook maar naar hartelust het zwijgen toe. Ik voelde mij zo eenzaam – er was geen sterveling die iets voor mij betekent! Fluweel en diamanten en zilver en goud, en een schitterend bal, maar niet voor mij. Ik zal zien dat ik een stukje courant bemachtig met een verslag van het feest.

18 maart 1845

Er is op het ogenblik iets dat ik erg vervelend vind (ik reken er op dat dit tussen ons blijft): prins Frederik is verliefd op mij, hij komt vier à vijf maal in de week bij mij op bezoek, schrijft me steeds briefjes – ik zorg er voor dat ik die *nooit* beantwoord – en wanneer ik bij zijn vrouw ben, komt hij altijd bij ons zitten. Zij kijkt soms eigenaardig. Het is mij onmogelijk om van hem te houden, en koketteren ligt niet in mijn aard. Ik heb dus geprobeerd hem zoveel mogelijk te ontlopen en nooit op zijn briefjes gereageerd. Ik geef hem mijn antwoord waar zijn vrouw bij is, dan bloost hij als een op heterdaad betrapte dief. Ik wil niets, niets anders dan met rust gelaten worden. Er moet heel wat gebeuren voor mijn hart weer ontwaakt. Ik zie er *niet* goed uit, alleen op de repetitie voor het bal costumé, toen droeg ik een ander kostuum, ook heel mooi, ik zag er beter uit dan ik in jaren gedaan had. Ik hoorde een van de heren tegen een ander zeggen: 'Wat een schoonheid, om een man gek te maken.' En de oude Van Zuylen[1] werd sentimenteel, en [   ][2] stotterde iets (dat is *zijn* manier om zijn gevoelens te tonen), maar toen ik om drie uur in de nacht thuiskwam, stelde ik mijzelf de vreselijke vraag: 'Nu... èn?' – die op *niets* uitloopt. Nee, nee, ik heb liever een brief van u, zo een als ik vanmorgen ontving, dan al dat lege lawaai.

Volgende maand komt prinses Sophie[3] hier, en op 14 april gaan wij naar Amsterdam.

1. Mr. Hugo van Zuylen van Nyevelt (1781–1853), diplomaat en minister van staat, gehuwd met jonkvrouwe Cornelia Adriana Boreel die van 1849 tot 1875 dame du palais van Sophie was.
2. Opengelaten in de tekst, maar waarschijnlijk is de prins bedoeld.
3. Schoonzuster van Sophie.

11 april 1845

Heel veel moeilijkheden thuis; sinds zijn herstel heeft de prins aanvallen van waanzinnige razernij, hij is onhandelbaar – ziek en zonder vriend leid ik een verschrikkelijk leven. Zo is het de hele week geweest.

Prinses Sophie en haar echtgenoot zijn hier. Zij betekenen niets voor mij, maar zij kwellen me tenminste niet; men is natuurlijk verplicht hen te fêteren, en ik ben niet in de stemming om uit te gaan.

Het is slecht weer, oostenwind, koud, lange dagen en toch geen lente...

23 april 1845

Sinds ik u voor het laatst schreef, zijn de onenigheden tussen mijn man en mij tot het hof doorgedrongen; degene die mij het slechtst behandelde, was de *vader*. Ik vroeg hem te spreken, dat werd geweigerd, toen wendde ik mij tot de *broer* van de vader, die mijn partij koos en verklaarde dat men zich schandelijk tegenover mij gedroeg, dat er geen sprake was van rechtvaardigheid, en dat er alleen maar naar een partij geluisterd werd en nooit naar de andere. Tenslotte kwam *hij*[1] bij mij, hij kon mij niets verwijten en was echt wel vriendelijk, maar ik kan hem nooit vertrouwen. Nu heb ik weer rust, en dat is al wat ik verlang. De hoop op eigen geluk heb ik al lang opgegeven, maar ik was bezorgd om mijn kinderen; *zij* zijn mijn hoop, mijn toekomst. Intussen ben ik heel

ziek geweest, de ergste verkoudheid die ik in de loop van de winter gehad heb. Ik ben in bed gebleven en alleen opgestaan voor een bal bij
prins Frederik; zij hadden er aan gedacht ons uit te nodigen, en dus wilde ik mijn gezicht laten zien. Ik bleef er een paar uur...

1. Kroonprins Willem.

Het Loo, 2 juni 1845

Ik hoor geen nieuws, ik leef hier volstrekt eenzaam. De prins is een
week in Den Haag geweest en pas gisteren teruggekomen, met prins
Alexander. Ik weet niet of diens aanwezigheid storend zal zijn; tot nu
toe genoot ik werkelijk van de rust, ik ben tevreden. Ik zit uren achter
elkaar in de tuin, de seringen zijn zo prachtig, de lucht is één en al geur.

Lord William Russell kwam mij opzoeken, hij bleef hier een dag. Hij
is oud geworden; het was slecht weer toen hij hier was en ik voelde mij
niet goed, maar ik vond het erg prettig hem te zien. Hij vertelde mij van
allerlei over Engeland. Hij verwacht veel van de Whigs en hoopt dat hij
als volgende standplaats Wenen zal krijgen.

Het verbaast mij niet, dat Jérôme[1] Miss L. ten huwelijk heeft gevraagd. Hij gedraagt zich nu eenmaal altijd absurd, maar ik heb met
hem te doen, ik houd hem de hand boven het hoofd, want hij is zielig
– ik ken hem al dertien jaar. Zijn moeder was een heilige, ook voor mij
is zij als een moeder geweest, de enige die ik ooit heb gehad.

1. Sophies neef, Jérôme Bonaparte.

Het Loo, 5 juni 1845

Ik ben in Amsterdam geweest om Rachel[1] te zien optreden. Ik ben verrukt, wist niet dat zij zó goed speelde, vooral haar houdingen en geba-
ren waren volmaakt. Dat deed mij beseffen hoe links *wij* ons in het gewone leven meestal bewegen. Enfin, ik ben weer terug in mijn eenzaamheid, maar vol nieuwe indrukken, en opgewekt.

1. Franse actrice in 'klassieke' stukken 1820–1858.

Den Haag, 10 augustus 1845

Ik ben nu twaalf weken van huis geweest, de langste afwezigheid sinds
mijn huwelijk. Uiteindelijk was ik blij weg te gaan, omdat ik ziek was
kon ik niet wandelen: *de* attractie van Het Loo. Ik zag er bovendien afschuwelijk uit, vol uitslag – ik ben blij dat er niet meer dan een paar
rode vlekken zijn achtergebleven.

De koningin is nog steeds te Soestdijk, de koning kwam gisteren uit Engeland terug, buiten zichzelf van vreugde, stralend – al heeft volgens *onze* bescheiden mening de koningin van Engeland hem gekleineerd zoveel zij maar kon. Daarin had zij ongelijk, vind ik, want wat hij ook moge voorstellen als koning en als man, hij is een dapper soldaat geweest in Engelands dienst. Hij zei, dat hij volkomen overweldigd was door de grootheid en pracht van Londen. Dat is al wat ik tot nu toe gehoord heb, want hij had haast. Vandaag dineer ik aan het hof. Ik zou zo graag de koningin van Engeland ontmoeten, wanneer zij langs de Rijn naar Duitsland gaat, maar de prins voelt er niets voor.

Den Haag, 24 augustus 1845

Ik ben alleen in Den Haag. De koning, de koningin, de prins en zijn broer zijn eergisteren voor een dag of veertien naar Luxemburg vertrokken. Zij hadden medelijden met mij, omdat ik alleen achterbleef, maar ik vind mijzelf daarom niet beklagenswaardig. Voor zij weggingen kreeg ik toestemming de volgende maand vakantie te nemen. Ik vertrek op 10 september van hier en hoop dan de 22ste in Baden te zijn, tot de 28ste wanneer ik voor de duur van de maand oktober en een gedeelte van november naar Strelitz ga.

Den Haag, 25 augustus 1845

Wij hebben hier op het ogenblik een aartshertog van Oostenrijk, een jonge man van tweeëntwintig jaar, hij kwam op de dag toen de koning vertrok, bracht een avond bij mij door, bleef dineren.

Aanvankelijk vond ik het erg jammer dat ik niet naar de Rijn kon gaan, maar nu ben ik er blij om. Ik hoor van de aartshertog, dat koningin Victoria zich onvoorstelbaar onbeleefd gedragen heeft. De keizer van Oostenrijk heeft hem speciaal gestuurd om haar te begroeten, maar zij heeft zich maar eenmaal verwaardigd iets tegen hem te zeggen. De koningin van Pruisen behandelde zij op dezelfde manier; groot en klein, iedereen is verbijsterd. Vermoedelijk kwam het allemaal door het ongewone van de situatie. Dat neemt niet weg dat zij veel mensen beledigd heeft. De koning en koningin van Pruisen kwamen haar iedere dag halen voor het diner, zij liet hen dan een tijd wachten zonder ooit een woord van verontschuldiging. Als een concert haar verveelde, ging zij voor het einde weg.

De ontmoeting met de aartshertog deed de gehele Habsburg-familie met al hun honderdjarige vooroordelen voor mij herleven. Sommige mensen leven als het ware in een kelder, waar nooit daglicht binnendringt. Een dergelijk bestaan vind ik nog meelijwekkender dan het mijne. Vandaag is het een schitterende, warme, on-Hollandse dag.

Den Haag, 8 september 1845

Er is grote ongerustheid onder de bevolking hier. Er heerst een aardappelziekte: aardappels vormen het belangrijkste voedingsmiddel, niemand weet hoe de *armen* de volgende winter moeten doorkomen. O, als ik aan de winter denk, wat zie ik daar tegen op. Het weer is nu ook onaangenaam, helder maar koud, ik voel de schrale wind.

Ik verheug mij erop u mijn jongste te laten zien, hij is een lief rustig kind, heel anders dan zijn broertje. Over een paar dagen wordt hij twee jaar.

Ik ben zo treurig gestemd. De prins heeft weer driftbuien, lijkt meer en meer geestelijk gestoord.

Den Haag, 4 december 1845

Goddank, wij zijn gisteren tussen vijf en zes uur veilig aangekomen. Het was een heel moeilijke tocht, hoewel zonder ongelukken verlopen. Aan boord was ik als verstijfd door kou en vocht. Wij kwamen overal met vertraging aan en kregen dan kamers waar veel te hard gestookt werd. Maar de kinderen maken het uitstekend; zij zijn zelfs niet verkouden geworden. Tussen Rotterdam en hier hebben we onweer gehad, een storm, met bliksem en hagel, en dat op 3 december.

Voor het eerst voelde ik wat een zegen het is een eigen huis te hebben, een warme kamer, een haardvuur, bloemen, een gemakkelijke stoel – en ik vond mijn woning *prettig* door al dat comfort. Ik kleedde me en ging naar de koningin. Zij en de koning kwamen juist terug van het diner. Hij was beleefd en zij stijf, maar niet onhebbelijk. Prinses Albert[1] is een dag vóór mij aangekomen. Zij logeert in het Oude Hof, heeft haar eigen huishouding en blijft de hele winter. Ik heb haar nog niet gesproken. Na het 'koninklijke bezoek' was ik *op*, ging naar huis en zat bij het vuur...

Iedereen is druk bezig, de bagage nog niet uitgepakt en massa's mensen komen om een audiëntie vragen. Ik ben moe. Het is nat weer, er zijn veel lekkages.

1. Prinses Marianne der Nederlanden, dochter van Willem I, gehuwd met prins Albert van Pruisen.

Den Haag, 18 december 1845

Ik heb prinses Albert nu driemaal ontmoet. Zij is veranderd. Omdat ik treurige ervaringen heb opgedaan met haar neiging over te brieven wat ik zeg en leugens te vertellen, blijf ik haar maar uit de weg. Prins Frederik heeft waarschijnlijk van hogerhand strikte orders gekregen. Als ik bij zijn vrouw kom, vertoont hij zich niet, terwijl vorig jaar mijn rijtuig nauwelijks voorgereden was, of daar kwam hij al aan. Hij heeft mij tweemaal opgezocht, een keer toen zijn vrouw er al was, en een keer met haar samen. Op het bal bij mij thuis klampte hij mij aan, maar ik liep weg. Het is dwaas van haar jaloers te zijn. Ik zal haar daar geen enkele aanleiding toe geven.

Den Haag, 2 januari 1846

Graaf Golz[1] over wie u schrijft, is nog niet gekomen. Ik geloof niet dat er ooit sprake zou kunnen zijn van een liefde tussen hem en de prinses. Op het ogenblik heeft zij zoals gewoonlijk weer iets met iemand van een zekere klasse. Voor ik ziek werd hebben we daar gedineerd: de koning, de koningin, de hele familie. Omdat ik graag wat brood wilde hebben, vroeg ik aan prins Frederik: 'Welke taal moet ik met het personeel spreken?' Hij zei: 'Het zijn allemaal Hollanders, behalve die bijzonder knappe Italiaan daar, de maître d'hotel.' Inderdaad, heel knap, donker, met de onaangename sluwe gezichtsuitdrukking die men bij veel Italianen ziet. Er werd likeur gepresenteerd, de koning vroeg hem er iets over, en de man antwoordde met een familiariteit die geen bediende in mijn huis, of in welk fatsoenlijk huis dan ook, zich zou veroorloven. Ik veracht de prinses meer dan wie ook, want zij heeft geen zedelijk gevoel, maar ik heb ook medelijden met haar. Zij is er slechter aan toe dan ik.

1. Adjudant van Prins Albert van Pruisen.

13 januari 1846

De prins gaat niet uit het leger, maar is zijn titel van inspecteur-generaal kwijt. Het was natuurlijk maar een honoraire functie. Hij hoefde er niets voor te doen, bedankte zelfs voor de eer. Au fond had hij geen ongelijk, maar de manier waarop hij er zich van afgemaakt heeft, de omstandigheden die hem ertoe gebracht hebben, zijn gek. Hij heeft een stormachtig onderhoud met de koning gehad, dat met verzoeningskussen is geëindigd; nu zijn zij koel tegen elkaar. Ik heb mij er buiten gehouden, wil er ook niets mee te maken hebben.

23 januari 1846

Ik ben diep bedroefd. Die arme prins Frederik heeft zijn enige zoon verloren. Hij stierf vanmorgen, na ruim een week ziek te zijn geweest, tien jaar oud. Met hem is de toekomst van de prins vernietigd – wat hij heeft verworven, opgebouwd, de banden met dit land – alles weg. Hij is wanhopig. *Zij* is heel beheerst, ik zou zeggen: koud. Maar ik denk dat zij haar verdriet opkropt. Tijdens de ziekte van zijn zoontje is prins

Frederik sterk verouderd, zo heeft het hem aangegrepen. Het kind was zijn oogappel, niet echt lief, maar intelligent en veelbelovend.

zaterdag

Nadat ik het bovenstaande geschreven had, gisteren, ben ik naar prins Frederik en zijn vrouw gegaan. Zij brachten mij bij het lijkje. Ik had nog nooit een dood kind gezien, het is verschrikkelijk. Die waskleur, die spitse gelaatstrekken, het achtervolgt me. Frederik snikte als een klein kind en zei: 'Daar ligt al mijn liefde, nu is het voorbij.' Ik zou willen dat zij op reis gingen, om dan later als het ware een nieuw leven te beginnen. Om nu de gewone dagelijkse gang van zaken weer op te vatten is haast onmogelijk. Ik ben zo bedroefd, zo bedroefd; als mij zoiets zou overkomen, bij God, ik hoop dat ik dan ook mag sterven. Natuurlijk ontvang ik niemand. Onze rouw duurt weken. De begrafenis is woensdag of donderdag aanstaande. Ik loop steeds naar mijn kinderen, om te zien, te horen, te voelen dat zij *leven*.

9 maart 1846

Ik geloof niet dat er ooit in de hele geschiedenis een zo immorele regeringsvorm heeft bestaan als die van de Russen. Ik vind het walgelijk dat mijn broer nu weldra onder hun invloed komt. Hij heeft een zwak karakter. Ik kreeg een kille, stijve, vormelijke brief van zijn bruid.

's Morgens komt prins Frederik vaak bij mij. Zijn ongeluk deed hem terugkeren. Hij denkt aan niets anders dan aan de jongen die hij verloren heeft, en huilt, ik heb onzegbaar medelijden met hem.

4 april 1846

Ja, het is waar, wij moeten eigenlijk uitsluitend op onszelf vertrouwen, met Gods hulp op onszelf, het *moet*. Wat mij in mijn leven overkomen is, was het gevolg van een onevenredig grote behoefte, een ware *honger*, naar genegenheid. Al die dingen vinden hun oorsprong in onze kinder- en jeugdjaren. Wie dan echte liefde, wederzijds vertrouwen en geluk gekend heeft verlangt er later niet met een zo intense heftigheid naar bemind te worden en lief te hebben. Vroeger heb ik er wel eens op mijn knieën om gebeden in staat te zijn mij op te offeren voor iemand van wie ik hield, en dan mijn ogen dicht te doen en te slapen. Degenen die dergelijke gevoelens nooit gekend hebben, bereiken misschien ook nimmer die koninklijke zelfstandigheid waarover u schrijft... Niets valt mij zo zwaar, mijn gehele karakter verzet zich ertegen. Wat men misschien in mij aantrekkelijk vindt, is geen genie of verstand, maar het verlangen, de begeerte, om andere mensen te begrijpen. Ik ben in wezen eenvoudig; mijn positie en omstandigheden verplichten mij alléén te leven. Byron spreekt ergens over 'de bladerloze woestijn van de geest, de dorre vlakten van nooit geleefde emoties.' Die versregels troffen mij als zo juist, zozeer van toepassing op *mij*, dat ik ze nooit heb kunnen vergeten.

16 april 1846

Een vreemde verrassing met betrekking tot Het Loo. Ik heb ontdekt dat de prins daar een soort van kroeg inricht, en er zijn maîtresse installeren wil. Hoewel ik vastbesloten ben nooit meer navraag te doen naar zijn schandalen, kan ik *zoiets* toch niet dulden, want het brengt Het Loo in diskrediet. Men zal zeggen: 'O, daar gebeuren de gekste dingen, de prinses is er ook en zal zich wel op haar manier schadeloosstellen. Anders liet zij iets dergelijks niet toe.' Indien hij mij niet in tegenwoordigheid van een derde op erewoord belooft dat het niet gebeuren zal, wil noch kan ik naar Het Loo gaan.

Ik heb een verschrikkelijk verhaal gehoord: laatst op een nacht heeft men in de straten van Leiden een dronken vrouw opgepakt en naar het politiebureau gebracht. In de cel vonden ze een andere vrouw, die ze een week eerder gearresteerd en daarna gewoon vergeten hadden. Zij was stervende. Denk u eens in, acht dagen zonder voedsel of drinken. De cel lag aan het einde van een binnenplaats, niemand kon haar horen. De minister van justitie heeft het mij zelf verteld. Is dat niet een voorbeeld van echt *Hollandse* laksheid?

Den Haag, 11 mei 1846

Twee dagen gelegen kreeg ik een uitnodiging van de tsarina van Rusland om haar in Salzburg te ontmoeten. Ik heb de invitatie afgeslagen: die lange reis; mijn kinderen alleen laten; ook mijn gezondheidstoestand staat mij niet toe dag en nacht zonder ophouden te reizen. Ik voel mij te onwel om plannen te maken, ik heb overal genoeg van. Ik weet alleen maar dat ik nooit meer kan liefhebben. De prins heeft verklaard dat hij zich behoorlijk wil gedragen, en dus ga ik naar Het Loo, waarschijnlijk volgende week.

Ik ben het met u eens, dat de koning het Huis te Voorburg zou moeten kopen en het mij in persoonlijk eigendom geven. Ik heb daar ook al over gedacht, maar het verkeert in slechte staat. Er zou dadelijk voor wel tienduizend pond sterling herstelwerk uitgevoerd moeten worden.

Tijdens een van de laatste dagen van ons verblijf in Amsterdam heb ik een uitstapje gemaakt naar een stadje in Noord-Holland, Hoorn, waar ik (in een particulier huis) mooie schilderijen zag, en mooie oude gouden en zilveren bekers uit de Spaanse tijd... en een antiquiteiten!

Daar lagen door elkaar: sieraden uit de dagen van Frans I, schatten uit China, prachtige voorwerpen van houtsnijwerk, ivoor, kastjes van lakwerk. De eigenaar rookt slechte tabak, woont in de donkerste hoek van zijn huis als een straatarme man, terwijl die verzameling miljoenen waard is... Dergelijke types bestaan alleen in Holland of in de romans van Balzac. Maar na mijn vertrek zei hij tegen mijn secretaris, dat hij mij een geschenk wilde geven 'omdat zij iets bijzonders in haar ogen heeft', en hij stuurde mij een mooi antiek lijstje en een paar miniaturen. De bevolking van Amsterdam was erg aardig tegen mij, dat vond ik prettig. Iedereen vindt het prettig aardig gevonden te worden...

15 augustus 1846
De prins is nu weer iets beter. Elke keer wanneer hij in de afgelopen tijd een aanval kreeg, gedroeg hij zich als een waanzinnige. Op een ochtend, toen ik zat te schrijven in de kleine salon, u weet wel, stormde hij naar binnen en krabde mij zonder enige aanleiding zó op mijn armen, mijn hals en keel, dat de krassen van zijn nagels nog te zien zijn. Op een andere dag liet hij me door een bediende het bevel overbrengen dat ik met mijn hofdames in mijn *slaapkamer* moest eten. Alleen al die aanblik van dat woeste gezicht, dat slordige lange haar en de manier waarop hij rondbeende – men kan het geen lopen noemen – maakte me ziek van afschuw. Nu is de storm uitgewoed en is hij zichzelf weer. Maar, hoewel hij iedere dag door mijn zwarte lange handschoenen herinnerd wordt aan de krassen op mijn armen, geen woord! Net als een kind dat ondeugend geweest is probeert hij het weer 'goed' te maken, door dineetjes te organiseren van het soort dat ik prettig vind, enz. enz. Ik heb een brief aan de koning geschreven, die vandaag thuis komt, en er zeker bij monde van prins Alexander en de heer Van Hall meer over zal horen.

8 januari 1847
Uw brief en nog twee andere brieven uit Engeland kreeg ik tegelijkertijd: één was van mijn neef Bonaparte,[1] die op het ogenblik in Londen is. Hij schrijft: 'Weet u, dat er in een door iedereen geminacht, maar veelgelezen schandaalblad een artikel verschenen is over uw echtgenoot en u, aangeduid met initialen, verschrikkelijk vervelend, j'en ai été désolé. Gelukkig is het niet opgevallen.' Alstublieft, lieve vriendin, wilt u die krant, of een afschrift van het bewuste artikel, voor mij bewaren. Ik wil het hebben. Ik voel altijd dat het nodig is volledig op de hoogte te zijn... Er gebeurt hier niets, zelfs de politiek is dood. Ik ben altijd blij wanneer er vergaderingen zijn van het Engelse parlement en de Franse Kamer van Afgevaardigden – dan hoort men tenminste iets.

1. Jérôme Bonaparte.

2 februari 1847

De koning van Pruisen staat op het punt een grondwet uit te vaardigen. Dat zal wel een knoeiboel zijn; een hele massa woorden waarvan er geen een werkelijk past bij de mentaliteit en de problemen van zijn volk. Wanneer ik zoiets lees, 'een grondwet geven', moet ik lachen – alsof een grondwet niet neerkomt op een geheel van gewoonten en gevoelens van een volk, noodzakelijkerwijs van dat volk zelf en *niet* van de hoogste autoriteiten afkomstig! Wat ik in Engeland het meest bewonder is het feit dat jullie bewind gebaseerd is op jullie werkelijke behoeften; of jullie soeverein nu 'a' of 'b' is, doet niet ter zake. Jullie, het Engelse volk, schrijven hem zijn gedrag voor, en dat is dan Gods wil. Het is mijn streven, mijn ideaal, om mijn zoons dat *respect* voor het volk bij te brengen, dat ik nog nooit in een vorst gevonden heb. Ik voel in mijzelf een ambitie groeien voor mijn oudste kind. Ikzelf ben zo *dood* van binnen, dat ik nauwelijks meer iets durf te hopen; bovendien wat wij graag zouden willen gebeurt nooit op het ogenblik en in de omstandigheden wanneer het ons heel erg gelukkig zou maken...

13 februari 1847

Ik ben blij dat het lente wordt, dat ik weer naar Het Loo kan gaan. Niet dat iets in de afgelopen tijd mijn rust heeft verstoord, maar de eenzaamheid en stilte die *hier* mijn deel zijn, kan ik daar in de vrije natuur en in de open lucht genieten, en dan voel ik mij niet zo ongelukkig als tussen mijn vier muren in Den Haag. Toen ik onlangs nog eens oude paperassen doorkeek, kreeg ik plotseling de idee, dat er een tweede, *geheime*, geschiedenis van ons leven bestaat, in deze wereld voor ons verborgen, maar die wij in een ander, beter leven misschien zullen ontdekken. Dan zullen wij weten in welke mate anderen ons *werkelijk* hebben liefgehad òf gehaat, waarom sommige dingen die schijnbaar op het punt stonden te gebeuren, *niet* gebeurd zijn, wat de gevolgen zijn geweest van onze meest [   ]¹ opmerkingen, gedurende hoeveel uren, dagen, anderen aan *ons* hebben gedacht – zoals wij soms aan hen denken... Het zal merkwaardig zijn, een *nieuwe* bladzijde onthuld te zien van de geschiedenis van onze tijd. Dat, waardoor we nu zo getroffen worden, voelen we toch wel vaag aan als een schakel in een keten van ontwikkeling.

Wat ik hier allemaal opschrijf, is maar een droombeeld van mij, ik weet het, maar het kan niet anders, of een dergelijk inzicht zal behoren tot de glorieuze zegeningen van het hiernamaals.

Wat vindt u van die belachelijke Pruisische grondwet²? In Duitsland is iedereen er vol van.

1. Opengelaten in de tekst.
2. Koning Frederik Willem IV van Pruisen wilde wel een volksvertegenwoordiging toestaan, maar deze geen noemenswaardige bevoegdheden geven.

Den Haag, 20 februari 1847

Ik krijg veel brieven uit Stuttgart. De Princess Royal[1] schrijft mij ook, maar zo *bakvis*-achtig (niet kinderlijk, *dat* kan heel charmant zijn), alsof het leven één grote balzaal is, muziek, en verder niets. Misschien is het maar goed dat zij zo voelt, veel te begrijpen is after all voor een vrouw bepaald geen onverdeeld geluk.

Ik verlang naar Het Loo. Alstublieft, als u er kans toe ziet, stuur mij dan een paar mensen om mij daar gezelschap te houden. Ik zal hen met zoveel vreugde ontvangen.

1. Victoria, de oudste dochter van koningin Victoria van Engeland.

Den Haag, 29 februari 1847

Zoudt u zo vriendelijk willen zijn een boodschap voor mij te doen? Vorig jaar heb ik me uit Londen twee japonnen van mousseline laten sturen. Wilt u er alstublieft nog zo een voor mij uitzoeken? Ik had graag rose of lila, met veel stroken, omdat ik zo verschrikkelijk mager geworden ben. Voor het geval dat u een hekel aan winkelen hebt: er is geen haast bij, zegt u dat maar tegen iedereen. Ik heb die japon niet dadelijk nodig. Als men een en ander naar de Nederlandse legatie stuurt, komt het altijd in goede orde bij mij terecht.

Het weer blijft koud, en ik voel me ziek. Er gebeurt niets nieuws. Haast geen post, het slechtste winterseizoen sinds mensenheugenis...

Den Haag, 16 april 1847

U hebt volkomen gelijk met wat u schrijft over de prins, in dit belangrijke moment van zijn leven.[1] De eerste ogenblikken zijn beslissend. Maar om u de waarheid te zeggen, tijdens de recente gebeurtenissen heeft hij zich gedragen als een dove in hels lawaai. Iedereen was geschrokken, of ongerust, of wanhopig; alleen *hij* deed alsof er niets aan de hand was (sinds mijn laatste brief aan u, verkeerde de koning op 4 en 7 april weer in levensgevaar). Emotie, van welke aard dan ook, zelfs blijdschap, had ik kunnen begrijpen, maar deze volslagen ongevoeligheid is onvoorstelbaar.

Op het ogenblik is de koning veel beter; al sinds meer dan een week heeft hij geen attaques en geen koorts meer gehad. Hij ontvangt weer enkele mensen uit zijn entourage. Wij brengen hem bezoeken. Hij maakt een opgewekte indruk, maar zijn uiterlijk is verschrikkelijk veranderd. Vreemd, maar nu zijn gelaatstrekken zo scherp geworden zijn, en zijn gestalte alle jeugdige veerkracht verloren heeft, lijkt hij op zijn vader, wat eerst *niet* het geval was. Ik had erg met hem te doen, toen hij zo ziek was; andere mannen hebben hun vrouw of hun maîtresse om hen te verplegen of op te vrolijken, *hij* heeft niemand. Zij, de koningin, kan er niet tegen aan een ziekbed te zitten. Ik zei tegen zijn arts: 'Als hij me nodig mocht hebben, overdag of 's nachts, dan sta ik klaar, ik ben een goede verpleegster.' Hij bedankte mij zeer vriendelijk, maar er moet natuurlijk rekening gehouden worden met de echtgenote. Vandaag komt zijn dochter, van wie hij veel houdt.

1. Door de zeer ernstige ziekte van koning Willem II scheen troonswisseling nabij.

23 april 1847

Onze koning is genezen. Hij ging in staatsie ter kerke voor een dankdienst. Natuurlijk vergezelden wij hem allen, allemaal, behalve de prins, die thuis bleef, niet met boze opzet, maar omdat hij gewoon geen zin had. Ik probeerde hem over te halen, maar tevergeefs, hij ging *niet*. Iedereen was kwaad op hem. Prins Alexander is nu ook ziek. Hij heeft de een of andere slopende kwaal, tering. Ik weet niet precies wàt; hij loopt als een oude man en heeft voortdurend koorts en opgezette klieren. Sinds een maand houdt hij verblijf op Het Loo, maar er is geen sprake van enige verbetering.

Prinses Sophie is hier, zonder haar echtgenoot. Haar aanwezigheid bekent niets voor mij, ik ben alleen verplicht haar aangenaam bezig te houden.

Den Haag, 4 mei 1847

Wij hebben opnieuw allerlei ellende gehad. De koning stortte weer in – hij was niet zo erg ziek als de eerste keer, maar toch: een attaque, zijn mond is scheef gebleven, en hij is nagenoeg verlamd aan een arm en een been. Ik moet het allemaal verwerken, terwijl ik zelf in slechte conditie ben; ik voel me slap en ziek. Maar als er niets *ernstigs* gebeurt, blijf ik bij mijn voornemen om op de 17de aanstaande naar Het Loo te gaan, al is het weer bij voortduring verschrikkelijk koud en regenachtig.

De koning doet hartelijk tegen me. Hij weet hoeveel medelijden ik met hem gehad heb, met zijn veelgeroemde intuïtie voelt hij nu aan wie werkelijk op hem gesteld is en wie niet. Ik begrijp niets van zijn zoon, hoewel die eerlijk gezegd op dit ogenblik tamelijk geschikt tegen mij is. Wij zijn hier meestal onder elkaar, geen bijzonder opwekkend gezelschap, maar met prins Alexander, die terug is van Het Loo – weer wat opgeknapt en in goede stemming – heb ik een heel prettig contact. Niet, dat hij mij het hof maakt want hij weet nog niet wat een vrouw is, maar hij schenkt me alle vriendschap waartoe hij in staat is.

3 juni 1847

Prins Alexander is een paar dagen op Het Loo geweest, alweer iets beter, en heel zachtzinnig en kalm. Ik heb lange rijtoeren tête à tête met hem gemaakt en geluisterd naar zijn week gepraat over zijn gezondheid en zijn problemen. Vaak dacht ik bij mijzelf, het is net alsof ik alleen ben met een oud wijf.

Stel u voor, op Het Loo kreeg ik een brief van Thérèse Gautier, een circusartieste, die me schreef dat de prins van Oranje haar zekere voorstellen had gedaan, maar zij moest niets van hem hebben en wees hem in de meest grove termen af. Ik gaf hem de brief, hij zei geen woord, maar sindsdien is hij vriendelijk tegen mij, het lijkt alsof hij zich diep in zijn hart schaamt...

Het Loo, 29 juli 1847

Ik krijg geen brieven en schrijf zelf ook haast niet. In de *Gazette* las ik een bericht over de gezondheidstoestand van de koning; er stond in, dat een eventueel regentschap *niet* aan de prins van Oranje zou worden toevertrouwd. Geloof dat niet. De koning is – verbazingwekkend – veel beter, en zo lang hij leeft zal er nooit sprake zijn van een regentschap. Op het ogenblik heb ik niet te klagen over de prins, maar mijn hart is bedroefd, somber. Ik blijf hier alleen terwille van mijn kinderen.

28 november 1847

Na Mannheim[1] heb ik nog wat rondgezworven, één dag Weimar, dodelijk vervelend, daarna twee in Dresden. Dat was aangenaam: aardige mensen, mooie kunstverzamelingen, een vriendelijke ontvangst. Vandaar ging ik naar Berlijn, waar ik een week gebleven ben.

Het was heel interessant. Er gist daar iets nieuws, maar tegelijkertijd heersen er slapheid, gebrek aan besluitvaardigheid, en toch ook weer een soort van grillig despotisme in wat de regering doet. De koning is een zeer intelligent en aangenaam mens, iemand vol denkbeelden en fantasieën, hij is overal geschikt voor, behalve voor het koningschap. Er zijn verder verschillende geleerde, verstandige koppen; maar toen ik wegging vroeg ik mezelf af: waartoe zal dit alles leiden?

1. Kennelijk had Sophie in dat najaar nog een reis naar Duitsland gemaakt.

31 december 1847

Ik ben zo gegriefd en in de war. Stel u voor, de prins verbiedt mij aanwezig te zijn bij de lessen van mijn oudste jongen! Die heeft nu een gouverneur, en ik wil er zo graag bij zijn wanneer hij geschiedenisles krijgt.

Met laaghartige wreedheid tracht de prins mijn kind en mij van elkaar te scheiden – de enige rechtmatige echte troost die ik bezit van mij af te nemen – zo beestachtig heeft hij zich nog nooit gedragen.

Ik ga nooit uit, behalve naar het hof. Ik ontvang niemand, ik lees en lees maar; ik vind *Levens van de kanseliers* goed, en verder las ik ook nog *De Gedenkschriften van een arts* door Alexandre Dumas.

Wat mij werkelijk zeer ongerust maakt is het feit dat Van Hall[1] is afgetreden, de enige werkelijk bekwame man van het hele ministerie. Hij was niet geliefd, maar men had wèl vertrouwen in hem, vooral in Amsterdam, het *hart* van het land. Zijn opvolger[2] is niet veel meer dan een grote nul. Dit alles geeft blijk van zo bitter weinig kunde, en dat juist op het ogenblik dat de Staten-Generaal bijeenkomen en er veranderingen in de grondwet op til zijn...

1. Minister van financiën van 1843 tot 1848. Nadat de liberalen en vele conservatief-liberalen tegen de begroting hadden gestemd, achtte ook hij grondwetsherziening 'in ruimere zin' onvermijdelijk. Willem II werkte – toen nog I, tegen, en daarom verliet Van Hall de regering.
2. Jonkheer mr. W.L.F.C. van Rappard.

12 januari 1848

Wat u over kinderen zegt, is zo verstandig – ik wil het zelf niet anders, ik geloof ook niet dat een moeder haar kinderen les moet geven (behalve godsdienstonderricht), maar ik zou graag de geschiedenislessen van mijn oudste bijwonen omdat ik enig wantrouwen koester ten aanzien van de Hollandse opvattingen, die wemelen van vooroordelen. Ik wil ook de gouverneur van nabij meemaken, die een volslagen onbekende voor mij was toen hij in mijn huis kwam. Mijn jongen is zijn leeftijd vooruit, oprecht en flink. Onlangs wilde zijn vader hem dwingen iets te zeggen dat tegen zijn eigen overtuiging inging. Het kind zei tot driemaal toe 'neen', hoewel hij bang was voor de klap, die hij ten slotte ook kreeg, en daarna herhaalde hij nog eens: 'Ik zeg *toch* nee.' En bij die voortreffelijke eigenschap heeft hij een goed begrip, een goed geheugen, maar weinig of geen verbeeldingskracht, geen idealisme, om kort te gaan, geen charme, geen poëzie – zonder welke een man geen volledig mens kan zijn en die alleen een *vrouw* geven kan. Daarom voel ik, dat ik een goede invloed op hem kan uitoefenen. Ik heb lang stilgestaan bij dit onderwerp, maar het is op het ogenblik *heel mijn leven*, mijn gedachten zijn er zo van vervuld, dat de meeste andere dingen mij onverschillig laten.

Het is heel vriendelijk van u me te vertellen wat voor goeds men in Berlijn en Baden over mij gezegd heeft. Ik weet wel dat de oude koning van Hannover mij graag mag, hij was hoffelijk, galant zelfs, op een heel beminnelijke manier, gaf me bloemen en maakte mij complimenten.

Maar om mijn ijdelheid een domper op te zetten ben ik verplicht er aan toe te voegen, dat er onlangs in een courant gestaan heeft dat ik alleen maar in Berlijn geweest ben om echtscheiding te vragen. Dat is onzinnig; ik zou er mijn schouders over ophalen, ware het niet dat mijn vader het in zijn hoofd gehaald heeft mij met terugwerkende kracht een schrobbering toe te dienen vanwege die reis van zeven weken geleden.

Mijn gezondheid is op het ogenblik slecht. Ik geef haast dagelijks bloed op, en wanneer ik vlug van de ene kamer naar de andere loop, heb ik een gevoel alsof ik zal stikken. Ik heb wat afleiding gevonden in een paar anatomielessen door een Fransman, monsieur Lemercier. Hij heeft mooie modellen, die uitelkaar genomen kunnen worden. Ik volg die lessen samen met de oude heer Falk, dus niemand kan zeggen dat ik iets onbehoorlijks doe.

Ik heb *Jane Eyre* nog niet gelezen, maar ik hoor van Lady Cowley dat dit boek in Londen hét gesprek van de dag is, en dat niemand weet of het door een man of een vrouw is geschreven. Ik lees op het ogenblik *Geschiedenis van de verovering van Napels door Charles d'Anjou* van graaf A. de Saint Priest. Twee delen, zeer interessant en goed geschreven...

8 februari 1848

Ik leef van de ene dag op de andere, en zie geen mens. Wij kunnen geen bals en partijen geven, ook al zijn de berichten uit Madeira gunstiger. De prins gedraagt zich als een klein kind waar het zijn broer betreft. In het begin huilde en tierde hij, en was wanhopig. Ik had medelijden, voelde met hem mee; hij zei tegen verschillende mensen dat hij me dankbaar was voor mijn sympathie. Maar drie dagen later wilde hij een bal geven, hij had alles weer vergeten, en kon niet begrijpen dat ik zei dat dit eenvoudig niet kòn. Precies als een kind dat niet goed bij zijn verstand is.

18 februari 1848

Nieuws uit Madeira. Prins Alexander schijnt gered te zijn. Ik ben vooral blij voor de koning, die doodsangsten uitstond: zijn lievelingszoon! Misschien was er ook wel sprake van schuldgevoel, vanwege het trieste bestaan dat Alexander heeft moeten leiden.

Wij hebben het hier heel druk met de veranderingen in de grondwet[1]. Dat is een grootse opgave, tenminste indien men eerlijk en gewetensvol te werk gaat. Maar een dergelijke instelling zie ik nergens, het is treurig maar waar. Engeland is het enige land waar men het vaderland echt liefheeft. De Fransen houden alleen van zichzelf. In Duitsland is 'het Vaderland' een soort van mystieke droom.

Over een paar weken komt mijn neef Napoleon mij misschien opzoeken. Ik zal er van genieten, als de mensen maar niet zeggen dat hij verliefd op mij is. Hij is op mij gesteld, en ik waardeer zijn intelligentie, maar verder is er, althans wat mij betreft, zelfs geen zweem van temptatie...

1. Er werd gewerkt aan de voorstellen tot grondswetsherziening, die in de vorm van 27 ontwerpen op 9 maart 1848 bij de Tweede Kamer zouden worden ingediend.

29 februari 1848

Wat een nieuws, wat een nieuws.[1] Ik droom niet. Het lijkt *onmogelijk*. Gedurende twee dagen hebben we in onzekerheid verkeerd. Vanmorgen kregen wij brieven en couranten tot en met de 27ste. In Engeland is vast meer bekend dan wij hier weten. Ik smeek u, schrijf.

De spoortrein naar Brussel rijdt niet meer, maar tot gisteren was in Brussel alles rustig. Wij horen, dat men daar uitstekende maatregelen neemt. Moge België blijven zoals het nu is, iets anders wensen wij niet. In Keulen riep men al: 'Deze brand slaat naar alle kanten uit!' Schrijf alstublieft. De publieke opinie is voor orde en handhaving van de huidige grondwet, met enkele veranderingen. Ik heb vertrouwen in het gezonde verstand van het volk.

1. Revolutie uitgebroken in Parijs. 22 Februari 1848: val van de 'Juli'-monarchie (Louis Philippe).

1 maart 1848

Maandag kwamen er zeer slechte berichten uit Madeira. Arme, arme jongen, om alleen, in een vreemd land, te moeten sterven.[1] Dat nieuws vergroot onze neerslachtigheid en eenzaamheid nog.

Nooit eerder heb ik een leven geleid zoals ik nu heb. De prins heeft een afschuw van uitgaan en op het ogenblik is het verdriet om zijn broer een reden te meer voor afzondering. Hij verbiedt zelfs *diners*; *ik* ben het slachtoffer. Soms komt er 's avonds een van de oudere heren om een partij whist met mij te spelen – et voilà tout. Als 's ochtends het uur van de postbestelling nadert, zit ik bij het raam uit te kijken, *niet* omdat ik een bijzonder schrijven verwacht, maar omdat die couranten en brieven mijn enige contact zijn met de wereld waarin iets *gebeurt*. Mijn lieve kleinste jongen, die veel scherpere ogen heeft dan ik, zit naast mij en houdt mèt mij de wacht. Ik heb de debatten gelezen en herlezen, zij zijn beter, waardiger, dan ooit in het verleden. In Italië gist het. Hoe slecht, hoe slecht behandelt men Abdul Kader[2], dat is woordbreuk, de hertog van Aumale heeft nota bene zijn erewoord gegeven!

1. De zwager van Sophie, prins Alexander, is gestorven.
2. Berber-leider, door de Fransen van zijn macht beroofd.

17 maart 1848
De toestand hier is als volgt: in de vorige herfst heeft de koning in zijn rede bij de opening van de Staten-Generaal een herziening van de grondwet beloofd. Heel de winter heeft hij besteed aan discussies hierover met de ministers, de Raad van State, enz. Toen de nieuwe artikelen ten slotte klaar waren en aan de Kamers werden voorgelegd, waren die Kamers geschokt over de inhoud: geen, of nauwelijks, veranderingen! Toch zeiden een paar vleiers tegen de koning dat het volmaakt was. Geruchten, vooral uit Amsterdam, werden steeds kritieker. Zondag zei de koning tegen prins Frederik en mij: 'Ik zal geen haarbreed toegeven!' waarop ik antwoordde: 'Men *dwingt* u er dus niet toe!' Maandag hadden wij enkele heren aan het diner, onder andere de voorzitter van de Tweede Kamer.[1] Hij fluisterde mij in het oor: 'De koning heeft mij vanmorgen bij zich geroepen, om me te zeggen dat hij, na wat hij gehoord heeft over de ontstemming in de Kamer, *toegeeft*, en de Kamer opdraagt het initiatief te nemen tot nieuwe voorstellen, en óók, dat hij dit uit vrije wil doet, zonder ruggespraak met zijn ministers.'[2]

Dinsdag jongstleden liet de koning dit in de couranten zetten, en natuurlijk waren de ministers razend en dienden hun ontslag in. Dit werd woensdag bekend; drommen volk, opgezweept door tendentieuze berichtgeving van een schandaalblad,[3] gaan zich te buiten aan allerlei opgewonden geschreeuw over de val van het kabinet, met de vriendelijke bedoeling bij de ex-ministers de ruiten te gaan ingooien. Tot nu toe heeft dit nog geen ernstige gevolgen gehad, maar u kent het Hollandse gepeupel, het ergste soort dat er bestaat! In het rustige Den Haag ziet men vreemde veranderingen en ongure types. De stad heeft een heel ander gezicht gekregen. Maar het meest verontrustende feit is de buitengewone principeloosheid die de koning aan de dag gelegd heeft, waardoor zijn vroegere ministers zijn onverzoenlijke vijanden geworden zijn, want zij kennen zijn manier van doen te goed en weten wat er achter de schermen gebeurt. Onze positie wordt steeds ongunstiger; en de koning had het allemaal in de hand kunnen houden, wanneer hij de dingen met allure, spontaan, had aangepakt.

Ik dineerde aan het hof en dacht dat hij zich tegenover mij terneergeslagen en gegeneerd zou gedragen. Maar hij was in een opgewekte stemming.

Wat de buitenlandse betrekkingen betreft, dát heeft hij goed gedaan. Een verbond met België, de twee soevereinen wisselen brieven, in *dit* opzicht tenminste wil hij zich bescheiden opstellen. Wat *mij* aangaat, thuis hoor ik van allerlei nonsens, hetgeen me in deze moeilijke tijden sprakeloos maakt van angst, want ik weet dat als de nood aan de man komt de gehele verantwoordelijkheid op *mijn* schouders zal rusten. Eigenlijk leef ik als een weduwe...

1. W. Boreel van Hogelanden, behoudend-liberaal.
2. Op 17 maart had Willem II – die plotseling geheel overstag was gegaan – buiten de ministerraad om een commissie tot herziening van de grondwet benoemd, die hem tevens moest adviseren over de samenstelling van een nieuw ministerie. Thorbecke maakte deel uit van deze commissie.
3. *Asmodée*, een in het Frans geschreven satirisch blad, onder redactie van Adriaan van Bevervoorde, een romantisch-radicale, journalistiek begaafde, maar rancuneuze jongeman van zeer goeden huize. Hij raakte bevriend met Karl Marx.

24 maart 1848

Hier gaat alles betrekkelijk goed. De wetgevers staan alles toe, meer dan velen wenselijk achten; het land heeft in feite meer vrijheid dan onder de Republiek; *toen* bestond de regering uit aristocraten, *nu* zijn er geen aristocraten meer. Wij krijgen rechtstreekse verkiezingen. De heren die tot ministers werden benoemd zijn, op twee uitzonderingen na, radicalen, maar *integere* mannen. Er waren rellen in Amsterdam, vorige week, maar niets van belang; het gepeupel sloeg ruiten in en heeft geplunderd, er werden geen soldaten ingezet, en dit heeft, aangezien de bankiers buiten zichzelf waren vanwege die aanslag op *hun* bezit, meer goed dan kwaad gedaan. Een triest aspect van deze politieke gebeurtenissen wordt gevormd door het aantal faillissementen; tal van te goeder naam en faam bekende zakenlieden zijn geruïneerd, en nu zonder een cent.

Onze arme prins Alexander is gestorven zoals hij geleefd heeft; tot het laatste toe waren zijn gedachten vervuld van zijn paarden en van sport. Hij had geen flauw vermoeden van het naderende einde. De lijkschouwing toonde aan, dat zijn longen volmaakt gezond waren, maar zijn maag was vernietigd, zijn lichaam bevatte geen druppel bloed. De koning huilde en snikte, maar wist tegelijkertijd snel handelend op te treden in de huidige politieke omstandigheden. Die geven hem de afleiding waaraan hij nu voor alles behoefte heeft. Tot vandaag toe waren bij ons de luiken voor de ramen gesloten, u kunt zich wel voorstellen hoe naargeestig dat was, en dan nog die onlusten in Duitsland!

Lang geleden al wist ik dat er iets gebeuren zou, maar ik geloofde niet dat het zo plotseling over ons kon komen. Er is verdeeldheid in mijn gevoelens: enerzijds hoop ik op een machtig Duitsland, anderzijds houd ik zoveel van Württemberg. Als de koning van Pruisen een *man* was – niet eens een groot man, maar gewoon een *man* – zou hij een glorieuze taak kunnen vervullen. Duitsland wil centralisatie, niet de totale centralisatie, maar wèl voor alle staten dezelfde politiek, hetzelfde economische systeem. De meeste staten hebben, geloof ik, min of meer gematigde opvattingen.

Indien mijn vader tien jaar jonger was, zou hij een belangrijke rol kunnen spelen, en een gevaar vormen voor Pruisen. Maar hij is te oud, en zijn zoon betekent niets. De koning van Pruisen heeft alle partijen verraden, hij is nooit echt liberaal geweest en heeft met name de troepen, die zich bewonderenswaardig gedragen hebben, buiten alle proporties gekwetst en vernederd.[1] Het enige dat men zijn broer, de prins van Pruisen, kan verwijten, is diens liefde voor Rusland, want het laatste dat de Pruisen zullen opgeven, is hun haat jegens de Russen. Ik betreur het dat Württemberg geen kans maakt, maar ik verheug me voor Duitsland; het gaat een grote roemrijke toekomst tegemoet. Oostenrijks macht is voorbij, Württemberg is in opstand. Op den duur zal Oostenrijk alleen nog maar een bezitting van Hongarije en Bohemen zijn, en alle Oostenrijkse provincies van Duitse oorsprong zullen terugvallen aan Zuid-Duitsland. Het spijt me zo, dat ik niet in Stuttgart kan zijn op het ogenblik, ik zou daar misschien een gunstige invloed kunnen uitoefenen; maar ik ben nu eenmaal hier en zal niet weglopen.

1. Nadat het Pruisische leger op 18 maart een volksoproer in Berlijn had neergeslagen, stuurde de koning de troepen naar hun barakken terug en negeerde het advies om zelf Berlijn te verlaten. Zijn broer Wilhelm was voorstander van het volledig onderdrukken van de opstand en vluchtte naar Engeland.

14 april 1848

Wij weten dat het allemaal goed is afgelopen[1]; dat is een zegen voor *heel Europa*. Wat mij betreft: wanneer er in Holland iets definitief zou veranderen, ben ik van plan mij in Engeland te vestigen. Maar alles gaat hier kalm zijn gangetje. Uit Duitsland komen betere berichten. Er is oppositie tegen de idee van een republiek; het Duitse parlement moet een soort van hoogste instantie worden, waaraan de verschillende soevereinen dienen te gehoorzamen; zowel de vorsten als hun onderdanen moeten in dat parlement vertegenwoordigd zijn.

Er zijn maar weinig buitenlanders die Duitsland begrijpen. Men houdt het òf voor het rijk der ideologen, òf men meent dat het bestaat uit een horde vulgaire pijprokende republikeinen enerzijds, en een voze, achterlijke adel aan de andere kant. Ik geloof, dat Duitsland zich nu moet en zal ontwikkelen.

Negen dagen geleden kwamen de Metternichs hier. Morgen vertrekken zij naar Engeland. Zondag had ik een privé-onderhoud met hem, dat drie uur geduurd heeft. Ik vind dat hij zijn reputatie niet verdient. Op politiek gebied weet hij minder dan niets, hij is geen staatsman. Maar als men hem hoort... *Hij* heeft alles tot stand gebracht, *hij* heeft alles voorzien. Een grote mate van zelfoverschatting!

Het stoffelijke overschot van prins Alexander is nog niet naar hier overgebracht. De prins heeft alles al vergeten. Hij gedraagt zich vreemder dan ooit...

1. Wellicht doelt Sophie op het feit dat Willem II op 11 april zijn goedkeuring aan het ontwerp voor een nieuwe grondwet had gegeven.

23 april 1848

Mijn leven is ongelooflijk eentoning. Wanneer ik mij bezorgd maak over Duitsland, mijn vaderland, en daaraan uiting geef, krijg ik van de prins het botte antwoord: 'Tout cela m'est égal'. Daar wij in diepe rouw zijn, en ik volstrekt geen mens zie, moet ik al die beklemmende gedachten, al mijn hoop en vrees, tot stikkens toe opkroppen. Waarschijnlijk worden de Duitse gezantschappen hier opgeheven en blijft er maar één enkele algemene ambassade voor heel Duitsland. Voor Hügel en vele, vele anderen betekent dat het einde van hun loopbaan, ik beklaag hen werkelijk. Op 11 mei is de opening van het Duitse parlement. Jammer dat dit samenvalt met de Assemblée in Frankrijk. Ik houd vol, dat voor Duitsland als geheel betere tijden aanbreken; maar die verandering zal gepaard gaan met veel persoonlijk leed en gebroken levens.

Onze Nederlandse grondwet is een feit; op twee punten na ben ik er tevreden over. Wat is de zin van de instelling van een Eerste Kamer, die door de Tweede Kamer gekozen en met die Tweede Kamer ontbonden wordt? Ik zie niet in welke beginselen die Eerste Kamer moet vertegenwoordigen. Op deze manier wordt er teveel armslag gegeven aan het recht van fractievorming en dat zal eindeloos veel problemen veroorzaken.

Het Loo, 24 mei 1848

U vraagt naar Duitsland. Alles wat ik van daar hoor is even erg – dat de keizer van Oostenrijk gevlucht is, vind ik een schande[1]. Esterhazy zei een maand geleden tegen mij: 'Oostenrijk geeft een complete herhaling van 1793 te zien'. Indien het huidige plan van een Duitse grondwet wordt aanvaard, zal Pruisen zeker het hoofd, dat wil zeggen: keizer, worden. Als men een keizer zou *kiezen*, maken mijn vader en aartshertog Johann de beste kansen. Ik ben er van overtuigd, dat er uit deze chaos iets groots tevoorschijn moet komen. Eén Duitsland, onder één soeverein heerser, wordt een machtig imperium.

Hier in Holland gaan de zaken niet goed. De conservatieven[2] hebben het ministerie verlaten. Het zijn honnête lieden, maar zij geloven vast en zeker dat het einde van dit alles een republiek zal zijn.

1. Keizer Ferdinand vluchtte uit het opstandige Wenen weg naar Innsbruck.
2. Charles Nepveu en Gerrit, graaf Schimmelpenninck.

Het Loo, 26 juni 1848

Gisteravond heb ik ernstige brandwonden opgelopen aan mijn schouders en rug. Wij staken kaarsen aan. Ik ging die neerzetten achter het gordijn. De japon van mijn hofdame vatte vlam. Ik rende naar haar toe, *mijn* japon vloog ook in brand; zij kwam er met een kleinigheid van af, ik was er erg aan toe. Maar ik gilde niet, en toen ik tevoorschijn kwam van onder de wollen dekens waarin men mij gerold had, zei ik tegen de aanwezigen: 'Ga alstublieft dóór met uw kaartspel'. Een van hen, Mr. Lyons, de broer van Lord Strathmore, riep uit: 'Wat een prachtvrouw, was *zij* maar koningin van Engeland!'

Meer heb ik niet te vertellen over mijn eenzaam verblijf hier. Ik leef, dat is alles. Uit Duitsland komt slecht nieuws. In Parijs wordt weer gevochten; een weinig benijdenswaardige gang van zaken. Onze Nederlandse Staten-Generaal zullen het ontwerp van de geamendeerde grondwet aanvaarden. Dus is alles rustig...

Het Loo, 6 juli 1848

Ik heb verschrikkelijk veel pijn gehad aan mijn verbrande schouders. Als een Engelsman uit het gezelschap, een halve dokter, mij niet wat balsem had gegeven, had ik mij geen raad geweten.

Het Loo, 19 juli 1848

U wilt weten, wanneer ik naar Duitsland ga. Dit is alles wat ik daarover kan zeggen: twee à drie weken geleden, toen ik zo'n erge pijn had en mij terneergeslagen voelde, kreeg ik een bijzonder gedeprimeerde brief van mijn vader. Ik schreef hem, dat de prins mij gedurende het zomerseizoen op Het Loo niet kan missen, maar dat ik – als dat voorbij is – de vrijheid heb bij hém te komen, en dat ik klaar zal staan wanneer hij het mij vraagt. Mijn vader antwoordde, dat hij van plan was aan het einde van deze maand naar Merano in Tirol te gaan, maar dat moest nog een groot geheim blijven, zelfs mijn zuster mocht het niet weten. Alleen van daaruit zou hij mij schrijven of, en wanneer, ik naar Stuttgart mag komen. Hieruit blijkt, dat hij het niet zo graag wil. Hij is bang dat ik tegen hem zal zeggen dat hij zonder slag of stoot teveel heeft opgegeven. (Mijn vader heeft met één pennestreek een inkomen van tweehonderdduizend gulden opgegeven en hij verliest ongeveer honderdtwintigduizend gulden aan andere revenuen van verschillende voorrechten die men hem heeft afgenomen, dat is een vermindering van inkomen van meer dan twintigduizend pond sterling, een heleboel). Dan is er ook nog het innerlijke conflict tussen zijn leeftijd, zijn verlangen naar rust, en zijn wilskrachtige geest, die ik altijd heb aangemoedigd. Hier op het continent worden de mensen veel sneller oud dan in Engeland; hij is zevenenzestig. Als ik over een tijdje weer schrijf, en zeg dat ik erg graag omstreeks september wil komen, denk ik wel dat hij mij zal uitnodigen. Ik veronderstel dat dit voor u het meest gelegen komt, omdat dan het seizoen in Baden voorbij is. Ik verlang er naar u te zien; als ik daarna afscheid neem van u, mijn beste, misschien zelfs *enige*, vriendin, zal dat voor lange tijd zijn.

Ik geloof niet, dat de reorganisatie van Duitsland zal plaatsvinden op de manier die u aangeeft. Ik weet dat, omdat mijn vader er over heeft geschreven. Het beste zou zijn, vijf koninkrijken naast Oostenrijk: Pruisen met Saksen, Hannover, Baden, Württemberg, en een nieuw machtig koninkrijk aan de Rijn, met Keulen als hoofdstad. Al die gebieden, zo rijk, zo vol bekwame mannen, zouden als het ware een bolwerk tegen Frankrijk kunnen vormen.

4 september 1848

De toestand hier is verre van rooskleurig, al hebben wij geen rellen en geen straatgevechten; heel langzaam worden de moeilijkheden opgelost. Indien ik mij gedurende deze gang van zaken ongeïnteresseerd opstel, zou men mij met recht veroordelen. Naar het buitenland gaan om een oude, ongelukkige vader op te zoeken – dat kan ieder rechtgeaard mens begrijpen, maar als ik op reis ga voor mijn plezier (en dat zou het geval zijn wanneer ik naar Baden ging) vindt men mij oppervlakkig en onverschillig. Ik weet dat mijn aanwezigheid hier geen enkele invloed, ten goede noch ten kwade, heeft op de gebeurtenissen, maar ik moet mij zo gedragen, dat geen blaam mij kan treffen. Ofschoon mijn gezondheidstoestand te wensen overlaat, is een verblijf in Baden niet noodzakelijk. Dit is een lang verhaal, maar ik wil graag dat u begrijpt waarom ik uw uitnodiging moet afslaan. Gisteren kreeg ik een brief van papa, waarin hij, zij het ook zwakjes, te kennen geeft dat hij mij wil zien, dus ga ik. Ik verlang ernaar mijn vader te ontmoeten, maar ik ben er ook bang voor. Wat u zegt is waar: hij is in eigen ogen tekortgeschoten en ik vrees, dat de zaak voor hem verloren is. Ik kijk reikhalzend uit naar een brief uit Frankfurt, maar weet op dit ogenblik nog niets bijzonders.

De prins heeft zich in het hoofd gezet, dat hij met geen mens contact wil hebben. Er is hier nu een prins van Pruisen, een jongen haast nog, een ziekelijke lelijke jonge man, maar hoffelijk en met 'breeding'. Von Koenigsmarck[1] gaf een bal te zijner ere, en madame Von Koenigsmarck nodigde persoonlijk de prins van Oranje uit: 'Monseigneur, mogen wij hopen dat u en de prinses ons de eer wilt aandoen, enz.' 'Dat zal moeilijk gaan,' mompelde hij, draaide zich om, liep weg, en sprak verder geen woord meer tegen haar. De Koenigsmarcks hebben verklaard dat zij hem nooit meer zullen uitnodigen: 'Onmogelijk de prins te inviteren, hij is te grof.' Het slachtoffer ben *ik*, arme, gedoemd opgesloten te zitten, terwijl hij nooit, *nooit* een avond bij mij blijft...

Mijn arme prins Frederik is ernstig ziek geweest: dysenterie, maar nu weer herstellende. De koningin zit nog steeds op Soestdijk, dat is een hele rust. Ik heb *Jane Eyre* gelezen; ik vind het heel goed.

1. Pruisisch gezant in Den Haag.

21 december 1848

Ik wilde, dat ik u kon amuseren met wat nieuwtjes; maar mijn huiselijke leven is zeer *triste*. Ik had alles geregeld[1], alleen zijn handtekening was nog nodig. Hij tekende, maar twee dagen later (na getekend te hebben!) herriep hij alles. Zo handelt alleen een oneerlijk mens. Hoewel ik iets dergelijks van hem had kunnen verwachten, maakt dit mijn wanhoop en afschuw alleen maar groter. Zijn maîtresse is naar Engeland vertrokken; zij beweert dat zij vijf maanden zwanger is. Binnenkort zal hij haar volgen.

1. Een regeling voor de scheiding van tafel en bed.

8 januari 1849

Ja, mijn leven is treuriger dan ik kan uitdrukken. Als ik 's ochtends opsta, vraag ik mijzelf af: is gisteren nog niet voorbij? Alleen brieven en mijn kinderen, wanneer ik zie dat zij zich goed ontwikkelen, geven mij ogenblikken van vreugde. De couranten schrijven dat de prins krankzinnig is. Die berichten zijn erg ontmoedigend, maar verwonderen mij niet. Alleen krankzinnigheid zou een verklaring of verontschuldiging zijn voor veel van zijn daden.   Wat ik van Duitsland denk: Frankfurt[1] 'shall be broken up', en dat betreur ik. De mannen die daar geweest zijn, onder welke er zich enkelen bevinden met superieure bekwaamheid, zullen niet naar hun respectievelijke eigen landen terugkeren om er stil te zitten en er het zwijgen toe te doen, hun denkbeelden over hun werk gaan met hen mee en overal en altijd zullen ze trachten die ten uitvoer te brengen. Oostenrijk heeft, volgens mij, met Duitsland afgedaan; Pruisen 'récule pour mieux sauter'. Ik heb sombere voorgevoelens. Ik ben bang voor oorlog en bloedvergieten. Het is waar, mijn zenuwen zijn erg in de war. Ik ben ten prooi aan knagende ongerustheid...

1. Het Frankfurter Parlement.

[?] januari 1849

De prins heeft zich zaterdag jongstleden in Scheveningen ingescheept. Het was een donkere morgen met een laaghangende regenlucht, een grauwe zee. Ik bracht hem om zeven uur naar de haven. Hij is weg, naar die vrouw van hem, met achterlating van onbetaalde schulden en thuis een chaos waarvan men zich geen voorstelling kan maken. Tot overmaat van ramp ligt de gouverneur van mijn oudste jongen te sterven in een kamer boven de mijne; morgen zal hij wel dood zijn. Ik ben alleen, heb geen mens in mijn nabijheid voor wie ik genegenheid en sympathie voel, die goed en vriendelijk voor mij is. Ik ben zeer ongelukkig, nooit heb ik dat zó beseft.

13 januari 1849

Mijn laatste brief was zo vol rampzaligheid; ik kreeg er later spijt van, maar hij was al weg. Ik weet dat ik niet toe moet geven, men krijgt kracht naar kruis, maar ik heb soms van die ogenblikken van wilde wanhoop. De arme gouverneur is overleden; ik bracht mijn jongen bij het lijk, opdat hij zou weten wat dood-zijn is, en stuurde hem mee met de begrafenis; dat is goed voor hem geweest. Mijn kleintje is ziek, ik maak mij nogal ongerust. Het is geen gewone kinderziekte, maar erger, kwijnen, koorts, hij slaapt niet, heeft geen eetlust, is lief en zacht als een engel – het vreet aan mijn zenuwen, dag en nacht bid ik tot God.

Ik heb geen nieuwsbrief uit Parijs, ik ben óók lui met schrijven – wat de Duitse politiek betreft, dat is pure waanzin. Die recente debatten over de keizerlijke kroon zijn de meest belachelijke uitwassen van het menselijke brein die men zich kan voorstellen. God zegene u, lieve. Ik zeg niets over mijn man, het beste is hem te vergeten.

6 februari 1849

Vandaag veertien dagen geleden kreeg ik een koortsaanval. Onze dokter, stom als altijd, paste aderlating toe, en twaalf uur later had ik wondkoorts in mijn been. Ik zei: 'Mijn moeder is aan iets dergelijks gestorven. Laat u me maar, ik zal rustig blijven liggen.' Maar *hij* zei: 'Ik zal u een "misère" geven, want uw hele lichaam zit vol uitslag.' Die misère van hem deed de infectie naar binnen slaan, en in de nacht van vrijdag op zaterdag dacht ik in diepe ellende dat ik zou doodgaan. Ik liet mij uw brieven brengen, die van de afgelopen jaren en zag er op toe dat ze in het vuur gegooid werden. Twee uur later brak de zwelling weer door. Maar ik heb alle medicijnen van dokter Everard weggedaan en heb nu een eenvoudig doktertje, die me bij mijn bevalling geholpen heeft en die mij heel rustig behandelt. Ik lig op mijn divan en heb pijn en koorts, maar ik voel dat ik vooruitga en over een tijdje weer beter zal zijn.

18 februari 1849

Over het algemeen zijn de mensen heel vriendelijk tegen mij. Oude ministers komen mijn mening vragen, ik heb nog niet eerder zo'n belangrijke positie gehad als nu – ondanks dat voel ik mij ongelukkig als nooit tevoren.

De koning gaat erg achteruit, maar dat wordt diep geheim gehouden. Praat er niet over. Ik weet niets van de Duitse politiek, alleen de Oostenrijkse nota vind ik goed. Die is tenminste eerlijk, er staat in wat de Oostenrijkers *niet* willen; zij zijn veel eerlijker en nuchterder dan de Pruisen. A propos, in alle couranten staat dat uw man een andere diplomatieke post krijgt, men heeft mij er wel twintigmaal naar gevraagd, is dat waar?

15 maart 1849

De koning is stervende. Ik denk aan u, lieve Lady Malet, nu ik besef dat er een crisis nadert die beslissend zal zijn voor mijn toekomst. *Hij* is niet eens hier! Ik voel me ellendig. God zij me genadig.

22 maart 1849

De laatste brief die ik geschreven heb als prinses van Oranje was aan *u* gericht, lieve Lady Malet. Dat was vrijdagavond. Ik was buiten mijzelf van ongerustheid over de koning. Zaterdagmorgen kwamen er gunstige berichten, maar om één uur trad secretaris van Staat, Van Doorn, mijn kamer binnen met het bericht dat de koning dood was.[1] Dat ogenblik zal ik nooit vergeten.

Ik ontbood de ministers, voor wie het bericht kwam als een donderslag bij heldere hemel en vroeg hen een deputatie samen te stellen om in Engeland de nieuwe koning te gaan halen. Zij reageerden geprikkeld, spraken van *troonsafstand*. Ik zei: 'Het is zijn goed recht koning te zijn, maar als hij niet wil, moet prins Frederik regent worden.' Daarmee stemden zij in. Van zaterdag tot woensdag had het land geen regering. De ministers mochten geen besluiten nemen, niets doen. Maandag ging ik naar Hellevoetsluis om hem te ontvangen en moest daar tweeënveertig uur wachten. Eindelijk kwam hij. 'Hebt u geaccepteerd?' vroeg ik. 'Ja,' luidde zijn antwoord. 'Wat moet ik nu doen?' Hij is dezelfde als altijd, onveranderd. Het volk heeft hem zonder enige vreugde of geestdrift aanvaard, uit noodzakelijke loyaliteit. Ieder interregnum zou een ramp zijn, en de Nederlanders wensen *rust*. Wij hebben onze plicht gedaan. Die veertig uren in Hellevoetsluis zal ik nooit vergeten, miljoenen gedachten, of gebeden, gingen door mijn hoofd; mijn verleden, mijn toekomst, alles trok aan mijn geestesoog voorbij. Ik dacht aan u, maar kon niet schrijven. In heel mijn voorbije leven bent u mijn beste vriendin geweest, de grootste 'verovering' die ik ooit heb gemaakt. Blijf mij uw genegenheid tonen zoals u dat tot nu toe gedaan hebt, ik heb daar meer dan ooit behoefte aan.

Ik ben tevreden over de ministers; zij zijn ons niet wat men noemt blindelings toegedaan, maar *oprecht*, en sommige van hen zijn ook *bekwaam*. Toen zij benoemd werden, wilde *hij* hen nooit ontvangen, maar hij heeft hen wel geaccepteerd. Dat was ook *nodig*.

Vanavond ga ik naar de koningin-weduwe, die nog met het hof in Tilburg is. Arme vrouw, zij is te beklagen.

1. Willem II was, tegen doktersadvies, op 13 maart naar Tilburg vertrokken om zich op de hoogte te stellen van de stand der werkzaamheden aan het (Willems) kanaal. Een op reis gevatte kou verergerde zijn hartkwaal. Hij stierf in het huis waar hij te Tilburg altijd verblijf hield, op 17 maart 1849.

30 maart 1849

Tot nog toe gaat alles goed. Dat zal misschien anders worden, maar 'à chaque jour suffit sa peine'. *Hij* luistert naar de ministers, en ik hoor dat men tevreden is.

Mijn leven zal er niet vrolijker op worden; ik ben meer gebonden, maar zal ook meer interesses hebben, omgaan met intelligente mensen, iets te doen hebben, *iemand zijn*. Wij kunnen nog geen regelingen treffen voor onze hofhouding, want wij weten niet welke civiele lijst men ons zal toestaan. Wij weten wèl dat de financiën van wijlen de koning in een treurige, ja, ontstellende staat verkeren. Hij heeft zijn schilderijen verpand aan de tsaar van Rusland, en niemand weet waar de familiejuwelen zijn; sommige diamanten hebben nog toebehoord aan koningin Mary, de gemalin van Willem III. Van de grote erfenis die zijn vader hem had nagelaten is niets overgebleven. Desondanks betreuren de mensen zijn heengaan. Hij had charme, was soms royaal en hartelijk, moedig, en ongelukkig. Ik bracht een bezoek aan zijn weduwe en ging ook naar zijn stoffelijk overschot. Hoewel niet gebalsemd en al meer dan acht dagen dood, was hij niet akelig om te zien. Bij háár kwam ik vol medelijden, want zij verliest alles. Maar toen ik haar *woede* zag, haar walgelijke heftigheid, geen zweem van echt gevoel of tederheid, alleen maar razernij, ben ik vol afkeer van haar weggegaan. Zij zal alles doen wat zij kan om een wig te drijven tussen mij en mijn echtgenoot. Nooit voelde ik zo sterk als nu, hoe door en door boosaardig zij is.

Ik ben bang, dat *zijn* volslagen gebrek aan kennis en aan routine in het afhandelen van de staatszaken, betekent dat de ministers alle macht zullen hebben en dat wij stap voor stap naar een republiek toegaan. Ik moet in het begin buitengewoon voorzichtig zijn, vermijden dat er een crisis ontstaat en alleen maar in het algemeen enige invloed trachten uit te oefenen...

Alstublieft, schrijf mij, blijf mij gewoon 'u' en 'mevrouw' noemen zoals vroeger en laat mijn 'majesteit' maar over aan mijn onderdanen. Ik zal u er dankbaar voor zijn en eens te meer voelen dat u in mijn leven de enige bent die mij onveranderlijk vriendschap schenkt...

Wij gaan wonen in het paleis van de vorige koning. Daar ben ik blij om. Ik heb nooit van mijn sombere huis gehouden.

13 april 1849

Wat u zegt over mijn koning is zeer juist: nu hij gelukkig en in opgewekte stemming is en zich correct gedraagt, is men uitgesproken tevreden over hem. De mensen hadden een zo geringe dunk van hem, dat zij verbaasd zijn wanneer hij iets goed doet, zij merken het op en zijn dankbaar. Laatst hadden wij een grote receptie; terwijl iedereen boog en instemmend knikte, dacht ik er aan hoe diezelfde personen twee of drie maanden geleden geen goed woord voor hem over hadden. Zo is de wereld nu eenmaal, verachtelijk. Gisteren zijn wij naar Amsterdam geweest. In mei vindt daar zijn inhuldiging plaats; hij moet de eed afleggen, de ministers zweren hem trouw. Ik zal er ook bij zijn.

Stel u voor welke streek de koningin-moeder mij heeft willen leveren. Zij schrijft aan de koning en vraagt hem of zij in de toekomst al mijn hofdames mag kiezen; zoiets is nog nooit ergens vertoond! In plaats van vierkant neen te zeggen, antwoordt hij, dat wij ze samen zouden kunnen aanstellen, waarop *ik* nee zeg, geen sprake van. Als de brief hier niet naast mij lag terwijl ik zit te schrijven, zou ik het niet geloven. De verraderlijkheid en gemeenheid van die vrouw zijn onvoorstelbaar.

Wat de Duitse politiek betreft: het spijt mij alleen, dat de koning van Pruisen zo onhandig geweest is als maar mogelijk was en door zijn reacties alle partijen voor het hoofd gestoten heeft. In Frankfurt en zelfs in Berlijn denkt men er over hem tot abdicatie te dwingen, en dan zijn broer te nemen die zich al bereid verklaard heeft de kroon van Duitsland te aanvaarden. Dat zou het begin zijn van een nieuwe staat, maar niet van een vredelievende staat.

Morgen zijn er misschien weer andere berichten...

21 april 1849

Toen ik tijdens de afwezigheid van de prins een eenzaam bestaan leidde en alleen maar officiële diners gaf, die vervelend waren, maar ook nuttig en noodzakelijk, heeft men van mij gezegd dat ik ongetwijfeld een achtenswaardige vrouw ben, maar zo slechtgehumeurd en zo ambitieus. Wat die eerzucht betreft, moet ik opmerken dat mijn positie een heel andere is dan u denkt. Niet alleen doe ik niets, maar ik blijf zelfs zoveel mogelijk op de achtergrond, niet uit verlegenheid, maar omdat ik met

de grootste voorzichtigheid en reserve te werk dien te gaan. In de eerste plaats heb ik te maken met een gestoord mens en verder met personen die een onvoorstelbaar lage dunk hebben van het begripsvermogen van een vrouw. Dat is een overheersende karaktertrek van de Nederlanders. Hun vrouwen moeten *huisvrouw* zijn, de kinderen in het bad doen en haar dienstboden kapittelen, en verder niets. De twee vorige koningen hebben hun echtgenoten niet toegestaan een staatkundige rol te vervullen. Er wordt met veel wantrouwen op mij gelet; de heren hebben teveel juist inzicht om niet aan te voelen dat *ik* meer ervaring en begrip heb dan *hij*. Daarom zijn zij bang voor mij. Kalm en behoedzaam moet ik mijn weg zoeken. Vroeg of laat komt de dag dat men mij nodig heeft. De ministers zijn integer, twee uitgezonderd, die van marine en die van buitenlandse zaken[1]; dat laatste vooral is rampzalig, ik heb de grootste angst voor wat er in die hoek kan gebeuren.

Ik ontvang heel veel mensen, dat wil zeggen, ik geef audiënties, houd toespraken in het Nederlands, enz. Overigens ben ik erg eenzaam. Het uur van de post is voor mij het hoogtepunt van de dag.

1. Minister van marine was J.C. Rijk en minister van buitenlandse zaken was de zeer conservatieve L.A. Lightenvelt, een felle tegenstander van Thorbecke en zeer in de gunst bij Willem III.

1 mei 1849

Ik kan nog op geen enkele manier invloed uitoefenen, behalve wanneer *hij* ruzie heeft met een van zijn ministers of met mensen van zijn hofhouding – hetgeen vaak het geval is: dan kalmeer ik de gemoederen. Hij is niet onvriendelijk tegen mij, maar denkt niet na. Tot nu toe heeft hij geen nieuwe maîtresse, maar aangezien er al heftige meningsverschillen zijn geweest over toneelaangelegenheden, zou het mij niet verbazen wanneer hij daar iets op het oog had. Maar ik weet er niets van.

8 mei 1849

Mijn hart is vol angst. De ogen van de mensen gaan open, de eerste opwelling van geestdrift is al voorbij – dat ligt allemaal aan hem – ik doe wat ik kan en heb tot nu toe het kabinet in stand weten te houden, maar hoe lang zal dat nog duren?

18 mei 1849

De inhuldiging in Amsterdam is uitstekend verlopen. Ik zag er goed uit en hij ook. Het is gebruikelijk, dat de koning en de koningin niet tegelijk arriveren. Toen ik alleen binnenkwam met mijn twee jongens, werd ik uitbundig toegejuicht. Bij mijn vertrek kwamen er mensen van hun zit-

plaatsen naar mij toe, een oude man kuste de zoom van mijn japon en riep: 'O, u bent even mooi als goed!' Wat ik hier schrijf lijkt erg ijdel en dwaas, maar u weet hoe weinig demonstratief Nederlanders zijn, daarom betekent dit heel veel.

Mijn koning gedroeg zich voortreffelijk, sprak zijn rede duidelijk en waardig uit. Alles bijelkaar hebben wij een goede indruk gemaakt. Ik zou tevreden zijn, als de vreselijke berichten uit Duitsland mij geen angst aanjoegen.

Ik ben nu in mijn nieuwe paleis, maar niet in de kamers die voor mij bestemd zijn, want die zijn nog niet klaar. Hoewel het comfort op het ogenblik te wensen overlaat, verheugt het mij dat ik weg ben uit dat sombere huis, en dat ik een mooie tuin heb, een aardige salon, kamers met licht en frisse lucht, al die kleine geneugten van het leven die ik tien jaar lang heb moeten missen en die in het leven van een vrouw zo veel betekenen. Ik ben zo blij als een kind, de enige schaduw is het treurige lot van mijn familie en vrienden. De hertogin van Nassau heeft hier al een toevlucht gevonden, en ook de koningin van Württemberg en mijn halfzuster komen waarschijnlijk binnenkort.

Over een week of drie ga ik naar Het Loo. De koningin-moeder verlaat vandaag de stad en gaat zich afzonderen op een kasteel in Gelderland, uit woede omdat ik niet toegegeven heb in die kwestie van de hofdames. Zij doet wat zij kan om de redelijk goede verstandhouding tussen mij en mijn man te verstoren. Prins Frederik is een echte vriend en staat ook op goede voet met de koning. Via hem krijg ik enige informatie over staatszaken, want de koning is zeer wantrouwend en bang dat zijn autoriteit aangetast wordt. Prins Hendrik moet vandaag in Engeland aankomen, zwijgzaam, traag en onbetekenend als altijd. Wij hopen dat hij met prinses Mary van Cambridge zal trouwen, maar hij zal wel nooit de energie opbrengen om haar ten huwelijk te vragen...

2 juni 1849

Steeds ongunstiger nieuws. Het Frankfurter Parlement gaat naar Stuttgart. Dat is verschrikkelijk. Hier ziet het er ook slecht uit: onze eerste minister heeft ontslag genomen[1], de rest van het kabinet blijft, een krachteloos, levenloos lichaam. Ik word niet geraadpleegd, dus moet ik me op de achtergrond houden. Prins Frederik, die bij alle kabinetsvergaderingen aanwezig is brengt mij verslag uit – een treurig tafereel!

Wat de koning betreft, hij voelt zich gelukkig, misschien is hij de enige gelukkige mens in dit jaar 1849.

1. Donker Curtius nam ontslag omdat zijn wetsvoorstel tot uitoefening van het recht van vereniging en vergadering met vierenvijftig tegen zes stemmen verworpen was.

Deel II
1849–1864

'*De twee vorige koningen hebben hun echt-*
notes niet toegestaan een staatkundige rol te
vervullen (...) Vroeg of laat komt de dag
dat men mij nodig heeft.'
(21 april 1849)

'*Een groot land, de "grote wereld", vormen*
het enige altijd en overal aanvaardbare kli-
maat voor de ontwikkeling van geest en ge-
moed; zelfs de meest egocentrische mens
vergeet zijn eigen "ik", wanneer hij bij
wijze van spreken de harteklop van
de wereld zo dichtbij voelt.'
(23 juli 1858)

De periode
1849–1864

Enkele maanden na de dood van Willem II schreef Anna Paulowna aan haar familieleden in Rusland: 'Ik zal mijn best doen hem in die richting te leiden[1], met tact en inzicht, want indien ik de jonge koning, mijn zoon, te duidelijk laat merken dat hij mijn goede raad nodig heeft, zou dit hem afschrikken en hem er toe kunnen brengen zich van mij af te keren als van een onwelkome mentor. Zijn gevoelens voor mij zijn heel hartelijk, zodra hij zichzelf is en overgelaten aan de opwellingen van zijn goede, milde hart, maar hij heeft een destructief, schadelijk element aan zijn zijde in het hooghartige en achterbakse karakter van zijn vrouw, zijn gesel op aarde. Helaas heb ik al te maken gehad met haar slechtheid na de dood van onze Willem, om het met een enkel woord te zeggen: sinds zij koningin is, kust zij mij niet meer de hand, en komt zij mij niet meer tegemoet wanneer ik haar een bezoek breng. Zij ontving mij met de grootst denkbare, beledigende arrogantie, de eerste maal dat ik bij haar kwam, op de dag na de begrafenis. Wat vindt u *hier*van: naar aanleiding van een regeling van de hofhouding, waarin ik het initiatief genomen had door uit vrije wil mijn hofdames met haar te delen, dat wil zeggen, de "fine fleur" van de society hier, zond zij mij een gebiedende brief (…) Ik weet niet, of ik in staat zal zijn hier te blijven leven, door die vindingrijke boosaardigheid van koningin Sophie (onwaardig om een kroon te dragen), en het zwakke karakter van mijn zoon, die zich door haar op de kop laat zitten. Men moet wat haar aangaat de teugels strak houden en haar laten inbinden, opdat zij zich realiseert dat zij niet ongestraft kan doen wat zij wil.'

Sophie zag in de kwestie met de hofdames louter bemoeizucht van haar schoonmoeder. Waarschijnlijk vreesde zij ook bespionneerd te zullen worden, zowel wat de mensen met wie zij omging als wat haar interesses betreft. Het was niet nodig haar aan banden te leggen. Zij bleef welbewust op de achtergrond, ook toen – na het veelbelovende begin – de nieuwe koning, geconfronteerd met het eerste kabinet onder Thorbecke (geen Oranjeklant), weer verviel in zijn vroegere onverschillige houding ten aanzien van staatszaken, afgewisseld door vlagen van ra-

---

1. Dat wil zeggen: om de anti-Engelse politieke adviezen van tsaar Nikolaas I ter harte te nemen.

zernij. Bij besprekingen over eventuele regelingen inzake voogdij en regentschap, opperde een kamerlid de wenselijkheid dat de koningin tot voogdes benoemd zou worden. Ook anderen gewaagden van de 'uitstekende hoedanigheden van de gemalin van den regerenden koning'. Inplaats van degene, naar wie Sophies voorkeur uitging, prins Frederik, werd prins Hendrik, die niet op haar gesteld was en onder alle omstandigheden Anna Paulowna steunde, aangewezen om in geval van overlijden des konings als regent op te treden. De tegenstanders van Sophie in de Kamer gebruikten als argument, dat zij, de moeder van de prinsjes, niet met regeringszaken mocht worden belast.

Zelfs Anna Paulowna kon haar ogen niet sluiten voor de toestand: 'Ik ben bang, dat Willem de zaken te weinig in hun geheel overziet,' en: 'Het is ook heel betreurenswaardig dat Willem er zo weinig slag van heeft om zijn driftige aard te beteugelen,' schreef zij verontrust aan haar broer.

Bij de kroningsfeesten waren de koning en de koningin bejubeld als een toonbeeld van huwelijksmin; binnen de muren van het paleis aan het Noordeinde in Den Haag zag de verhouding van het paar er echter geheel anders uit. Een ooggetuige noemde het leven daar een hel. Voor Sophie, de allesbehalve beminde echtgenote, had de hofhouding een wreed-spottende bijnaam bedacht: 'Carissima Sposa', de geijkte term die in officiële stukken door de koning werd gebezigd. Een tegenwicht in de ruzies (voornamelijk over de opvoeding van prins Willem) en in haar groeiende bezorgdheid over het tere gestel van prins Maurits, vormden voor Sophie de ontwikkelingen in Frankrijk. Daar bood de in haar ogen ideale staatsman, de prins-president Louis-Napoleon, met – ook door haar niet ten volle doorschouwde – handige politieke manoeuvres het hoofd aan oppositie binnen de regering en aan intriges van het Huis Orléans. Sophie koesterde maar één wens: hem zoveel het in haar vermogen lag te steunen. Uiteraard achter de schermen, want de machtige tsarenfamilie in Rusland die via Anna Paulowna koning Willem III beïnvloedde, stond wantrouwend ten opzichte van de 'parvenu Bonaparte', de 'marionet van Engeland'.

De onenigheden tussen Willem en Sophie culmineerden op tragische wijze in een verschil van mening betreffende de dokter die de kleine Maurits moest behandelen, toen het kind in het voorjaar van 1850 hersenvliesontsteking kreeg. De hofarts Everard had, na enkele haars inziens verkeerde diagnoses, Sophies vertrouwen verloren. Zij wilde de doodzieke Maurits liever in handen zien van de geneesheer graaf Van Bylandt, die tot haar kennissenkring behoorde. Uit aantekeningen die Lady Malet in 1864 na een ontmoeting met Sophie maakte, valt te concluderen dat naar haar overtuiging Sophie zich toen nog altijd schuldig voelde aan de dood van haar zoontje: 'Ik moest denken aan iets, dat al

84

eens eerder bij mij opgekomen is, nl. dat zij verteerd wordt door wroeging omdat zij door haar hardnekkige weigeren notitie te nemen van Dr. Everards goedbedoelde raadgevingen, mede de oorzaak is geweest van het sterven van haar jongetje – nu alweer zo lang geleden. Sindsdien heb ik haar nooit meer kalm of gelukkig gezien. Altijd op de vlucht voor zichzelf. Een eeuwigdurende marteling.'

Maurits stierf op 4 juni. Aan Sophies brieven uit de zomer en het najaar van 1850 hoeft geen beschrijving van haar diepe ellende te worden toegevoegd, zij spreken voor zichzelf. In december van dat jaar (waarschijnlijk tijdens de op Het Loo doorgebrachte week rond Sint-Nikolaas) is er sprake geweest van toenadering tussen de echtgenoten. Maar al in het vroege voorjaar van 1851, korte tijd nadat Sophie aan Lady Malet had gemeld dat zij weer in verwachting was, bleek er opnieuw een zeer ernstig conflict gerezen te zijn, ditmaal van diplomatieke aard. Op 19 april 1851 schreef Willem III aan de Nederlandse gezant te Parijs, naar aanleiding van het feit dat diens Franse ambtgenoot in Den Haag, die zich wel eens kritisch over de prins-president had uitgelaten, door zijn regering teruggeroepen was: 'Ik weet uit zeer goede bron dat (...) dit uitsluitend te wijten is aan herhaald aandringen van de Koningin der Nederlanden, en in háár naam door Madame Demidow[1] bij de President van de Republiek.'

Op 25 augustus 1851 werd, te vroeg, prins Alexander geboren, een nietig schepseltje, dat zijn vader slechts honend commentaar ontlokte. Omstreeks deze tijd ook tastte men de mogelijkheden af tot een definitieve echtscheiding. Baron Forstner de Dambenoy, intendant voor de opvoeding van de prinsen, trad bij besprekingen dienaangaande aan het hof van Sophies vader in Stuttgart op als onderhandelaar namens de koning. Sinds de meningsverschillen over het lesprogramma van prins Willem beschouwde Sophie de intendant (die bewerkstelligd had dat de jongen naar de strenge kostschool Noorthey bij Voorschoten was gestuurd) als haar vijand; hij van zijn kant onderschreef waarschijnlijk het oordeel van de door hem aangestelde nieuwe gouverneur, prins Willems constante begeleider, jhr. De Casembroot, die Sophie een intrigante en 'de kanker van het Oranjehuis' noemde. Over de voorwaarden van een scheiding kon kennelijk geen overeenstemming bereikt worden. Er werd een modus vivendi ontworpen, die in de praktijk neerkwam op scheiding van tafel en bed.

Een schok was voor Sophie de staatsgreep in Parijs van december 1851: de prins-president schafte de Franse grondwet af en nam de allures van een dictator aan. 'De president heeft de overwinning behaald, maar ik weet niet of dat zo zal blijven', schreef Sophie aan Lady Malet: 'Wat mij betreft, ik heb altijd een afkeer gehad van inbreuk maken op de legali-

1. Prinses Mathilde Bonaparte.

teit, wetten zouden in de wereld van de politiek dezelfde betekenis moeten hebben als het geloof heeft in ons morele bestaan: er valt niet aan te tornen.' Enkele maanden later liet Louis Napoleon zich verheffen tot keizer Napoleon III. Sophie was ontsteld; zij vond dit Tweede Keizerrijk belachelijk en overbodig, maar zocht de oorzaak van een en ander toch veeleer in bepaalde eigenaardigheden van het Franse volkskarakter dan bij haar vereerde vriend. Hij trouwde op 30 januari 1853 vrij onverwacht met de mooie Spaanse Eugenia de Montijo de Guzman, gravin van Teba. Sophie zou haar leven lang ambivalente gevoelens koesteren ten aanzien van de tot keizerin verheven society-schoonheid. Haar nicht Mathilde Bonaparte verloor door dit huwelijk de positie van eerste vrouw van Frankrijk, die zij onofficieel aan de zijde van Louis Napoleon had vervuld; Sophies neef, Napoleon, moest voortaan rekening houden met de mogelijkheid dat er een erfgenaam geboren zou worden die hèm alle kansen op de Franse troon zou ontnemen.

In 1851 was de Duitse Bond, die na de gebeurtenissen van 1848 een tijdlang niet meer had gefunctioneerd, hersteld. De paus keerde terug naar Rome, nadat het republikeinse bewind daar zich had overgegeven. De koning van Savoye, die naar een verenigd Italië had gestreefd, werd door de Oostenrijkers verslagen. Datzelfde Oostenrijk trachtte echter tevergeefs de vroegere machtspositie in de Duitse Bond te herwinnen. Denemarken was bereid tot verregaande maatregelen om zich te verzekeren van het bezit van de hertogdommen Sleeswijk en Holstein, waarop het sinds lang aanspraak maakte. De voorlopige oplossing, dat beide gebieden weliswaar deel zouden zijn van de Duitse Confederatie, maar geregeerd zouden worden door de Deense koning, leek allesbehalve bevredigend. Nederland werd van 1849 tot 1853 geregeerd door een kabinet onder leiding van de liberaal Thorbecke. De in maart 1853 door de paus afgekondigde organisatie van de katholieke kerk in Nederland hield onder meer in dat het protestantse bolwerk Utrecht de zetel van de aartsbisschop zou worden. Een en ander lokte heftige reacties van protestantse zijde uit. De katholieken stonden echter volgens de grondwet geheel in hun recht, zodat het kabinet Thorbecke zich niet tegen hun plannen verzette. De koning koos de kant van de protestantse publieke opinie en ontsloeg het kabinet. Een nieuwe regering werd gevormd door de behoudend-liberale Van Hall, die als premier en minister van buitenlandse zaken Nederlands neutraliteit tijdens de Krimoorlog wist te handhaven.

De in oktober 1853 uitgebroken Krimoorlog was een gevolg van jarenlange spanningen tussen enerzijds het verzwakte Turkse Rijk en anderzijds Rusland dat hoopte van deze zwakheid te profiteren door zijn grondgebied ten koste van Turkije uit te breiden.

Op 4 oktober 1853 verklaarde de sultan van Turkije de oorlog aan

Rusland en in maart van het daaropvolgende jaar barstte de strijd los op het Krim-schiereiland. Turkije en zijn bondgenoten Frankrijk, Engeland en Piedmont stonden tegenover het tsarenrijk. Oostenrijk en Pruisen handhaafden de neutraliteit. In maart 1855 overleed tsaar Nikolaas I; dit onverwachte sterfgeval (er werd zelfs even aan vergiftiging of zelfmoord gedacht) en de nederlaag van de Russische troepen bij Sebastopol, deden de nieuwe tsaar, Alexander II, een wapenstilstand accepteren. In Parijs werd in 1856 een vredesconferentie gehouden.

Sophie volgde, men kan wel zeggen ademloos, de gebeurtenissen op de Krim. Zowel haar neef Napoleon Bonaparte als Lady Malets oudste zoon Henry bevonden zich daar. In de van tijd tot tijd vrijgegeven lijsten met namen van gevallenen en gewonden speurde zij naar verwanten en bekenden van haarzelf en van haar goede vrienden. De omstandigheden onder welke de troepen te velde moesten leven hielden haar steeds bezig. In december 1855 schreef zij aan Lady Malet: 'Met grote belangstelling heb ik de verklaringen en het verslag van Miss Florence Nightingale gelezen. Zij is een van de weinige grote figuren van onze tijd, iemand die ons verzoent met al de kleinheid en vulgariteit van het dagelijks leven.'

Vulgair vond Sophie prinses Marianne, de oudste dochter van Willem I, die in 1848 een huwelijk had gesloten met een lid van haar personeel, Johannes van Rossum. Na een verblijf van enkele jaren in het buitenland kwam de prinses weer eens een bezoek brengen aan Den Haag. 'Zij leidt een laag-bij-de-gronds, abominabel leven,' aldus Sophie. 'Ik was wel verplicht haar de toegang tot mijn huis te weigeren.' Wanneer de geruchten waarheid bevatten dat de koningin in deze periode zelf een liefdesaffaire beleefde met haar kamerheer jonkheer W.F. Tindal (jonkheer De Kock, directeur van het kabinet van Willem III is er zeer stellig over in brieven die hij in 1857 schreef aan Forstner de Dambenoy) zouden haar opmerkingen over prinses Marianne op zijn minst getuigen van hypocrisie. In de brieven aan Lady Malet noemt Sophie de naam van Tindal – die van 1857 tot 1865 in functie was – niet eenmaal. Toen zij een boek gelezen had over de befaamde liaison tussen koningin Mathilde van Denemarken (1751–1775) en de hofarts Johan-Frederik Struensee, schreef zij: 'Ik realiseer mij, hoe dankbaar ik de Voorzienigheid moet zijn, omdat nooit een Struensee *mijn* pad heeft gekruist en omdat mijn schoonmoeder en zwager, al haten zij mij ook nog zozeer, verplicht zijn mij te respecteren. Niet dat ik mij beter voel dan koningin Mathilde, maar ik ben nooit zo op de proef gesteld.'

Met haar echtgenoot had Sophie nog slechts een uiterst formeel contact. In ruil voor een groot gedeelte van haar persoonlijke fortuin, kreeg zij van hem de toestemming de kleine Alexander, een ziekelijk en schuw jongetje, bij zich te houden en groot te brengen. Prins Willem berokkende zijn opvoeders veel hoofdbrekens. Jonkheer De Casembroot bracht aan Forstner de Dambenoy, die in 1852 tot minister van oorlog benoemd was, regelmatig verslag uit over 'den jeugdigen afgedwaalde, bij wien het vicieuse karakter der kinderjaren thans onverholen is tevoorschijn getreden.' Zo schreef hij in mei 1852: 'Een zonderlinge en zich nu weer sedert enige tijd geopenbaard hebbende neiging bij hem is: zich in het openbaar te beroemen op onverschilligheid, luiheid en gebrek aan al wat maar belangstelling gelijkt in alles wat bij andere kinderen de belangstelling opwekt...' Dat de jongen, die als kind aanwezig was geweest bij hevige ruzies tussen zijn ouders, die het sterven van zijn jongere broertje had meegemaakt en onder protest en tranen gescheiden was van zijn zwangere, depressieve moeder, gevoelens van verzet koesterde jegens zijn vader en tegen 'alles wat slechts naar autoriteit zweemt' lijkt niet zo verwonderlijk. De zorgelijke De Casembroot kon echter enkele maanden later melden: 'De prins van Oranje geeft sedert enigen tijd blijken van inkeer, en hoewel nog veel te bewaken overblijft wat zijne wijze van zich nu en dan uit te laten betreft, zoo heb ik den moed omtrent zijne toekomst niet geheel opgegeven.' Voor koningin Sophie is het steeds een van de moeilijkst te verwerken dingen in haar leven geweest dat de beslissende momenten van de vorming van kind tot man van haar oudste zoon zich buiten haar om moesten voltrekken.

Met Anna Paulowna, die teruggetrokken leefde, meestal te Soestdijk, en zich in hoofdzaak wijdde aan haar Grieks-orthodoxe geloof en aan liefdadigheid, had Sophie zelden en dan uitsluitend plichtmatig, contact: 'Zij is dik geworden, haar gezicht heeft een kwaadaardige uitdrukking,' schreef zij, onverzoenlijk. 'Zij verveelt de mensen met haar biljartavondjes en theevisites, niemand mag haar.' Wat prins Frederik betreft, hij stond Sophie terzijde, zoals in hoofse tijden een ridder zijn onbereikbare Vrouwe diende, evenwel steeds gekweld door complexe tegenstrijdige sentimenten. Sophie, die zijn onmiskenbare verliefdheid vooral om tactische redenen niet aangenaam vond, voelde dit zeer goed aan: 'Hij komt mij voortdurend opzoeken, hij denkt net zo als ik over de toekomst, maar wanneer ik met hem praat, moet ik steeds denken aan die boosaardige uitspraak van De la Rochefoucauld: "In het ongeluk van de mensen die wij het meest liefhebben schuilt toch altijd iets, dat ons een klein beetje genoegen doet." Prins Frederik zou terwille van mij heel veel opofferen, als het moest, maar het spijt hem niet dat ik ongelukkig ben.'

De tijd ging voor Sophie voorbij met 'eenzaam-zijn, lezen en dromen', met 'kijken naar de bomen en praten met arme mensen', met het schrijven van ontelbare brieven. 'Brieven schrijven is wat ik het liefst doe, het enige genoegen uit mijn jeugd dat me gebleven is; voor het overige voel ik mij een oude vrouw van zestig, maar schrijven vind ik even heerlijk als tien jaar geleden.'

Vanuit de achterafgelegen poel met stilstaand water, die Holland in haar ogen was, volgde zij de grote gebeurtenissen elders. Na het einde van de Krimoorlog laaide de geestdrift voor een verenigd Italië weer op. De koning van Piedmont zocht de steun van Frankrijk; eind 1858 had zijn eerste minister, graaf Cavour, in Plombières een ontmoeting met Napoleon III, die resulteerde in een bondgenootschap. Oostenrijk werd verslagen bij Magenta en Solferino en moest Parma, Modena en Toscane aan Piedmont afstaan. Giuseppe Garibaldi en zijn Roodhemden verdreven de Bourbons uit Sicilië en Napels; een deel van de Kerkelijke Staat veranderde in 'werelds' grondgebied; op 17 maart 1861 werd het koninkrijk Italië uitgeroepen, met Victor Emmanuel als constitutioneel vorst en Florence als hoofdstad.

De keizer van Oostenrijk kondigde voor zijn gebieden een federale constitutie af, maar de Hongaren verwierpen die, omdat daardoor het Duitse element onevenredig sterk zou worden. Bij koning Friedrich Wilhelm IV van Pruisen openbaarde zich een geestesziekte; zijn broer nam in 1858 zijn taak over. Onder diens regime begon de militaire ontwikkeling die later in de eeuw tot zulke opzienbarende resultaten zou leiden.

In 1861 besloot Napoleon III, toen op het toppunt van zijn macht, tot interventie in Mexico. President Juarez, het liberale staatshoofd, had – niet in staat de door de vorige reactionaire regering gemaakte schulden af te lossen – besloten alle rentebetalingen aan buitenlandse crediteuren stop te zetten.   Frankrijk behoorde tot de schuldeisers. Aanvankelijk namen ook Engeland en Spanje deel aan de expeditie, maar toen het duidelijk werd dat Napoleon III van plan was in Mexico een conservatief rooms-katholiek keizerrijk te stichten onder het echtpaar Maximiliaan (een broer van de Oostenrijkse keizer) en Charlotte (een Belgische prinses), lieten zijn bondgenoten hem in de steek, na hunnerzijds een door Juarez aangeboden schadeloosstelling te hebben aanvaard. Zo begon het 'Mexicaanse avontuur', dat zo fataal zou eindigen met Maximiliaans executie door een vuurpeloton in 1867. Maar in Frankrijk had Napoleon III in die jaren een grotere populariteit dan ooit tevoren. Parijs was in politiek en cultureel opzicht het middelpunt van Europa.

Engeland werd opgeschrikt door onlusten in India, aangevoerd door de zogenaamde Sepoys, inheemse soldaten in het Brits-Indische leger. Hindoes en Mohammedanen keerden zich gezamenlijk tegen de christelijke Engelse overheersing. 'Het nieuws uit India is zeer ernstig,' schreef Sophie in juli 1857 aan Lady Malet; 'Er heerst onrust onder de volkeren in het Verre Oosten. Het lijkt wel of Indiërs, Chinezen, al die sluimerende naties, nu in beweging komen.'

Engeland maakte een parlementaire crisis door. Sophie hoopte, dat Lord Palmerston (de man van het 'right or wrong, my country') weer premier zou worden en zo de fouten van de zwakke regering Derby herstellen. Onder de Engelse politici zag zij maar één 'coming man', Lord Stanley.

In de zomermaanden vertoefde Sophie vrijwel altijd op Huis ten Bosch. 'Ik houd veel van dat huis, maar ik zou het graag overbrengen naar een ander land, waar ik uitzicht had op bergen en wat anders zag dan die vreselijke sloten.' Bloemen, vogels – zij bezat in 1859 negen papegaaien, waaronder één die haar stem kon nadoen – het babbelen en spelen van prins Alexander en van Sophies petekind, Mathilde van Tuyll van Serooskerken, die vaak kwam logeren, verschaften de koningin enige afleiding. In het najaar bezocht zij meestal haar vader in Stuttgart. Van tijd tot tijd maakte zij ook wel een (korte) reis naar het een of andere Kurort. Zij reisde dan zeer eenvoudig, met een klein gevolg van drie of vier personen, in een eersteklasse wagon in een gewone trein. Door kleding noch manier van doen viel zij op als 'royalty'. Lady Westmorland[1], óók een Engelse correspondentievriendin van Sophie, die in 1855 in hetzelfde Kurort, Bad Ischl, verblijf hield als zij, schreef over die ontmoeting aan een kennis: 'Ik heb mij altijd tot haar aangetrokken gevoeld, omdat zij zo volmaakt natuurlijk is, zo weinig koninklijk, en zo ongelukkig. Vaak komt ze alleen, te voet, naar mijn onaanzienlijke kleine appartement.'

Sophie ervoer haar eerste reis naar Engeland in 1857 – om te kijken of er bij de dochters van koningin Victoria misschien een huwelijkspartner voor prins Willem te vinden zou zijn – als een belevenis. Zij ontmoette de Britse koninklijke familie, Lord Brougham, en vele andere hooggeplaatste en belangrijke personen en maakte kennis met iemand die in haar verdere leven een rol van onschatbare betekenis zou vervullen. Tijdens haar verblijf in het Claridge's Hotel in Londen gaf zij een whist-avond; een van de genodigden was Lord Clarendon, de minister van buitenlandse zaken. 'U vraagt mij, hoe ik Lord Clarendon vind,' schreef Sophie enkele dagen later aan Lady Cowley (wier echtgenoot sinds 1852 Brits gezant te Parijs was): 'Ik vind hem een *allercharmantste* man, zo knap om te zien, zo'n aangename stem en met al zijn grote geestesgaven toch zo eenvoudig in zijn optreden. Hij was *bijzonder* aardig tegen mij, en u weet, dearest Olivia, dat vergeet ik nooit.' Sophie moet onmiddellijk begrepen hebben dat dit een voor haar persoonlijke leven beslissende ontmoeting was. 'Toen ik na het diner luisterde naar een gesprek dat hij met Lady William Russell voerde, kon ik wel huilen,

1. Lady Westmorland (geboren Priscilla Wellesley-Pole, 1793–1879) en Sophie hadden elkaar leren kennen in 1842, in Keulen, waar Lord en Lady Westmorland – hij was toen Brits gezant in Berlijn – de manoeuvres bijwoonden. Zij sprak verschillende talen vloeiend en was een uitstekende schilderes, wier werk in Engeland regelmatig tentoongesteld werd. Sophie vond dat zij op Lady Malet leek.

omdat het de laatste maal was dat ik hem zag. Ik bewonder Lord Palmerston, heb hem altijd bewonderd, maar hij bezit niet die oneindige charme van Lord Clarendon, er is werkelijk geen ander zoals hij...'

Wat Lord Clarendon betreft, ofschoon hij wat ongeduldig werd omdat het al zo laat was, en hij thuis nog te werken had, was ook hij onder de indruk: 'Ik was zeer gecharmeerd van de koningin van Holland, iedereen trouwens. Haar gratie en waardigheid, haar intelligentie, kennis, volmaakt goed humeur en groot conversatietalent hebben haar bezoek aan Engeland tot een succes gemaakt. Ik kan mij niet herinneren dat dit ooit met iemand anders, al dan niet van koninklijken bloede, in die mate het geval is geweest. Het is onmogelijk een betere indruk achter te laten dan zij heeft gedaan.'

George William Frederick, vierde graaf Clarendon en vierde Baron Hyde was al in 1820 in diplomatieke dienst getreden. Na als attaché te hebben gewerkt in het gezantschap te St.Petersburg, bekleedde hij onder andere de zeer belangrijke post van gevolmachtigd minister in Madrid. In 1847 werd hij benoemd tot Lord Lieutenant van Ierland. Zijn liberale opvattingen ten aanzien van de problemen in dat gebied vielen niet bij iedereen in de smaak. Men moet hem misschien meer prijzen om wat hij wist te voorkomen dan om wat hij tot stand gebracht heeft, meenden tijdgenoten. Hij wist Ierland zonder bloedvergieten door een periode van samenzweringen en opstanden heen te loodsen en zette zich energiek in voor broodnodige verbeteringen in de landbouw. Toen hij in 1852 naar Engeland terugkeerde, stelde men hem al voor premier te worden (om zo de rivalen Palmerston en Russell te omzeilen), maar hij wilde niet. Lord John Russell werd eerste minister, en Clarendon aanvaardde de door Russell verlaten zetel van buitenlandse zaken. Hij was een persoonlijke vriend van Napoleon III en kon uitstekend overweg met koningin Victoria. Opvallend en uniek noemde men zijn onbaatzuchtigheid en integriteit. Hij weigerde pertinent de hoogste functies die hem werden aangeboden, evenals hogere adelstitels dan die hij al had, en onderscheidingen als het Légion d'Honneur en de Pruisische Zwarte Adelaar, omdat het hem bij zijn beslissingen en optreden niet om dergelijke promoties te doen geweest was. Hoewel goed bevriend met Russell, adviseerde hij koningin Victoria in 1859 Lord Palmerston tot kabinetsformateur te kiezen, daar hij deze verreweg de bekwaamste van de twee achtte. Clarendon voelde zich zowel aristocraat als liberaal, was ijverig en toegewijd aan zijn taak in de hoogste mate. Hij sprak vele talen vloeiend, had uitgelezen manieren, groot psychologisch inzicht, schreef met gemak in een heldere stijl en was een boeiende en geestige redenaar. Hij was er in de eerste plaats onder alle omstandigheden op uit de vrede te handhaven ('handelsreiziger van de vrede' noemde men hem in Parijs) en de beschaving te verdedigen. Hij was meer cosmopoliet dan patriot. Hij gold als alom populair; men

roemde zijn onvergelijkelijke persoonlijke charme, zijn wijs en evenwichtig oordeel. Toch was er ook wel kritiek. Sir Henry Bulwer bijvoorbeeld schreef over hem: 'Het is moeilijk te zeggen of hij werkelijk
zo'n superieur mens is, maar hij is in elk geval ruim voldoende uitgerust
met voortreffelijke eigenschappen, alleraangenaamste manieren, snel-
heid van begrip, intelligentie, en het vermogen om uit alles en iedereen
in zijn omgeving precies datgene te halen dat hem van dienst kan zijn.
Zijn fout: dat hij een tikje te cynisch en te kritisch is, en meer oog heeft
voor de feilen van anderen dan voor hun kwaliteiten. Er zijn echter
maar weinig mensen die na een ontmoeting een zo aangename indruk
achterlaten; ook al twijfelt men wel eens of hij even oprecht is als ver-
overend.'

In de brieven van koningin Sophie aan Lady Malet komt Lord Clarendon voor het eerst ter sprake op 28 juli 1857. Tijdens haar bezoek
aan Londen schreef zij: 'Degene die mij het best beviel, is Lord Clarendon' en op 13 oktober 1858 toen hij zich in Stuttgart bevond, waar Sophie bij haar vader logeerde: 'Sinds zondag is Lord Clarendon hier, de
aardigste en meest intelligente man die men zich kan voorstellen' en:
'Meer dan ooit onderga ik de charme van Engelse "good breeding".'

Hoewel Sophie tegenover haar vriendin steeds getuigde van respect
en waardering voor de diplomaat die Clarendon was, opperde zij soms
toch ook wel eens, net als Sir Henry Bulwer, enige twijfel aan zijn eerlijkheid en aan de ernst van zijn vriendschap voor haar. Deed zij dit om
Lady Malet, die niet tot de hoog adellijke kring van Clarendon behoorde, geen reden tot jaloezie te geven? Of waren haar eigen gevoelens voor
Clarendon niet geheel vrij van berekening? In november 1862 schreef
Sophie aan Lady Malet: 'Lord Clarendon speelt vals ten opzichte van
mij en mijn oudste zoon. Hij heeft zoveel invloed op koningin Victoria,
dat hij – indien hij *wil* – al haar vooroordelen zou *kunnen* wegnemen'
(namelijk betreffende een huwelijk tussen de prins van Oranje en een
van haar dochters). Op een veel vertrouwelijker toon liet Sophie zich
over hem uit tegenover iemand die zij door zijn bemiddeling had leren
kennen, zijn nicht Lady Salisbury, geboren Lady Mary Sackville West,
echtgenote van de markies van Salisbury en een intieme vriendin van de
invloedrijke politicus Lord Stanley.

In 1860 schreef Clarendon aan deze bloedverwante van hem over de
koningin der Nederlanden: 'Haar leven is zo eenzaam, en zij wordt in
Holland zo weinig begrepen, dat zij het vooruitzicht van een gedachten-
wisseling met iemand als u, ma très chère cousine, beschouwt als balsem voor haar ziel.' Uit de kennismaking met Lady Salisbury groeide
een vriendschappelijke verhouding die tot Sophies dood zou duren.
Tegenover Lady Malet (aan wie zij, voor de zoveelste maal, de verzekering gaf: 'U bent de enige met wie ik kan praten over *alles* in mijn leven.') liet Sophie zich eens als volgt uit over de vrouw die in Engelse

hofkringen vanwege haar non-conformistische meningen en manier van doen 'dat radikale mens' genoemd werd: 'Ik vind Lady Salisbury een bijzondere vrouw, niet echt knap om te zien, met haar lelijke verweerde huid en grote voeten, maar zij heeft *prachtige* ogen, bruin en glanzend, volmaakte tanden en een heel goed figuur (...) Zij gedraagt zich zeer beheerst, en heel rustig (...) Ik was getroffen door haar intelligentie, haar heldere, haast mannelijke verstand, dat zich geen ogenblik verloochent (...) Zij was inderdaad buitengewoon slecht gekleed (...) Zij zegt, dat zij zo sterk is als een paard (...) Zij gaat heel familiair om met Lord Stanley, ik geloof niet dat hij haar minnaar is, maar zij beheerst hem in geestelijk opzicht geheel en al en ik denk dat zij wel met hem zal trouwen, zodra de oude bibberige Lord Salisbury overlijdt.' Behalve door oprechte waardering voelde Sophie zich ongetwijfeld vooral aan Lady Salisbury gebonden, omdat deze beter dan wie anders ook kon weten hoezeer Sophie Lord Clarendon beschouwde als haar 'filosoof en leidsman' en – wellicht – als meer dan dat. Welke rol Clarendon precies in het leven van Sophie vervuld heeft, valt uit de correspondentie met Lady Malet niet op te maken.

Lady Malet van haar kant was tegenover Sophie blijkbaar openhartiger, met name wat betreft haar gevoelens voor prins Charles d'Aremberg, een diplomaat uit een zeer oud Belgisch-Duits geslacht. Sophie leefde intens mee met de ups and downs van deze blijkbaar niet steeds even rimpelloze verhouding. 'Indien er sprake is van een misverstand tussen u beiden, praat dat dan uit, en schrijf er elkaar ook over,' raadde Sophie, 'Geschreven woorden zijn beter dan gesproken woorden, als het erop aankomt schaduwen te verjagen.'

Omstreeks 1858 voelde Lady Malet zich kennelijk niet meer gelukkig in Frankfurt. Zij was in 1857 een tijdlang zo ernstig ziek, dat zij niet kon schrijven; Sophie moest nieuws over haar aan Sir Alexander vragen. Sophie vond, dat 'Duitse lucht' haar vriendin niet goed bekwam. In juli 1858 schreef zij: 'Voor uw eigen bestwil, lieve Lady Malet, zou ik wensen dat u die plaats waar u nu al zo lang geweest bent kunt verlaten. Ieder oord in Engeland lijkt mij te verkiezen.' Mogelijk waren emotionele verwikkelingen in verband met Charles d'Aremberg de oorzaak van Lady Malets inzinking. In de loop van de volgende jaren meldde Sophie regelmatig nieuws en 'gossip' over d'Aremberg aan haar vriendin, die toen kennelijk weinig of geen contact meer met hem had.

Het jaar 1859 bracht Sophie nog een andere zeer belangrijke vriendschapsrelatie met de nieuwe Britse gezant in Den Haag, Lord Francis Napier, uit een Schotse familie. Na achtereenvolgens verbonden te zijn geweest aan de ambassades in Wenen, Constantinopel en Napels, was hij gedurende enkele jaren in Washington gestationeerd, waar men hem beschouwde als de meest aanvaardbare gezant die ooit door Engeland uitgestuurd was. Hoewel pas zesendertig jaar oud, gold hij onder zijn collega's als een diplomatiek genie. Palmerston koesterde grote verwachtingen van hem, en ook Lord Clarendon stak zijn waardering niet onder stoelen of banken. Uit het feit, dat Lord Napier opvallend lang aarzelde met het daadwerkelijk aanvaarden van zijn taak in Den Haag, zou men misschien kunnen afleiden dat hij zich door die aanstelling in een klein land enigszins achteruitgezet voelde. Hij had de reputatie behalve een begaafd diplomaat ook een onverbeterlijke Don Juan te zijn. 'Hij is gek op vrouwen,' schreef Sophie aan Lady Malet. De dames van de Haagse society noemde hij echter onbetekenend en onaantrekkelijk. Bij de koningin, die hem een geestig en interessant causeur vond, het prototype van de ontwikkelde Angelsaksische aristocraat, was hij van het begin af aan een graag geziene gast. Het lijdt geen twijfel, dat Sophie oog had voor zijn charme als man van de wereld. Lady Napier bekeek zij, zoals te verwachten was, met een kritischer blik; wéér had, volgens haar, een man die haar boeide een vrouw die eigenlijk niet bij hem paste: 'Lady Napier is misschien eens knap geweest om te zien, maar zij is dat nu niet meer. Van haar laatste bevalling in Napels, negen jaar geleden, heeft zij een aandoening overgehouden die haar zo verzwakt, dat zij haast niet op haar benen kan staan. Er is een voortdurende lijdende uitdrukking op haar gezicht, met een even eeuwige kalme glimlach, die niet prettig aandoen. Elke maand moet zij gedurende een week liggen. Als zij 's avonds naar een bal gaat, moet zij van te voren de hele dag in bed blijven. Zij heeft nog steeds mooi zwart glanzend haar, zij lijkt iets op een vogel en heeft ook zo'n hoge piepende stem. Ik ben er van overtuigd, dat hij haar ontrouw is, hoewel ik *hier* niets over hem gehoord heb, maar in Amerika heeft hij het erg bont gemaakt.'

Tot Sophies grote spijt bleef Napier maar zeer korte tijd, ongeveer een jaar, in Den Haag. Toen hij Holland verliet om Brits gezant in St.Petersburg te worden, vroeg hij aan Sophie of hij iets voor haar zou kunnen doen. 'Ja,' zei ik, 'beloof mij keizer Napoleon nooit kwaad te berokkenen.' Hij dacht een ogenblik na. Toen zei hij: 'Dat beloof ik.'

Sophie maakte zich ongerust over Napoleon III, wiens keizerlijke carrière naar haar mening in gevaar gebracht werd door zijn gemalin Eugenie met haar Spaansvrome klerikale sympathieën en haar persoonlijke eerzucht. 'Zij is frivool, kinderlijk, zonder een spoor van *echte* waardigheid. Zij is *geen* soevereine vorstin, *geen* grande dame, en ofschoon zij nu al meer dan tien jaar zetelt op een van de eerste tronen van Europa, heeft zij *nooit* enig besef gehad van de plichten en rechten van haar positie. Het is *zijn* grote ongeluk, dat hij in haar een onruststookster aan zijn zijde gekregen heeft, geen echte gezellin, al haar gratie en schoonheid ten spijt. Hij *voelt* het wel, en een enkele maal, wanneer zijn hart tot berstens toe vol is, geeft hij er ook wel uiting aan.'

Nederland werd in 1861 getroffen door watersnood, een van de ergste rampen uit de geschiedenis. Bij die gelegenheid liet Willem III zich van zijn beste kant zien. Hij bezocht dagelijks de overstroomde gebieden en gaf, behalve bemoedigende woorden, uit eigen beurs geldelijke steun aan de slachtoffers. Zijn populariteit nam sterk toe. Sophie kon zich slechts schamper uitlaten over de verering die Willem de Goede, zoals hij hier en daar genoemd werd, onder de bevolking genoot. Zijn liefdadigheid jegens de slachtoffers van de watersnood verbleekte naast de gulheid waarmee hij actrices, chanteuses en demi-mondaines voor hun gunsten placht te belonen. 'Dit is de eeuw van de meisjes van lichte zeden en van de maintenees,' schreef Sophie bitter aan Lady Malet; 'Vrouwen zoals wij moeten thuiszitten, en in stilte invloed uitoefenen, of in vergetelheid wegzinken.' In deze periode begon zij herinneringen en beschouwingen op schrift te stellen. 'Ik werk tegenwoordig, dat wil zeggen, ik heb in de afgelopen tijd heel veel geschreven,' vertrouwde zij in februari 1862 haar vriendin toe. 'De dagen gaan op die manier sneller voorbij. De taal is mijn probleem. Ik schrijf niet graag in het Duits, en hoewel ik altijd Frans spreek, is dat voor mij toch eigenlijk een vreemd instrument.'

Zeer veel zorg berokkende Sophie de gezondheidstoestand van haar vader. Elke keer wanneer zij hem bezocht, constateerde zij verdere achteruitgang. Toch stierf hij nog onverwacht, op 25 juni 1864. Diep geschokt werd Sophie zich ten volle bewust van wat hij voor haar betekend had. Hij, de 'Nestor der Duitse vorsten', wiens belangstelling voor de internationale politiek de hare had gewekt en gestimuleerd, en die door zijn liberale denkbeelden haar persoonlijkheid had gevormd, was in haar leven de enige werkelijk constante factor geweest, onder alle omstandigheden haar steunpunt en baken.

Begin september 1864 kwam Lord Clarendon gedurende enkele dagen op het Huis ten Bosch logeren. 'Er is een grote zachtheid in zijn manier van doen, in de wijze waarop hij mij troost en geduld met mij heeft, nu ik allesbehalve amusant gezelschap ben,' schreef Sophie aan Lady Malet. 'Hij is onderweg naar Toplitz, om zich daar bij Lady Clarendon te voegen. Zij gaan samen op reis, hij zal pas in oktober terugkeren.'

Zij voelde nu, dat het ook haar goed zou doen op reis te gaan. Naar Stuttgart wilde zij niet meer; na de dood van haar vader waren er onaangenaamheden geweest tussen haar en de nieuwe koning van Württemberg, haar jongere halfbroer Karl en diens vrouw Olga. De sfeer in de stad bedrukte haar, zij voelde zich er als op een groot kerkhof. Zij besloot naar Luzern te gaan. Vanuit Bazel schreef zij op 13 september aan Lady Malet (die zij ditmaal niet in Frankfurt ging opzoeken, wellicht uit een zekere gegriefdheid omdat Lady Malet nauwelijks op het overlijden van koning Wilhelm had gereageerd): 'Ik ben onverwachts in Mainz geweest toen ik hoorde dat keizerin Eugenie zich te Schwalbach bevond. Ik besloot haar een bezoek te brengen. In plaats van rechtstreeks van Koblenz naar Bazel te gaan, logeerde ik in Mainz. De keizerin leek mij werkelijk ziek. Ze zei, dat zij zo zwak was geweest dat haar pols nauwelijks te voelen was. Maar nu voelde zij zich alweer wat beter, en zij vond die rustige plek heel aangenaam. Zij was hartelijker dan ik haar ooit heb meegemaakt, en ik herhaalde telkens voor mezelf, dat zij toch eigenlijk een erg mooi en lief mens is.' Er deden geruchten de ronde over huwelijksmoeilijkheden tussen Napoleon III en zijn vrouw; naar het schijnt droeg Sophie door de gesprekken te Schwalbach bij tot een herstel van de redelijk goede verstandhouding.

In Luzern ontving Sophie bezoek van onder andere haar neef Napoleon. Zowel in Zwitserland als daarna in Venetië ontmoette zij Lord Clarendon weer, ditmaal in gezelschap van zijn vrouw, die zij nooit eerder ontmoet had, en die zij 'vriendelijk, lief, maar saai' vond. Uit de verandering van omgeving en het contact met mensen die haar sympathie betoonden, putte Sophie moed tot verder leven.

Het Loo, 9 juli 1849

Het spijt mij te horen dat u zich onwel en moe blijft voelen. Ik denk dat u baat zult vinden bij mineraalwater, dat is een natuurlijk geneesmiddel, het beste dat er bestaat voor een intensieve kuur.

Ik zou graag mijn koningschap afleggen en met u meereizen, een vrouw zoals andere vrouwen. Maar misschien ben ik niet meer geschikt om in de society te verkeren. Ik weet tegenwoordig niet wat ik tegen bezoekers moet zeggen, en slaak een 'ha!' van vreugde wanneer ze weer weggaan. Ik voel een soort van wilde verrukking wanneer ik moederziel alleen op de hei zit en ben boos als er iemand met me komt praten. Ik blijf tot 13 juli op Het Loo. De ministers verlangen dat de koning naar Den Haag komt, maar hij wil niet, hoewel ik tegen hem gezegd heb dat ik bereid ben mijn eigen genoegens op te offeren. Hij is materialistischer dan ooit en doet niets dan jagen en drinken.

Gisteren kreeg ik een lange brief van mijn vader. In Württemberg heerst nu een minder gespannen sfeer, maar iedereen beklaagt zich over de Pruisen en hun stomme oorlogszuchtige houding. Ik ontving ook een lang, zeer intelligent schrijven van de koning van Hannover, waarin hij zegt *nooit* te zullen meewerken aan een plan voor Duitse eenheid zonder Oostenrijk – en hij heeft geen woorden genoeg om het bedrog en geïntrigeer van Pruisen te laken. Wat de Oostenrijkers betreft, ik kan het hen niet vergeven dat zij de Russen te hulp geroepen hebben. Wat is de wereld een *hol* gedoe, wat lijkt ons maatschappelijke en politieke leven op afgoderij. Ik word steeds meer republikeinsgezind. Overigens, iedereen in Holland zou dat worden, indien men achter de schermen kon kijken.

Het Loo, 20 juli 1849

Men neemt de koning zijn lange wegblijven uit Den Haag kwalijk. Nog steeds hebben wij geen civiel huis. Wij vragen niet meer dan één miljoen gulden, maar ze maken de grootste bezwaren. En dit is nog maar het begin van onze regering. Een van onze gasten, Lord Cowley, zei gisteren: 'Ik denk, dat in de geschiedenis alles zijn tijd heeft; de tijd van de koningen is voorbij.'

Ik verslind de couranten, ik las onder andere Bulwers[1] depêches, die ik *knap* vind. De oude wereld, die wij gekend en – misschien – zelf te gronde gericht hebben, is voorbij. Ik voel moed en kracht in mij, en die *moet* ik wel hebben want ik sta volslagen alleen. De Nederlanders zullen ons houden zolang we nodig zijn, dat wil zeggen, zolang onze naam, Oranje, een gemeenschappelijke basis vormt voor de verschillende politieke partijen; zodra dit niet meer het geval is, zullen ze ons wegsturen. Toewijding, genegenheid, al wat het leven goed en mooi maakt, is hen vreemd. Nog nooit heb ik dat zo sterk beseft. Maar God heeft mij nu eenmaal dit deel toegewezen en al voel ik mij soms nog zo ellendig, ik berust in mijn lot.

Ik heb mijn secretaris naar Stuttgart gestuurd om te zien en te horen wat daar aan de hand is. Gisteren is hij teruggekomen. Men gelooft, dat de Assemblée van Frankfurt – fel als de stemming daar is – geen keizer zal kiezen; verondersteld wordt, dat de hele zaak zal uitdraaien op een federatie, hechter dan de Frankfurter Bund van weleer. De soevereine vorsten zullen niet langer het recht hebben gezanten aan te stellen in het buitenland, behalve misschien in uitzonderlijke omstandigheden. Ik denk wel, dat vreemde mogendheden hun ambassades aan de verschillende Duitse hoven zullen behouden. Wat Nederland betreft, wij moeten voor Württemberg een gezant hebben in München en een legatiesecretaris in Karlsruhe. De onlusten in Baden zijn verschrikkelijk geweest. De vreemdelingen, Fransen, en de arbeiders gedragen zich nog niet eens het ergst; het *hele* land, het wettig aangestelde ambtenarencorps, was in opstand, het heeft maar een haar gescheeld of men had de groothertog en zijn gezin gevangen genomen. De meest opmerkelijke persoonlijkheid onder de ministers in Frankfurt is een zekere Robert Blum uit Keulen, een man uit het volk, maar die door zijn genie en een bewonderenswaardig organisatietalent (zeldzaam in Duitsland!) voorbestemd schijnt een grote rol te spelen. Oostenrijk wordt beschouwd als verloren voor Duitsland.

Mijn secretaris stuurde mij een aantal pamfletten, karikaturen, enz. Sommige zijn heel goed: onder andere mijn broer, die zijn kanselier als een hondje over een stok laat springen, ze lijken allebei precies. Hij, mijn broer, is meer dan ooit veracht en gehaat; hij zegt tegen ieder die maar luisteren wil: 'Mijn vader heeft volstrekt geen verstand van staatszaken, maar *ik* wel, want ik ben een mens met bijzondere kwaliteiten.' In september hoop ik zelf naar Stuttgart te gaan om een en ander met eigen ogen te zien.

1. William Henry Bulwer (1801–1872), dichter uit en diplomaat onder andere in Berlijn, Wenen, Den Haag. Zijn depêches in Spanje en Washington werden in 1849 gepubliceerd.

Het Loo, 12 augustus 1849

Ik verwacht mijn neef, Napoleon; ik vind dat wel prettig, hij is tenslotte een lid van mijn eigen familie. Wij hebben elkaar altijd graag gemogen; we leiden zeer uiteenlopende levens, maar zijn toch vrienden.

Dat ik u niet zien zal, is een van de redenen waarom ik 1849 een akelig jaar vind. Maar ik kan niet naar Stuttgart gaan. Ik wil de koning en het land niet zo lang verlaten. Een ontmoeting met u zou mijn enige reis-doel zijn, want mijn vader heeft beloofd zich op de Rijn bij mij te voe-gen. Daar zal ik met hem kunnen praten, ver van de eeuwig harrewar-rende elementen in Stuttgart.

Mijn kinderen zijn mijn enige vreugde. Ik maak mij wat ongerust over de oudste; bij veel goede, voortreffelijke eigenschappen heeft hij toch iets van zijn vader.

Het leven is zo bitter! Ik krijg geen nieuws over de politieke toestand, en ontmoet alleen saaie, domme mensen, die er, net als ik, naar snakken weg te kunnen gaan.

Den Haag, [?] augustus 1849

Ik heb nog met niemand ergens over gesproken, behalve met prins Fre-derik, die de zaak duister inziet, niet ten onrechte. De ogen van de men-sen gaan open, zij horen en zien, en staan verbaasd – en het ergste moet nog komen. Wat mij betreft, ik heb dat allemaal te lang geweten om ver-baasd of bang te zijn. Ik zie mijn lange weg voor me, en ik weet wat ik te doen heb. Groot geduld is mijn eerste plicht, daar heb ik mij al tien jaar in geoefend, en ik ga er mee door. Gisteren, na mijn aankomst, heb ik de koningin-weduwe bezocht. Rouw maakt haar niet beminnelijker, rondom haar groeit de eenzaamheid...

Den Haag, 31 augustus 1849

Precies een week geleden kwam mijn neef Bonaparte hier. Gisteren is hij weer vertrokken. Wij hebben veel waardevolle uren samen door-gebracht. Tegenover u, aan wie ik alles zeggen kan, wil ik trachten onder woorden te brengen wat ik voor hem voel: geen liefde, geen geestdrift – want er is veel in hem waar ik het niet mee eens ben, waar-van ik zelfs een afkeer heb – maar een soort van wilde, vurige belang-stelling; indien hij zou sterven, zou dat een heel groot verlies voor mij zijn. Wanneer hij niet bij mij was, verveelde ik me, ik telde de uren tot hij kwam; was hij er, dan had ik vaak een hekel aan hem, want hij kan grof en gemeen zijn. Wat hem betreft, hij koestert voor mij een diepe genegenheid, van de beste soort; soms worden even zijn lagere, dierlij-ke, instincten in hem wakker, maar hij weet dat ik in *dat* opzicht dood ben. Op een ochtend zat hij bij mij, wij voerden juist een heel amusant

99

gesprek, toen men prins Frederik aankondigde. Als prins Frederik komt, stuur ik altijd iedereen weg, dat is een vaste gewoonte van me, en dus deed ik dat deze keer ook. De verrukking van prins Frederik, omdat ik terwille van hem die interessante man zijn congé gaf, was vermakelijk om te zien. De arme ziel zei: 'Ik vrees dat ik nog altijd teveel van u houd.'

De kroonprins van Zweden[1] is hier, om de hand van prinses Louise[2] te vragen; een beste jongen, zonder esprit, maar knap om te zien en vrolijk van aard. *Zij* weet nog niet of zij hem wel of niet mag.

Vandaag gaan wij allemaal naar Amsterdam om de tewaterlating van een schip bij te wonen. Dergelijke uitstapjes vind ik aardig. De koning heeft zich welwillend betoond, maar voor het overige staan de zaken er slecht voor.

Mijn vader is naar Regensburg vertrokken, ik weet niet waarom. Ik ben niet tevreden over zijn politiek. Was ik maar een man, kon ik maar handelen – maar misschien is mijn zenuwgestel daar niet sterk genoeg voor. Over het algemeen heb ik meer zelfvertrouwen dan ooit tevoren, en ik voel een diepe, droefgeestige berusting in mijn lot.

1. Prins Carl Bernadotte (1826–1872), die in 1859 koning van Zweden en Noorwegen werd.
2. Dochter van prins Frederik.

7 september 1849

Ik zink weer terug in de rust waaruit het bezoek van mijn neef me even heeft wakkergeschud. Dat was niet goed, want mijn leven moet er een van geduld en van stilte zijn, gewijd aan mijn kinderen en hun toekomst. Ik voel dat intens, maar soms ontwaakt mijn 'ik', en klampt zich weer vast aan voorstellingen van hoop en geluk die me voor altijd ontzegd zijn.

Ik neem zeebaden, die doen me goed, maar zijn vermoeiend; na afloop ben ik tot niets meer in staat. Dan lig ik het liefst met een boek op mijn chaise-longue.

De kroonprins van Zweden is nog steeds hier; hij heeft prinses Louise ten huwelijk gevraagd. Ik twijfel er geen ogenblik aan dat zij het aanzoek zal accepteren, maar zij stelt zich een beetje aan: nu eens lachjes, dan weer tranen, en kan maar niet besluiten. Het is een heel karwei om hèm te amuseren.

Mijn oudste jongen gaat iedere dag naar school, maar eet en slaapt thuis. Dit nieuwe leven zal goed zijn voor de ontwikkeling van zijn karakter. Van de twee kinderen is het kleintje verreweg het aardigst. In hem vind ik veel van mijn eigen goede en slechte eigenschappen terug. Moge hij gelukkiger zijn dan ik!

Den Haag, 14 september 1849

Helaas, alles is zo donker om mij heen. Wat u al gehoord hebt, raakt nu meer en meer bekend. Onze vijanden ageren ondergronds, zelfs de oudste en meest aan ons verknochte dienaren en medewerkers halen hun schouders op, zoals wanneer men op hoge zee een schip in nood ziet maar niet in staat is te helpen. Wanneer zij bij mij zijn, klagen en protesteren zij, maar er is geen enkele echte *man* bij, en ik moet alles maar aanvaarden en stilzitten. Als mijn hoofd er naar stond, zou ik me in menige stilzwijgende triomf kunnen verlustigen, want hoevelen hebben er al niet tegen mij gezegd: '*Wij* kunnen het geen zes maanden uithouden, en *u* hebt dit tien jaar lang verdragen!'

Ik ga naar Wiesbaden om mijn vader te ontmoeten, ik vertrek de 26ste aanstaande en kom omstreeks de 10de of 12de oktober terug. Veertien dagen verandering van lucht – ik neem de kinderen mee. Ik beschouw mijn tochtje als een oponthoud in veilige haven gedurende een stormachtige zeereis.

Den Haag, 22 oktober 1849

Nog steeds hebben wij geen nieuw kabinet, die toestand duurt nu al vijf weken. Aan het hoofd van een van de partijen staat iemand die niet betrouwbaar is.[1]

Maar ik bemoei mij nergens mee, en eerlijk gezegd spijt het me niet dat ik er niet bij betrokken ben, want het is een verloren zaak, en wat er ook uit zal voortkomen, dat kan nooit een *goed* resultaat zijn. Dat wil zeggen een regering met vooruitzicht op een lang bestaan. Het land is rustig en onverschilliger dan ik gedacht had. *Hij* maakt zich volstrekt nergens druk over, soms verveelt het hem, maar indien u hem kon zien en horen, zou u nooit op de gedachte komen dat hij iets met de hele zaak te maken heeft. Onder voorwendsel van mijn verkoudheid (die heel erg was, maar nu wat afneemt) ben ik in afzondering gebleven. Prins Frederik komt haast iedere dag; zijn vrouw is in Berlijn, dus hij is vrij om me te bezoeken wanneer hij maar wil, en dat doet hij dan ook naar hartelust. Op het ogenblik vind ik mijn eenzaamheid dragelijk en zelfs aangenaam. De toestand waarin ik verkeer is van voorbijgaande aard, ik duld alle verveling, omdat ik voel dat het niet zo blijven kan. Maar ik verfoei intriges. De dingen moeten op een natuurlijke wijze *tot mij* komen, ik ga er niet achteraan. Hoe langer ik leef, des te meer verachting voel ik voor de mensen.

Ik geloof dat er in Frankrijk een nieuwe crisis op handen is, en dan een met een democratische tendens. Ik hoop voor mijn neef Louis dat hij op een waardige wijze zijn doel bereikt. Hij heeft moed, en als hij doodgeschoten wordt, zal hij een eervolle plaats krijgen in de geschiedenis...

1. Bedoelt Sophie Van Goldstein, de conservatief-liberale kabinetsformateur? Of Donker Curtius?

15 november 1849

De koning is voor tenminste tien dagen naar Het Loo, ondanks het feit dat de Staten-Generaal bijeen zijn en er toezicht nodig is op het nieuwe kabinet[1], er besprekingen gehouden moeten worden, enz. Dinsdag bracht de nieuwe regering verslag uit van de wijze waarop zij tot stand gekomen is, er was een brief voor de koning, het nieuws werd hem voorgelezen en van commentaar voorzien. Het liet hem volslagen onverschillig.

1. Het eerste kabinet Thorbecke, 1 november 1849.

26 november 1849

Volgens mijn mening gaat het met Frankrijk steeds meer bergafwaarts. Ook uit de Franse literatuur blijkt dat. Er is niets meer te vinden dat zuiver, origineel en sterk is. Overal laksheid, rust tot elke prijs, daarvoor vechten ze zelfs.

Ik denk dat het gevaarlijkste ogenblik, zowel voor individuen als voor volkeren, *niet* is wanneer zij gewond, bloedend terneerliggen, maar die zwarte dag waarop de kwijnende geest, het verzwakte hart, en het lichaam dat zijn veerkracht verloren heeft, niet meer, door een lichtend ideaal gedreven, de arena in durven. Mensen gaan te gronde als zij niet telkens weer trachten met uiterste krachtsinspanning overeind te komen; gewond te zijn is niet belangrijk, vermoeid te zijn, dát betekent het einde.

Met mijn oudste gaat het goed, de school heeft een gunstige invloed op hem, zijn driftbuien worden minder; hij houdt zoveel van mij, ik weet hem zo bezig te houden, dat hij mijn gezelschap boven elk ander verkiest. Helaas, ik ben eigenlijk de enige 'ouder' die hij heeft; een paar dagen geleden zei de jongen: 'Ik wilde dat ik mijn vader kon inruilen voor een andere. Waarom kunnen uw vader of prins Frederik niet mijn vader zijn? Met hen zou ik kunnen praten, en dat kan ik nooit met...' Dat was natuurlijk heel erg, maar helaas ook maar al te waar. Het kleintje is lief en zoet, maar zijn gezondheidstoestand vereist voortdurende aandacht.

7 december 1849

Ik hoor weinig uit Parijs. Mijn neef Napoleon heeft zeker weer een nieuwe liefdesaffaire. Hij is de minnaar van de actrice Rachel geweest, zij heeft een kind van hem, maar dat wilde hij niet erkennen al hield hij wel van haar. Een paar weken geleden schreef hij, dat hij ruzie met haar had gehad: zij was hem toch te vulgair, zelfs haar genie kan bepaalde smetten niet uitwissen. Ik denk dat hij iets begonnen is met een andere vrouw, en daarom niet schrijft.

Ik geef, de een na de ander, al mijn briefwisselingen op. Wat kan ik u vertellen? Den Haag is saaier dan ooit – geen society, geen liefdeshistories, zelfs geen schandalen. Mijn boeken zijn mijn wereld. Ik verwacht dat *zij* in het komende jaar mijn leven zullen verlichten.

Ik zou graag weer een kind willen hebben. Hoewel mijn gezondheidstoestand niet ideaal is, hoeft dat geen beletsel te vormen. Voor het eerst heb ik in huis geen last van de kou, zoals in mijn vroegere zitkamer aan het Plein, waar ik iedere keer wanneer de deur geopend werd een tochtvlaag voelde.

's Avonds ontvang ik meestal een paar mensen om te kaarten, in hoofdzaak bejaarde heren, onder andere een paar oud-Indischgasten, intelligente lieden met een door de zon gelooide huid. Als ik een Hollander was, zou ik rust noch duur kennen voor ik naar Java kon gaan. Ik lees er boeken over. Was ik maar niet zo krachteloos, niet zo bang om tijd te verliezen: wat een land om iets in te ondernemen, wat een wereld vol gloed en kleur, vol beloften!

20 december 1849

Wij hebben onafgebroken stormweer gehad; er is een schip vergaan voor Scheveningen, twee mannen zijn verdronken; een derde arme kerel dreef zes uur lang rond. Vandaag is de hemel zoals die volgens mij alleen maar in Holland kan zijn: na al die regen licht en bleekblauw, helder, voor mij vanaf mijn ziekbed een genot om naar te kijken.

15 januari 1850

Sinds de 1ste januari heb ik niets dan beproevingen en zorgen gekend. Ik voelde mij verplicht de koning te vragen de gouverneur van mijn kinderen te ontslaan die niet voor zijn taak deugde; niet alleen gedroeg hij zich uiterst onhebbelijk tegenover mij, maar hij was waardeloos, zorgeloos en *onbetrouwbaar*. De woede en razernij van hém kenden geen grenzen, en die slechte man stookte hem zo op dat ik het ergste moest vrezen. Nu is dan het ogenblik gekomen waarvoor ik altijd bang geweest ben; mijn schoonvader dood, de macht in *zijn* handen, ik ben waarlijk van God en de mensen verlaten. Hovelingen zijn overal en altijd een slap stel mensen; hier intrigeren ze wel niet, maar ze zijn egoïstisch, bang, ze voelen er zelfs niets voor als er onrecht geschiedt het risico te lopen dat hun heer en meester kwaad wordt. Zes dagen lang wilde *hij* me niet zien, ik was als een gevangene, de kinderen zouden me afgenomen worden, alle voorbereidingen daartoe waren getroffen, mijn brieven moesten geopend worden – maar ik heb er geen geschreven. Nu, na vele sombere uren *heb ik een overwinning behaald*. De kinderen blijven hier, de gouverneur krijgt een andere functie, hij vertrekt – hij is al weg bij mijn jongen. De koning is gekalmeerd en naar Het Loo gegaan om nog meer af te koelen (sneeuw en tien graden vorst). Al die tijd heb ik met geen mens gesproken; daar ik zozeer in mijn recht was, wilde ik niet de indruk maken door iemand gepousseerd of beïnvloed te zijn. Toen het allemaal achter de rug was, kwam mevrouw Groeninx[1] weer bij mij. Zij zei – naar waarheid – dat ik er bleek en ziek uitzag. 'Geen wonder,' antwoordde ik, 'maar u ook. Wat is er met u? Bent u ziek?' Zij boog haar hoofd en begon te huilen: 'Ik ben zwanger.' (van haar zevende kind) 'Mijn man heeft dat geëist in ruil voor mijn reis naar Parijs.' Och, arme vrouw. Ik heb medelijden met haar; haar jongste is zes jaar, zij dacht dat het afgelopen was met dat soort zorgen. *Ik* had meer kinderen willen hebben, heel graag zelfs, maar is dat een zinnig verlangen wanneer me in de toekomst telkens weer dergelijke beproevingen te wachten staan?

1. Mevrouw Groeninx, een dame uit de hofkring had – om van een depressie te genezen – de winter 1848–1849 in Parijs doorgebracht. Haar zoon Otto was een klasgenoot van prins Willem.

29 januari 1850

Wat me op het ogenblik bezig houdt is het feit dat volgende maand, – wanneer de Kamer vergadert – de Wet op het Regentschap en de Voogdij besproken wordt. Wat het eerste punt betreft, hoop ik dat in dit land zonder tradities van courtoisie prins Frederik benoemd wordt, maar de voogdij moet *ik* hebben, ondanks alle machinaties en beschamende demarches. Ik ben er in gedachten voortdurend mee bezig.

Het Zweedse huwelijk is afgekondigd. De bruid is lief om te zien, pril en gelukkig, ze zullen in juni in Stockholm trouwen. Toen het officiële huwelijksaanzoek kwam, gedroeg de koning zich zo afgrijselijk als maar mogelijk is, de Zweedse ambassadeur was zo diep beledigd, dat de verloving bijna niet doorging. Prins Frederik kwam tussenbeide, en sprak – voor het eerst in zijn leven – dreigende woorden tegen *hem*. Het leven dat wij leiden is met geen pen te beschrijven...

22 maart 1850

De koning bevindt zich sinds een week op Het Loo. Het is nu precies een jaar geleden dat hij uit Londen terugkwam om het koningschap op zich te nemen. De afgelopen zeer belangrijke maanden zijn in zoverre gunstig voor me geweest, dat nu meer mensen mij hebben leren kennen en – mag ik wel zeggen – iets voor mij zijn gaan voelen. Weliswaar *niet* een genegenheid die geest en gemoed bevredigt, maar wel een, waar ik recht op heb; ik heb die genegenheid ook werkelijk altijd verdiend (behalve misschien eens in mijn leven) en het soms vol verbittering onrechtvaardig gevonden dat die mij niet ten deel viel. De sympathie van de mensen voor mij maakt de koningin-weduwe razend. Toen prins Frederik haar op een keer een bezoek bracht, zei ze tegen hem: '(...) en dan te bedenken dat men van Sophie houdt! O, dat is afschuwelijk.' Hij vertelde me dat lachend.

De afwezigheid van de koning maakt het me mogelijk het soort van diners te geven, die ik prettig vind – hele *degelijke* diners zijn dat, met bejaarde mensen. *Oude* heren, geen enkele van mijn leeftijd, maar toch ben ik geïnteresseerd en doe ik het graag.

De Franse verkiezingen hebben hier heel wat paniek veroorzaakt. Ze zijn stellig een teken aan de wand.

16 april 1850

Het bezoek aan Amsterdam is uitstekend verlopen. De mensen waren *zeer hartelijk* tegen mij en hadden zich blijkbaar voorgenomen niets te zien en hun mond te houden. *Hij* gedroeg zich redelijk goed, en dus ging alles van een leien dakje, veel beter dan ik gedacht had. Ik was opnieuw getroffen door de onmiskenbare *grandeur* van sommige openbare instellingen: scholen voor de armen en armenhuizen, en dat allemaal tot stand gebracht *zonder* overheidssteun, uitsluitend door de vrijgevigheid van de burgerij. Als het er niet zo vies geroken had, zou ik van de bezichtiging bepaald genoten hebben, want het is een oprechte vreugde om er getuige van te zijn hoe er werkelijk goed gedaan en kwaad voorkomen wordt. Er zijn onder die Amsterdammers een paar heel intelligente merkwaardige oude heren. Wat de dames betreft, hoewel mijn ontvangst druk bezocht werd, heb ik geen enkele mooie of elegante vrouw gezien, behalve ja, een beeldschone joodse. De toneelvoorstellingen zijn slecht, sommige theaters zijn gesloten. Fantasie en esprit bestaan hier niet. De mensen verzamelen schatten, mooie oude kabinetten, allerlei werkelijk prachtige dingen, maar nooit zetten ze hun pronkkamers en salons open om er zelf van te genieten.

Over de toestand in Duitsland weet ik zo goed als niets. Papa is ziek geweest, en heeft me niet geschreven. Op de Amsterdamse beurs daalde het Franse geld angstwekkend in waarde; men stuurt uit Frankrijk al juwelen en zilverwerk hierheen, om het veilig te stellen.

Mijn tuin wordt zo heerlijk, vol jong groen.

3 mei 1850

Ik heb het in de afgelopen tijd zo druk gehad met bals en feesten (en dat, terwijl ik me helemaal niet goed voelde en door allerlei zorgen gekweld werd), dat ik werkelijk geen ogenblik kon vinden om u te schrijven.

De kroonprins van Zweden is weer hier. Prinses Louise en hij vormen een gelukkig paar, dat is altijd prettig om te zien. Het is echt een wonder, hoe haar uiterlijk en manier van doen er op vooruitgegaan zijn sinds zij *liefheeft*. Zij was altijd wat links, bakvisachtig, onhandig, meestal slecht gekleed; nu is zij een smaakvolle, gedistingeerde verschijning. Ik kan mijn ogen niet geloven. Helaas heeft de koning zich in zijn hoofd gehaald dat hij iets tegen de prins heeft. Zijn gedrag tegenover hem is altijd op het kantje af van onhebbelijk. Ik ben half dood van al het sussen en gladstrijken en van de onzekerheid of er soms weer een nieuwe uitbarsting op til is. Vandaag gaan we picknicken in het Haagse Bos; aangezien het mooi weer is, een en al zon en jong groen, kan het een charmant uitstapje worden. Maar mijn zenuwen zijn kapot.

Gisteren werd de Wet op het Regentschap behandeld. Prins Hendrik is tot regent benoemd, maar alleen voor het geval dat de koning zou overlijden, want onder andere omstandigheden, krankzinnigheid of abdicatie, moet er opnieuw een keuze worden gedaan. Dit is dwaasheid, maar intussen heb ik ontdekt dat ik echte vrienden heb, die niet alleen voor mij zijn opgekomen en hun stemmen op mij hebben uitgebracht, maar dankzij wie de voogdijkwestie verworpen is, omdat die mij niet genoeg invloed gaf. Voogdij over de kinderen is iets totaal anders dan het regentschap. Wat zou ik graag met u *praten* over dit alles. Mijn arme duizelige hoofd deugt op het ogenblik nergens voor. Adieu, ik moet me kleden en me mooi maken; liever ging ik wat liggen luieren.

Uit Duitsland geen politiek nieuws – maar ik geloof, dat Pruisen en Oostenrijk een en ander zullen oplossen *zonder oorlog*.

8 juni 1850

Mijn kind is dood[1] – zelf heb ik zijn oogjes dichtgedrukt – al wat me op deze aarde nog restte aan hoop en vreugde is voor altijd weg. Ik denk aan u als aan mijn dierbaarste vriendin. Ik hoop dat ik gauw mag sterven. Bid voor mij.

1. Sophies zoon, Maurits, is overleden op 4 juni 1850.

[?] juni 1850

Dank voor uw brief. Ik wist dat u met mij zou meevoelen. Schrijf mij alstublieft. Ik heb het liefste dat ik bezat verloren – een kind dat me nooit iets anders dan vreugde gegeven heeft. Eerst was ik me er alleen

maar van bewust dat hij verlost was uit zijn verschrikkelijk lijden – nu ben ik diep rampzalig. Kwam daar maar een einde aan.

Waaraan heb ik die ellende verdiend? Ik ben jaren ouder geworden. Adieu. Ik zie niets meer...

5 juli 1850

Ik ben treurig en ziek en heb sinds de dood van mijn kind nog geen nacht geslapen. Iedere dag neemt mijn ellende toe. Ieder gezicht dat ik moet zien is me een marteling; onafgebroken heb ik het spitse gezichtje van mijn stervende kind voor ogen, hoe hij me smeekte hem te helpen, terwijl er geen enkele hulp mogelijk was...

18 juli 1850

Mijn innigste wens is weer een kind te hebben. Sinds drie weken verkeer ik in een vreemde toestand. Ik verlies steeds wat bloed; volgens de arts is dit of het begin van een miskraam, of een ernstige ziekte. Volgende week heb ik zekerheid. Als ik *niet* zwanger ben, ga ik aan het einde van de maand naar Ems. Ben ik wel in verwachting, dan blijf ik rustig hier en vertrek pas in augustus of september voor een week of zes naar Baden. Mijn ellende is onbeschrijfelijk. Indien ik niet wist dat het *zonde* is, zou ik mijzelf ogenblikkelijk van kant maken.

Baden, 29 augustus 1850

Thiers[1] is de enige met wie ik hier omga, hem zie ik heel vaak en ik ben, merkwaardig genoeg, op hem gesteld. Papa is vanmorgen vertrokken. Alstublieft, kom ook voor een korte tijd.

Louis-Philippe is dus heengegaan. Het einde van een groot leven.

1. Adolphe Thiers (1797–1877), Frans staatsman. Hij was een goede vriend van Sophies nicht, prinses Mathilde Bonaparte.

Baden, 3 oktober 1850

In Baden regent het zonder ophouden, even erg als in Holland. Het is nu geen geschikt oord voor een verblijf. Iedereen is weg.

De koning, die waarschijnlijk weer een nieuwe maîtresse heeft, wil liever niet dat ik in Den Haag terugkom, maar ik verlang naar het enige kind dat ik nog heb, niet alleen als een *moederdier*, maar ook voor mijn *moreel*. *Hij* zal heel erg onvriendelijk tegen mij zijn; ik heb niets meer te verwachten van die man, die zich van zijn vrouw afkeerde aan het sterfbed van hun kind.

Den Haag, 14 oktober 1850

Ik ben hier drie dagen geleden aangekomen. God alleen weet wat ik sindsdien heb geleden. Razernij, gewelddadigheid, allemaal omdat ik *teruggekomen* ben.

Ik woon in de kamer waar mijn kleintje gestorven is. Mijn oudste jongen heeft men van mij afgenomen. Ik durf hem maar tweemaal per dag even te zien. Alstublieft, schrijf mij, want ik voel mij zo diep ellendig als een mens zich maar voelen kan.

21 oktober 1850

Ondanks de slechte behandeling die ik ondervind, besef ik dat ik er goed aan gedaan heb terug te komen. Het is mijn plicht en ook mijn recht. Gedurende mijn afwezigheid heeft *hij* een zo obscuur, laag-bij-de-gronds leven geleid, dat Von Maltitz[1] zei: 'Als de koningin er niet is, bestaat het Nederlandse hof niet meer.' Het echtpaar Von Maltitz is erg aardig voor mij geweest. Ik verzeker u, zonder grootspraak kan ik zeggen dat er algemene vreugde heerst omdat ik teruggekomen ben.

Een triester leven dan het mijne is niet denkbaar. Ik sta om half acht op, zeg met mijn jongen het morgengebed, daarna breng ik hem naar zijn kamer. Ik ontbijt alleen, kleed me en schrijf brieven. Om tien uur komt Miss Euston bij me; wij lezen en werken samen. Omstreeks twee uur maak ik een rondrit. Als ik dames ontvang, doe ik dat tussen drie en vier uur. Om vijf uur dineer ik, daarmee ben ik in een uur klaar en dan begint de lange avond, die ik het ergste gedeelte van het etmaal vind. Ik heb een hekel gekregen aan whist. Toen ik deze zomer op Het Loo was, half gek van wanhoop, werd ik gedwongen mee te doen; nu wekt het spel alleen nog maar afschuwelijke herinneringen bij me op.

Ik krijg brieven van Thiers. Hij is fel *tegen* mijn opinie over de president, maar aangezien het nu eenmaal niet anders is, zegt hij: 'Nous dormons de nouveau d'un sommeil lourd et médiocre.'

1. De Pruisische gezant in Den Haag.

5 november 1850

Mijn enige vreugde zijn de brieven die ik krijg. Thiers schrijft me eenmaal per week. Uit zijn woorden maak ik op, dat de leden van het Huis Orléans goede hoop hebben weer op de troon van Frankrijk te komen. Zij haten de president niet, maar voelen zich oneindig ver boven hem verheven. 'Hij heeft weinig echt gezond verstand,' vindt Thiers. In Frankrijk is iedereen zeer ongerust wat betreft Duitsland; ik ben dat ook. Een oorlog zou een ramp zijn, maar gezien de waaghalzige pretenties van Oostenrijk en de wisselvallige onbetrouwbare houding van

Pruisen, valt niet te voorspellen wat er kan gebeuren. Alstublieft, schrijf me wat u hoort over de toestand. Hier gaat alles goed. De handel is eindelijk vrijgegeven[1] – het wachten is nu op de (nog sluimerende) energie van een nieuwe generatie.

1. Sophie zinspeelt hier op de wetten tot afschaffing van de tolheffingen en doorvoerrechten, die een ernstige belemmering vormden voor de ontwikkeling van handel en scheepvaart.

17 november 1850

De koning blijft tot 1 december op Het Loo. Dat geeft mij wat rust, want hoewel hij, toen ik hem voor het laatst zag, niet kwaad op *mij* was, is hij altijd wel razend op *iemand*: nu eens op een lakei, dan weer op de premier. Nog nooit is een kabinet zo zelfstandig geweest als het huidige. De ministers doen wat zij willen, en als de koning eens een keer voet bij stuk houdt, wachten ze tot hij gekalmeerd is, en krijgen uiteindelijk altijd hun zin. De Pruisen trachten ons over te halen hun partij te kiezen. Ik geloof nog niet dat er oorlog komt, waarschijnlijk wordt er een tussenoplossing bedacht, die zal duren tot het volgende voorjaar, indien tenminste de Pruisische Kamer de regering daar niet *dwingt* tot vijandelijkheden.

Het Loo, 5 december 1850

Ik ben sinds een week op Het Loo, in dit seizoen een naargeestig oord. Maar het scheen de wens van de koning te zijn dat ik kwam. Behalve dat ik mijn zoontje heb moeten achterlaten, en moet wonen in koude kamers met rokende haardvuren, kan ik evengoed hier zijn als in Den Haag, mijn gezondheid is er niet slechter door geworden. Alles bijelkaar genomen verkort het de winter wat. De koning heeft een paar heren bij zich voor de jacht, maar daar is niemand bij met wie ik zelfs maar een half uur een gesprek zou willen voeren. Ik lees veel en wandel onder de kale bomen. Ik heb zoveel verdriet gehad, dat al die kleine onaangenaamheden waar het leven vol van is, me niet meer raken. Maar ook zogenaamde genoegens doen mij niets meer. Ik zou niets kunnen bedenken dat me plezier kan verschaffen. Op de 10de of 11de van deze maand gaan we terug naar Den Haag.

Natuurlijk weet ik niets over de politieke toestand. Ik geloof dat het voorlopig vrede blijft, als het Pruisische kabinet niet aftreedt. Wat hebben de leiders van staten weinig werkelijke toewijding voor het algemeen welzijn.

Echt waar, alleen in Engeland zijn er mensen die de publieke opinie durven trotseren om te doen wat zij voor juist en waarachtig houden.

Op weg hierheen deed ik Soestdijk aan, de huidige residentie van de koningin-weduwe. Ik had haar in geen zes maanden gezien. Zij was beleefd tegen mij; zij is bepaald oud en dik geworden, niet ziek, maar met een gezicht vol rimpels en merkwaardig lelijk in de wat slonzige gewaden van diepe rouw die zij nog steeds draagt. Zo zit zij daar, een toonbeeld van eenzaamheid. Zij leek werkelijk blij me te zien, en ze zei dat zij eind december naar Den Haag komt om daar de winter door te brengen. Haar zoon geeft niet om haar, maar niemand weet in hoeverre zij toch nog invloed op hem heeft.

(later)

Vaak denk ik, dat het me niet mogelijk zal zijn naar Den Haag terug te gaan, en weer te wonen in die lege kamers waar mijn vogeltje, mijn vreugde, nooit meer zijn zal. Waar iedere hoek, iedere stoel me aan hem herinnert, een *martelende* herinnering. Dan weer denk ik, dat ik niet lang zonder mijn oudste jongen kan; elke avond zeg ik: 'Goddank, weer een dag minder te leven.' Ik benijd oude mensen, omdat die dichter bij de dood zijn. Wat ik ook ga doen, ik zal het u laten weten. Ik kan niet lezen, ik kom tot niets.

Den Haag, 5 januari 1851

De koning is, als altijd, onvriendelijk. Maar *misschien* ben ik zwanger, ondanks het feit dat ik ziek ben, de artsen zeggen dat het kan. Praat er met niemand over – *zijn* humeur is van dien aard dat hij in staat zou zijn me te mishandelen om me een miskraam te bezorgen...

20 januari 1851

Hoe vreemd gaat het toe in de Franse staat! Vanmorgen las ik de rede van Thiers. Het was alsof ik hem hoorde spreken: niet plechtig, niet waardig, maar knap, briljant, als een Danton of een Mirabeau. Het Belgische kabinet is afgetreden, dat betekent een crisis voor dat land. Ik hoor dat koning Leopold[1] terug is, heel zwartgallig en somber gestemd. Hij praat over opnieuw weggaan, maar doet het niet. In Dresden brengen ze de antieke instelling genaamd de Duitse Bondsdag weer eens op gang – die valt, als het onweer losbarst, bij de eerste klap in elkaar.

1. Koning Leopold I van België (1790–1865).

31 januari 1851

Een paar dagen geleden hadden we, voor het eerst sinds de dood van Maurits, een soiree met veel mensen. Ik vond het erg moeilijk, maar het moest, wij in onze positie zijn verplicht weer een begin te maken. We hadden een toneel- en een operavoorstelling, 'theatricals', in onze grote zaal die er bij dergelijke gelegenheden fraai uitziet. Na afloop was ik blij weer in mijn kamer en alleen te zijn. Ik schep geen genoegen in grote gezelschappen. Ik zou graag met een paar goede bekenden een avond rustig zitten praten, maar ik kan niet tegen vermoeiende feesten.

Ik heb wat afleiding gevonden bij Thiers en de Franse Kamer van Afgevaardigden. Zijn rede, hoewel op zichzelf goed, is volgens mij een mislukkig. 'Il a battu ses amis avec ses ennemis' – wat is het resultaat?

Ik schreef hem daar iets over, en hij was zo boos, dat ik bang ben nog eens een mening te verkondigen die tegen de zijne ingaat, ik vrees dat we nu gebrouilleerd zijn. Zo zijn de Fransen allemaal. IJdelheid, ijdelheid, ijdelheid.

10 februari 1851

Mijn leven is een hel. Als ik zwanger ben is hij altijd onvriendelijk tegen mij. Hij is *wreed*, zoals alle zwakkelingen. Hij weet, dat een vrouw in die toestand behoefte heeft aan rust, kalmte, vriendelijkheid – dat alles weigert hij me te geven. Ik ga weg om mijn kind te kunnen behouden. Wat mijzelf betreft, ik heb ditmaal een zo groot vertrouwen in de Voorzienigheid, dat ik denk de beproeving te zullen doorstaan; maar ik wil graag een sterk, gezond kind hebben, en daar is geen kans op als ik voortdurend aangevallen, aan het schrikken gemaakt, en in de war gebracht word.

Ik heb niets om te lezen, alleen oude boeken. Van acht tot negen komt mijn jongen bij me, het is mijn enige vreugde met hem te praten en naar hem te luisteren.

5 maart 1851

Dagen geleden begon ik aan een brief. In de tussentijd had ik zeer veel zorgen, te veel om te vertellen. Ik heb mijn eerste brief vernietigd; dit is maar een kort schrijven. Omstreeks het midden van de maand hoop ik naar Stuttgart te gaan. Ik ben dan in mijn vierde zwangerschapsmaand, volgens de artsen is er dan geen gevaar meer voor een miskraam.

De afgelopen winter is de vreselijkste van mijn leven geweest. Mijn jongen is weg, in een internaat geplaatst; de maatregel op zichzelf is goed, maar ingegeven door een wreed wraakgevoel. Ze hadden moeten wachten tot na mijn bevalling, wanneer een nieuw kindje, alle zorgen en vreugden van de eerste levensweken, de scheiding makkelijker voor mij zouden maken. Zijn school is twaalf à vijftien kilometer hier vandaan. Gisteren ben ik hem gaan opzoeken, hij zag er opgewekt uit.

Het Loo, 6 juli 1851

Voor het geval dat u, lieve Lady Malet, graag te maken hebt met krank-zinnigen, zal ik u vertellen hoe ik hier leef, opgesloten, zonder een arts, zonder iemand om me te verplegen, in de achtste maand van mijn zwangerschap.

Het is een onvoorstelbare toestand. Ik ben helemaal alleen met twee hofjuffers en twee dames du palais; de koning is in Den Haag, en ik moet hier blijven. Soms vraag ik me af of *ik* gek ben, omdat dit mogelijk is.

Ik voel me zo zwak en moedeloos als nog niet eerder gedurende mijn zwangerschap, ik heb nauwelijks kracht genoeg om mijn pen vast te houden. Ik schrijf aan niemand, en natuurlijk schrijft niemand aan mij; als ik mijn bijbel niet had, zou ik me van God en de mensen verlaten voelen. Alstublieft, schrijf me, uw brieven, lang of kort, dat doet er niet toe, zijn mijn enige genoegen. Ik geloof niet dat ze geopend worden, hoewel, alles is mogelijk.

Den Haag, 25 juli 1851

Wat kan ik over mezelf vertellen? Niet de last van de laatste zwangerschapsmaanden bedrukt me, maar de intense wreedheid van *die man*. Dit is de enige vakantie van mijn jongen; ze hebben hem op reis gestuurd naar Friesland, voor zijn gezondheid. Een of twee weken had ik kunnen verdragen, maar hij mag pas bij mij komen op de dag voor hij weer naar het internaat gaat. Dit is zo een geraffineerde vorm van wreedheid, want hij weet hoe dol ik op de jongen ben, hem niet te zien is voor mij de ergste kwelling.

15 augustus 1851

Over drie weken verwacht ik mijn bevalling, omstreeks 5 september. Mijn jongen is juist gedurende een week bij mij geweest, dat was een echte vakantie voor *mij*. Vandaag is hij weggegaan. Ik ben weer alleen. Als ik terugdenk aan de tijd toen mijn twee zoontjes allebei om mij heen waren, met hun spelletjes, hun lawaai – die dagen waren als een droom van geluk! – en nu deze doodse stilte, zonder kinderen.

21 september 1851

Ik ben onwel, hoest voortdurend, slaap niet en heb geen eetlust. Gedurende de negen dagen dat ik in de kraam lag (ik voelde me werkelijk erg ziek) is *hij* maar tweemaal bij mij geweest en heeft niet één keer naar mijn toestand laten vragen. Hij herhaalt telkens met het grootste genoegen dat mijn kindje maar zwak en minnetjes is. Zelfs zijn eigen vrienden kunnen niet geloven dat hij zo weinig natuurlijk gevoel bezit.

Ik zit maar stil naar mijn baby te kijken. Voor mijn positie is het nodig dat ik hier blijf. Vreemd, dat sinds hij koning is, er zoveel mensen zijn die proberen *mij* de schuld van alles te geven; natuurlijk omdat *hij* macht heeft en ik niet. Zo is de wereld nu eenmaal, tenminste, in Holland.

10 december 1851

Wat is er in de afgelopen week veel gebeurd! De president van Frankrijk heeft gezegevierd[1], maar ik weet niet of dat zo zal blijven. Ik heb altijd een afkeer gehad van iedere inbreuk op wettigheid; wetten moeten in de wereld van de politiek betekenen wat godsdienst betekent voor onze moraal, ze mogen en kunnen niet overschreden worden.

Omdat ik al zo lang alleen leef, ben ik er haast aan gewend. Mijn kindje is mijn alles. Ik las onlangs een Duits boek over de vrouw van George I[2]; haar mooie portret hangt in mijn kamer. De moraal van die geschiedenis is voor mij: er bestaan vrouwen die ongelukkiger zijn dan ik.

1. Een toespeling op de staatsgreep van 2 december 1851, toen de prins-president Louis Napoleon Bonaparte door zijn soldaten de Kamer van Afgevaardigden liet bezetten. Een aantal republikeinen werd gearresteerd, enkele burgers verloren het leven. Dit was het begin van het Tweede Keizerrijk. De reden van de 'coup' was volgens de Bonapartisten, dat de Nationale Vergadering niet waarlijk representatief kon worden geacht voor de publieke opinie.
2. Sophie Dorothea (1667–1726) keurvorstin van Hannover, gemalin van koning George I van Engeland, werd verdacht van een liefdesrelatie met de Zweedse graaf Philip von Koningsmark, en daarom in 1694 voor de rest van haar leven opgesloten in de burcht Ahlden.

18 december 1851

Wat heerlijk, dat uw zoons bij u zijn. Ook ik heb mijn jongen hier, voor krap veertien dagen, maar in elk geval voor langer dan ik sinds maart van zijn gezelschap kon genieten. Hij is lief, opgewekt en hartelijk; die vrolijkheid in mijn huis, na de sombere stilte van de afgelopen maanden, is een ware zegen. Over het geheel genomen heeft de school hem goed gedaan, maar wat zijn gevoel en zijn manieren betreft, had ik liever dat hij vaker thuiskwam – hij gebruikt allerlei ruwe Hollandse uitdrukkingen waar hij zich al gauw voor zou schamen indien hij meer contact met mij had.

Ik denk dat we over een paar dagen de nieuwe Franse grondwet ter inzage krijgen. Mijn neef Napoleon is naar Londen – schrijft Mathilde triomfantelijk. Ik zie nu eindeloze moeilijkheden beginnen.

Met ons kabinet gaat het heel goed, het behoort tot de weinige in Europa die niet terugvallen in vroegere gewoonten. De ministers leiden allemaal bescheiden, teruggetrokken levens, ik zie hen nooit, maar het zijn – een, of misschien twee uitgezonderd – eerlijke en bekwame mensen.

Den Haag, 9 januari 1852
Ik ben vol van de Engelse politiek – wat zal de eerstvolgende zitting van het parlement merkwaardig zijn! Ik vind het jammer, dat Lord Stanley zo ver weg is, *nu* zou hij een kans hebben. Dat de huidige regering moet aftreden lijkt mij volstrekt zeker, ik vind dat het de hoogste tijd is.

Mijn lieve prins Frederik is erg ziek geweest, maar goddank nu weer aan de beterende hand. Zijn dood zou een onmetelijk verlies betekend hebben. Ik heb geen betere vriend dan hij.

Den Haag, 5 februari 1852
Iedereen zegt, dat de decreten tegen de leden van het Huis Orléans de president van Frankrijk zeer veel kwaad hebben gedaan. Al met al geloof ik niet dat zijn val nabij is, wanneer hij tenminste niet vermoord wordt, wat niet onmogelijk schijnt gezien de intense haat die zovelen stellig jegens hem koesteren. Hij is een echte 'Hollander'[1]: koud, zonder hartstocht, maar wel met rancune, zwijgzaam, slinks – hij lijkt op zijn vader en niet op zijn moeder Hortense, met haar elegante zonden en briljante dwaasheden.

1. Louis Napoleon Bonaparte was een zoon van de broer van Napoleon I, die als Lodewijk Napoleon koning van Holland is geweest.

Den Haag, 21 februari 1852
Dit voorjaar ben ik niet van plan op reis te gaan. Mijn kindje krijgt tanden, en het is ook in mijn eigen belang hier te blijven. De oude koningin ligt als een tijgerin op de loer; perverse mensen en wilde dieren kan men het best onbewegelijk recht in de ogen kijken, nooit moeten we ze de rug toekeren. Ik denk dat het voor ons bestwil is, dat uw man niet tot ambassadeur in Den Haag benoemd is. Waarschijnlijk zou men mij belet hebben met u om te gaan. De uitgaande wereld is nog vervelender dan toen u hier was. Jonge vrouwen van uw leeftijd verliezen hun jeugd en vrolijkheid, en er komt niets nieuws om de leemte te vullen...

Den Haag, 6 maart 1852
Dank u voor wat u over mijn vader zegt. Ja, hij is heel intelligent, en een

aangenaam mens; welk een rol had hij kunnen spelen, zou hij nog steeds kunnen vervullen, indien hij niet ten prooi gevallen was aan politieke intriganten. Ook Olga met haar schoonheid die doet denken aan nobele architectuur, is iemand die men zich graag herinnert[1]. De rest is voos, niet miserabel, maar helemaal *niets*.

Ik hoop dat u een prettige tijd zult hebben in Cannes. De lente moet daar heerlijk zijn. Kent u Lord Malmesbury?[2] Men zegt, dat koningin Victoria een hekel aan hem heeft, omdat hij een persoonlijke vriend van Louis Bonaparte is. Maar waarom mag zij Louis eigenlijk niet? Volgens mij is hij geen man die men zou kunnen haten. Ik zie hem nooit als een *individu*, maar meer als een instrument door het Lot voor het voetlicht gehaald, en hoe dan ook *groot gemaakt*.

1. Olga, de dochter van tsaar Nikolaas I, Sophies schoonzuster.
2. James, graaf Malmesbury (1807–1889), een Tory-politicus die functies be-kleedde in de door Lord Derby en Disraëli geleide regeringen.

Den Haag, 17 maart 1852

Ik verlang ernaar mijn vader te ontmoeten, ik ben ook van plan naar hem toe te gaan, daar schort het niet aan. Maar omdat zij mij zo graag kwijt willen (de *zoon* om ongehinderd naar zijn vrouwen te kunnen gaan, de *moeder* uit pure kwaadaardigheid) kan ik mijn ellendige tehuis alleen maar verlaten indien ik er zeker van ben dat ik kan terugkeren wanneer ik dat wens. Tot ik die zekerheid heb, moet ik blijven, ook al wordt mijn bestaan van dag tot dag ondragelijker. Alles kan men verdu-ren, mits het maar *tijdelijk* is. Maar als men geen einde aan het leed ziet komen, verliest men de moed – en toch geef ik het niet op.

Ik geloof ook dat er oorlog komt, dat maakt me bang. Als het eenmaal begint, zal de kaart van Europa er misschien anders uit gaan zien; geen Talleyrand zou het resultaat kunnen voorspellen. Wij in Holland heb-ben geprobeerd de inkomstenbelasting in te voeren, maar het voorstel werd met een grote meerderheid van stemmen verworpen. Het is 'partij remise'. Uiteindelijk zullen we die wet er door moeten krijgen. De la-gere bevolkingsgroepen worden verpletterd door enorm hoge belastin-gen.[1]

1. In maart 1852 werden enkele wetsontwerpen in behandeling genomen be-treffende de afschaffing van accijnzen (die door de liberalen beschouwd werden als een belemmering voor het bedrijfsleven). In plaats daarvan wilde minister Van den Bosse een belasting op het inkomen invoeren.

Den Haag, 24 maart 1852

Sinds een week heb ik de koning niet gezien. Hij leeft samen met een ordinaire vrouw, op een afstand van drie huizen van het paleis verwijderd. Zij is ziek, en daarom heeft hij daar zijn huishouden. Dat is mijn leven...

Het Loo, 23 juni 1852

Ik heb enige tijd niet geschreven, omdat ik hoopte, vurig hoopte, mijn Rijnreis te kunnen maken; dan zou ik u, hoe dan ook, zelf gesproken hebben. Mijn oudste broer, die nu met zijn hele gezin – zeven kinderen! – in de buurt van Frankfurt logeert, heeft me dringend verzocht te komen. Ik had dat kunnen combineren met een bezoek aan mijn vader, mijn andere broer en Olga, die *heel, heel aardig* voor mij is, en met hen een paar prettige weken kunnen doorbrengen. Maar nauwelijks had ik een en ander te berde gebracht, of het werd me op een zó paranoïde manier geweigerd, dat ik de poging maar opgaf, want als hij formeel 'in zijn recht' is, dring ik nooit aan. De ene slechte bui volgt op de andere. De paar Engelsen die hier waren heeft hij allemaal beledigd door zijn grofheid. Na de paardenrennen, waarvoor zij gekomen waren, zijn ze onmiddellijk vertrokken, zelfs zonder op Het Loo afscheid te komen nemen. Er waren heren bij met wie we al tien jaar omgaan, niet bepaald amusante lui, maar integere mensen, met veel geld en een opgewekt humeur, die voor wat onschuldig plezier zorgden. Ze zijn allemaal hals over kop vertrokken, behalve de hertog van Leeds, die eenvoudig niet te beledigen is, en dus is het afgelopen met alle genoegens.

Het Loo, 19 juli 1852

Zelden heb ik een paar zo ellendige weken doorgebracht. Ik was ziek van de migraine, had koorts, nog verergerd door de brandende hitte. Ik vroeg verlof om naar Ischl te gaan, voor een kuur, en om daarna mijn vader te kunnen bezoeken. Het antwoord was 'ja', maar ik kreeg geen toestemming om hetzij u, hetzij Lady Cowley te ontmoeten. Natuurlijk heb ik geprotesteerd. Toen werd Lady Cowley me toegestaan, maar u bleef verboden. Ik heb *gevochten*, vroeg wat de reden was. Lady Cowley was een intrigante; u een vrouw zonder godsdienstige beginselen. De enige reden is natuurlijk de behoefte om me te dwarsbomen, omdat u mijn beste, meest toegewijde vriendin bent. Ik ga Lady Cowley niet opzoeken wanneer ik u niet mag zien. Ik ben verontwaardigd als nooit tevoren. Veel is me aangedaan, maar dit vind ik een van de ergste dingen...

Het Loo, 26 juli 1852

Wat de koning persoonlijk betreft, ben ik ervan overtuigd dat hij geen hekel aan u heeft, of ooit gehad heeft, niet *nu* en ook vroeger niet in Den

Haag of Stuttgart. Toen hij daar voor het laatst was, in '48, heeft hij bij u gedineerd, met u gesproken, hij kon goed opschieten met Sir Alex, enz. Zijn doel is te treiteren, te plagen. Men heeft hem gezegd, en hij kan met eigen ogen zien, dat ik voor mijn gezondheid behoefte heb aan verandering van lucht, maar hij gunt mij geen enkel genoegen. Indien u hem nu kon meemaken, zou uw oordeel over zijn 'goede hart' misschien veranderen... Ik zou buitengewoon graag willen dat hij eens een keer – niet nu, maar wanneer hij is afgekoeld – een brief van u zou lezen. Helaas, zijn moeder ageert via hem, zij is een duivelin in mensengedaante.

Stuttgart, 19 oktober 1852

Tussen hier en Den Haag bestaat geen telegraaf en er heerst een dusdanige wanorde in de posterijen, dat ik soms vierentwintig uur moet wachten op nieuws uit de kinderkamer. Tot nog toe was goddank alles goed met mijn kindje; ze schreven me, dat hij er lief gaat uitzien, dat is nog niet eerder het geval geweest. Dit betekent *alles* voor mij. De oudste zie ik nooit meer; zijn hele opvoeding is bedroevend. Ik kan niets anders voor hem doen dan bidden, soms bid ik nachtenlang, mijn gedachten *branden* in me, ik denk wel eens dat ze vanuit de verte haast een magnetische invloed op mijn jongen moeten uitoefenen.

Aanstaande vrijdag krijgen we twee koningen te dineren, de koning van Beieren en de blinde koning van Hannover. Mijn familie uit Rusland is na een verblijf van tien dagen weer vertrokken. In Holland staat me niets dan verdriet te wachten, maar toch voel ik dat ik moet teruggaan. Twijfel is het ergste dat een mens kan overkomen; *hier* ken ik geen twijfel. Ik ga, omdat ik moet. Vaarwel...

Stuttgart, 22 oktober 1852

Alles bijelkaar genomen vind ik deze tijd verschrikkelijk, het is alsof er noodweer op het punt staat los te barsten. Uit dat stompzinnige Tweede Keizerrijk van die Fransen kan nooit iets goeds voortkomen. Ik ga hier met een zwaar hart vandaan. Wat is het leven hard; hoeveel gemakkelijker zou het zijn er uit te stappen...

Den Haag, 11 november 1852

Gisterochtend kwam de koning thuis. Hij nam vóór het diner geen notitie van mij of van het kind, maar wel moest hij naar zijn moeder, die de avond tevoren in de stad teruggekomen was, en die hij twee dagen eerder al op Soestdijk bezocht had. Toen hij voor de maaltijd binnenkwam, vroeg hij *niets*, niet over mijn reis, mijn gezondheid of mijn familie en hij richtte geen enkele maal het woord tot mijn hofdames.

Vandaag zie ik hem de hele dag niet, omdat hij bij zijn maîtresse eet. Nergens kan het saaier zijn dan in Den Haag. Geen Frans toneel, geen ontvangsten. Er wordt wel veel gesproken over de Franse politiek, men heeft geen vertrouwen in de president, er is een algemene antipathie jegens hem. Indien Frankrijks macht vernietigd wordt, zal Rusland dan niet teveel gewicht in de schaal gaan leggen?

Den Haag, 21 november 1852

Toen ik gisteren de courant openvouwde, trof me het bericht dat het Franse leger met dertigduizend man wordt verminderd. Een grap! Of, beter gezegd: daaruit blijkt, dat het niet serieus kan zijn! Hebt u iets vernomen omtrent een huwelijk van de president? In deze uithoek van de wereld weten wij *niets*. Kent u de Amerikaanse roman *Uncle Tom's Cabin*?[1] Er staan verschrikkelijke dingen in...

1. *De negerhut van oom Tom*, van Harriët Beecher Stowe, de beroemde roman die zoveel heeft bijgedragen tot de groei van de anti-slavernijbeweging.

Den Haag, 6 december 1852

De Nederlandse officieren die in Londen de begrafenis van de hertog van Wellington hebben bijgewoond, zijn terug. Zij waren diep onder de indruk van de plechtigheid. Ik geloof, dat de oude held zelfs na zijn dood Engeland nog een dienst heeft bewezen, zijn begrafenis was een 'broad hint' voor Frankrijk. Het keizerrijk is een feit; maar ondanks de waanzinnige luxe die tentoongespreid wordt, en een zucht tot speculeren waarvan nog nooit eerder in die mate sprake is geweest, hoor ik, dat de stemming in Parijs niet opgewekt is. Vergeleken bij het vorige keizerrijk en zijn glorie, is het huidige maar *klein*. Ik ben blij, dat mijn neef Napoleon gouverneur van Algerije wordt. Met zijn energie en talenten kan hij grote dingen tot stand brengen, als hij niet te hard van stapel loopt.

Met mijn kleintje gaat het goed, hij wordt echt heel verstandig.

De vrouwen in wier netten de koning verstrikt is, hebben hem zo totaal verfranst dat de ministers de grootste moeite hebben zijn goedkeuring te krijgen voor het nemen van militaire voorzorgsmaatregelen tegen een eventuele aanval. Die vrouwen zijn een machtig wapen in de handen van wie hen gebruikt!

Den Haag, 29 januari 1853

Ja, *ik* ben óók ingenomen met het huwelijk[1]. Als zij haar rol van society-schoonheid opgeeft – een kwalijke positie voor een keizerin! – kan zij niet alleen een schitterend sieraad voor de troon, maar ook een briljante raadgeefster zijn, geliefd en vereerd bij de Fransen. Ik merk al dat de publieke opinie op haar hand is, zij wordt geprezen! Het moet haar wel duizelen wanneer zij denkt aan de dag van morgen, de ceremonie in de Notre Dame, en dan de toekomst waarin misschien een schavot of een dodelijk schot haar wacht. Napoleon schrijft me veel goeds over haar; dat zij 'vol charme' is, 'aardig, fier, in bepaalde opzichten een echte *garçon*'.

De koning heeft deze winter nog geen een feest gegeven, sinds 1851 heeft hij geen enkele dame uit het corps diplomatique voor diners uitgenodigd. Dat is allemaal de schuld van de koningin-moeder. Zij verbiedt hem bals te geven, verbiedt hem met mij te dineren (hij doet dat maar tweemaal in de maand), en dwingt hem door dergelijke adviezen haast uitsluitend om te gaan met vulgaire mensen, vrouwen van lichte zeden, en bedienden. Nooit eerder heeft hij zich zo immoreel gedragen; in de ogen van het volk verliest hij steeds meer van zijn prestige. *Zij* vernietigt al zijn betere gevoelens, zijn liefde voor zijn kinderen; de dag zal komen dat dit alles zich tegen haar zal keren; de algemene chaos, het verval, zullen haar de ogen openen.

1. Het huwelijk van Napoleon III met de Spaanse gravin Eugenie de Montijo.

Den Haag, 3 maart 1853

Daar ik mijn dagen doorbreng op mijn chaise-longue, zie ik niemand, behalve uiteraard prins Frederik, die regelmatig komt.

De moordaanslag op de jonge keizer van Oostenrijk is een betreurenswaardige zaak, maar ik begrijp volstrekt niet hoe men daar *Engeland* over kan aanvallen.

Indien Mazzini[1] zich ergens anders ophield, kon hij er immers zijn handlangers evengoed op uitsturen als nu het geval is? Oostenrijk verkeert in een kwalijke situatie; het zal moeten worstelen, wat er ook gebeurt. De keizer heeft veel energie en bijzondere gaven, maar zijn gebrek aan *zachtere gevoelens* zal zich wreken in dergelijke beproevingen.

1. Giuseppe Mazzini (1805–1872) had een vooraanstaande rol gespeeld in de beweging voor Italiaanse onafhankelijkheid en éénheid van 1848–1849. Daarna was hij naar Engeland uitgewezen. Hij en zijn vrienden werden beschouwd als gevaarlijke revolutionairen, potentiële koningsmoordenaars.

Den Haag, 29 maart 1853

Sinds uw laatste brief aan mij schijnt de Turkse kwestie opgelost te zijn. Ik vind dat Engeland zeer voorzichtig en waardig heeft gehandeld. Het is me niet duidelijk hoe men zo een kabaal heeft kunnen maken en het onmogelijke durven eisen – overal op het vasteland van Europa lijkt een vreemde geest van onbegrip te heersen. Frankrijk dégouteert me, daar zegeviert het materialisme, geld verdienen en geld uitgeven is het enige doel. De crinolines hebben een enorme omvang; en die mode van overal verguldsel is smakeloos...

Het katholicisme wint terrein. Net als in Engeland krijgen wij hier ook een aartsbisschop. De bisschoppen, en natuurlijk ook alle bigotte protestanten, zijn razend. Herinnert u zich nog de woorden van koningin Elizabeth I over het sacrament, die u jaren geleden eens aanhaalde: 'Zoals Hij het brood geeft, zoals Hij het brood breekt, zo neem ik het aan.' Die instelling zou, vind ik, moeten gelden ten aanzien van iedere doctrine; we zouden vrij moeten zijn om onze eigen weg te kiezen *binnen* de leerstellingen van de christelijke kerk.

De paasvakantie bracht me *niet* mijn oudste zoon thuis; het waren droevige dagen. Ik heb geen rechtstreeks bericht van hem gekregen. Van andere moeders hoorde ik, dat hij gehuild heeft en het heel naar vond niet naar huis te gaan. Dat pakt mij erg aan. Men doet wat men kan om zijn inborst te bederven, een einde te maken aan zijn genegenheid voor mij.

Iedere dag vraag ik of uw portretbuste al is aangekomen, maar nee. Ik ben van plan die een plaats te geven in de kamer waar ik het liefst ben, bij alle herinneringen aan Maurits. Het is een klein museum, ik ontvang daar alleen maar mensen op wie ik gesteld ben, en dat zijn er maar weinig.

Ik word oud. Ik doe mijn uiterste best om Nederlands te leren, dat wil zeggen de grammatica, die ik nooit bestudeerd heb – ik weet helemaal niets van grammatica. Maar mijn hoofd is zo zwak, dat ik bang ben mijn Engels te vergeten of het te verwarren met de lelijkste taal die er bestaat.

Ik hoor dat keizerin Eugenie zich luidkeels beklaagt over de eentonigheid en het gebrek aan opwindend vertier in haar leven. *Hij* sleept haar mee van het ene theater naar het andere om haar te amuseren. Zij heeft een afkeer gekregen van de Tuilerieën en wil het eens met het Elysée proberen. De enige die onder de huidige omstandigheden werkelijk gelukkig is: Mathilde. Zij schept vreugde in het leven, heeft *geen* zorgen; after all, *egoïsme* is de enige voorwaarde voor geluk, tenminste, wanneer men nog jong is. Ik ben al op de leeftijd gekomen, dat men het geluk van anderen beschouwt als het enige dat voor ons is weggelegd.

Dag na dag, meer dan vijf weken lang, ben ik gedwongen geweest alleen te eten met mijn hofdames. De volgende week gaat de koning naar Amsterdam, dan krijg ik wat meer vrijheid.

Den Haag, 20 april 1853

Ons kabinet is gevallen, en er komt nu een stel aan bod! De koningin-moeder heeft niet gerust voor zij dit voor elkaar had. Er waren verraders onder de ministers zelf. Zo is nu het evenwicht in de enige werkelijk liberale regering op het vasteland van Europa verstoord. Qu'en adviendra-t-il? Degenen die weggaan hebben macht, zij zullen misschien proberen een omwenteling te veroorzaken. De Kamer wordt ontbonden, er komen nieuwe verkiezingen, en als er sprake is van dezelfde meerderheid staat ons een staatsgreep te wachten[1]. O, Louis Bonaparte, welk een fatale uitvinding is die coup d'état van u geweest! Wat gebeuren er voor ongeregeldheden in Spanje! Ik veronderstel, dat wij dezelfde kant uit gedreven worden. Al die kleinzielige intriges, dat gemanoeuvreer, dat werven om aanhang, vind ik walgelijk.

1. In hofkringen circuleerde destijds het gerucht dat Thorbecke een republikeinse coup voorbereidde.

Den Haag, 1 mei 1853

Wat zou ik u graag vertellen, schrijven, over de eigenaardige toestand waarin wij hier verkeren. Maar de post is op het ogenblik zeer onbetrouwbaar. In ieder ander land zou de verkiezingsdag (over twee weken) een beslissende uitslag brengen. Maar ik ben er van overtuigd, dat hier in Nederland, hoe de verkiezingen ook uitvallen, er geen sprake zal zijn van een klap, de zaak zal nog een tijd blijven traineren.

Den Haag, 15 mei 1583

Jazeker, *ik* heb ook tafels laten dansen, en hoeden, en boeken... Het is iets zeer merkwaardigs, niet iedereen kan het, en zij die de gave bezitten hebben niet alle dagen evenveel kracht[1]. Voor onze kinderen zullen de komende ontdekkingen op het gebied van het elektromagnetisme even wonderbaarlijk zijn als de uitvinding van het staal het was in *onze* tijd.

De koningin-moeder heeft op 8 mei de stad verlaten. De zegenrijke gevolgen van haar vertrek werden onmiddellijk voelbaar, want op de 11de smaakte ik de grote vreugde mijn oudste jongen te zien. Hij kwam vier dagen logeren. Het was zo heerlijk hem weer *thuis* te hebben, om de twee broertjes samen te zien, en weer wat leven en vrolijkheid om mij heen te bespeuren.

Pas vanochtend ontving ik uw portretbuste. U bent het, en u bent het niet: veel te zwaar, alle proporties overdreven. Uw boezem is enorm omvangrijk. Om kort te gaan, hoewel het een goed stuk beeldhouwwerk is, vind ik de gelijkenis onvoldoende. Maar ik ben er toch blij mee en ik kijk er met vreugde naar, omdat het iets is dat van u komt. Nadat ik het een goede plaats gegeven had, het nog twee of drie maal verschoven had totdat ik tevreden was, ging ik uit rijden.

Het was de eerste lentedag, geen wind, alles zag er vrolijk uit, mensen in open rijtuigen, het mooie groen in het bos, allemaal zulke zeldzame gewaarwordingen in mijn leven. Er kwam een fris, weldadig gevoel over me, alsof er iets goeds te gebeuren staat.

Nog geen nieuws over de verkiezingen; vanavond moet de uitslag bekend gemaakt worden.

1. Koningin Sophie had spiritistische seances bijgewoond, die toen alom zeer in de mode waren.

Den Haag, 25 mei 1853

Onze verkiezingen zijn zo reactionair geweest als maar mogelijk is. De wind van staatsgrepen waait door Europa: een dezer dagen word ik misschien wel op transport gesteld naar Siberië – hetgeen after all niet erger kan zijn dan mijn huidige bestaan.

Den Haag, 24 juni 1853

Ik geloof niet dat er oorlog komt. Oorlog zou misschien de onheilszwangere lucht kunnen zuiveren, dat zou goed zijn voor de mensheid, maar ik geloof niet meer in gunstige ontwikkelingen.

De slimme valsheid, de perfidie van Rusland, dat in de Europese politiek de leiding heeft... Een oorlog tegen Frankrijk en Engeland zou een einde maken aan die immorele positie. Ik heb een afschuw van de reactionaire gezindheid die overal op het vasteland van Europa welig tiert: als we gevaar lopen onze vrijheid te verliezen, kunnen we de beschaving helpen door een stap terug te doen.

Den Haag, 29 november 1853

Het is ijzig koud, ik zit huiverend bij de haard, met dat ellendige gevoel dat kou altijd geeft. Alles, brood, boter, en vooral vlees, wordt ongelooflijk duur, het einde is niet in zicht. De oppositie kwam met een motie voor afschaffing van de accijnzen op vlees; de regering verzette zich heftig. Ik twijfel er niet aan of de motie zal verworpen worden. Maar vroeg of laat moet hij erdoor komen, dat is noodzakelijk.

Mijn leven gaat zijn droeve gang, als altijd, met *dit* ene verschil dat ik nu vaak vriendelijke gezichten zie waar men twee jaar geleden afwerend keek, toen degenen die tegen me waren met al hun kwaadsprekerij bereikt hadden dat men geloofde dat er waarheid school in hun leugens. Goddank, dat is veranderd; ik krijg menige welwillende blik, menig vriendelijk woord. De brieven die ik ontvang houden me in leven.

Den Haag, 17 december 1853

De Turken schijnen overal nederlagen te lijden. Misschien zal de tsaar van Rusland meer geneigd zijn de vrede te bevorderen als zijn eigenliefde bevredigd is. Ik geloof dat hij zich verder heeft laten meeslepen dan hij eigenlijk van plan was, en dat hij blij zal zijn wanneer hij het zwaard weer in de schede kan steken. Maar ja, in deze uithoek van de wereld horen we maar weinig; in deze donkere kortste dagen van het jaar zal ik binnenkort geestelijk even slaperig en sloom zijn als lichamelijk.

Den Haag, 10 januari 1854

Met Kerstmis had ik mijn oudste jongen een paar dagen bij me, dat was heerlijk, een echte vreugde. Al is hij niet zoals ik hem zou wensen, ik geef toch de hoop niet op dat hij eens een intelligent, 'distinguished' mens wordt. Hij heeft een fris, niet onaardig gezicht, hij is heel groot voor zijn leeftijd en ziet er al haast uit als een man. In veel opzichten is hij te kinderlijk en ruw, dat is typisch 'Hollands', maar zijn geest, die nu nog lijkt te sluimeren, kan zich ontwikkelen en dan uitblinken.

Wij leven in roerige tijden. Het kan niet anders of oorlog moet het resultaat zijn van al wat er op het ogenblik gebeurt. In Frankrijk schijnt alleen de wil van één man te tellen. *Hij* wil oorlog en is gebeten op de tsaar van Rusland.

Ik krijg veel brieven uit Petersburg; daar zijn ze bedwelmd van vreugde over de successen van hun vloot en hun leger.

Den Haag, 25 maart 1854

Ik leef mee met Engeland, in deze dagen voor de verschrikkelijke strijd losbarst. Maar weinig mensen hier voelen dat er iets aan het veranderen, aan het ontstaan is. Ik ben ervan overtuigd, dat het afgelopen is met het Europa dat wij altijd gekend hebben. Moge het een verandering ten goede zijn! Ik koester geen echt levensvatbare verwachtingen.

Rusland ligt verschanst achter steppen en ijsvlakten en loopt nauwelijks gevaar. Al wordt de Russische vloot vernietigd, het leger verslagen, dan zullen er nieuwe troepen gerecruteerd worden; het bestaan van het rijk is niet wezenlijk aangetast door het verlies van schepen. Bij dat primitieve volk hebben mensenlevens niet dezelfde waarde als bij ons. Alles lijkt mij nu veel erger dan in 1848. Zelfs het voorjaar, dat ik altijd met vreugde begroet, brengt nu alleen maar het begin van oorlog en bloedvergieten. God zegene en behoede uw zoon Henry.

Den Haag, 7 april 1854

Inderdaad, de publikatie van de depêches heeft velen van mening doen veranderen, ook hier, waar de meeste mensen zeer pro-Russisch zijn. Ik heb zo vaak moeten aanhoren: 'De Engelsen zijn de enige aanstichters van de oorlog' (in stilte moeten aanhoren, want ik heb geleerd zwijgend naar alle opinies te luisteren), dat het mij opviel toen een paar van die zegslieden zwakjes beweerden: 'We moeten onze mening herzien.'

Laten we hopen dat de oorlog maar kort zal duren, want het moet verschrikkelijk zijn. In Frankrijk is geen spoor van geestdrift voor de oorlog, en hoe achterlijk zijn de Fransen vergeleken bij de Engelsen!

Het Loo, 29 mei 1854

Nu ben ik weer hier, in volslagen eenzaamheid. Behalve uit mijn kranten verneem ik geen nieuws. Men zou kunnen geloven dat er in Europa diepe vrede heerst. Het park, het landschap, alles is nog hetzelfde als tien jaar geleden, en toch is alles rondom mij en met betrekking tot mij veranderd en ik heb een intens ellendig gevoel. Voor mijn kleine jongen zijn de vrijheid en de buitenlucht goed, ik hoop dat zijn gezondheidstoestand wat verbetert.

Onze Nederlandse politiek is op dit ogenblik belangwekkend. Over twee weken hebben we weer verkiezingen. Die moeten beslissend zijn voor de regering – en als de huidige regering valt, zullen de liberalen aan het bewind komen. De mensen in mijn naaste omgeving zeggen: 'Stemmen is vervelend en volstrekt overbodig.'

Ik denk wel eens: als ik een man was, wat zou ik dan dat stemrecht hoog waarderen en er gebruik van maken! Maar helaas, in deze wereld hecht men alleen waarde aan wat men *niet* heeft.

Een paar dagen voor ik Den Haag verliet, hadden we in Huis ten Bosch eerst een lunch en daarna een bal tot omstreeks middernacht. Het was een prachtig schouwspel. De met kaarsen verlichte grote zaal zag er fantastisch uit, de schilderijen schenen te leven, te ademen, er was een bewegen van licht en schaduw zoals ik nog nooit ergens anders heb gezien. Maar als altijd in onbewoonde huizen was het er bitter koud.

Het Loo, 6 augustus 1854

Hoe kan ik met u meevoelen in uw verlangen naar uw zoon. In uw plaats zou ik naar hem toe gaan, ook al zal men u thuis erg missen. In een moeder-kind verhouding is er maar één middel tegen die knagende ongerustheid, die op het laatst net zo erg wordt als lichamelijke pijn, en dat is *bij* het kind zijn, ik ken die gevoelens. Als u hem gezien hebt zult u rustiger worden en dan is daarna een tweede beproeving niet meer zo moeilijk te verdragen. Ik hoop dat u mij spoedig uit Londen schrijft. Kunt u niet naar Brougham Hall[1] gaan en uw zoon daarheen laten komen wanneer hij aan verlof toe is? Dit is voor ons moeders het zwaarste lot: wij brengen ze ter wereld, wij voeden ze op, wij houden van hen, en dan gaan ze weg en zijn voor ons verloren, juist wanneer wij als beloning voor onze zorg en toewijding van hun aanwezigheid zouden kunnen genieten. Misschien is het blasfemie, maar ik heb dikwijls gedacht: Jezus Christus heeft niet alle aardse smarten geleden, want hij heeft nooit de angst van een moeder te verduren gekregen. Dat is de ergste pijn die er bestaat.

De politieke opinies van mevrouw C.[2] zijn geheel in overeenstemming met haar onsympathieke karakter. Maar haar mening en die van haar coterie is over het algemeen *niet* die van het Nederlandse volk. De Russische belangen tellen misschien het meest voor diegenen die Russische vrienden hebben, maar verder is het enige belang dat men bij een Russische overwinning heeft: de zekerheid dat er dividend uitgekeerd zal worden. Wel zijn we in Nederland bang voor Engeland. U kunt ons zoveel schade berokkenen: Java bezetten bijvoorbeeld en dan zijn we verloren. Wij willen niet, dat u, Engelsen, nog sterker en groter wordt dan u al bent. Maar we hebben hoe dan ook meer sympathie voor het vrije Engeland dan voor de Moskovieten. In Nederland heeft wat men de society noemt geen invloed. Bijvoorbeeld: alle mensen in mijn naaste omgeving, op twee na, zeiden dat de verkiezingen ten gunste van de conservatieven zouden uitvallen; ik had het gevoel dat juist het tegenovergestelde het geval was, maar durfde dat niet te zeggen. Er gebeurde wat ik gedacht had, de verkiezingsuitslag was liberaal en de Haagse society heeft absoluut niets in te brengen.

Ik onthoud mij ervan over politiek te praten, maar ik luister en een gevoel van diepe minachting maakt zich van me meester. Ik kan tenminste lezen. 'À force de mépris je me trouve paisible.' Op dat punt ben ik nu gekomen. Wat zegt u van de gebeurtenissen in Spanje[3]? De kreet 'Weg met de koningin-moeder!' zou hier in Nederland wel eens veel weerklank kunnen vinden. *Zij* doet op het ogenblik haar best om het nieuwe kabinet ten val te brengen in haar streven de Russische belangen te dienen. Misschien lukt het haar, maar dan zal zij tegelijkertijd zichzelf schaden.

1. Landgoed van Lord Brougham, Lady Malets stiefvader in Westmoreland.
2. Vermoedelijk een Nederlandse kennis van Lady Malet.
3. Als gevolg van een staatsgreep was koningin Christiana, de moeder van de regerende vorstin Isabella II, gedwongen geweest Spanje te verlaten. De Spaanse liberalen beschouwden de koningin-moeder als de 'kwade geest' van haar dochter.

Den Haag, 19 augustus 1854

Toen ik uw brief in handen kreeg, bleek het zegel onmiskenbaar, schaamteloos, verbroken. Ik was voor de zoveelste maal woedend op degenen die wroeten in een zo ongevaarlijke briefwisseling als de onze.

Ik ben weer in de stad en ga iedere dag naar Scheveningen om zeebaden te nemen, maar het weer is ongelooflijk koud en winderig. De stad is uitgestorven, het lijkt wel alsof ik op het platteland woon.

Gisteren kwam er een mistroostig schrijven van Napoleon, gedateerd 3 augustus. Hij zegt, dat de oorlog op een zeer ongebruikelijke manier gevoerd wordt: 'On s'agit et on ne s'agit pas,' dat schijnt in deze situatie het leidende beginsel te zijn. Er zijn grote verliezen als gevolg van ziekten en gebrek aan voedsel, maar nauwelijks gevechten, en niets van 'gloire'. Het Russische leger schijnt in een zeer slechte positie te verkeren; de Oostenrijkers komen niet opdagen. Er gaat kostbare tijd verloren, het gunstige jaargetijde is haast voorbij.

Stuttgart, 7 oktober 1854

Gisteravond ontving ik uw brief met het nieuws dat Sebastopol gevallen is.[1] Dat lijkt echter verre van waar. Iedere dag die verstrijkt kan de toestand van de geallieerden alleen maar verergeren. Ik zit op hete kolen; in mijn omgeving hoopt iedereen, behalve mijn zuster, dat Sebastopol *niet* veroverd is. Moge er gauw een einde komen aan deze afschuwelijke spanning. God geve dat we vernemen wie er in leven en wie er gesneuveld zijn. In 1842 was ik kalm, maar dit betekent zoveel meer. Geloof niet – indien onze bede verhoord en Sebastopol werkelijk ingenomen is – dat de oorlog dan ten einde zal zijn: tsaar Nikolaas zal verbetener zijn dan ooit. De geschiedenis leert dat de Russen, al worden zij vaak verslagen in een eerste campagne, in een tweede veldtocht de overwinning behalen door hun overweldigende mensenmassa's en hun geringe afkeer van bloedvergieten. Ik zou willen, dat Engeland hun de vrede aanbood zodra het de Krim veroverd en de Russische vloot vernietigd heeft. Ik kreeg een geestdriftige brief van Napoleon, geschreven op het ogenblik dat de Engelse vloot voor Eupatoria verscheen.

De regeringen van alle Duitse staten zijn tegen Frankrijk en Engeland. Frankrijk wil de Rijn annexeren, zeggen ze, en Engeland zit hun handel in de weg; Rusland heeft weinig of geen industrie en wil geen enkel Duits gebied hebben. Met die manier van redeneren ben ik het niet eens. Wat het volk betreft, de meerderheid dus, dat is allesbehalve Russischgezind...

1. Een vergissing van Lady Malet, of onjuiste berichtgeving in Engeland. Sebastopol werd in september 1855 veroverd door de Fransen onder aanvoering van MacMahon.

Stuttgart, 15 oktober 1854

Ik heb uw brief ontvangen en met emotie gelezen; ja, vaak als ik de couranten doornam, met al die bijzonderheden over de slag bij Alma[1], voelde ik tranen in mijn ogen. Het is een glorieuze overwinning geweest, maar helaas, zonder werkelijke resultaten. Hoeveel soldaten moeten er nog sneuvelen voor we die zegen, vrede, verwerven? Ik kreeg een briefje van Napoleon, geschreven na de veldslag, een paar trieste regels, waarin hij met bewondering over de Engelsen spreekt.

Soms sta ik versteld van Olga. Zij twijfelt geen ogenblik aan het succes van Rusland en gelooft nog steeds niet dat Mensjikow verslagen is. Zij accepteert alle leugens en ziet in de toekomst Rusland onoverwinnelijker en machtiger dan ooit. De tsaar heeft een vreemde, geheimzinnige invloed op degenen die tot zijn naaste omgeving behoren. Zij achten hem onfeilbaar, zoals vrome katholieken de paus onfeilbaar achten.

Olga woont in haar mooie villa, gaat wandelen, kleedt zich, geeft feesten, ziet er goed uit – maar zij merkt niet, dat overal rondom wolken zich samenpakken. Als er deze week geen vrede gesloten wordt, krijgen we tegen het voorjaar een algemene oorlog, en dat betekent voor de landen dichtbij Frankrijk gevaar, ellende, vernietiging. Maar daar schijnt niemand zich iets van aan te trekken. Ik voel me soms als de ongelukkige Cassandra met mijn onheilsvoorspellingen. O, die emotie iedere dag, wanneer er couranten of brieven komen!

1. Op 20 september versloegen de geallieerden (Frankrijk en Engeland) de Russen bij Alma.

Stuttgart, 23 oktober 1854

Volgens uw wens heb ik een en ander tegen Olga gezegd; maar helaas, Russen kunnen niet falen. Voor hen is dat een geloof; zij beschouwen de huidige oorlog als een heilige kruistocht. Na 'ons' nieuws, op de 14de, heb ik niets meer gehoord. En de tijd gaat voorbij. Men zegt, dat de novembermaand in de Zwarte Zee afgrijselijk is – ik ben vol rampzalige voorgevoelens... Ik laat als ik wegga Duitsland achter in een zeer netelige positie.

Vertrouw niet teveel op Oostenrijk. Heel de band met de westelijke mogendheden berust alleen op graaf Buol[1], en hij zou een dezer dagen wel eens vervangen kunnen worden. In een land als Oostenrijk wordt een minister gauw afgezet, een belofte snel gebroken. Wat ik hier schrijf is verschrikkelijk, maar waar...

Waar heeft uw zoon Edward een aanstelling gekregen, of werkt hij bij buitenlandse zaken? Het lijkt nog maar pas gisteren, dat hij een kleine jongen was die met *mijn* kinderen kwam spelen. Bij mijn papieren heb ik nog een briefje van hem, geschreven in grote kleuterletters.

1. Karl Ferdinand von Buol-Schauenstein (1797–1865) was van 1852 tot 1859 minister van buitenlandse zaken in het keizerrijk Oostenrijk.

Stuttgart, 2 november 1854

Gisteren kreeg ik uw brief van zondag en maandag, de 29ste en de 30ste jongstleden. Hij was mij nog meer welkom dan gewoonlijk, want juist op die dag heerste er een triomfantelijke stemming onder de Russen hier. In de Russische kapel werd het Te Deum gezongen, want 'de helft van de Engelse cavalerie was vernietigd'. De Russen denken dat Sebastopol veilig is. De tijd zal de waarheid aan het licht brengen.

Den Haag, 21 november 1854

De berichten die u me gestuurd hebt zijn allemaal zo nuchter en zakelijk, dat er geen twijfel mogelijk is. Maar toch in alle plaatsen in Duitsland waar ik op mijn terugreis doorheenkwam, geloofde men stellig dat de geallieerden verslagen waren, en dat Rusland de overwinning had behaald.

Ik was blij in Frankfurt uw man en uw zoon Edward te ontmoeten. Edward is een knappe jonge man, hij heeft dezelfde diep-violetblauwe ogen als u.

Met een zwaar hart ben ik hier gekomen. Vrijdag jongstleden arriveerde ik in Den Haag, op een sombere donkere dag, in koude kamers. Zelfs mijn kleine jongen voelde de kilte en kroop in een soort van wanhoop dicht tegen mij aan. De koning heeft noch mij, noch het kind bij zich geroepen, hij vroeg niet eens hoe het met het kind ging. Hij is op Het Loo geweest, waar hij allerlei proeven heeft genomen met vuurwapens, hetgeen een arme kerel het leven heeft gekost. Toen hij de stakker bloedend en kreunend met verbrijzeld gezicht zag liggen, heeft hij nog *grappen* gemaakt over die 'grimassen' – de jonge officieren, die bij hem waren stonden als versteend van afschuw.

Tot nog toe heb ik nog maar weinig mensen gesproken, maar die zeggen wanhopig: 'De hele leidinggevende kliek is Russischgezind.' Schrijf me alstublieft. Uw brief zal me de waarheid vertellen en een tegengif vormen voor de verschrikkelijke dingen die ik hoor.

Den Haag, 17 december 1854

Ik ontving uw brief gisteren. Men had hem aan de koningin-moeder gebracht, die geprobeerd heeft de enveloppe aan een kant open te scheuren, maar dat is haar niet gelukt. Ik kreeg de brief uren later in zeer beschadigde staat, maar zij heeft hem onmogelijk kunnen lezen.

Ja, ik heb de tekst van de debatten gezien. Die zijn fascinerend. *Ik ben ook overtuigd van Engelands succes.* Maar één overweging komt vaak bij me op: waarom vechten op de Krim? Dat is niet de plaats waar men Rusland moet aanvallen. Indien Sebastopol in een handomdraai genomen had kunnen worden: goed, maar nu dat niet het geval geweest is, zijn er misschien kwetsbaarder plekken.

Hier in Nederland verwachten we moeilijkheden; onze regering volgt een buitengewoon onoprechte, verkeerde politiek. Ik begrijp niet dat de mensen niet meer inzicht hebben in wat zij moeten doen.

Het verdrag met Oostenrijk betekent niet veel ten gunste van Engeland, maar wel veel ten nadele van Rusland.

Den Haag, 4 januari 1855

Weer is er een jaar voorbij. U hebt het ongetwijfeld beëindigd in angst en vreze om uw zoon. Hier schijnt iedereen te geloven dat er spoedig vrede komt. Ik niet; het lijkt mij niet zo belangrijk of Gorsjakow[1] wèl of niet een conferentie heeft bijgewoond. Wij horen niets anders dan over de ellende en het lijden op de Krim.

Ik geloof, dat die geruchten overdreven zijn. Indien Oostenrijk oprechte bedoelingen heeft, zal het met zijn overwicht heel Duitsland de partij van het westen doen kiezen. Pruisen zal nog even – heel kort – aarzelen en dan troepen sturen.

Wij hier in Nederland worden steeds meer pro-Russisch, waarbij men alle werkelijke belangen uit het oog verliest. Voor sommige geesten is de waarheid blijkbaar het moeilijkste van alles. De oppositie, dat wil zeggen de liberale partij, is Engelsgezind, maar de koning, de koninginmoeder en de conservatieven staan overtuigd aan de andere kant.

Ik leef buiten dat alles in mijn lectuur; de tijd gaat verder. Holland zou nog steeds een rol, een eervolle rol, kunnen spelen in de Europese politiek, maar de kortzichtigheid van onze regering maakt dat onmogelijk.

1. Alexander Michaelowich, prins Gorsjakow (1798–1883) was van 1853 tot 1856 Russisch ambassadeur in Oostenrijk en sinds april 1856 Ruslands minister van buitenlandse zaken.

Den Haag, 4 februari 1855

Ik ben vol van de gebeurtenissen in Engeland, zou willen weten wie eerste minister wordt. Natuurlijk moeten we Lord Palmerston hebben.

Er wordt beweerd, dat het Engelse leger niet meer bestaat, dat de Fransen in het komende voorjaar verslagen worden, en dat Rusland nog nooit zo machtig is geweest als nu. 'Een ding is zeker,' zei een diplomaat hier onlangs. 'We hoeven Engeland niet meer te vrezen.' Dergelijke misvattingen heersen er! Ik blijf geloven dat Engeland sterk is en in de toekomst sterk zal zijn.

Den Haag, 2 maart 1855

Wat een gebeurtenis! De man die in Europa de vrede verstoord heeft, is dood. Dood, zonder te weten hoe de strijd, die *hij* alleen begonnen is, afloopt. Wij ontvingen het bericht anderhalf uur na zijn overlijden: een telegram aan de koningin-moeder, dat begon met de woorden: 'De tsaar aan de koningin-moeder.' Zij dacht dat het van haar *broer* was, maar het was verzonden door haar *neef*, die de dood van zijn vader meldde. Uit andere telegrammen, aan de tsarina-weduwe, zie ik dat hij vrijwel tot het laatst toe bij vol bewustzijn is geweest. Ik geloof niet dat iemand hem vergiftigd heeft, hij is gestorven aan longontsteking.

3 maart [1855]

Gisteren kon ik mijn brief niet afmaken, mensen snelden in en uit om nieuws te vragen of te brengen. Moge deze gebeurtenis ons vrede geven. Ik ben bang, dat het om te beginnen *niet* zo zal zijn. Misschien zou de nieuwe tsaar, die een minder halsstarrig karakter heeft dan zijn vader, wel vrede willen, maar hij heeft tegenover zich de fanatieke Russische partij, met aan het hoofd zijn broer Constantijn. Om *diens* kansen te bevorderen zal hij voor die groep zwichten. Volgens mij is met het leven van tsaar Nikolaas ook de glorietijd van Rusland voorbij.

Den Haag, 14 maart 1855

U oordeelt hard over mijn neef Napoleon. Ik ben er helemaal niet van overtuigd, dat *hij* dat pamflet[1] geschreven heeft. Maar ik weet wel, dat sinds de dagen van hun ballingschap de twee neven nog nooit zo vertrouwelijk met elkaar zijn omgegaan als nu – en dat na de vele redenen tot vervreemding in het afgelopen jaar. Louis laat Napoleon telkens bij zich komen, schrijft hem, wisselt met hem van gedachten, iets dat hij met niemand doet. Dat plan van een tocht naar de Krim[2] moeten ze opgeven, dat zou zinloos zijn; het doet me denken aan de escapades naar Straatsburg en Boulogne[3].

Sinds de dood van de tsaar zijn wij hier in de diepste rouw, ik krijg haast geen toestemming om iemand te ontvangen.

Wij hebben verschrikkelijke overstromingen gehad. Op een bepaald ogenblik liepen zelfs Amsterdam en Den Haag gevaar. Veel mensen zijn verdronken, anderen hebben alles verloren, er heerst grote ellende.

Uit wat we uit Rusland horen blijkt alleen dat de nieuwe tsaar voorlopig de politiek van zijn vader volgt.

Olga is in St.Petersburg. Het lijk was gebalsemd, maar desondanks (omdat men het in een zeer warm vertrek had opgebaard) ging het vrijwel onmiddellijk tot ontbinding over.

Engeland moet voorzichtig zijn wat betreft België. Daar is men zo onbetrouwbaar als maar mogelijk is. Noem mijn naam niet, en antwoordt mij over dit onderwerp niet via de post.

1. Waarschijnlijk een pamflet waarin sprake was van het voornemen van Napoleon III om België binnen te vallen.
2. Keizer Napoleon III overwoog naar de Krim te gaan, om persoonlijk het opperbevel over de geallieerde legers te voeren.
3. Een toespeling op vroegere pogingen van Napoleon III om de dynastie Orléans van de troon te stoten: hij had een staatsgreep voorbereid in Straatsburg (1836) en later in Boulogne (1840).

Den Haag, 24 maart 1855

Ik heb Napoleon op de man af gevraagd of hij of een van zijn vrienden dat bewuste pamflet geschreven heeft. Dit is zijn antwoord: 'De brochure waarvan u spreekt, is noch van mij, noch van mijn vrienden afkomstig, maar geschreven door een zekere Tavernier, een spion, in dienst van Brussel, en gebaseerd op correspondentie van legerofficieren die hem door iemand uit Frankrijk in handen gespeeld is. Er staan ware dingen in, maar ook grove onjuistheden, waaruit blijkt dat hij voor zijn pamflet gebruik gemaakt heeft van niet geautoriseerde documenten.'

Ik ken mijn neef, die jongen – nu een man, want hij is tweeëndertig – sinds zijn elfde jaar. Hij heeft een karakter van goud, maar hij is ongedisciplineerd. Door het leven dat hij geleid heeft is hij te vaak in aanraking gekomen met avonturiers van ieder denkbaar slag. Hij had eigenlijk geen ouderlijk huis: zijn moeder, niet alleen de meest deugdzame maar ook de vriendelijkste vrouw die er bestond, is gestorven toen hij dertien was; zijn vader, voor wie hij altijd een hartelijke, toegewijde zoon is geweest, heeft geen enkel besef van zedelijke waardigheid. Daarom zijn ook *zijn* morele maatstaven niet hoog genoeg. Hij heeft zich talloze vijanden gemaakt door bruusk optreden en scherpe uitlatingen. Al met al is zijn trouwe vriendschap voor mij (waar geen zweem van verliefdheid in schuilt) een van de karaktertrekken die veel andere dingen goedmaken. Hoe vaak heb ik hem verwijten gedaan, hem de waarheid gezegd, en toch is er in de loop van achttien jaar nooit een einde gekomen aan onze briefwisseling en hebben wederzijds vertrouwen en genegenheid nooit opgehouden te bestaan.

Ik geloof dat Engeland op Oostenrijk moet letten: daar beginnen ze te weifelen. Hebt u gelezen dat de grote klok in een van kerken in Moskou omlaag viel toen de eed aan de nieuwe tsaar werd afgelegd? Ik geloof wel in dergelijke voortekens.

Den Haag, 12 mei 1855

U vraagt me of tsaar Nikolaas soms de dood *gezocht* heeft? *Neen*, hij geloofde in zijn lichamelijke en geestelijke onfeilbaarheid. Hij was sterker van gestel dan de meeste mannen, had ook nog geen last van ouderdomsverschijnselen, en als zijn longen niet zijn zwakke punt geweest waren – zoals dat het geval is met ons allemaal, kinderen van Russische prinsessen – had hij nog vele jaren kunnen leven. Hij heerste over zijn eigen gezondheid, zoals hij beschikte over de levens van zijn onderdanen. Het enige werkelijk grote ogenblik in het bestaan van die autocraat was, toen hij (na aan de arts gevraagd te hebben: 'Is er geen hoop meer?' en ten antwoord kreeg: 'Geen enkele!') onmiddellijk in zijn lot berustte en dienovereenkomstig sprak en handelde. Geen angst, geen spijt, hij gaf bevel dat men naar Warschau en Moskou moest telegraferen dat zijn einde naderde.

Den Haag, 17 mei 1855

Ik vind dat u een heel hard oordeel velt over de Duitsers. Het ontbreekt hen niet aan moed, maar aan praktische geest. Als de tijd om te handelen aanbreekt zijn zij nooit klaar; hun hele geschiedenis is er een van gemiste kansen. Zoals nu...

Den Haag, 23 mei 1855

Wees niet zo boos op Duitsland, denk aan de positie waarin het verkeert: een machtige buur rechts, een machtige buur links. Ik bid, dat Duitsland buiten de oorlog mag blijven! U zou vreemde dingen zien gebeuren, als dat land ooit in beweging komt: een verschrikkelijke omwenteling, zoals er misschien nimmer een is geweest...

Alle mensen die uit Parijs komen, zeggen dat daar over alles en iedereen een sombere sfeer hangt. De opening van de Tentoonstelling[1] was een mislukking. Wellicht aarzelt zelfs de keizer met zijn 'strong mind' tussen oorlog en vrede. Ik denk vaker aan uw zoon Henry dan ik u kan zeggen, en ik bewonder u: ik zou geen rustig ogenblik meer kennen indien een jongen van mij daarginds aan het front was.

De Pruisen bakken zoete broodjes bij de koning, en wij in Nederland nemen steeds meer gewoonten over van het leven daar, hetgeen voor ons volstrekt verkeerd is. De Engelse gezant is vertrokken, dat had hij op dit ogenblik niet moeten doen. De mensen hier verwachten revolutie in Engeland, zoals men verwacht dat in de zomer het fruit rijp zal worden, maar ik ben er zeker van, dat de Engelsen glorieus uit de strijd tevoorschijn zullen komen.

1. De Wereldtentoonstelling.

Den Haag, 6 juni 1855

De tsaar *denkt* er niet over Polen de onafhankelijkheid te geven, daar kunt u van op aan. Misschien wordt Paskiewitsj teruggeroepen en komt er in zijn plaats een groothertog in Warschau zetelen, maar verder zal het niet gaan. Zolang de oorlog duurt zal er rust heersen in het grote tsaristische rijk, maar zodra de oorlog voorbij is en de opstandige elementen niet meer onder de duim gehouden worden door de tsaar, zullen we, denk ik, vreemde dingen zien gebeuren.

Den Haag, 20 juni 1855

Ik geloof, dat de Russen naar vrede beginnen te verlangen. Als er niet spoedig een einde aan de oorlog komt, zijn ze geruïneerd, en ondanks hun fanatisme voor het 'heilige' Rusland hechten ze toch erg aan de luxe en de geneugten van het leven.

Mijn gezondheid is op het moment helemaal niet goed, en mijn kleine jongen heeft last van zijn ogen. Wij mogen niet naar Het Loo, zoals ik graag zou willen, want de maîtresse gaat mee. Daarom zal ik in juli waarschijnlijk naar Ischl reizen.

Oostenrijk heeft zijn positie in Europa verspeeld, en mijn vaderland Duitsland schijnt wel heel diep gezonken. Hier in Nederland is men meer pro-Russisch dan ooit; men beseft niet dat wij volstrekt vergeten zijn, niet meer dan een nummer in de Europese politiek. Dat is triest, maar wat is eigenlijk *niet* triest?

Den Haag, 24 juli 1855

Gisteren heb ik gedineerd met prins Eduard van Saksen-Weimar, die juist terug is van de Krim. Hij zag er goed uit, knapper dan ooit tevoren, een heel ander mens, een nobele verschijning. Ik vroeg hem: 'Kent u Henry Malet?' 'Hij is in mijn bataljon,' luidde het antwoord. 'Het gaat hem uitstekend, het is een dappere kerel.' Al het nieuws dat ik van prins Eduard kreeg was zoveel gunstiger dan ik verwachtte. Ik hoop dat u uw zoon gauw weer terug zult zien. Eduard zegt, dat het klimaat op de Krim goed is, en dat ze er nu ruimschoots van alles kunnen krijgen.

Ik schrijf u dit in haast, want binnen een uur vertrek ik naar Rotterdam, om daar aan boord te gaan.

Stuttgart, 17 september 1855

Ik heb een paar dagen in de buurt van Konstanz gelogeerd, waar ik uw vriendelijke brief ontving. Op diezelfde dag kwam het bericht over Sebastopol[1]. Ik durfde u niet te schrijven voor ik wist wie er gesneuveld waren en wie niet. Goddank komt Henry niet voor op de lijsten van doden en gewonden. Ik heb ze allemaal doorgelezen. Hoe ongerust moet u geweest zijn, voor u zekerheid had.

De Russen zijn bij verrassing overweldigd. Zij hadden dat nooit voor mogelijk gehouden. Achteraf begrijpt niemand waarom de verdedigingstroepen geen enkele poging gedaan hebben om de aanval af te wenden.

Ik hoor niets dan ellende. Olga is bleek en droevig. De Russen leefden in een volslagen waanwereld, maar toch hebben ze toegegeven, dat ze op de dag voor de aanval ongeveer tweeduizend man verloren hebben. Er is op het ogenblik in Rusland een grote groep die vrede wil, maar zullen die mensen hun zin krijgen?

Alstublieft, laat me iets weten zodra u meer berichten over Henry hebt.

1. Val van Sebastopol, 11 september 1855.

Stuttgart, 27 september 1855
De Koning der Nederlanden heeft op een en dezelfde dag zijn Grootkruis gestuurd aan keizer Napoleon III en aan tsaar Alexander, hetgeen een merkwaardig staaltje van neutraliteit mag heten...

Stuttgart, 11 oktober 1855
Overal in Duitsland schijnt men van mening te zijn, dat de Engelsen geen vrede willen sluiten, maar dat keizer Napoleon III dat wél wenst. Oorlog wordt onmogelijk voor de Fransen, nu zij geen geld hebben. Alles is er enorm duur, en de socialisten voeren actie. Wat zal het gevolg zijn, als er geen vrede komt, en als er geen middelen zijn om brood en werk te verschaffen aan hen die dat nodig hebben?

Stel u voor, de oude koningin-moeder verlaat ons land, omdat keizer Napoleon een Nederlands ordeteken heeft gekregen. Iedereen is verheugd, ik het meest van allen. Het idee, dat wij een Russische provincie zouden zijn, alleen maar omdat *zij* ongelukkigerwijs de weduwe van de vorige koning is.

Stuttgart, 5 november 1855
Dit is mijn laatste brief uit Stuttgart. Ik vind het naar om weg te gaan. De hoge leeftijd van mijn vader, de algemene toestand, alles is even zorgelijk. U hebt gelijk, Duitsland heeft zich niet naar behoren laten kennen, niet getoond aan welke kant het eigenlijk staat. Zelfs voor Rusland is het veeleer een blok aan het been geweest. De Russen zeggen (ik hoorde dat gisteren): 'De geallieerden hebben Sebastopol niet ver-

134

overd, wij hebben het hun cadeau gegeven.' Daarom: het succes is nog niet compleet.

Den Haag, 26 december 1855

Mijn oudste jongen is bij mij. Sinds mei heb ik hem nog geen drie nachten onder mijn dak gehad. Ik mag echt zeggen, dat hij om te zien een heel knappe jongen is: hij heeft een ovaal gezicht, mooie ogen, fijn bruin haar en de norse uitdrukking die hij als kind had, is verdwenen. Wat ik wens – en nog in hem mis – is: meer ernst waar het zijn verstand betreft. Hij leert, omdat hij moet, en nog niet omdat hij *wil* leren.

Ik begin een kans op vrede te zien. Moge het zo zijn. De Russen schijnen vrede te willen, de val van Kars[1] heeft hun nu hun zelfrespect teruggegeven. Voor de geallieerden is dit het goede ogenblik, indien tenminste hun voorwaarden niet te hard zijn. Keizer Napoleon wenst nu van het leven te genieten. Hij heeft werkelijk een eigenaardig karakter. Zelfs zijn macht en grandeur maken hem niet aantrekkelijk, velen zijn bang voor hem, enkelen vereren hem, maar niemand schijnt van hem te houden.

Zich amuseren is in Den Haag een onmogelijke zaak, men weet hier niet meer wat dat betekent. Hebt u soms boeken gelezen, u zou me een weldaad bewijzen door mij enkele titels te noemen.

1. Op 28 november 1855 hadden de Russen de stad Kars veroverd op de Turken.

Den Haag, 21 februari 1856

Ik, die niet wist wat het woord wilde zeggen, heb een aanval van *reumatiek* gehad. Het is nu weer helemaal over. Ik heb het opgedaan bij het trappenlopen in Huis ten Bosch. Ik herinner me niet of ik u verteld heb, dat ik daar de zomer ga doorbrengen; de eerste mei moet ik mij er installeren. Het is een vreemd huis met overal verborgen trapjes, waar in vroeger tijd de prinses van Oranje[1] gebruik van gemaakt moet hebben. Er hangen zeven of acht schilderijen van haar in appelgroene japonnen. Ik zal Het Loo missen, daar was het gezonder, vrijer. Dit huis is mooi en origineel; men kan nu eenmaal niet alles hebben. Misschien brengt de zomer wat nieuwe gezichten in Scheveningen, waar men een Badhuis aan het bouwen is. Alles bijelkaar mag ik de moed niet opgeven. De zomers in mijn tegenwoordige woning zijn verschrikkelijk geweest, want alle kamers kijken uit op een binnenhof met een heel hoge muur er omheen; in de zomer is er geen frisse lucht en een zeer ongezonde stank.

Iedereen vertrouwt er op dat er vrede komt. Als dat maar waar is! Op het ogenblik hoor ik niets uit Engeland, maar in Parijs, in Duitsland, in

St.Petersburg, overal gelooft men het. Voelt u niet ook dat vrede *nood-zakelijk* is? Er moet zoveel gebeuren, dat de oorlog op de achtergrond is geraakt. Ja, werkelijk, oorlog is haast een misdaad in deze eeuw, nu er een beter soort van veroveringen te behalen valt dan die waarvoor betaald moet worden met mensenlevens. En dan, Amerika komt in beweging, wil zich gaan bemoeien met de Europese politiek, maar als Engeland niet langer gebonden is door de oorlogsvoering, moet Amerika wel terugtreden. Wij hebben een verdrag met Japan gesloten, dat gunstig is voor Nederland. Terwijl onze schepen daar voor anker lagen, gedroegen de Amerikanen zich onverdragelijk aanmatigend...[2]

1. Prinses Wilhelmina van Pruisen (1751–1820), echtgenote van stadhouder prins Willem v, moeder van koning Willem i.
2. Op 31 maart 1854 hadden de Verenigde Staten een handelsverdrag met Japan gesloten. Andere landen volgden hun voorbeeld: Engeland, Rusland en Nederland (verdragen van 1855 en 1856). Als tegenprestatie stond Nederland het oorlogsschip 'Soembing' af aan Japan, en legde zo de basis voor de Keizerlijke Japanse Marine. De Amerikanen zagen de handelscontacten van de Europese mogendheden met Japan met lede ogen aan.

Den Haag, 11 augustus 1856

Tot mijn spijt moet ik u weer schrijven, om u te zeggen dat ik pas op de 26ste kan vertrekken, op de 29ste in Baden zal zijn en maar drie dagen kan blijven. De reden: voor de eerste maal sinds de geboorte van het kind verwaardigt de koning zich notitie van hem te nemen; nu wil hij de verjaardag van de kleine Alexander vieren met een diner op de 25ste. Hoewel dit al mijn plannen in de war stuurt, heb ik natuurlijk niet geaarzeld. Aangezien de koning al vier maanden op Het Loo verblijf houdt, is er een voortdurend 'va et vient' van brieven en boodschappen, waardoor alles vertraagd wordt. Hoe het ook zij, hij wil hier komen voor het verjaardagsfeest van het kind, en dan behoor ik er te zijn. Maar zonder mankeren ben ik op de 29ste in Baden. Hopelijk tref ik u daar.

Mijn oudste zoon is voor twee weken naar Schotland; hij schrijft mij alleraardigste brieven, waar ik van geniet.

Den Haag, 17 maart 1857

Er gaan vreemde geruchten dat tsaar Alexander van plan is een bezoek te brengen aan Parijs. Hebt u daar iets over gehoord? Wie zou dat twee jaar geleden gedacht hebben! Maar de Russen zijn altijd geneigd geweest tot volksverhuizingen, de trek van het noorden zuidwaarts, daar kunnen ze blijkbaar geen weerstand aan bieden.

Den Haag, 6 april 1857

Dit is onze eerste lentedag, een van die milde stralende dagen, waarop alles gemakkelijk en heerlijk schijnt – voor velen helaas slechts een illusie.

Over zes weken ga ik naar Huis ten Bosch. Ik zou niets liever willen, dan de winter doorbrengen in een beter klimaat, maar er zijn vele bezwaren. Allereerst: mijn oudste jongen, die me nodig heeft en die in zijn laatste paar jaren van studie aan de universiteit zijn uiterste best zal moeten doen. (Terzijde: gaat de prins van Wales in Bonn studeren? Wat een vreemd plan!) Dan: mijn positie hier, waarover altijd controversen zijn en die op het ogenblik juist zo gunstig is, dat ik extra voorzichtig moet zijn om niets te bederven. Hoe het ook zij, het wordt zomer, de winter is goddank nog ver weg.

Ik hoor, dat keizer Napoleon zich onmogelijk misdraagt met vrouwen, en dik en oud wordt. Dat mag niet, want in Italië gist het, en eer we twee jaar verder zijn, zal er daar het een en ander gebeuren.

23 mei 1857

Onderneem alstublieft geen stappen, want ik ga alleen naar Engeland indien de koning mij zijn volmondige toestemming geeft, en dan met een schip van de regering, en officieel door de Nederlandse gezant bij koningin Victoria aangekondigd; om kort te gaan, met alle uiterlijke onderscheiding waar de gemalin van een regerend vorst recht op heeft.

Wat deze reis betreft heeft *hij* geen enkel bezwaar gemaakt, wel zijn omgeving – kleinzielig en zonder ophouden. Ze zeggen, dat koningin Victoria nooit een vrouw zonder haar echtgenoot zal ontvangen. Ik zou graag willen weten of u ooit gehoord hebt dat zij iets tegen mij heeft. Dat zou het werk kunnen zijn van koning Leopold van België[1], die een vijand is van de Oranjes. Maar ik denk niet dat zij mij onheus bejegenen zal en indien mijn bezoek haar onverschillig laat, well, dan zal ik des te meer tijd hebben voor andere dingen. Ik wil mezelf niet te lang van te voren laten aankondigen, op zijn hoogst drie of vier weken; en ik ben niet van plan voor de 20ste juli te vertrekken, misschien pas daarna. Mijn kleine boy gaat met mij mee. Mijn hart klopt sneller bij het vooruitzicht...

Ik hoop toch zo te kunnen gaan en Engeland te zien, waarover ik zo dikwijls gedacht en gedroomd heb.

1. Koning Leopold I van België was een oom van koningin Victoria. De leden van het Huis van Oranje koesterden zeer gemengde gevoelens jegens hem sinds hij na de opstand tegen Nederland koning der Belgen was geworden.

1 juni 1857

Ik besef, dat ik mij in Engeland zeer gereserveerd moet gedragen en ik zal mijn best doen om er chic uit te zien, iets waaraan ik een uitgesproken hekel heb. Over een dag of tien is hopelijk alles geregeld, dan kan ik me gaan voorbereiden en mij erop verheugen.

Morgen verwachten wij groothertog Constantijn hier, pas terug van Osborne.[1] De hele zwerm van adjudanten en kamerheren die Russische prinsen altijd om zich heen hebben, is al gearriveerd. Er komt geen einde aan hun kwaadsprekerij en kwalijke grappen over het hof van Napoleon III. Dat is hun dank voor de schitterende gastvrijheid die zij daar hebben genoten. Het is gewoon dwaasheid iets voor hen te doen; zij accepteren alles alsof het vanzelf spreekt, en na afloop: enkel *hoon*.

Jammer, dat koningin Victoria er op stond dat de groothertog haar zou komen bezoeken. De Russen praten er al over, alsof het louter en alleen een hoffelijk gebaar van zijn kant is geweest en zeggen dat er jegens hen *avances* gemaakt zijn. Toen mijn vader vorig jaar in Parijs was, heeft hij – die het Franse hof gekend heeft ten tijde van de eerste Napoleon, van Lodewijk XVIII, Karel X en Louis Philippe – geen woord kwaad gesproken, zelfs geen vergelijkingen gemaakt, maar alleen uitdrukking gegeven aan zijn erkentelijkheid voor de welwillende ontvangst die de huidige keizer hem had bereid. Dat is het verschil tussen een echte gentleman, geboren en getogen in de traditie van hoofsheid, en die halve barbaren die alleen maar instincten hebben en geen opvoeding.

In België ziet het er somber uit. De bigotte instelling van de hertog van Brabant[2] voorspelt weinig goeds voor de toekomst. De geestelijkheid maakt zich overal meester van de macht, zowel in katholieke als in protestantse landen; daar kan alleen maar een heftige reactie op volgen.

1. Groothertog Constantijn Nikolaewitsj (1827–1892) tweede zoon van tsaar Nikolaas I van Rusland. Osborne was een landgoed van de Engelse koninklijke familie.
2. Zoon en opvolger van Leopold I.

Huis ten Bosch, 20 juni 1857

Inderdaad, mijn reis is nu geheel en al volgens mijn wensen geregeld. Ik vertrek op de 14de juli, ik ben van plan twee weken in Londen te blijven, dan ga ik naar Manchester en hoop iets van het land te zien. Mijn reis zal een maand duren. De koning was welwillend, hij stelt mij een regeringsschip ter beschikking, de Cycloop, en heeft opdracht gegeven mijn komst officieel aan te kondigen. Wel wil hij, dat ik reis onder de naam prinses van B[uren?], niet als Koningin der Nederlanden, maar dat maakt feitelijk geen verschil.

Ik weet wel dat de 'season' voorbij is, als ik in Londen kom, doch dat betreur ik niet. Bals en feesten zijn voor mij nauwelijks een genoegen. Ik geef mij over aan het heerlijke weer. Ik zit op mijn balkon en adem de geur van de bloemen in. Mijn kleine jongen loopt spelend om me heen, met het dochtertje van mevrouw Van Tuyll, mijn petekind, dat bij mij logeert. Ik houd van kinderen in huis, zij zijn als vogeltjes in de vrije natuur.

In Fontainebleau is groothertog Constantijn een volslagen fiasco geweest. Iedereen aan het hof vond hem een wilde; buiten het protocol om gedroeg hij zich zo onhebbelijk, dat hij zich de algemene verontwaardiging op de hals gehaald heeft. Geloof mij, er komt geen ontmoeting tussen keizer Napoleon en de tsaar van Rusland.

Londen, 28 juli 1857

Hoewel in grote haast en doodmoe, moet ik schrijven om u te zeggen hoe dankbaar ik ben voor de grote vriendelijkheid die iedereen zonder uitzondering mij bewezen heeft. Ik voel me zo gelukkig. Ik heb bij Lord Brougham gedineerd en ben met hem naar de dienst in Temple Church geweest. Wat op mij de meeste indruk heeft gemaakt, is Westminster Abbey. Maar alles is mooi en treffend en de mensen zijn charmant.

Osborne, 14 augustus 1857

Ik heb in lang niet geschreven, want ik ben steeds onderweg geweest en had geen ogenblik tijd. Eergisteren kwam ik uit Schotland terug. Ik vond het daar boeiend, alles is er zo fris en origineel. Maar ik houd meer van Engeland. Gisteren arriveerde ik te Osborne. Koningin Victoria is heel vriendelijk, zelfs hartelijk – prins Albert zeer beleefd, en de kinderen zijn aardig en welopgevoed. Ik reken er op, dat er onder de dochters een toekomstige prinses van Oranje is. Het landgoed is prachtig, ik kan begrijpen dat de koningin er graag vertoeft. Vanavond ga ik weer naar Londen, maandag scheep ik me in, dan is mijn mooie droom voorbij. Het betekent het einde van de heerlijkste tijd van mijn leven, ik zal dit nooit vergeten, nooit.

Den Haag, 5 september 1857

Ik leef in gedachten nog helemaal in Engeland; ik verzeker u toen ik aan boord ging was ik zo intens ongelukkig om dat afscheid als ik niet gedacht had ooit nog te kunnen zijn. Maar ik ben vastbesloten – indien ik tijd van leven heb – terug te komen en mijn zoon te laten trouwen met een Engelse prinses. Ik heb ze allemaal gezien, ik zou de voorkeur geven aan Helen, maar koningin Victoria wil Alice aan me afstaan. Ik vroeg naar de prins van Wales, maar over hem wordt haast niet gesproken. Over twee jaar, wanneer hij meerderjarig wordt, zullen er grote moeilijkheden zijn in de familie, want zijn vader wil zijn voorrangspositie van prins-gemaal niet opgeven.

Stuttgart, 19 september 1857

Gisteravond ben ik hier aangekomen. Stuttgart is een en al vrolijkheid en vol verwachting. Vandaag komt de tsaar van Rusland. Ik heb een heel belangrijk bericht: de Oostenrijkers hebben niet gerust voor zij een gesprek hadden gearrangeerd tussen hun keizer en de tsaar, in Weimar.[1] Mijn vader maakt het goed, *is beslist niet pro-Russisch.* Hij is de enige vorst op het vasteland van Europa die de activiteit van een Engelsman bezit. Hij blijft ook altijd jeugdig. De ontmoeting tussen de keizer en de tsaar is niet door hem geëntameerd, maar door Gorsjakow, die het daar na afloop van de oorlog op heeft aangestuurd.

1. Dat gesprek zou gaan over het uiteindelijke lot van de vorstendommen Moldavië en Walachije, die sinds augustus 1854 door Oostenrijk bezet waren. De Fransen en Russen waren vóór samenvoeging van deze twee rijkjes, maar de Engelsen en Turken verklaarden zich er tegen.

Stuttgart, 29 september 1857

De keizer van Frankrijk is vanmorgen vertrokken, de Rus ging gisteren weg. Geloof toch niet dat eerstgenoemde Engeland ontrouw wordt. *Dat is niet waar.* Hij is veel te intelligent om zich alleen door mooie woorden te laten overhalen. Tegenover mij gedroeg hij zich voortreffelijk. Ik heb mijn taak als Koningin der Nederlanden vervuld door op het belang van een verbond met Engeland te wijzen, waarop hij zei: 'Ik zal daar nooit van afzien.' Ik heb mij werkelijk dood geërgerd aan de Russen.

Den Haag, 22 januari 1858

Die aanslag op de Franse keizer is buiten alle proporties afschuwelijk, de ergste die men ooit heeft uitgebroed.[1] Zo ooit Gods ingrijpen zichtbaar was, dan hier, in het leven van deze merkwaardige man. De keizerin schijnt zich heel goed gehouden te hebben; deze gebeurtenis brengt hen misschien nader tot elkaar dan zij in de afgelopen tijd geweest zijn. Morny's redevoering is verachtelijk; dat dergelijke taal gebezigd kan worden door een van de meest vooraanstaande leden van de regering, is geen goed teken.

Het enige gevaar dat de Franse regering bedreigt blijft altijd: het fatale gebrek aan politici van formaat. Intelligentie alleen is niet voldoende in deze zaken. De naaste omgeving van de keizer ontbreekt het volslagen aan echt helder inzicht en noodzakelijke kalmte.

Als echtgenote voor mijn zoon zou ik van alle dochters van koningin Victoria de voorkeur geven aan prinses Helen. Prinses Alice[2] is 'ladylike' en goedgemanierd, maar niet knap. Maar: mijn zoon moet zelf kiezen. U hebt geen idee van alle intriges die er al op touw gezet worden in verband met een mogelijk huwelijk van hem, zowel in Rusland als hier in Holland. Prins Frederik heeft een lelijke dochter[3], ze doen hun best iets te arrangeren. Hoe minder erover gepraat wordt, hoe beter; ik ben razend over de artikelen in de couranten, die de zaak alleen maar bij voorbaat kunnen bederven. Hij moet met een Engelse prinses trouwen om los te kunnen raken van de langdurige Russische invloed op dit land en op deze eens zo glorieuze familie.

1. Felix Orsini trachtte op 14 januari 1858 de Franse keizer en zijn vrouw te vermoorden toen zij op weg waren naar de Opéra. Zij bleven ongedeerd.
2. Alice (1843–1878), tweede dochter van koningin Victoria.
3. Marie (1841–1910), jongste dochter van prins Frederik der Nederlanden.

11 februari 1858

Home, de Amerikaanse spiritist is hier geweest. Ik heb vier maal een seance bijgewoond. Dit behoort werkelijk tot de meest bijzondere ervaringen van mijn leven. Ik *voelde* hoe een hand mijn vinger aanraakte, ik *zag* een zware gouden bel op eigen kracht van de een naar de ander bewegen, ik *zag* mijn zakdoek wegvliegen en weer bij mij terugkeren met een knoop erin. En dan de klopgeest, voor het alfabet: als de letters worden afgeroepen, geven de geesten een teken bij bepaalde letters, zo worden er onder hun leiding namen en zinnen geschreven. Home zelf is een bleke, ziekelijke, niet onknappe jonge man, hij heeft in zijn uiterlijk en optreden niets dat fascineert of afstoot. Het is wonderbaarlijk. Ik ben zo blij dit gezien te hebben. Aldoor moest ik aan u denken.

Den Haag, 21 februari 1858

Dat de wet in het Lagerhuis verworpen werd[1], is een belangrijke gebeurtenis; ik veronderstel dat de huidige Engelse regering nu moet aftreden. Maar wat komt ervoor in de plaats?

Het verzoek om hulp van Frankrijk was onjuist, men had daar nooit op moeten ingaan. Ik ben altijd bang dat de Fransen zich laten bedwelmen. Rusland doet alles om hen zover te krijgen, maar dat zou de val van het keizerrijk en een eindeloze golf van ellende voor heel Europa ten gevolge hebben. Van iemand die uit Parijs komt hoorde ik een merkwaardig verhaal. De Franse minister van binnenlandse zaken was al twee dagen van tevoren op de hoogte van het plan voor de aanslag op 14 januari, maar heeft geen enkele waarschuwing gericht tot de prefect van politie of tot de keizer zelf. Hij is een 'rode' republikein, wat hij deed is ronduit hoogverraad. Maar in plaats van voor het gerecht te worden gedaagd, kreeg hij alleen maar ontslag.

1. Lord Palmerstons regering moest aftreden na een verworpen wetsvoorstel tot verzwaring van de straffen voor politieke aanslagen.

14 maart 1858

Vorige zomer in Huis ten Bosch heb ik *Le rouge et le noir*[1] gelezen, een zeer merkwaardig boek. Sommige dingen zijn buitengewoon wáár – maar wat vindt u van het slot? 'Tout se passa simplement, convenablement' – maar dat 'eenvoudige' en 'gepaste' is dan *de guillotine*. Ik heb het boek hier niet bij de hand, maar ik herinner me de passage. Ondanks zijn grote analytische begaafdheid moet die Stendhal een onsympathiek mens geweest zijn. Ik las ook *Livingstones reizen*[2], dat beviel me goed. U moet proberen het te krijgen.

Ja, u hebt mij destijds de val van Lord Palmerston voorspeld. Ik vond Lord Stanleys rede goed, uitstekend. Wat de anderen betreft, ik heb niet veel vertrouwen in Disraeli, en geen grote waardering voor Lord Derby en Lord Malmesbury.[3] We moeten afwachten. Als er maar een goede verstandhouding blijft bestaan tussen Frankrijk en Engeland.

1. Roman van Stendhal, pseudoniem van Henri Beyle (1783–1842).
2. De auteur was David Livingstone (1813–1873), befaamd zendeling en ontdekkingsreiziger.
3. Lord Derby werd Eerste minister in 1858. Benjamin Disraeli begon carrière te maken als Tory-politicus. Lord Malmesbury was minister van buitenlandse zaken onder Derby.

Den Haag, 3 april 1858

De benoemingen van nieuwe ambassadeurs, vooral die aanstelling van Lord Augustus Loftus, zijn onbegrijpelijk. Loftus, die gewichtigdoende leeghoofd – het is zo ongelooflijk, dat ik het voor een vergissing hield toen ik het in een Hollandse courant las. Wat kan men u en uw man bieden? Naar Hannover wilt u niet. Constantinopel is ook nog open, maar naar men zegt bestemd voor Bulwer. Zwitserland is beneden uw waardigheid.

Den Haag, 10 april 1858

Ik verheug me erop Parijs en de keizer te zien, maar mijn vreugde is lang niet zo groot als toen ik naar Engeland zou gaan. Het spijt mij dat de koning mij niet vergezelt, maar niets kan hem ertoe bewegen zijn afzondering op te geven.

23 juni 1858

In Parijs heb ik mijn neef Bonaparte ontmoet. Het is merkwaardig, maar ik werd zo afgeleid, er was zoveel gedoe en drukte, dat een rustig, redelijk gesprek nu juist het enige was dat me ontzegd bleef. Ik denk niet dat de Fransen zich bewapenen. Geloof mij, de keizer wil zich op dit ogenblik alleen maar amuseren. Hij deinst terug voor inspanning, wil iedereen in slaap sussen...

Ik kreeg een charmante brief van de keizerin, kennelijk gedicteerd door hém: hij laat mij op die manier weten, dat de inkomsten van Frankrijk in mei 1858 twee miljoen francs meer bedroegen dan in mei 1857 – maar dat bewijst niets, want ontevredenheid en twijfel hebben alom de overhand.

Den Haag, 10 juli 1858

Het enige dat ik te weten kon komen is het volgende: vóór september wordt er niets ondernomen, zal er niets veranderen. De keizer blijft tot het einde van deze maand in Compiègne[1], dan gaat hij naar Plombières[2], vervolgens naar Cherbourg voor een ontmoeting met koningin Victoria en ten slotte zal hij een reis naar Bretagne maken. Geen verandering, geen belangrijke maatregelen voor de herfst... Ik ben blij, dat koningin Victoria naar Cherbourg komt, dat bewijst dat er tussen deze twee grote landen vrede heerst.

Stel u voor, de koning gaat naar Wiesbaden – na negen jaar nooit buitenslands te zijn geweest, reist hij nu achter een maîtresse aan, om zich onder voorwendsel dat hij geneeskrachtig bronwater nodig heeft, voor de duur van een paar weken in Wiesbaden te gaan ophouden.

1. Keizerlijke residentie buiten Parijs, waar Napoleon III vooral tijdens het jachtseizoen verblijf hield.
2. Op 20 juli 1858 had Napoleon III daar een ontmoeting met de Italiaanse staatsman Cavour. Zij kwamen tot overeenstemming over een politiek, die zou leiden tot oorlog met Oostenrijk, en uiteindelijk tot de unificatie van Italië. Frankrijk zou in ruil voor militaire steun Nice en Savoye krijgen.

23 juli 1858

Voor uw eigen bestwil, lieve Lady Malet, wens ik u toe dat u de plek kunt verlaten waar u nu al zo lang verblijf hebt gehouden. Iedere plaats in Engeland lijkt mij verkieselijker, ondanks het eigenaardige gedrag van uw stiefvader Lord Brougham, en de vreemde houding van uw moeder. Een groot land, de 'grote wereld', vormen het enige altijd en overal aanvaardbare klimaat voor de ontwikkeling van geest en verstand; zelfs de meest egocentrische mens vergeet zijn eigen 'ik' wanneer hij bij wijze van spreken de harteklop van de wereld zo dichtbij voelt.

Ik moet bekennen dat ik op het ogenblik zeer neerslachtig ben. Ik kan nergens heengaan, behalve naar Stuttgart, want ik heb geen geld – een heel vervelende, maar afdoende reden. Terwijl de koning duizenden uitgeeft aan slechte vrouwen, die kastelen laten bouwen tussen St.Cloud en Meudon, en villa's bewonen aan de Champs Elysées, moet ik mijn eigen huishouden bekostigen; ik voel mij echt arm.

Wij hebben hier nu een compleet Russisch congres van in mijn ogen uiterst onaangename lieden: Gorsjakow[1], de generaal die het bevel gevoerd heeft in Sebastopol, Todtleben[2], die die stad heeft versterkt, en – Russischer dan alle Russen bijelkaar – prins Karl van Pruisen. Ik tracht zoveel mogelijk uit hun buurt te blijven.

1. Michael, prins Gorsjakow (1793–1861).
2. Generaal Eduard Todtleben (1816–1884), Russisch legeraanvoerder.

[?] augustus, 1858

Men verwacht heel veel van mijn zoon, maar ik beef voor de dag dat hij meerderjarig wordt, zelfstandig zal zijn en ten prooi valt aan alle intriganten waarvan het krioelt in dit land, waar oprechtheid en waarheid van alle dingen het verst te zoeken zijn. Hij heeft een vreemd karakter, kan zich uiterst beminnelijk, maar ook hoogst onaangenaam gedragen, is lui én ondernemend, erg egoïstisch en vol hartelijke genegenheid, alles op een allerzonderlingste manier door elkaar gemengd. Moge God hem zegenen en leiding geven. Ik ben bang.

12 augustus 1858

Er is geen woord waar van het gerucht dat de koning wil aftreden. Hij heeft dikwijls gezegd 'dat hij zou aftreden, wanneer zijn zoon meerderjarig werd', maar nu die dag naderbij komt, geeft hij zijn voornemen op. De mensen herinneren zich die uitspraak, en toen hij onlangs verklaarde dat hij van plan was naar Wiesbaden te gaan, meende men dat de abdicatie op handen was. Op dit ogenblik zou dat een ramp zijn. Mijn zoon is nog te jong. Uit Wiesbaden horen wij, dat de koning enorm dik, en rood in zijn gezicht wordt; dat is alles.

Wat hebt u over de ontmoeting te Cherbourg vernomen? Al sinds twee weken heb ik geen letter uit Frankrijk ontvangen. In Berlijn heeft men kritiek op het bezoek van koningin Victoria, want daar veroorzaken de ziekte en afwezigheid van de koning een onaangename interimperiode, waarin de komst van een vreemde soeverein als lastig wordt ervaren.

Vorige week, op een ochtend, toen ik mij aan het kleden was na mijn zeebad in Scheveningen, kwam de oude Pabst binnen, en zei dat Lord Dumferline[1] mij te spreken vroeg. Die trad binnen, deelde mij mee dat hij zijn ontslagaanvrage had ingediend, en zich op zijn Engelse bezittingen ging terugtrekken. Hij wilde zijn regering niet meer dienen, enz., enz. Lord Malmesbury heeft hem verzocht een en ander geheim te houden tot er een beslissing genomen is over een opvolger, maar wie dat wordt wist Lord Dumferline niet. Helaas kunnen Sir Alexander en u het niet zijn zoals u begrijpt, maar wie dan?

1. De Britse gezant in Den Haag.

21 augustus 1858

Ik begrijp volkomen dat u er niets voor zou voelen hierheen gezonden te worden. Voor buitenlanders is dit een *afschuwelijk* oord. Het gebrek aan gastvrijheid van de Nederlanders wordt steeds erger. Een vreemdeling, een diplomaat, is hier vogelvrij. Nieuwe denkbeelden zijn verboden. Onder de diplomaten die er op het ogenblik zijn, bevindt er zich geen enkele van enig belang.

31 augustus 1858

Het weer is hier verschrikkelijk slecht geweest, iedereen voelt zich onwel en gedeprimeerd. Ik heb een paar vreselijke dagen in het vooruitzicht; ik moet met de koning, de koningin-moeder, mijn zoon, en de hele familie naar Amsterdam, en aangezien *hij* erg uit zijn humeur is, zal die tocht afschuwelijk zijn. We gaan op de 3de september weg en komen de 8ste weer terug. Maandag 13 september vertrek ik naar Stuttgart. Ik verlang er erg naar mijn vader te zien, die in Nice gaat overwinteren.

Stuttgart, 30 september 1858

Ik was verbaasd en pijnlijk getroffen over prins Napoleon Bonapartes bezoek aan Warschau. Dat is een vergissing en hoogst ongelukkig. Ik ben ervan overtuigd, dat het niet alleen maar een beleefdheidsbezoek is, een en ander heeft vast een ernstige reden, waarschijnlijk *tegen* Oostenrijk. Maar *ik weet niets*. Wat ik zeg, is alleen een gedachte van mij.

Ik hoop, dat mijn zoon mij over een dag of veertien komt opzoeken, en dat u hem dan zult zien. Het hart van die jongen is een raadsel voor mij.

Stuttgart, 13 oktober 1858

Sinds zondag is Lord Clarendon hier, de aardigste en meest intelligente man die men zich kan voorstellen. Ik kan duidelijk merken, dat hij zijn kans op een invloedrijke positie niet groot acht. Zelf zegt hij dat Lord Palmerston buitengewoon onpopulair is. Hij heeft veel kritiek op Lord Stanley, Lord Derby en 'Dizzy'[1], maar de goede smaak om niets ten nadele van Lord Malmesbury te zeggen. Meer dan ooit onderga ik de charme van Engelse 'good breeding', zo verschillend van de Franse 'bon ton'. Aan mijn theetafel ontmoette hij de Princess Royal[2]: zij wilde eerst een andere plaats hebben, maar door zijn optreden verliep alles zonder een rimpel.

Ik hoor, dat de Persigny's[3] zich te Balmoral bevinden, naar ik veronderstel om een verklaring te geven van het verblijf van prins Napoleon Bonaparte in Warschau.

1. Bijnaam van Benjamin Disraeli (1804–1881).
2. Victoria, de oudste dochter van koningin Victoria, die met de kroonprins van Pruisen getrouwd was. Roddel over Lord Clarendon (hij zou de minnaar geweest zijn van keizerin Eugenies moeder) maakte haar schichtig.
3. De hertog De Persigny was de Franse gezant in Engeland.

24 oktober 1858

Ik heb gehoord – maar niet officieel – dat Sir Arthur Macginnes Engels gezant in Den Haag zal worden. Dat is een zeer slechte keuze, ik heb hem hier al eens ontmoet, een gewichtigdoende muggezifter, volstrekt incapabel tot het krachtige overwicht dat volgens mij een Engelse ambassadeur in Holland dient te belichamen. Koningin Victoria, die immers haar dochter met de prins van Oranje wil laten trouwen, zou daar rekening mee moeten houden.

28 november 1858

Waarschijnlijk weet u al dat Lord Napier[1] hier komt. Het is nog niet officieel bekendgemaakt, maar de attaché heeft het verteld aan de prins van Oranje; er is nu tenminste een einde gekomen aan veronderstellingen en onzekerheid. Ik ken hem en zijn vrouw niet, maar aangezien hij eerste gezantschapssecretaris geweest is in Constantinopel en daarna ambassadeur in Washington, moet hij wel intelligent en bekwaam zijn. Zijn drie concurrenten die ik ken, Howard (uit Lissabon), Macginnes en Milbanke zijn allemaal in verschillende opzichten verschrikkelijk; ik heb liever die onbekende.

Ik begrijp volkomen wat u zegt over de society in Frankfurt. Indien Lord Lyons naar Washington gaat, zouden Sir Alexander en u dan de standplaats Florence willen hebben? München met zijn afschuwelijke koude klimaat zou niet geschikt voor u zijn. Iedereen zegt: 'Den Haag is zo saai.' Ik, die niet vrij ben om te doen wat ik wil, zeg tegen de mensen: 'Waarom máákt u het dan zo saai?' Maar men zou hier iedereen stenigen, die zou proberen een klein beetje leven of esprit te brengen in deze donkere vijver met stilstaand water. Zelfs de boeken die ze lezen, brengen hen niet in beweging. O, doe uw best de *Mémoires* van Mirabeau[2] te krijgen, acht delen, wat een boek! Wat een mannen waren dat, zijn vader, zijn oom en hijzelf. Het enorm grote Frankrijk was nog te klein voor hen. Sommige brieven van zijn vader aan zijn oom zijn ronduit meesterlijk.

1. Francis, 9de Lord Napier (1819–1893) trad in 1840 toe tot de diplomatieke dienst.
2. Honoré Gabriël Victor de Riqueti, graaf de Mirabeau (1749–1791), Frans staatsman en politiek auteur. Koningin Sophie bedoelde hier waarschijnlijk de uitgave *Oeuvres de Mirabeau* in negen delen (1825–1827).

7 december 1858

Helaas, op het ogenblik ben ik erg eenzaam en ongelukkig. Ik verlang naar u, om uw raad te kunnen vragen in verband met mijn oudste jongen. Hij is vreemd, vol genegenheid en toch gesloten. Hij heeft juist een paar teleurstellingen achter de rug, is terneergeslagen maar wil niets vertellen.

Laatst zei hij: 'Ik zoek geen geluk, ik zoek alleen genot.' Wat zou ik graag met u spreken, en horen hoe *uw* zoons waren op die leeftijd.

Lord Napier bevindt zich nog steeds in Washington, er is geen kans dat hij voor de lente hier komt. Hebt u enig idee, hoe de verhouding tussen Pruisen en Oostenrijk is? En of, bij een aanval van Franse zijde, Pruisen neutraal blijft, of de kant van Oostenrijk kiezen zou? Dit is een zeer belangrijke kwestie, want Frankrijk voert beslist iets in zijn schild.

16 december 1858

Ik ben niet goed op de hoogte van de huidige politieke toestand, maar ik heb de overtuiging dat er geen oorlog op handen is. Frankrijk is er niet klaar voor en het Franse volk voelt er niet voor. De Fransen houden zich nu uitsluitend bezig met financiële speculatie, zij hongeren naar vertier, iedere oorlog vormt voor hen een beletsel. Het was de publieke opinie in Frankrijk, die vrede eiste toen Engeland nog vol energie was en meer wilde veroveren dan Sebastopol. Maar de keizer vindt het aangenaam de gemoederen bezig te houden op een ander terrein dan zijn binnenlandse politiek. Uit laksheid en 'laissez aller' gebeurt daar vaak van allerlei dat eigenlijk niet door de beugel kan; preoccupatie met buitenlandse politiek is dan een goed afleidingsmiddel. Ja, hij wil zich amuseren, de tijd van handelen is nog niet aangebroken. Indien hij de Italiaanse kwestie, die hem innerlijk niet met rust laat, op een vredelievende manier zou kunnen oplossen, zou hij dat doen en zo de kaart van Europa wijzigen. Maar dat is nu *onmogelijk*.

U moet de *Gedenkschriften* van keizerin Katharina II eens lezen, in één deel, een uiterst merkwaardig boek. Peter III: het volstrekte evenbeeld van zijn achterkleinzoon...[1]

Hebt u soms iets vernomen – want in Frankfurt weet men alles – over een aanstaand huwelijk tussen prins Napoleon Bonaparte en een prinses van Sardinië?[2] Uit Parijs hoor ik er niets over, en hij heeft mij in geen eeuwen geschreven.

1. Peter Feodorowitsj, later tsaar Peter III van Rusland, de zwakzinnige echtgenoot van Katharina II. Via Anna Paulowna was hij de overgrootvader van Willem III.
2. Clothilde, dochter van de koning van Piedmont. Deze verbintenis was tijdens de ontmoeting van Napoleon III en Cavour in Plombières gearrangeerd.

17 januari 1859

Neen, ik geloof niet dat er oorlog komt. Ik denk, ik reken er op, dat de keizer het gevaar zal zien, het onmetelijk grote gevaar van een onderneming zonder een enkel positief resultaat. Frankrijk heeft al heel erg aan prestige ingeboet. Het vertrouwen is weg. Niemand in Europa voelde iets voor de almacht van het *Eerste* Keizerrijk; wat wij gewaardeerd hebben in het *tweede* was het herstel van orde, de bescherming van recht en billijkheid. Nóg eens een keizerrijk dat uit is op verovering: onmogelijk! Dan gaat de dynastie der Bonapartes voor altijd verloren. Ik vrees, dat prins Napoleon de slechtst denkbare raadgever is. Wij zijn twintig jaar lang door correspondentie met elkaar in contact geweest, maar hij heeft mij nooit geschreven over zijn voorgenomen huwelijk. Ik las het in de couranten. Dat heeft mij erg gekwetst en gegriefd, want hij was een van de weinige mensen op wie ik kon steunen, en die zich altijd dezelfde vriend betoonde in alle beproevingen van mijn trieste bestaan. Dat is dus ook voorbij.

5 februari 1859

De couranten zijn het enige dat mij wakker houdt, maar ze brengen allemaal sombere berichten. Ik vond de rede van koningin Victoria goed; wij wachten nu vol spanning op die van de keizer. Hij draagt een verschrikkelijke verantwoordelijkheid. Soms denk ik wel eens, dat men de waarheid voor hem verborgen houdt, want anders zou hij, met zijn scherp inzicht, wel anders handelen dan hij doet.

Het huwelijk van prins Napoleon Bonaparte met de jonge prinses in Turijn is zo ongepast in stilte voltrokken[1], omdat er aan het hof een sterke oppositie tegen bestond. Daarom hebben Cavour en de prins zelf er haast mee gemaakt. De keizerin van Frankrijk schreef mij: 'Hij zal een heel goede echtgenoot zijn.' En dat geloof ik ook. Hij heeft mij inderdaad toch bericht gestuurd, een dag voor zijn huwelijk, maar die brief beviel mij niet. Ondanks al zijn tekortkomingen, en dat zijn er vele, is hij toch beter dan zijn reputatie. Ik hoor uit Parijs dat zij niet knap is om te zien, maar dolverliefd op haar echtgenoot. Of dat zo zal blijven is echter de vraag. Hij heeft me verzocht onze correspondentie voort te zetten. Ik schreef aan haar en stuurde een huwelijkscadeau. Altijd wanneer ik aan hem denk, herinner ik mij wat er destijds gezegd werd over de Regent van Frankrijk: 'Bij zijn geboorte kwamen de feeën hem goede gaven brengen, maar als laatste verscheen er een fee die al die eerdere geschenken teniet deed.' Zo is het ook met prins Napoleon Bonaparte. Hij bezit eersteklas kwaliteiten en een in wezen *goed* hart, maar alles keert zich altijd tegen hem; nu hij invloed gekregen heeft op de keizer van Frankrijk gebeurt dat ook.

Ik heb een merkwaardige brief ontvangen van de keizerin, kennelijk wéér door hém gedicteerd. Ik zou u die graag laten lezen, maar ik vertrouw de post niet. Ik kan zijn gedachtengang volgen: hij voelt dat er na de misdaad van Orsini[2] iets gedaan moet worden om die afgrond van haat en ellende te dempen; hij heeft erover gedacht Oostenrijk de oorlog te verklaren, in de overtuiging dat de Donaumonarchie op zijn laatste benen loopt. Maar nu ziet hij in, dat het een oorlog voor heel Europa zou worden en dus gaat hij niet verder. Engeland moet hem niet in de steek laten, *hij* denkt er niet over om Engeland in de steek te laten.

1. 30 januari 1859. Prinses Clothilde van Savoye was vijftien jaar.
2. De moordaanslag in Parijs.

1 maart 1859

Wat jammer, dat Engeland zo pro-Oostenrijk is! Ik weet wel, dat de Italianen zich verachtelijk gedragen hebben, maar wat voor een regering heeft Oostenrijk! Altijd aan de rand van het bankroet vanwege hun abominabele bestuur, onbetrouwbaar jegens iedereen, misdadig in een

149

mate die alle weldenkende mensen tot wanhoop moet brengen en bovendien in handen van een corrupte geestelijkheid. Ik ben er absoluut van overtuigd – evenals een aantal veel knappere koppen dan ik – dat Oostenrijk veel liever oorlog wil voeren dan de Franse keizer. Oorlog zou de Oostenrijkers een grote macht geven in Duitsland, en dat is iets dat de Oostenrijkers altijd beogen en begeren.

Het spijt mij dat de Engelse 'feeling' ditmaal volstrekt dupe is geworden. De keizer van Frankrijk heeft altijd een verbond met Engeland nagestreefd en boven alles gewaardeerd, hij zou die alliantie niet verbreken, daar ben ik zeker van.

De tijden van de postbestellingen – het zijn er vijf per dag – zijn de enige ogenblikken waarin ik lééf. Nieuws, wat voor nieuws dan ook, is beter dan spanning. Laat mij spoedig iets horen en wees niet te pro-Oostenrijks!

16 maart 1859

Het ziet er nu weer meer naar oorlog uit, ik *lijd* daaronder. Maar u weet meer dan ik, en ik ben u dankbaar voor uw berichten, want hier in deze uithoek kan het maar weinigen iets schelen, behalve de koningin-moeder – die hoopt op de val van de keizer – en mij. Ik weet *zeker*, dat de keizer gedacht heeft met een conferentie de moeilijkheden te kunnen oplossen en zo voor de Italianen enkele voordelen te kunnen verkrijgen. Er zijn maar twee mensen die oorlog willen, Buol[1] en Cavour, zelfs prins Napoleon niet, die zijn ontslag heeft ingediend. Twee dagen voor dat bericht in de *Moniteur* verscheen, schreef hij mij: 'Wat u denkt over mijn invloed is niet juist. Ik *voel* wel wat er gedaan zou moeten worden. De gebeurtenissen jagen mij geen angst aan, maar ik heb zo weinig vertrouwen in bepaalde mensen, dat het mijns inziens beter is alles op te geven dan met hen mee te doen. De toestand is zeer ernstig, dat geef ik toe; het kan zijn, dat ik er over enige tijd niets meer mee te maken heb.'

Wat er op het ogenblik in Duitsland gebeurt, overrompelt de Fransen. Zij weten nooit wat er buiten Frankrijk aan de hand is.

1. Graaf Buol, kanselier van Oostenrijk had keizer Frans Jozef geadviseerd niet verder te onderhandelen met het koninkrijk Piemont.

20 maart 1859

Ja, de keizer heeft in veel opzichten verkeerd gehandeld, maar laat mij genegenheid en respect voor hem mogen voelen, ter elfder ure zo goed als in het dertiende uur, wanneer zijn val inderdaad een feit zou zijn.

Ik weet, dat de Russen besloten hebben voorlopig neutraal te blijven. Zij, die de brand gesticht hebben, en die voortdurend aanwakkeren, praten nu over de noodzaak van gematigd optreden!

Ik kijk reikhalzend uit naar de komst van Lord Napier. Als Engels zaakgelastigde hebben wij hier op het ogenblik een oude, slaperige Mr. Ward met een Ierse vrouw; zij zijn precies een oude huisleraar en een kinderjuffrouw – een volslagen onbetekenend stel. Ik verlang naar een echte Engelsman om naar te luisteren en van te leren.

Ik heb geen plannen om in het komende voorjaar naar Duitsland te gaan, ik wil het ook helemaal niet. Ik heb er geen belang bij en geen vertrouwen in de huidige Duitse opschepperij, maar nog veel minder lust om ruzie te maken. Indien mijn vader mij niet speciaal uitnodigt, blijf ik waar ik ben.

12 april 1859

Nooit, zelfs niet in *1848*, heb ik zo'n sombere politieke toestand meegemaakt. 1848 was niets, vergeleken bij wat er nu dreigt.

8 mei 1859

Donkere wolken pakken zich samen. Alles hangt af van Engeland. Indien Engeland druk kan uitoefenen, zodat Pruisen zich rustig houdt, blijft een oorlog beperkt tot Italië...[1]

1. Op 3 mei 1859 verklaarde Frankrijk de oorlog aan Oostenrijk.

Stuttgart, 16 mei 1859

Afgezien van mijn meningen, mijn sympathieën, geloof me: als Duitsland ooit Frankrijk aanvalt, zal men vreemde gevolgen zien. Daaruit zal een nieuw Duitsland voortkomen – en dat zal Engeland heel wat meer last bezorgen dan het oude Duitsland. Het kan niet in Engelands belang zijn *dat* Duitsland op te roepen. Indien Oostenrijk uiteindelijk zou winnen, wordt het voor Engeland in het oosten van Europa even hinderlijk als Rusland ooit geweest is.

Ik hoop dat Lord Palmerston weer eerste minister wordt. De huidige regering is te slap. Ik hoor, dat de Liberalen de beste kans maken.

[?] mei 1859

Frankrijk hoopt in de herfst de campagne in Italië te beëindigen, indien tenminste het vuur niet weer ergens anders wordt aangestookt. Wat betreft het gerucht, als zouden de Russen onderhandelen met Oostenrijk: er is een hoveling van tsaar Alexander bij de kroonprins van Pruisen gekomen met een volstrekt tegengesteld bericht. Als de Duitsers de Fransen aanvallen, zullen de Russen tegen de Oostenrijkers beginnen.[1]

Indien het bewind van de Oostenrijkers niet zo afschuwelijk slecht was geweest, zouden zij in de loop van veertig jaar wel wortel geschoten hebben in Italië. *Nu* zijn ze daar volslagen vreemdelingen gebleven. Onder hun bestuursambtenaren bevonden zich types van het laagste allooi.

Ik begrijp niets van het standpunt dat Engeland inneemt; hoe meer ik zie, hoe meer ik mij onder de mensen beweeg, des te minder begrip kan ik opbrengen voor die fanatieke pro-Oostenrijkse houding. Frankrijk wil niet één enkel dorp meer dan het al heeft, maar het kan niet toestaan dat Italië aan Franse invloed ontglipt en een Oostenrijkse provincie wordt.

1. De Russen konden het de Oostenrijkers niet vergeven dat deze hen in de Krimoorlog niet te hulp gekomen waren. De Russen hadden in 1848 keizer Frans Jozef 'gered', en voelden zich verraden toen *hij* weigerde zich bij tsaar Nikolaas I aan te sluiten.

4 juni 1859

Zoudt u naar Heidelberg of Darmstadt kunnen komen? We zouden op die manier tenminste een paar ogenblikken met elkaar kunnen praten. God weet waar en wanneer we elkaar weer zullen zien. Dat er een algemene oorlog op komst is, lijkt mij zeer waarschijnlijk en ik heb er heel, heel veel behoefte aan nog eens met u te spreken. Laat mij zo spoedig mogelijk weten waar ik u mag ontmoeten.

12 juni 1859

De Fransen rukken op, de Pruisen beginnen te morren. De Engelse regering moet aftreden, maar hoe krijgen de Liberalen de meerderheid? Russell, Palmerston, Cobden, misschien? Ik ben buitengewoon benieuwd. Over Lord Clarendon wordt weinig gesproken, het is alsof zijn populariteit geheel verdwenen is.

Ik kreeg een brief uit Parijs. De keizerin lijkt de gelukkigste van alle stervelingen, zij is verbazend ingenomen met haar macht, haar zelfstandigheid. Zij maakt zich niet ongerust over hèm, kent dus alleen maar het prikkelende gevoel van spanning in veelbewogen dagen. Ik kan niet zonder afgrijzen lezen hoe de troepen bij Magenta tekeer zijn gegaan.[1]

1. Op 4 juni 1859 versloegen de Fransen de Oostenrijkers bij Magenta. Aan beide zijden werden zware verliezen geleden. Tijdens de afwezigheid van Napoleon III nam keizerin Eugenie het regentschap over Frankrijk waar.

17 juni 1859

Ja, ik zou eigenlijk baden in minerale bronnen moeten nemen, maar het grote struikelblok is – geld. Ik kan niet zeggen hoe krap ik zit. Soms moet ik mijn oudste jongen helpen, en vier jaar geleden heb ik een aanzienlijke som afgestaan aan de koning, omdat hij mij mijn jongste kind bij mij liet houden, een schat waarvoor ik ieder geldelijk offer een geringe prijs vind. Ik zal een paar warme zeebaden in Scheveningen nemen. Het weer is hier buitengewoon koud, na de hitte in Duitsland.

In Engeland zal alles nu verder wel goed gaan. Lord Palmerston is de enige geschikte man op dit ogenblik[1]. Lord Clarendon heeft verstandig gehandeld door niet in beweging te komen. Koningin Victoria heeft hem nog gevraagd, maar Lord John Russell en hij kunnen het niet eens worden.

Ik leef in mijn tuin, maar ben erg alleen. Over mijn oudste maak ik mij ongerust.

1. Lord Palmerston werd eerste minister op 18 juni 1859. De Engelse politiek werd daardoor in toenemende mate pro-Italië.

*

25 juni 1859

U schrijft: 'Eer deze brief u bereikt, weet u meer over de Pruisen dan ik.' Helaas, ik weet niets, en ik sterf van nieuwsgierigheid. Alstublieft, vertel mij wat er is, want *u* zit dicht bij de bron en *ik* hier in mijn eenzaamheid; bomen en bloemen en groene weiden, hoe mooi ook, zijn wel erg zwijgzaam in deze opwindende dagen. O, hoe verlang ik er naar te weten wat er gebeurt in de woelige wereld! Wat Pruisen op dit ogenblik ook doet, het is te laat. Als het drie maanden geleden, in maart, zijn mond had opengedaan, had het verschrikkelijke bloedvergieten voorkomen kunnen worden. De Oostenrijkers zijn weer verslagen en ditmaal geven ze het toe.[1]

Ik kreeg een lange, verbitterde, ontevreden brief van Lord Clarendon. Hij schrijft: 'Voor Lord Derby aftrad, had ik – in overeenstemming met de wensen van de koningin en van Lord Palmerston – erin toegestemd naar het ministerie van buitenlandse zaken terug te keren, maar toen Lord Palmerston de opdracht kreeg een nieuwe regering te vormen, heb ik hem onmiddellijk ontheven van zijn afspraken met mij en hem verzocht een volledige vrije keuze te laten aan Lord Russell, die anders stellig zijn medewerking zou weigeren, welke juist van het allergrootste belang is. Zoals ik verwacht had installeerde Lord Russell zich weer op buitenlandse zaken, volkomen terecht, aangezien dat de tweede plaats in de regering is; indien een ander die had ingenomen, zou hij slechts een derde plaats bekleed hebben, waarmee hij niet tevreden was geweest en waarin hij het niet lang zou hebben uitgehouden aangezien

153

hij eigenlijk eerste minister en leider van het Lagerhuis wil zijn, posities die hij geen van tweeën krijgt. Lord Palmerston drong erop aan dat ik een ander ministerie zou aanvaarden, maar volgens mij was het puur egoïsme een plaats te bezetten waarvoor zoveel kandidaten zijn. Ik meende ook, dat het publiek er de voorkeur aan zou geven dat de kaarten opnieuw geschud werden, aangezien er afgunstige gevoelens heersen jegens de vroegere leidende persoonlijkheden en er vraag is naar fris bloed, met andere woorden: men heeft een voorkeur voor onwetendheid en gebrek aan ervaring.

Van de *persoonlijke* gevoelens van koningin Victoria weet ik niets, maar zal dat spoedig horen, daar ik haar geschreven heb. Zij was destijds gesteld op, had een spoortje warm gevoel voor de keizer van Frankrijk, en hij vond haar ook aardig. Maar bij sommige mensen veranderen gevoelens tegelijk met de omstandigheden. *Niet* bij *mij*.

1. Slag bij Solferino, 24 juni 1958.

1 juli 1859

Ik wist niet dat Oostenrijk de Franse keizer een weigering heeft gestuurd toen hij voor zijn neef onderhandelingen opende. Laatstgenoemde[1] moet nu laten zien wat hij op eigen kracht kan bereiken. Hij heeft mij een uiterst curieuze brief geschreven, vol jaloezie, omdat ik mij in Parijs als een koningin had gedragen, maar niet als 'une femme philosophe' (ik vond dat een aardig verwijt) en omdat ik zoveel aandacht had besteed aan de keizer. Hoe vreemd, dat mannen, als zij eens verliefd op een vrouw zijn geweest, vinden dat zij het recht hebben jaloers te *blijven*. Hij is absoluut niet meer verliefd op mij, maar het hinderde hem toch dat ik onder de indruk gekomen ben van de merkwaardige, kalme persoonlijkheid van de keizer. De ambassadeur Persigny gaat terug naar Londen, hetgeen goed is voor de verhouding tussen Frankrijk en Engeland, die we allen moeten wensen en nastreven.

1. Prins Napoleon Bonaparte.

13 juli 1859

Vrede![1] Wat een mooi, kort woord – en hoe geniet ik ervan. Niet dat ik geloof dat iemand nu rechtvaardig zal oordelen over de man die ons deze gezegende vrede verschaft. Maar uit het feit dat hij vrede sluit na dit schitterende succes, blijkt toch wel wat voor een mens hij is. Ik ben er zeker van, dat hij binnenkort een bezoek aan koningin Victoria zal brengen, om te laten zien dat de Engelse alliantie voor hem van *primair belang* is, en dat hij niet van plan is die ooit op te geven.

Ik drink Egra bronwater uit Bohemen; wat betreft een eventueel op reis gaan, vele dingen houden me hier vast. Ik moet toezicht uitoefenen op mijn oudste, om er voor te zorgen dat hij geen gekke dingen uithaalt, iets waartoe hij maar al te zeer geneigd is. Mijn kleine jongen voelt zich nergens gelukkiger dan hier, begint nu zeebaden te nemen en moet een regelmatig leven leiden, dat is het beste voor een zwak zenuwgestel. Maar de zomer is nog niet voorbij. De koning gaat naar Wiesbaden.

1. Op 8 juli 1859 was er wapenstilstand gesloten tussen Frankrijk en Oostenrijk. Maar Piedmont was bij die onderhandelingen niet geraadpleegd.

16 juli 1859

Ik heb een boek gelezen van Louis Blanc[1], in een Engelse vertaling, schitterend, zoals alles wat deze schavuit schrijft. Het heet *Historical Revelations*. Ik amuseer mij ermee. Voor de rest: mijn leven is saai.

De graaf van Chambord[2] is een dikke, logge goedhartige man. Hij zou volmaakt gelukkig zijn als landjonker. Hij is niet gesneden uit het hout van pretendenten naar de troon van Frankrijk. Maar hij wil beslist politiek optreden, omdat hij gelooft dat er in Frankrijk een omwenteling op til is. *Ik* geloof dat niet: wel moet de keizer iets doen om de onrust tot bedaren te brengen. Van tijd tot tijd krijg ik brieven van de keizerin. Die zijn charmant, kinderlijk. Haar leven is tot nu toe één feest geweest. De keizer en zij verheugen er zich op koningin Victoria te ontmoeten. Wat weet u over de reis van de koningin naar Duitsland? Gaat zij helemaal naar Berlijn?

1. Louis Blanc (1812–1882), leider van de Radicalen gedurende de Tweede Republiek.
2. Kleinzoon van Karel X en hoofd van de partij der Legitimisten, aanhangers van het Huis Bourbon.

22 juli 1859

De vrede – of wat er voor doorgaat – schijnt iedereen te mishagen. Feitelijk is de keizer van Oostenrijk de koning van Italië. De paus zal, in overeenstemming met zijn 'trouwste zoon' spoedig tweedracht zaaien in Italië en dan als een despoot met ijzeren vuist regeren. Wie brengt de groothertog van Toscane, de hertogen van Modena en Parma terug?[1] Een Oostenrijks leger of een escorte van Fransen en Sardiniërs?

In zijn rede tot de wetgevende vergadering en de senaat maakte de keizer indirect opmerkingen over zichzelf: 'Qui s'excuse, s'accuse.' Stellig heeft hij *nooit* in een ongunstiger politieke situatie verkeerd dan op dit ogenblik.

Toch voel ik mij, als individu, gelukkig door dat gezegende woord: vrede. Ik hoor dat zijn terugkeer triest was[2], hij was zwijgzamer dan ooit, en toonde alleen blijdschap bij het weerzien met zijn zoontje. Háár spijt het, dat zij geen regent meer is. Zij zijn beiden gecharmeerd van de keizer van Oostenrijk. Wat Cavour betreft, men zegt dat hij in zijn woede en wraakzucht tot alles in staat is. Merkwaardig, dat Buol en Cavour beiden ten val gebracht zijn door deze oorlog die vooral als gevolg van hun dwaasheid en rancune is uitgebroken.

1. Deze (uit het Habsburgse Huis afkomstige) vorsten keerden nooit op hun tronen terug. Later in de zomer van 1859 werden zij door afgevaardigden van hun onderdanen afgezet. Toscane, Parma en Modena stemden vóór vereniging met Piedmont.
2. Dit is niet waar. Zijn terugkeer aan het hoofd van de troepen was, vooral in Parijs, een triomftocht.

29 juli 1859
Indien u in Engeland maar méér wist over hém, zoudt u overtuigd zijn van zijn eerlijkheid. Hij is veel gevoeliger en minder 'geniaal' dan de wereld beseft! Een vreemde mengeling van eigenschappen die alleen zij kunnen doorgronden, die hem in zijn dagelijkse omgang met huisgenoten hebben meegemaakt.

Op het ogenblik begrijp ik niets van de Engelse diplomatie. Een jaar geleden heeft Lord Dumferline zijn ontslag ingediend. Lord Napier werd benoemd, maar heeft zich tot op heden *niet* verwaardigd hierheen te komen. Wij hebben nu een zaakgelastigde, Mr. Hope, die zelfs niet de moeite genomen heeft zich aan mij te laten voorstellen. Lord Napier had op zijn minst zijn geloofsbrieven aan de koning moeten aanbieden voor 's konings vertrek naar Wiesbaden. De koning komt pas in september terug.

Huis ten Bosch, 4 augustus 1859
Dit is een van de dingen die mijn trieste leven mij heeft geleerd: nooit iemand te laten smachten naar een reactie. De gelukkigen dezer aarde moesten eens weten hoe zwaar het valt te wachten op post of een telegram, en dan komt er niets – de dagen, de uren duren zo lang – neen, ik laat anderen niet wachten!

Ik kijk nu vol bezorgdheid uit naar brieven uit Parijs, die maar wegblijven. Zowel de keizer als de keizerin zijn, hoor ik, op het ogenblik in slechte stemming. *Hij* heeft het gevoel dat hij te veel en te weinig heeft gedaan en realiseert zich dat de Italianen, precies als een half jaar geleden, hun dolken trekken. *Zij* heeft geproefd van de gevaarlijke zelfstandigheid, en betreurt het dat zij weer teruggezet is naar een relatief onbelangrijke positie. Hij was als verstomd van ontzetting, toen hij de slagvelden van Magenta en Solferino zag; en die ontzetting is een belangrijke waarborg voor vrede.

11 augustus 1859

Vandaag heb ik de hele ochtend doorgebracht met de tandarts Mr. Evans, de eerste Amerikaanse tandarts in Parijs. Hij is een *vriend* van de keizer; deze heeft hem naar de veldhospitalen in Italië gestuurd om aldaar kaakverwondingen te bestuderen. Mr. Evans zegt, dat er tussen de Fransen en de bevolking van Piedmont een ware haat bestaat, onverklaarbaar omdat er toch overeenkomst van ras is. De Piedmontesi hebben een Frans uiterlijk en spreken Frans.

U hebt toch zoveel last gehad van die nare afgebroken tand: ik kan u deze *uitstekende* arts aanbevelen. Hij behandelt niet alleen mijn gebit, maar heeft mij ook de best denkbare adviezen gegeven met betrekking tot mijn gezondheid en die van mijn kleine jongen. Nog nooit ben ik geholpen door iemand met zo'n zachte hand. Hij heeft beslist mijn tanden gered, ze zijn nu beter dan tien jaar geleden.

Weet u soms iets over de koning in Wiesbaden? Lord Napier arriveerde hier een dag nadat Zijne Majesteit vertrokken was.

Stuttgart, 10 september 1859

Uw brief uit Luzern werd mij toegezonden vanuit Den Haag, waar hij de dag na mijn vertrek aangekomen moet zijn. Ik arriveerde hier donderdag om drie uur en geniet van het gevoel weer 'thuis' te zijn: mijn kamers, mijn wandelpaden, alle oude vertrouwde gezichten – helaas, ieder jaar zijn het er weer minder.

De avond die ik met u doorbracht, woensdag, zal een vrolijke gelukkige herinnering voor mij blijven, ik dank u er voor met heel mijn hart. Ik denk er ook met genoegen aan hoe goed u er uitzag, u maakt echt een heel gezonde indruk.

Stuttgart, 16 september 1859

De politiek schijnt ingeslapen te zijn. Er is alleen nieuws uit China, waaruit blijkt hoe weinig men op barbaren vertrouwen kan.[1] Maar indien dit een betere verstandhouding tussen Engeland en Frankrijk kan bewerkstelligen, heeft het misschien zijn gunstige zijde.

1. De Chinezen weigerden buitenlandse diplomaten de toegang tot Peking.

157

Stuttgart, 8 oktober 1859

Mijn gezondheid gaat vooruit, maar ik kan die lelijke hoest niet kwijtraken. Waarschijnlijk vertrek ik hiervandaan op 20 oktober en ga dan rechtstreeks richting Cannes, voor de duur van ongeveer twee weken. Denkt u, dat Lord Brougham mij zijn villa[1] zou willen lenen? Wij zijn, het personeel meegerekend, met niet meer dan veertien personen. Ik veronderstel, dat er plaats genoeg is; in deze tijd van het jaar is Lord Brougham er immers nooit? Veertien dagen, van 27 oktober tot 10 november, langer zal mijn verblijf beslist niet duren. Zou u kans zien het aan Lord Brougham te vragen of zou hij het onaangenaam vinden? Hij is altijd zo welwillend en vriendelijk voor mij geweest, dat ik het best zelf durf te vragen indien u mij kans van slagen geeft.

1. Château Eleanor Louise, genoemd naar Lord Broughams overleden dochter.

Stuttgart, 14 november 1859

Gisteren kwam ik terug uit Nice, waar ik twee aangename rustige weken heb doorgebracht. Ik moest mijn verblijf afbreken als gevolg van beangstigend nieuws over ziekte van mijn kleine jongen. Ik haastte mij naar huis, heb dag en nacht doorgereisd en alleen toegestemd in een drie uur durende ontmoeting met de keizer en keizerin van Frankrijk in Chalons sur Saône. Ik ben *niet* in Parijs of in St.Cloud geweest, zoals de Belgische couranten beweren, dat is een infame leugen!

Mijn kleine jongen is goddank veel beter; hij heeft een soort van uitslag, geen roodvonk of mazelen, en zonder koorts, maar die wel heel lang kan duren en veel zorg vereist.

De keizer was weer de oude, heel beminnelijk – ik voel mij meer dan ooit aan hem verknocht. Hij denkt niet aan oorlog, hij wil vrede en zal die weten te handhaven!

Stuttgart, 18 november 1859

Ik vond Cannes mooi, maar saai. De ene dag dat ik daar was, voelde ik mij zo ziek, dat ik haast flauwviel. Ook Nice bekwam mij niet goed. Ik kon geen ogenblik rustig blijven zitten door die prikkelende zeelucht.

Nîmes is prachtig, het behoort tot het mooiste dat ik ooit gezien heb. Ik vond het prettig in het zuiden van Frankrijk, met al die vrolijke, opgewekte mensen, die zo gelukkig, goedgehumeurd – en zo hoffelijk zijn. Ik hield van de blauwe zee. Alleen, op het laatste ogenblik heeft de bezorgdheid om mijn kleine jongen alle welbevinden en genoegen weer teniet gedaan. Hij knapt nu snel op, maar ik moet hier blijven, wij kunnen nog in geen weken aan weggaan denken.

De keizer zag er goed en opgeruimd uit en was vriendelijk tegen mij, hij dankte mij op charmante wijze voor mijn bezoek. Háár vond ik veranderd; haar gebabbel was vermoeiend. Een paar maal wees hij haar mild, heel mild, terecht. Ondanks alles is hij op haar gesteld.

Stuttgart, 13 december 1859

Mijn kleine jongen is genezen, mijn oudste vertrok vanmorgen naar Parijs. Hij was gelukkig, verrukt... maar het is een vreemde jongen, met een karakter vol tegenstellingen. Parijs kan hem veel goed, maar ook heel veel kwaad doen.

Ik heb influenza gehad – deze hele winter is vreselijk. Ook mijn vader was ziek, maar goddank, nu ik op het punt sta weg te gaan weer wat beter. Ik hoop hem volgend jaar weer te zien, ondanks het feit dat hij al negenenzeventig is.

Den Haag, 30 december 1859

Nog even, dan is er weer een jaar voorbij, een jaar van zorgen, spanning en angst, een jaar waarin wij allen armer en ouder zijn geworden. Maar laten we God danken, die ons vrede gaf en ons nog zoveel liet behouden. Ik weet, dat u uw zoon Henry bij u hebt; dat moet bij deze jaarwisseling veel voor u betekenen.

Mijn oudste zoon is in Parijs. Hij denkt meer aan pretmaken dan aan werkelijke vreugde. Het schijnt dat de jongelui van tegenwoordig om niets anders geven dan om genot. *Wij* waren niet zo...

Ik heb Lord en Lady Napier ontmoet. Lady Napier is vroeger misschien knap geweest, maar door slechte gezondheid zijn haar op zichzelf fijne gelaatstrekken gerimpeld en gegroefd, en zij praat steeds met een zachte, klagelijke stemklank. Lord Napier heeft mooie, droefgeestige ogen en een ondeugende trek om zijn mond, spierwit haar, een gedecideerd, zelfbewust optreden en hoffelijke manieren. Ik mag dat wel. Het is, alsof hij mij duidelijk wil maken: 'Als ik wil, kan ik me vol eerbied gedragen jegens de vrouw, de koningin... maar ik vergeet nooit dat ik een Engelsman ben, de vertegenwoordiger van het machtigste rijk op aarde.'

10 januari 1860

Ik kreeg een allerhartelijkste brief van de keizer, hij vertelt me een en ander over mijn zoon en wijdt ook enkele woorden aan de politieke situatie: 'Ik voorzie een gunstige ontwikkeling aangezien er een toenadering tot Engeland heeft plaatsgevonden.'[1] Dat nieuws bracht een sprank zon in mijn hart. Maar brieven van anderen en berichten van reizigers spraken weer van sombere voorgevoelens.

Mijn oudste zoon zal omstreeks 24 januari in Engeland zijn en komt tegen de 20ste februari weer thuis. Hij schrijft weinig, maar heeft het naar zijn zin. Het is altijd een droom van hem geweest eens een winterseizoen in Parijs mee te maken. *Ik* heb dat nooit kunnen bereiken, maar *hij* kan er nu in de mooiste tijd van zijn jeugd van genieten.

De Napiers hebben een lelijk huis gehuurd, dat waar de heer en mevrouw Van Tuyll woonden, toen u nog hier was. Lord Napier zou graag Bulwers plaats in Constantinopel willen hebben. Ik betwijfel of zij lang hier zullen blijven.

1. Een toespeling op de onderhandelingen die zouden leiden tot een handelsverdrag tussen Engeland en Frankrijk.

15 januari 1860

Ik haast mij u te zeggen, dat ik nooit de brutaliteit zou hebben – want dat zou het zijn – om u een penny, een kreutzer, of een ander geldstuk te sturen! Ik weet absoluut zeker, dat ik nooit geld heb zitten tellen, nooit muntstukken op of *bij* mijn schrijftafel had liggen; daarom ben ik er ook volstrekt zeker van, dat degene die mijn brief aan u geopend en gelezen heeft, er ook dat geldstuk in heeft gedaan. Dergelijke handelingen kunnen mij echter niets schelen, hoe beschamend, dubbel beschamend, ze ook zijn. Ik heb al lange tijd het vermoeden gehad dat mijn brieven geopend worden, het bewijs – waar ik op gewacht heb – houd ik nu in handen.

26 januari 1860

Ik verlang naar mijn zoon. Ik hoop dat hij van mij houdt. Maar de koning heeft hem niet graag hier en wil niet dat hij thuis komt. Vandaag arriveert hij in Engeland.[1] Ik ben bang, dat hij in Parijs te blasé geworden is voor de genoegens die Londen te bieden heeft. *Ik* verkies Londen oneindig boven Parijs.

Ik kreeg een knorrige brief van Lord Clarendon; hij schrijft: 'De keizer van Frankrijk neemt groot risico door zich terzelfder tijd tegen de kerk en de protectionisten te keren, de twee machtigste groepen in Frankrijk, ja, overal. Hij verdient het te slagen, maar zijn moeilijkheden nemen eerder toe dan af.' Het is goed, dat Walewski[2] moest aftreden. Hij heeft afschuwelijke dingen gedaan, onrechtvaardigheden begaan, mensen uit hun ambt gezet, maar het ergste was zijn meer dan innige relatie met Rusland. Toen zijn val bekend werd, heeft men dat aan de Russische ambassade openlijk betreurd. Thouvenal[3] is heftig, 'maar betrouwbaar', zoals Lord Napier me gisteravond zei. Een vreemde man, die Lord Napier, geslepen, een poseur, maar hij kan toch ook oprecht geestdriftig zijn. Hij is dol op vrouwen, eerzuchtig, en in één opzicht on-Engels: het lijkt mij dat het hem ontbreekt aan die kwaliteit van achttien karaats gezond verstand, die de meeste Engelsen bezitten, wat verder ook hun aard moge zijn.

Ik lees op het ogenblik een merkwaardig boek, *Het leven van Charlotte Brontë*[4]. Wat een vreemde karakters, wat een vreemde, primitieve mensen zijn dat, wat leiden ze allemaal een triest bestaan! Wie een blik slaat in dergelijke levens, voelt dat hij geen recht heeft zich te beklagen.

1. Prins Willem zou een bezoek brengen aan de Engelse koninklijke familie, in de eerste plaats om prinses Alice te ontmoeten. Koningin Sophie kon niet weten, dat Victoria (de oudste dochter van koningin Victoria, die getrouwd was met de kroonprins van Pruisen), ongunstige berichten over de jongeman aan haar familie had doorgegeven: 'Ik denk dat zijn losbandige, verkeerde gewoonten het gevolg zijn van slecht gezelschap, en omdat hij nooit omgaat met mensen van zijn eigen rang.'
2. Graaf Walewski, Frans minister van buitenlandse zaken. Zijn vrouw, een Italiaanse, was in die tijd de favoriete maîtresse van Napoleon III.
3. Edouard-Antoine de Thouvenal, opvolger van graaf Walewski.
4. Geschreven door Elisabeth Gaskell (1810–1865).

16 februari 1860

Dank u voor wat u schrijft over mijn zoon. Ik kan u niet zeggen, hoe hartelijk men voor hem is in Engeland, zelfs de koningin en haar dierbare Albert. Hij, mijn jongen, rept met geen woord over prinses Alice, maar er kan hoe dan ook nog geen sprake zijn van een huwelijk. Voor de toekomst is dat mijn liefste wens, alle verstandige mensen in dit land hopen het.

Het was geen goed idee hem naar het Engelse hof te sturen na zijn verblijf aan het Franse hof; voor een jonge man moet de vlotte, briljante Franse stijl immers oneindig veel aantrekkelijker zijn dan de saaie sfeer te Windsor. Zelfs ik moet bekennen dat de twee avonden die ik op Osborne heb doorgebracht, saaier dan saai waren. Wij zaten rondom een grote tafel, zonder een boek, een map met platen of een handwerk, hetzelfde kleine kringetje dat al de hele dag samen had gepraat en gewandeld. Geen sprake van 'small talk', daar de koningin op haar preutse manier iedere vorm van vlotte conversatie in de kiem smoorde. Verschrikkelijk! Maar mijn jongen is opgewekt gebleven, en Albert schreef mij een neerbuigende brief, waarin hij de koningin 'Victoria, mijn vrouw' noemt, hetgeen ik vind getuigen van zeer slechte smaak.

19 februari 1860

Herinnert u zich Vincent Tuyll?[1] Vrijdagavond speelde hij een partij whist met mij, zaterdagochtend om twaalf uur ging hij voor een zakelijk gesprek naar Lord Napier, die zijn moeders huis heeft gehuurd; daarna kwam hij weer thuis, met de architect met wie zij gepraat hadden. Hij stond met die man in zijn studeerkamer een sigaar te roken, plotseling wankelt hij, men schuift een stoel voor hem aan, hij valt er in neer – dood! Zijn sigaar brandde nog, zo plotseling stierf hij. Zijn arme vrouw, die hem aanbad, bevond zich met haar zeven kinderen in Baden. Ik heb haar een telegram gestuurd, zij komt vanavond, drie weken nadat zij hier afscheid van hem genomen heeft – het is verschrikkelijk. Die man is *nooit* ziek geweest, hij was vijfenveertig jaar oud, uiterlijk nog dezelfde als zeventien jaren geleden – een van die mannen met een voortreffelijke gezondheid, zorgeloos, gelukkig, die tachtig had kunnen worden – en nu dood! Dat doet een mens huiveren. Zijn moeder leeft nog.

1. Sophie gebruikt afwisselend Van Tuyll en Tuyll.

10 maart 1860
Waarom vindt u, dat u mij niets over de politiek zou moeten schrijven?[1] Gelooft u niet, dat ik in staat ben naar een mening te luisteren die toevallig niet de mijne is? In dit land vlei ik mij met de gedachte dat ik *alle* meningen aanhoor, hoe uiteenlopend ze mogen zijn, en *uw* opinie stel ik hoger dan die van wie anders ook.

1. Mogelijk was Lady Malet enigszins ongerust geworden door het incident met het, door een onbekende, bij Sophies brief ingesloten geldstuk, dat een spottend 'a penny for your thoughts' scheen te suggereren (zie Sophies brief van 15 januari 1860).

27 maart 1860
Die arme mevrouw Tuyll is kalm, maar diepbedroefd. Zij heeft nu veel te doen, en goddank: de financiële omstandigheden voor haar en haar zeven jonge kinderen – de oudste is nog geen vijftien – zijn goed in orde! *Hij* heeft dat fortuin letterlijk uit het niets opgebouwd, want toen hij met haar trouwde, hadden zij alleen maar haar kleine inkomen van zevenhonderd pond per jaar om van te leven. Hij ging naar Indië en zijn onderneming daar bloeide. De mensen lachten hem uit en keken op hem neer, maar hij heeft standgehouden door zijn eigen energie en initiatief. *Zij* blijft hier wonen, en dat is goed.

Ik hoor dat de prins van Wales naar Duitsland gestuurd wordt om naar verschillende prinsessen te kijken, aangezien koningin Victoria wil dat hij heel jong trouwt en daardoor 'deugdzaam' blijft. Of dat helpt?

Ik lees Buckles *History of Civilisation*[1]. Een boek vol informatie, maar niet makkelijk.

1. Thomas Henry Buckle (1821–1862), historicus. Het eerste gedeelte van dit werk verscheen in 1857, het tweede in 1861.

6 april 1860

Een Nederlander, een van de oprichters van de Vereniging tot Bestrijding van Drankmisbruik, stak onlangs het Kanaal over en woonde een bijeenkomst bij in Engeland, waar mensen van alle rangen en standen aanwezig waren. Zonder uitzondering haten zij de Fransen en de keizer.

Met hoeveel weemoed denk ik terug aan de glorieuze dagen van de Krimoorlog, toen Engeland en Frankrijk samen streden tegen de enige grote vijand van onze beschaving, Rusland. De *Russen* zijn in hun schik, genieten van de tweedracht en wakkeren het vuur nog aan.

Wat een vreemde mensen zijn de Napiers! Ik krijg geen hoogte van hen; die ongrijpbaarheid is een on-Engelse eigenschap. *Zij* is zielig, niet gezond. Sinds de geboorte van haar laatste kind, acht jaar geleden, sukkelt zij, zonder hoop op herstel.

Wat zegt u van de excommunicatie?[1] Is dat niet middeleeuws? Wat de bewoners van Piedmont betreft, die gaan dapper door en aan Cavour kan men zien wat er met een krachtig bestuur te bereiken is. De koning betekent niets.

Vincent Tuyll stierf aan een zogenaamde ruggemergsberoerte, die doodt op slag, als met de valbijl van de guillotine. Zijn gezicht was niet blauw, maar kreeg dadelijk een spookachtig gele tint. Zijn oudste zoon, die waterpokken had toen zijn vader overleed, komt vandaag hier. Het is een aardige lieve jongen, zoiets als uw Edward, toen hij nog 'Puss' genoemd werd en een teer kind was.

Dinsdag aanstaande gaan wij tot de 16de naar Amsterdam.

1. Paus Pius IX excommuniceerde de leiders van de Italiaanse eenheidsbeweging nadat Romagna, een deel van de kerkelijke staat, het pauselijk gezag had afgezworen en zich bij Piedmont had aangesloten.

Amsterdam, 15 april 1860

Ik kreeg uw vriendelijke brief hier in Amsterdam. Het weer is afschuwelijk geweest, maar de mensen waren aardig. Ik houd wel van die oude stad. Ik heb een uitstapje naar Zaandam gemaakt, een plaats die door de tijd vergeten schijnt: als het ware in de vorige eeuw in een doos opgeborgen en pas weer ontdekt en onder een stolp gezet. Men bood mij een uitgebreide middagmaaltijd aan in het stadhuis, met uitsluitend dames. De vrouw aan mijn rechterhand zei: 'Ik heb zestien kinderen,' waarop degene die links van mij zat riposteerde: 'En *ik* veertien.' En toen, in koor: 'Dertig onderdanen!' Er zijn hier mooie dingen te krijgen, oud porselein, antieke kasten. Lord Napier gaat om de haverklap naar Zaandam om zich fraaie antiquiteiten aan te schaffen.

Den Haag, 22 april 1860

Mijn oudste jongen is het belangrijkste dat mij hier vasthoudt, maar *hij* heeft er ook genoeg van en wil weg. De prins van Wales had ons en hem best een bezoek kunnen brengen, toen hij naar Duitsland ging. Koningin Victoria heeft nu eenmaal weinig elegante manieren. Mijn zoon vond de prins van Wales aardig en zegt, dat hij zich in Engeland zeer innemend gedroeg.

Ik zou willen, dat de keizer van Frankrijk een andere vrouw bewonderde dan madame Walewska. Zij is zijn kwade genius. Dat hij haar optreden duldt en zelfs aanmoedigt, is een ernstige fout.

8 mei 1860

Het spijt mij, dat Lord Cowley niet geslaagd is. Ik weet zeker, dat hij de keizer goed kent en meer bij hem kan bereiken dan wie anders ook, want de keizer heeft een hekel aan nieuwe gezichten en doet eerder iets terwille van een oude bekende dan voor een willekeurig iemand.

In Parijs heeft men een tijdlang over niets anders gesproken dan over het feest in het Hôtel d'Albe, een prachtig maar zeer eigenaardig bal[1]. Onder andere waren ook de slaapkamers op de hogergelegen verdiepingen toegankelijk; vele paren gingen naar boven, schoven de grendels voor de deuren, en voerden daar scènes op zoals die plaatsvinden op het grote bal in de Opéra. De keizer hoorde er van en decreteerde dat het tweede feest niet zou doorgaan. Een artikel in de *Times* was er de oorzaak van dat de keizerin het Diana-kostuum niet kon dragen, dat speciaal voor de gelegenheid gemaakt is en zestigduizend francs heeft gekost.

Ik heb een afschuwelijk boek gelezen, dat een beeld geeft van de decadentie in Frankrijk, *Les talons noirs*. Lees het – het toont ons de tijd waarin wij leven. Ik vond het bij mijn oudste zoon en nam het mee naar huis.

Een diplomaat uit Brussel sprak onlangs tegen mij over uw zoon Edward, met veel lof en vertelde hoezeer men op hem gesteld is. Ik nam me voor het u mee te delen.

1. Dit feest vond plaats op 24 april 1860. De hertogin van Alva was de zuster van keizerin Eugenie. De Franse schrijver Prosper Mérimée over het bal, in een brief: 'Het was in één woord betoverend, de galerijen, de trappen, vol vrouwen in schitterende japonnen, en alles badend in *electrisch licht*.'

17 mei 1860

Wat zegt u van Gorsjakows maatregelen ten behoeve van de christenen in het Oosten?[1] Komt dat niet neer op een openlijke verklaring: 'Wij geloven dat het ogenblik gekomen is om de strijd in het Oosten voort te zetten, Engeland en Frankrijk staan niet op goede voet met elkaar, Oostenrijk is geïsoleerd, Pruisen is in slechte conditie, laten *wij* dus maar weer beginnen!' Ik hoop, dat een en ander niet ernstig gemeend is. Op het ogenblik is er een Russische groothertog op bezoek in Parijs. Hij is een domoor, maar heeft, naar ik vermoed, handige mensen om zich heen die de Russische belangen bevorderen.

1. Met de 'christenen in het Oosten' is hier bedoeld: de Pruisische bevolking van de gebieden, die China in 1858 aan Rusland had afgestaan. In 1860 werd daar de stad Wladiwostok gesticht.

Huis ten Bosch, 23 mei 1860

U hebt volkomen gelijk, er is nu meer onrust dan ooit tevoren. De keizer wil onlusten, oorlog, voorkomen; maar het is de vraag hoe lang hij dat kán doen. Al lijkt hij nog zo sterk en machtig, eens wordt hij ten val gebracht. *Ik voel het.* En dat is een van de beproevingen, die ik God smeek mij te besparen.

Het lijkt nu zeker, dat Garibaldi zal slagen.[1] Wie krijgt Sicilië? Die Bourbons zijn een uitgedoofd geslacht. Ik houd niet van Cavours karakter. Ik hoor dat de koning van Sardinië Cavour *haat*[2]. Hij zegt: 'Camillo è un sacripante!' Maar dat verhindert hem niet zich aan Cavour te onderwerpen, zoals Lodewijk XIII zich aan Richelieu onderwierp. Cavour heeft alleen maar ambitie, geen principes, geen geestdrift.

Mijn oom, prins Frederik, die met zijn zieke vrouw voor haar herstel naar Torquay is, ging een dag naar Londen om koningin Victoria te bezoeken. Zij kon goed met hem opschieten (met zijn gekeuvel en vooringenomen opvattingen is hij precies het type mens waar zij en haar dierbare Albert dol op zijn). Zij vertelde hem, dat zij een hekel heeft aan Lord John Russell. Albert en de prins van Pruisen zijn altijd samen aan het konkelen, maar geen van beiden kan ooit, hetzij in negatieve, hetzij in positieve zin, een goed denkbeeld of plan ontwikkelen.

Eergisteren heb ik mij in mijn Huis ten Bosch geïnstalleerd. Alles ziet er fris en groen uit, de lucht is vol geuren, op het ogenblik is het een kostelijk oord. Mijn kleine jongen is volmaakt gelukkig, hij groeit – ik kan het niet anders noemen. Ik denk dat dit allemaal zo goed is voor zijn gezondheid. *Hij* kan tenminste later terugdenken aan een gelukkige kindertijd; die heb *ik* nooit gekend. Hoe weinig, hoe bitter weinig, hebben wij ons lot in eigen hand! Wij hebben zelfs geen macht over onze gedachten. Onze geest ontwikkelt zich organisch, juist door die kracht, volgens logische wetten die, denk ik, even rigoureus zijn als de stoffelijke wetten die ons lichaam beheersen en waaraan wij ons niet kunnen onttrekken. Hoe dan ook, de noodzaak van dit alles zal ons eens geopenbaard worden; naar *die* dag moeten we met vertrouwen en zelfs met vreugde, uitzien.

1. Garibaldi en zijn Roodhemden waren op de 11de mei 1860 op Sicilië geland, en hadden de aldaar heersende vorst uit het geslacht van de Bourbons verdreven.
2. Cavour wilde tot elke prijs de oorlog tegen Oostenrijk voortzetten.

4 juni 1860

Wij hebben hier de ergste storm gehad sinds mensenheugenis in dit land, dat wil zeggen, sinds zevenenvijftig jaar. Driehonderdzestig bomen werden ontworteld in de bossen, drie mensen kwamen om het leven, schepen zijn vergaan. Ik werd haast dodelijk getroffen door een omvallende boom, maar ik was mij niet bewust van het gevaar. De bomen zijn bladerloos en bruin als in oktober. Het is een treurig gezicht.

Stuttgart, 8 september 1860

Ik ben hier gisteren om twaalf uur aangekomen. Mijn vader maakt het goed, is in uitstekende stemming en heel actief. Ik heb, sinds ik uit Holland vertrokken ben, meer gehoord over de algemene stand van zaken dan ik gedurende al die maanden thuis te weten ben gekomen. Ik zit nu bij mijn kleine jongen, die les krijgt: al dat bewegen en lawaai-maken van een boos kind, dat geen zin in leren heeft, leiden me af bij het schrijven!

Stuttgart, 13 september 1860

... O, hoe haat men mijn vriend, de keizer, in Duitsland! Het is werkelijk verschrikkelijk!

20 september 1860

Het laatste nieuws uit Italië scheen er op neer te komen, dat De Lamoricière[1] de Sardiniërs verslagen heeft. Ik bewonder Garibaldi, maar dat nieuwe 'volksrecht' dat ze nu op Sardinië[2] hebben ingevoerd, kan natuurlijk niet gedoogd worden.

Nu krijg ik weer een volslagen tegengesteld bericht te horen: De Lamoricière is verslagen. Hoe moet dat allemaal aflopen? Betekent dit het begin van het einde van het Franse keizerrijk?

1. Generaal Juchault de Lamoricière, een uit Frankrijk verbannen republikein, die het leger van paus Pius IX aanvoerde. Zijn vrijwilligers werden op 18 september door de troepen van Piedmont/Sardinië verslagen.
2. Na een volksstemming hadden Napels en Sicilië zich bij Piedmont/Sardinië aangesloten.

30 september 1860

Koningin Victoria's bezoek aan Frankfurt heeft maar kort geduurd. Ik hoor dat zij op de terugreis is, en dat daarna kennis zal worden gegeven van het voorgenomen huwelijk van prinses Alice met de prins van Darmstadt[1]. Well! Ik moet mij er bij neerleggen en hopen dat mijn zoon eens gelukkig zal worden met een andere vrouw. Ik heb geleerd hier op aarde alle hoop op te geven.

1. Ludwig van Hessen-Darmstadt, neef en erfgenaam van de regerende groothertog.

5 oktober 1860

Wat dat voorval in Coburg[1] betreft, weet ik alleen maar wat de couranten erover schrijven. Het zal wel een schok voor koningin Victoria geweest zijn. Zij heeft mij niet geantwoord op mijn brief, hetgeen ik onhebbelijk vind. Arme prinses Alice! In Darmstadt te moeten wonen wanneer men Engelse gewoonten heeft, dat wordt een levenslange marteling!

1. Tijdens een bezoek aan Coburg sloegen de paarden voor het rijtuig van prins Albert op hol. Hij wist zich te redden door uit de koets te springen.

10 oktober 1860

Dank voor uw vriendelijke belangstelling inzake mijn kleine jongen. De volgende week zal er een consultatie plaatsvinden met de artsen *hier* en de Nederlandse dokters over de behandeling. *Zij* moeten beslissen, ik leg mij volkomen neer bij wat zij zeggen. Indien zij vinden dat ik met hem naar Timboektoe moet gaan, dan ga ik ook naar Timboektoe. Vreemd genoeg wil hij zelf graag terug naar Den Haag. Hij eet en slaapt redelijk goed, maar het aansterken gaat heel langzaam, hij mag zijn kamer nog niet uit. Scheveningen bekomt hem niet. Daarom denk ik, dat Pau beter voor hem zou zijn dan Cannes of Nice, maar ik zal doen wat de artsen zeggen.

Ik heb eindelijk een brief van koningin Victoria gekregen, toch wel vriendelijk. Zij schrijft dat zij mij graag had ontmoet – maar toen kwam dat ongeluk van Albert, de eerste echte *schok* die zij ooit heeft gehad. Het huwelijk met Darmstadt schijnt vast te staan.

21 oktober 1860

Alstublieft, vertel me wat u weet over het huwelijk tussen Darmstadt en Alice? Het is blijkbaar toch nog niet definitief. De Russen zeggen, dat koningin Victoria voorwaarden stelt die onverteerbaar zijn voor de vorstelijke familie van Darmstadt.

Den Haag, 8 november 1860

Mijn terugreis voerde me over Darmstadt, waar ik een paar uur heb doorgebracht. De groothertogin is altijd heel vriendelijk en openhartig tegen mij. Ik vroeg haar of het waar is dat de prins – die nu weer op zijn post in dienst van Rusland is – met de Engelse prinses gaat trouwen. Zij antwoordde: 'Ja, maar nu nog niet. Het is uitgesteld.' Van anderen hoorde ik, dat de groothertog en groothertogin ten zeerste tegen het huwelijk gekant zijn en verklaard hebben dat zij het jonge paar geen paleizen kunnen geven, maar dat de ouders van de prins – vooral zijn moeder – het absoluut willen. De jongeman zelf zou liever een ander meisje hebben. Ik kreeg prinses Karl, zijn moeder, niet te zien, zij had een gezwollen wang.

Den Haag, 29 november 1860

De enige met wie ik graag spreek is Lord Napier. Zijn vrouw, een 'précieuse' (een zeldzame eigenschap in een Engelse, over het algemeen zijn Engelse vrouwen zo natuurlijk), is gelukkig in Schotland, en dus heb ik noch de vervelende plicht haar te moeten antwoorden, noch de angst haar te beledigen wanneer ik hem alleen uitnodig. Hij is scherp, sarcastisch, maar heel geestig en een bron van werkelijke informatie en kennis. Hij verafschuwt de Italiaanse eenwording, heeft een uitgesproken hekel aan keizer Napoleon III en zou graag zien dat de Oostenrijkers Venetië kwijtraken.

In Stuttgart had men veel sympathie voor de keizer van Oostenrijk. Hij toonde zich dankbaar jegens mijn vader en sprak open en eerlijk over alle moeilijkheden van zijn positie. Wat zeggen de Duitsers over de veranderingen in de Franse regering? Keizerin Eugenie gaat op 4 december bij koningin Victoria op bezoek en zal omstreeks 10 december naar Parijs terugkeren. Die reis van haar is een grote dwaasheid, de keizer had het nooit mogen toestaan, maar hij heeft nu eenmaal een behoorlijke portie Creoolse slapheid in zijn karakter.[1] Veel van zijn daden zijn verklaarbaar uit zijn wens met rust gelaten te worden.

1. Zijn grootmoeder, Joséphine de Beauharnais was op Martinique geboren.

7 december 1860

Geen enkele soort van lectuur interesseert me, zelfs de couranten niet. Ik beklaag ons allen, want de ideale figuur die ik altijd zo bewonderd heb, is bezig in snel tempo te gronde te gaan. Ik vind de veranderingen in de Franse grondwet belachelijk. Ministers doen maar, ministers praten maar, het is waarachtig net een marionettentheater. Ik beklaag *haar* ook, omdat hij haar niet beter in toom heeft gehouden. Er is geen sprake van dat zij hierheen komt, als dat het geval geweest was, zou ik het ten sterkste afgeraden hebben.

Ik hoor, dat er serieuze plannen bestaan om Lord Napier naar St.Petersburg te sturen. Is u daar iets over bekend? Ik zou het *jammer* vinden. De enige om wie ik iets geef. Maar zo gaat het altijd: als ik voor iemand voel, hetzij een man of een vrouw, worden ze door de dood of om andere redenen van mij afgenomen. Ik ben gewend alleen te leven.

Ik denk ook veel aan de dood, met vreugdevolle verwachting; hoe langer ik leef, hoe meer ik er zeker van ben dat dood-zijn maar een voorbijgaande fase is, die gevolgd zal worden door klaarheid en *licht*. Dat bezitten wij, stiefkinderen van de natuur tenminste, dat de dood een *vriend* voor ons is. Zij die gelukkig zijn, hebben angst voor de dood. Die arme mevrouw Tuyll kwam laatst bij mij haar hart uitstorten, en ik kon haar geen andere troost bieden dan deze. Maar dat is wel een *soort* van troost.

14 december 1860

U zult gelezen hebben dat Lord Napier naar St.Petersburg gaat. Hij heeft nog wat ruzie gemaakt over het salaris, maar ik denk dat hij zijn zin gekregen heeft. Wat is Mr. Buchanan voor iemand? Ik ben blij dat het *niet* Sir John Crampton wordt, met zijn zingende vrouw en ook niet Mr. Elliot met zijn saaie echtgenote. Ik kon Mr. Elliot, die hier gedurende vier jaar legatiesecretaris geweest is, niet uitstaan. Wat Lord Napier betreft, in het begin haatte hij deze post in Den Haag, maar hij was nu juist zover, dat hij *voelde* hoeveel invloed hij kon uitoefenen op diplomaten, en andere mensen uit die kringen, met wie hij in uitstekend Nederlands sprak en zich in Oost-indische aangelegenheden verdiepte. Hij hield van zijn huis. Vóór alles ambieert hij de standplaats in Constantinopel; door St.Petersburg verliest hij de kans daarop. Lady Napier heeft een geweldige hekel aan ons allemaal. Hoewel zij intelligent en buitengewoon ontwikkeld is – zij spreekt Latijn en Grieks, zoals wij Frans of Italiaans spreken – gedraagt zij zich zo geaffecteerd dat ik geen genoegen kon scheppen in de omgang met haar. Nu is dat echter allemaal verleden tijd.

Ik kreeg een opgewekte brief van keizerin Eugenie, die geniet van haar reis. Zij was nog steeds in Londen, op hetzelfde adres waar ik ook gelogeerd heb. Zij vond dat zij verandering van omgeving nodig had. Zij heeft de keizer steeds lastiggevallen over die kwestie met de paus, tot hij er half gek van werd, en tenslotte vond hij het best dat zij wegging, maar hij wilde haar niet naar het zuiden van Europa sturen, waar de priesters haar steeds meer in hun macht gekregen zouden hebben. Haar ongebruikelijke reis naar Engeland is dus niet ingegeven door jaloezie of door politieke redenen.[1]

1. Na de dood van haar zuster, de hertogin van Alva, leed Eugenie aan depressies. Zij was zeer vroom en trok zich de groeiende vijandschap tussen de paus en de klerikale partij enerzijds, en keizer Napoleon anderzijds, erg aan. Het gerucht, dat zij van de keizer wilde scheiden vanwege zijn vele avonturen met vrouwen, was ongegrond.

Den Haag, 13 januari 1861

Het weer, die langdurige koude, is afschuwelijk. Een deel van ons land staat onder water. Een verschrikkelijke gedachte: al die arme mensen tussen het ijs, zonder onderdak en voedsel. Het jaar begint met angst en ellende.

De Napiers vertrekken aanstaande dinsdag. Zij gaan eerst naar Engeland en dan, veertien dagen later, naar St.Petersburg met hun zoons, wilde, ondernemende, avontuurlijke jongens.

Het doet me verdriet dat u geneigd bent de schuld van de toestand in Europa bij de keizer van Frankrijk te zoeken. Het spreekt vanzelf dat de Duitsers hem niet mogen, zij kunnen hem hun eigen zwakheden niet vergeven. Waarom hebben ze twee jaar geleden niet iets gedaan, inplaats van alleen maar te schelden? Wat de Engelsen betreft, hij, de keizer, zal zeker tegemoetkomen aan hun wensen.

Het merkwaardigste op dit ogenblik is wat er in Amerika gebeurt. De ontbinding van de Verenigde Staten betekent een zware slag voor de republikeinen. Het is een goede les voor Europa, die men zich ter harte dient te nemen.[1]

1. De Zuidelijke Staten hadden besloten uit de Verenigde Staten te treden. Het resultaat daarvan was het uitbreken van de Amerikaanse Burgeroorlog (1861–1865).

26 januari 1861

De winter is lang en vreselijk. Wij horen over niets anders dan overstroming, ellende en wanhoop. Het is alsof dit land, aan de zee ontrukt, altijd op het punt staat er weer in weg te zinken. De bodem is als een moeras, ziet er *zwart* uit, doordrenkt met water.

Wat vindt u van de gebeurtenissen in Amerika? Dat is verreweg het belangrijkste nieuws; de terugslag op handel en industrie in Europa zou verschrikkelijk kunnen zijn. Zijn de Duitsers zich daar wel van bewust? U vraagt mij naar Franse boeken. Ik heb een kort, amusant, maar nogal grof boek gelezen: Villebois' *La Cour de Russie sous Pierre* I *et Cathérine* II. Dan, in het Duits, de memoires van Herzen[1], over Rusland, een eerlijk boek, deprimerend, somber – men overziet zwarte bladzijden van de Europese geschiedenis, die tot nog toe voor ons een gesloten boek waren.

1. Alexander Iwanowitsj Herzen (1812–1870), Russisch auteur van literaire, filosofische en politieke geschriften. Koningin Sophie bedoelt waarschijnlijk *Aus den Memoiren eines Russen*, in drie delen (Hamburg 1856–1859).

15 februari 1861

Lord Napier kwam over uit Engeland en bleef hier drie dagen om zijn kinderen en zijn hele hebben en houden te halen. Lady Napier ging dadelijk door naar Berlijn. Ik heb hem iedere dag gesproken. Vanmorgen vertrok hij. Hij bracht mij de brief van Lord Clarendon, die ik hierbij insluit: wat vindt u ervan? Wat moet ik antwoorden over Hongarije? Ik weet het werkelijk niet. Mijn instinct zegt me, dat Oostenrijk niet ten val kan komen. Het zal misschien rampen en stormen kennen, maar volslagen ondergang is niet nabij. Iedere courant die ik opneem brengt me verdriet en pijn, want ik zie, ik voel overal haat en wantrouwen jegens de keizer van Frankrijk. Ik weet niets over die echtscheidingswet, maar ik kan er een eed op zweren dat hij *nooit* zal scheiden van de keizerin, de moeder van zijn kind – want dat is het enige levende wezen waar hij dol op is, dat hij aanbidt. *Zij* is beslist een beetje gek – treitert hem dood – maar hoewel hij erg lijdt onder dat voortdurende gekrakeel, verdraagt hij het met het geduld dat zijn sterke punt is. Ik weet dat hij niet gelukkig is. Hij heeft een gezellig, vrolijk, warm thuis nodig, om zijn eigen diepgravende gemoedsgesteldheid te verlichten.

Ik ken de boeken niet waarover u schrijft – zelfs daarvoor verlies ik mijn belangstelling. Mijn leven is vol zorg geweest en voor mei kan ik niets ondernemen, al mijn geld heb ik aan de slachtoffers van de overstromingen gegeven.

24 februari 1861

De koning is op het ogenblik buitengewoon populair, omdat hij zich steeds temidden van het volk begeven heeft – iets dat hem, met zijn robuuste gezondheid en kracht, niets kost. Maar het klinkt goed, en iedereen is dankbaar voor wat voor hem hoegenaamd geen enkele opoffering betekent. Dit brengt hem echter in een goed humeur en alles gaat best.

Lord Napier is weg. Voor hij vertrok heeft hij mij een aardig briefje

geschreven om mij te bedanken voor mijn vriendelijkheid jegens hemzelf en zijn kinderen. Hij heeft vier zoons, echte Engelse jongens, vol
grappen en levenslust, die zich altijd van alles op de hals halen en steeds
gevaar lopen hun armen of benen te breken. Een van hen, die voorbestemd is om bij de marine te gaan, heeft buitengewoon weinig geestelijke ontwikkeling voor zijn leeftijd, maar hij liet ons, de huisleraar,
mijn jongens en mij, een uur lang schateren van het lachen. 'C'est la
race.' Mijn zoons weten misschien meer dan zij, maar zijn vergeleken
bij hen stug en traag als een groene sloot vergeleken bij een heldere
bergbeek.

5 maart 1861

Ik leef op het ogenblik in een sfeer van louter bals. Na jaren van teruggetrokkenheid kan de koning er nu niet genoeg van krijgen. Ik vind alles
goed als er maar geen ruzie is. Die plotselinge dolle zucht naar feesten
is vreemd voor iemand van zijn leeftijd.

13 maart 1861

Mijn kleine jongen maakt het geestelijk en lichamelijk zo goed, dat ik
mij beloond voel voor het offer dat ik bracht door terug te komen en
deze lange winter hier te blijven. De oudste heeft nu betere manieren,
maar geen warm hart. Hij kan het niet helpen en zal er misschien des te
gelukkiger door zijn, maar ik, zijn moeder, lijd er vaak onder.

23 maart 1861

Als ik op reis ga, moet ik mijn kleine jongen alleen laten en dat is een
grote beproeving voor mij, en belemmert mij in mijn vrijheid. Voor het
kind is het beter hier te blijven en regelmatig lessen te krijgen. Hij is erg
achter, ondanks zijn heldere verstand en zijn fantasierijke geest. Hij kan
zich niet concentreren.
    De debatten in het Parijse parlement hebben inderdaad een zeer ern-
stige ondertoon. Sommige mensen zijn bang dat de keizer, wanneer hij
de binnenlandse moeilijkheden onderkent, zal trachten de aandacht af
te leiden door een buitenlandse oorlog te ontketenen. God verhoede
dat!

4 april 1861

Ik kreeg toch zo een aardige brief van Lord Napier, die ik hierbij insluit. Het is vriendelijk van hem, mij niet te vergeten. Ik had geschreven, niet aan hem, maar aan zijn vrouw, in de mening dat hij wel wat

anders te doen zou hebben. Haar brieven zijn lang, gemaakt, en leeg. *Zijn* brieven laten hem zien zoals hij is: *echt*. Een van zijn zoontjes, een lelijke kleine jongen van elf heeft mij ook geschreven. Eens, toen hij met mijn jongen speelde, is hij gevallen en heeft hij zijn oog bezeerd. Ik hielp hem toen, dat wil zeggen, ik bette zijn oog; het kind is van mij gaan houden, en nu stuurt hij mij uit St.Petersburg een briefje vol spelfouten en genegenheid.

Zojuist kwam mevrouw Pabst binnen; zij vertelt mij, dat Lord Stanley hier is en mij spreken wil. Ik ontvang hem om twee uur en zal deze brief niet verzenden zonder u te laten weten wat zijn nieuws is.

Lord Stanleys bezoek is nu achter de rug. Hij schijnt zeer pro-Italiaans te zijn in zijn politiek: anti-Oostenrijks. Hij gelooft, dat als zijn partij aan de regering komt, dezelfde standpunten gehandhaafd zullen blijven die nu overwegen. Hij wilde een en ander horen over onze aangelegenheden in Oost-Indië, daar koloniale zaken zijn grootste belangstelling hebben.

[?] mei 1861

Ik zal aan de keizer schrijven over die Vereniging tot Dierenbescherming. Ik ben er zeker van dat hij iets zal doen indien dat in zijn vermogen ligt, want hij heeft heel veel natuurlijke goedheid in zich. Die maakt hem echter ook vaak zwak. Er leeft in Fransen eveneens wreedheid en onverschilligheid. Zij zijn hard, en ik houd niet van hen als volk. Maar *hij* is volgens mij noodzakelijk voor Europa, zoals zuur, zoals mosterd.

De hele week heb ik niemand ontmoet met wie ik kon praten. Ik rijd naar Huis ten Bosch, om te zien of het gras al opkomt en mijn bloemen gaan bloeien, maar elke dag opnieuw is er een koude schrale wind, droogte, stof... een afschuwelijk voorjaar.

Stuttgart, 24 mei 1861

Ik haast mij u te bedanken voor uw grote hartelijkheid gedurende die paar uren die ik in Frankfurt heb doorgebracht. Wilt u ook Sir Alexander bedanken, die zich altijd dezelfde goede vriend betoont. U hebt me zoveel goed gedaan, mij verfrist, opgevrolijkt. Ik voel nu meer moed, meer leven in mij.

Ik trof hier mijn vader in uitstekende gezondheid aan, wij zijn gelukkig omdat we weer bij elkaar zijn. Met mijn oude stiefmoeder gaat het helemaal niet best. Hoewel zij geen vriendin van mij is, zou het mij toch erg spijten wanneer zij zou sterven. Stuttgart is mooi, een en al bloei, ik voel me zo gelukkig hier. Mogen deze weinige woorden voor u allen de uitdrukking zijn van mijn oprechte dankbaarheid en genegenheid.

Huis ten Bosch, 4 juli 1861

Ik kwam hier zes dagen geleden aan. Het weer was zo koud en winderig, dat wij de haard moesten aanmaken. Een onaangenaam begin, maar het is nu beter, en ik ben blij weer *thuis* te zijn en mijn tuin, mijn bloemen, te zien.

De gezondheidstoestand van de keizer is niet slecht. Hij wordt dik. Bij mij in huis woont iemand die van het Franse hof komt, en die zegt dat de keizer alleen maar naar Vichy gaat om niets te maken te hebben met de politiek. Degene die me dat alles vertelt heet Stéphanie Tascher[1], een ongetrouwde oude dame, een dwaas type, maar niet dom. Door haar geratel en haar drukke gedoe heeft zij mij opgevrolijkt; het zwijgen, de somberheid, van de Hollanders doen me verstarren.

De koning gaat dit jaar niet naar Wiesbaden. Hij is op het ogenblik zeer voorkomend tegen mij, heeft weer een van zijn perioden van goed gedrag.

Dit is de aangenaamste tijd van het jaar in Den Haag. Mensen komen en gaan. Laatst, op een avond, kreeg ik bezoek van de Buchanans. *Zij* is heel intelligent, maar aanstellerig. Zij is veertig en ziet er naar uit, maar zij kleedt zich als een meisje van zeventien, met rose strikken en rose bloemkransjes, en een decolleté tot aan haar middel. Maar zij is zo mager, dat het toch geen indecente indruk maakt. *Hij* heeft een goed, helder hoofd, grijs haar, maar hij zwijgt en zit er verslagen bij, wanneer *zij* aan het ratelen is. Ik moest aan Lord Napier denken, en voelde me treurig gestemd.

Zodra ik de gelegenheid heb iets mee te geven aan de koerier voor Frankfurt, zal ik u een boek sturen, waarover gesproken werd toen ik bij u thuis te gast was: *De Reis naar Perzië*, door monsieur De Gobineau[2]. Het is bestemd voor Lord Kerr, die 'die vent Gobineau' (zoals hij hem noemt) persoonlijk kent. Het boek ligt hier op mijn tafel op verzending te wachten.

1. Een achternicht van keizer Napoleon III. Zijn grootmoeder van moeders kant was de eerste vrouw van Napoleon I, Joséphine de Beauharnais, geboren Tascher de la Pagerie.
2. Graaf Arthur de Gobineau (1816–1882), Frans diplomaat, essayist, romanschrijver en dichter. Van 1855 tot 1863 was hij eerste legatiesecretaris te Teheran. Waarschijnlijk bedoelt koningin Sophie hier zijn *Trois ans en Asie* (1859).

Huis ten Bosch, 16 juli 1861

Ja, ik ben nu opgewekter, en tevreden. Mijn leven is prettiger dan eerst, rustig. Wat mij het meeste goed doet, is, dat ik nu naar buiten kan gaan zonder eerst een eind te hoeven lopen, alleen maar door de deur uit te stappen, hetgeen heel gemakkelijk is in mijn mooie huis zodra het weer het toestaat.

Die moordaanslag op de koning van Pruisen is erg. De Duitsers hebben nu geen recht van spreken meer als zij beweren dat dergelijke dingen alleen in Frankrijk en Engeland gebeuren. Wat ik op het ogenblik
in Duitsland zo vreselijk vind, is het gevoel dat men er krijgt alsof de
aarde onder onze voeten zal splijten. Een nieuwe, andere orde der dingen is bezig te ontstaan – wat kan dat zijn? God alleen weet het.

Huis ten Bosch, 3 augustus 1861
Ik ben nogal ziek geweest: griep, en ik was ook erg geschokt door de
plotselinge dood van een lid van mijn personeel, een man die me twintig
jaar lang, en vooral in sombere tijden, trouw gediend heeft. Om tien uur
's avonds gaf ik hem een opdracht, sprak ik nog met hem; de volgende
morgen vertelden ze me dat hij dood in zijn bed gevonden was. Wanneer men met mensen, van welke rang of stand ook, een dergelijke vertrouwelijke houding heeft gehad, wat is het dan bitter die te moeten
missen!
Ik kreeg een lange, aangename brief van Lord Napier. Zijn vrouw is
in Schotland, hijzelf leidt een leven dat hem wel schijnt te bevallen. Sir
A. Buchanan is erg saai en prozaïsch en vertelt lange vervelende verha-
len; *zij* is een kwebbel. Alles bij elkaar onsympathieke mensen.

Huis ten Bosch, 11 augustus 1861
De koning heeft mij voor een week naar Het Loo ontboden. Ik vind dat
verschrikkelijk. Ik haat het leven dat ik gedoemd ben daar te leiden – de
lange diners, de eeuwige angst voor ruzies en vechtpartijen – maar ik
kan niet weigeren. Ik ga dus en blijf daar van de 21ste tot de 29ste. Dan
kom ik weer terug en ga door met de zeebaden en met het rustige leven
in mijn tuin, de plek bij Den Haag waar ik het meest van houd. Dat
blijft zo tot 10 september, dan wordt het tijd om deze woning te verlaten, die in de herfst ondragelijk vochtig is.

Stuttgart, 14 september 1861
Mijn voorgenomen reis naar Zwitserland gaat niet door. Mijn vader
vroeg mij bij hem te blijven, en ik ben veel te blij iets te kunnen doen
dat hem genoegen verschaft. Over een paar dagen wordt hij tachtig. Hij
is veel ouder geworden sinds mijn bezoek hier in juni, zijn doofheid is
toegenomen, maar hij blijft actief, vol belangstelling voor publieke en
privé aangelegenheden.

Den Haag, 28 oktober 1861

Helaas! In plaats van u te ontmoeten moest ik hierheen. Op een avond kreeg ik een telegram, dat mijn oudste zoon levensgevaarlijk ziek was geworden: roodvonk... dus binnen een paar uur haastte ik mij weg, naar huis. Ik trof hem doodziek aan. Ik geloof dat het gevaar geweken is, maar hij is werkelijk heel, heel erg ziek. De roodvonk is op zijn keel geslagen, hij heeft het gevoel te stikken, gewurgd te worden.

Terwijl ik mijn oude vader heb verlaten om naar huis te komen, blijft de koning zich amuseren op Het Loo, hij is niet één enkele keer hier geweest om zijn zieke zoon te bezoeken, die hij binnen vier uur bereiken kan. Ik ben vrijwel dag en nacht bij de jongen en schrijf deze regels in zijn huis.

Den Haag, 16 november 1861

De ziekte van mijn zoon had nog zoveel erger kunnen zijn. Wanneer ik denk aan de jonge koning van Portugal[1], die zo integer was en zich zo nuttig maakte, en die in de bloei van zijn leven werd weggerukt, beef ik en ben ik toch zo dankbaar. Mijn jongen gaat vooruit, hij eet goed, staat alweer op, maar er dreigt steeds een instorting. Ik breng het grootste gedeelte van mijn tijd bij hem door, ik voel mij moe en verzwakt. Het weer is hier verschrikkelijk. Wanneer ik 's nachts de storm hoor razen, gaan mijn gedachten uit naar hen die op zee zijn.

Wat vindt u van die open brief van de keizer aan Frankrijk? Is er niet een serene grootheid in die woorden, in de wijze waarop hij afstand doet van een deel van zijn voorrechten en van zijn macht?[2] Het leger wordt verkleind en ik denk, in alle bescheidenheid, dat ik daartoe heb bijgedragen door hem openhartig te vertellen hoeveel wantrouwen zijn immense bewapening overal in Europa wekt, vooral in Engeland. Is vrede niet de grootste van alle zegeningen voor de maatschappij?

Hier in Holland gedragen wij ons alleridiootst. Onze minister van buitenlandse zaken heeft zijn ontslag ingediend.[3] In dit jaar 1861 hebben we al vier ministers van buitenlandse zaken gehad! Het is te gek. Ik zie maar weinig mensen; ik heb de indruk dat iedereen kritiek heeft op die frequente veranderingen binnen zo korte tijd in dit kleine land.

Ik kreeg een telegram van Lord Napier om naar mijn zoon te vragen... de tranen schoten me in de ogen.

1. Koning Pedro V stierf op 12 november 1861.
2. Voordien had de Franse volksvertegenwoordiging de bevoegdheid om de staatsbegroting slechts in zijn geheel te beoordelen, maar met ingang van 4 november 1861 zou over de begrotingen per ministerie gestemd worden. Bovendien deed Napoleon afstand van het recht om ook bij afwezigheid van de volksvertegenwoordiging staatsleningen af te sluiten.
3. Ministerie J.E. van Zuylen van Nijevelt-Loudon (1861–1862).

11 december 1861

Een brief van Lady Westmorland bericht me, dat de prins-gemaal ernstig ziek is: een galaandoening; dat koningin Victoria niet van zijn zijde wijkt, maar dat de zaak diep geheim gehouden wordt; er gaan geen bulletins uit, zelfs de prins van Wales is niet naar huis geroepen, om bij het publiek geen onrust te verwekken. Arme koningin, als nu haar zorgen in ernst beginnen! Zij heeft nooit iets meegemaakt om haar hierop voor te bereiden.

Onze Amerikaanse zaakgelastigde, Mr. Pyke, een journalist met een goede dosis Yankee-slimheid, beweert dat oorlog onmogelijk is. Aan de kant van Amerika zou dat gelijk staan met volslagen zelfmoord, zei hij, om midden in een burgeroorlog ook een oorlog tegen een ander land te beginnen.[1]

1. Op 8 november 1861 waren twee Zuidelijke diplomatieke vertegenwoordigers, Mason en Slidell, door soldaten van de Noordelijke Staten gevangen genomen, terwijl ze zich op een Engels koopvaardijschip, de Trent, bevonden. De Engelse regering vatte dit op als een ernstige schending van haar neutraliteit zodat een oorlog tussen Engeland en de Noordelijken dreigde. President Lincoln zou eind december besluiten de twee diplomaten vrij te laten. Hiermee was het gevaar voor oorlog geweken.

19 december 1861

Zodra ik het nieuws hoorde, dacht ik aan u. Het nieuws: de dood van prins Albert[1]. Er wordt over niets ander gesproken. Arme koningin Victoria! Het is een bitter, bitter verlies in haar leven; tot nu toe zo vol zegeningen, is dit de zwaarste slag die haar kon treffen, en het ergste moet nog komen.

O, het is niet de eerste tijd die het moeilijkst te dragen is, wij begrijpen het ongeluk niet dadelijk in zijn volle omvang, maar wanneer de dagen elkaar opvolgen, wanneer we voelen dat vandaag, morgen, jarenlang, er altijd *stilte* zal zijn... dan komt het ogenblik van vertwijfeling. O, ik hoop zo dat de arme koningin er tegen opgewassen is.

Ik heb u op de 12de geschreven en vroeg mij al af waarom ik geen antwoord kreeg, toen gisteren uw briefje mij bereikte. Het is heel hard voor u, dat uw jongen onder de wapenen moet, naar Canada. Ik hoop nog steeds dat er geen oorlog komt. Ik weet, dat de keizer van Frankrijk de Amerikaanse regering heeft meegedeeld hoezeer hij hun handelen afkeurt. Dat moet hen toch wel de ogen openen en een bewijs voor hen zijn dat zij hier in Europa geen bondgenoten hebben.

1. De ziekte van prins Albert dateerde van 27 november 1861. Hij had tyfus en stierf op 14 december.

Den Haag, 30 december 1861

Volgens de brieven die ik ontvangen heb, en dat waren er vele, heeft prins Albert gedurende de laatste drie dagen van zijn leven in coma gelegen. Prinses Alice stuurde bericht naar de prins van Wales, dat hij komen moest. *Zij* deed dat, omdat de koningin bang was de zieke te verontrusten. De prins van Wales was verliefd geworden op een vrouw, die hij ontmoet had toen hij in garnizoen lag te Armagh; zij volgde hem naar Cambridge, had hem volslagen in haar macht. Generaal Bruce trachtte haar ertoe te bewegen weg te gaan, maar tevergeefs. Ten slotte schreef hij aan prins Albert en die kwam over om zijn zoon de les te lezen. Er was een scène, de zoon gedroeg zich nogal onhebbelijk. Als prins Albert in leven gebleven was, zou er stellig nooit meer sprake geweest zijn van een goede verstandhouding. De jonge prins is zich bewust van zijn positie; vroeg of laat zou zich rondom hem een partij gevormd hebben. Ik geloof niet, dat de koningin ooit aan aftreden zal denken. Macht uitoefenen is voor haar een gewoonte geworden; als men daar eenmaal aan gewend is, kan men eigenlijk niet meer leven *zonder*.

Ik beëindig het jaar met een zwaar hart, ongerustheid en angsten, maar ik mag u daar niet mee lastig vallen, want u hebt uw eigen zorgen. Moge God uw zoon behoeden en bewaren, u uw gezondheid teruggeven en ons de moed schenken om onlusten en oorlogen, als die onvermijdelijk zouden zijn, te dragen.

Den Haag, 10 januari 1862

Dat ik een paar dagen gewacht heb, alvorens uw zeer hartelijke brief te beantwoorden, kwam omdat ik hoopte op nieuws uit Amerika, en dat hebben we gekregen. Goddank! Er *kan* nu geen oorlog uitbreken. Ik hoop, dat uw zoon Henry gauw terugkeert, en dat deze reden tot ongerustheid van u weggenomen zal zijn. Ik ben ook ongerust, niet over mijzelf, maar over mijn kinderen. Een moeder kan veel *zeggen*, maar weinig *doen*, wanneer de vader haar niet terzijde staat. Er komt een tijd in het leven van jonge mannen dat zij een hang hebben naar ondeugden, en wel naar die soort van ondeugden waar moeders nauwelijks iets van afweten en die zij vanuit het diepst van hun hart verfoeien. Dan zou een waarschuwing, of zelfs een dreigement, van de vader hen tot inkeer moeten brengen. Helaas, dat ontbreekt, er bestaat bij die vader misschien zelfs een zeker abject en betreurenswaardig plezier in die ondeugden...

Den Haag, 16 januari 1862

Ik weet, dat u letterlijk alles begrijpt, en dat u geheel met anderen kunt meevoelen. Ik veronderstel dat een jonge man op een bepaald moment in zijn leven in de eerste plaats behoefte heeft aan zelfstandigheid. Mijn zoon snakt daarnaar. Ik geloof, dat er in zijn geval geen sprake is van liefde, maar van uitspattingen, een honger naar sensatie. Het is wel zeker, dat de ene helft van de vrouwen samenzweert tegen de andere helft. Moeders, echtgenotes, aan de ene kant, en zij die wij slechte vrouwen noemen aan de andere kant.

Lady Cowley schrijft, dat koningin Victoria mager en bleek geworden is en er veel jonger uitziet ondanks haar weduwenkap. De Cowleys zijn nog steeds in Chantilly, waar het, zonder vrolijke feesten, in deze tijd van het jaar niet bepaald amusant zal zijn... Wat ik mijn vrienden in de Tuilerieën verwijt, is niet zozeer het feit dat zij mij niet schrijven – dat komt door de maalstroom van mondaine genoegens waarin zij leven – maar vooral, dat zij zo gretig *nieuwe* vrienden naar de ogen kijken, en vleien, omdat zij vinden dat men oude vrienden niet meer met égards hoeft te behandelen. Volgens mij is dat geen verstandige politiek. Die eigenaardige gretigheid doet de nieuwe vrienden beseffen hoe belangrijk zij zijn, en dat maakt hen trots en aanmatigend. Het kwetst de oude vrienden, slaat hen met stomheid; zij trekken zich terug.

Den Haag, 1 februari 1862

Wij hebben hier een nieuwe *liberale* regering.[1] Al die stomme aristocraten mopperen en klagen, maar het is hun eigen schuld; waarom zijn zij ook te onbekwaam, te dom, om een regering te vormen? Overal op het vasteland van Europa zijn de hogere standen vol onwetendheid en vooroordelen; intelligentie, bekwaamheid, zij het dan niet-gepolijst en zonder verfijnde manieren, vindt men in de middenklasse, bij de burgerij en dus komt *die* aan de macht. Juristen regeren hier, zij werken hard en weten alles, maar het zijn geen aangename mensen om mee om te gaan. Ik heb nog nooit een zo eenzaam leven geleid als nu; ik mis mijn vrienden, niet de onverschillige grote wereld. Ik mis een man als Lord Napier, een vrouw als u – om de rest geef ik niets.

1. Het tweede kabinet Thorbecke (1862–1866).

Den Haag, 8 februari 1862

De verandering in de regering raakt mijn leven niet. De koning is veel welwillender tegenover mij. Ik weet, dat ik deze terugkeer van vrede en welzijn voor het grootste deel te danken heb aan keizer Napoleon, die 'nare' man, die zijn goede daden in alle stilte en bescheidenheid volbrengt. Niemand van mijn edele bloedverwanten heeft ooit iets voor mij gedaan; *hij* wel, ik zal hem eeuwig dankbaar blijven.

Den Haag, 20 februari 1862

Ik denk net als u over prins Albert. Toen hij nog leefde waren er mensen die zijn kennis, zijn goede eigenschappen, waardeerden – maar niemand *hield* van hem. Nu hij dood is, wordt hij op een haast belachelijke wijze vereerd. Ik vond altijd iets afstotends in zijn kille manier van doen, zijn stijfheid, die sommigen verlegenheid noemden, maar die in feite rasechte Duitse verwaandheid was. De liefde en het verdriet van koningin Victoria zijn echt, waarachtig, diepgevoeld. Al het andere is een heel dure komedie.

Den Haag, 8 maart 1862

Ik vind het naar dat u steeds ziek bent. Dit schijnt voor u wel een uitzonderlijk slechte winter geweest te zijn. Voor veel mensen is dat zo geweest. Omdat de stoffelijke werkelijkheid om ons heen duister en somber is, wordt onze innerlijke wereld dat ook. De hemel is bedekt met zware wolken: waar zal de bui losbarsten?

Die veranderingen in Turijn zijn niet gunstig. Ricasoli[1] zei tegen onze gezant: 'Ik kan alleen maar beloven dat het nog één jaar vrede zal zijn.' Niemand kan ontkennen, dat er in het zedelijk bewustzijn van de Italianen een geweldige strijd woedt. Als het allemaal weer op niets uitloopt, als het uur van de wederopstanding nooit aanbreekt, als die kleine vorstendommetjes met hun onbekwame soevereins weer terugkomen, dan is het lot der Italianen met recht bitter. Maar ik geloof niet dat dit gebeurt. Is not the faith of nations a gift of God?

Wij hebben hier een heel mooi gekostumeerd bal gehad. De koning zag er goed uit in een kostuum uit de tijd van Lodewijk XIII. De prins van Oranje was heel knap in een Grieks evzonen-uniform met aan zijn arm een bijzonder mooi meisje. Hij is niet verwaand en ziet er zo aantrekkelijk uit, valt zo op temidden van al die lelijke jongelui, dat hij gemakkelijk ijdel zou kunnen zijn. Ik ging verkleed als Elizabeth Stuart, de winterkoningin, naar een heel mooi schilderij dat in Huis ten Bosch hangt. Wit satijn en zwart fluweel, lange krullen en een zwarte sluier. Zij heeft hier een tijdlang gewoond; in Huis ten Bosch werd dan ook Sophie, de latere keurvorstin van Hannover, geboren. Zij was de beste van alle Stuarts.

Lady Buchanan zag er, voor één keer, eens goed uit. Zij had poeder en rouge opgedaan. Zo was haar dodelijke bleekheid verdwenen, en vanwege haar hoepelrok had zij de heupen die de natuur haar heeft ontzegd. De mannen zagen er allemaal beter uit dan in het gewone leven. De conclusie is, dat er voor de heren der schepping geen onflatteuzere kleding bestaat dan die van onze eeuw...

1. Na het aftreden van Cavour op 6 juni 1861 was baron Ricasoli eerste minister geworden in Piedmont.

Den Haag, 12 maart 1862

Het nieuws uit Frankrijk klinkt slecht. Hebt u iets vernomen omtrent een reis van de keizer naar Berlijn? Ik las het in Duitse couranten en in brieven die ik uit Duitsland kreeg. Het zou een fout van hem zijn. Maar hij houdt ervan zich te vertonen, hij vertrouwt op zijn vermogen anderen te overreden. Dat talent van hem is groot, maar niet onfeilbaar.

Den Haag, 24 maart 1862

Ik zou willen dat uw zoon verlof kreeg en naar Engeland kon terugkeren. Waarom houdt men de troepen in Canada, nu de vrede met de Verenigde Staten een voldongen feit is? U zult zich pas gerust voelen wanneer u hem gezien hebt.

Ik hoor van bevoegde zijde, dat koningin Victoria onvriendelijk is tegen de prins van Wales; zij zegt dat *hij* de oorzaak is van zijns vaders dood, aangezien prins Albert kou gevat heeft toen hij terugkwam uit Cambridge, waar hij zijn zoon tot de orde had geroepen. Het Engelse volk wenst, dat de prins van Wales de Tentoonstelling opent, maar *zij* wil het niet hebben.

Den Haag, 17 april 1862

Woensdag ga ik met de koning naar Amsterdam. Op de 25ste gaat hij dan verder en zal zich een week later in Parijs bij mij voegen. Dit is een grote gebeurtenis in mijn leven, ik haast mij het u te vertellen. Omstreeks 14 mei zal ik in Stuttgart zijn.

Den Haag, 22 april 1862

Alles is gepakt en geregeld. Morgenochtend om half zeven vertrek ik. Het weer is plotseling zacht geworden, een ware weldaad voor mij, want ik ben erg ongesteld geweest door voortdurende hoestbuien. Als ik op reis ga, heb ik altijd een eigenaardig zwaar gevoel in de hartstreek, vandaag voel ik het heel sterk.

Gisteren kreeg ik een aardige brief van keizerin Eugenie. Zij verheugt zich erop mij te zien. Wij zullen niet in Fontainebleau logeren, hetgeen mij spijt, want ik vind het prettig daar *met hen* te zijn. In Parijs leeft iedereen 'de son côté'. Maar zij moeten in de stad blijven vanwege de debatten over de begroting.

Parijs, 5 mei 1862

Ik moet u schrijven, zoals ik altijd doe wanneer mijn hart ergens vol van is. Ik ben zo gelukkig, niet door Parijs dat mij te druk is, maar door het voorrecht die ene man te zien, die ik als een toppunt van menselijkheid beschouw. Wanneer ik getuige ben van zijn goedheid, zijn eenvoud, zijn rustige opgewektheid temidden van al die grandeur, heb ik dikwijls een aanvechting om mijn tranen de vrije loop te laten, omdat mijn gemoed dan vol schiet. Ik merk dat hij *voelt* hoe ik aan hem verknocht ben en dat is al wat ik wens.

Ik zeg geen woord over politiek, en ik weet niets. Parijs is teveel voor mij. Die verblindende schittering, de drukte, matten me af. Mijn gestel bezwijkt eronder, maar later krijg ik tijd genoeg voor uitrusten, er komen nog genoeg dagen van stilte en eenzaamheid.

Huis ten Bosch, 4 juli 1862

Ik geloof niet, dat de Duitsers zich nu meer één voelen of dat de Pruisen meer fatsoen hebben dan voor het bezoek van de keizer. De Duitse Staten haten elkaar even erg als tevoren, en de Pruisen zijn precies even veeleisend en aanmatigend. Het Franse volk *wenst* geen oorlog, en de Franse keizer *wil* op dit ogenblik geen oorlog voeren, maar er is geen veiligheid en dat maakt dat men niet kan spreken van een aangename toestand.

Huis ten Bosch, 7 september 1862

Mijn zoon neemt deze brief mee naar Baden; ik hoop dat hij de eer en het genoegen mag hebben u te ontmoeten, als tenminste een zekere aangeboren 'sauvagerie' hem niet vasthoudt temidden van dappere sigarenrokers en meisjes van plezier met mooie ogen.

Stuttgart, 28 september 1862

Ik ben treurig gestemd, omdat ik zie hoe mijn vaders krachten geleidelijk afnemen en zijn grote geestelijke vermogens beginnen te flakkeren. Dagelijks, ieder uur, ben ik daar getuige van, het bedrukt mij mateloos. In deze situatie had ik de vreugde Lord Napier te ontmoeten. Hij kwam zondag en bleef tot woensdag. Ik vond het zo heerlijk. Deze echt briljante geest, zijn sarcastische, maar niet bittere opmerkingen, zijn hartelijkheid, consideratie en vriendschap voor mij, dat alles liet mij meer genieten van zijn bezoek dan ik zeggen kan. Tien jaar geleden had ik op mijn hoede moeten zijn – maar mijn jeugd is voorbij. Ik houd zo van die manier van denken en doen van een Engelse gentleman. Hij is ook op mij gesteld en dat gevoel van wederkerigheid is oneindig troostend en aangenaam.

Stuttgart, 22 oktober 1862

Mijn vaders gezondheidstoestand berokkent mij voortdurende zorg, ik ben erg ongerust. Hij denkt erover om in Nice te gaan overwinteren, maar nu de tijd daarvoor naderbij komt, lijkt het alsof de moed hem in de schoenen zinkt. Ik moet hem op 10 november weer verlaten, en naar mijn zoons terugkeren. Op diezelfde dag hoop ik u te ontmoeten, lieve Lady Malet. Ik ga alleen naar Frankfurt om u te zien.

De benoeming van Drouyn de L'huys[1] is een grote vergissing en een groot ongeluk. Ik ken hem goed. Toen ik hier in de lente was, kwam hij mij opzoeken, hij bracht een week door in Stuttgart. Hij is opdringerig en vals, acht ieder middel geoorloofd om zijn doel te bereiken, en bovendien is hij driftig van aard, een van de kwalijkste eigenschappen die een staatsman kan hebben. Hij heeft een hekel aan de Engelsen.

1. Edouard Drouyn de L'huys was in 1862 Frans minister van buitenlandse zaken geworden. Hij werd beschouwd als te behoren tot de conservatieve, klerikaal gezinde groepering. Koningin Sophie was tegen zijn benoeming, omdat die wees op een niet meer liberale, pro-katholieke koers van Napoleon III.

Stuttgart, 28 oktober 1862

Lady Cowley schrijft mij, dat er veranderingen op til zijn in het Engelse corps diplomatique, en dat wij in Den Haag de Buchanans kwijtraken – maar het is allemaal zo vaag en verward dat ik er geen hoogte van krijg. Wie zou er dan in hun plaats komen? Naar ik hoop noch Lord Augustus Loftus, noch Mr. Elliott. Alstublieft, laat mij iets horen, zo spoedig als u daar kans toe ziet.

Stuttgart, 1 november 1862

Ik ken Sir Russell, een volstrekt onaangenaam mens. *Zij* is erg zwaar op de hand, maar heel knap om te zien. Hoe dan ook, ik verkies hen boven het echtpaar Loftus. Loftus is een muggezifter, die lééft van het verzinnen van kletspraat; aangezien het in onze Hollandse stilstaande wateren wemelt van onware geruchten en twistzieke personen, zou hij een carrière opgebouwd hebben met roddel over de koning, de prins van Oranje en mij. Lady Augustus Loftus heeft een karakter dat maar zelden voorkomt in de Engelse society: zij liegt voortdurend, misschien zonder het zich bewust te zijn; het is heel gevaarlijk om met haar om te gaan. Niemand kan zich verbazen over het feit dat zij van Wenen en Berlijn teruggezet zijn naar München; het is alleen maar een wonder, dat zij ooit op die belangrijke standplaatsen terechtgekomen zijn.

Mijn vader is er slecht aan toe. Mijn hart breekt omdat ik hem moet verlaten. Het is een kwelling niet bij machte te zijn hem te helpen en zo ver weg te wonen.

Den Haag, 19 november 1862

Ik haast mij u en Sir Alexander te bedanken voor uw hartelijke gastvrijheid. De uren die ik bij u heb doorgebracht zijn als witte stenen op een donker pad. Ik ben nooit van u weggegaan zonder een voorraad waarheid en vriendelijkheid te hebben ontvangen.

Mijn zoons maken het goed en waren blij mij weer te zien. Behalve hen en de leden van mijn hofhouding heb ik nog niemand gesproken. Ik wil alleen maar uitrusten. Ik heb een telegram uit Nice gekregen, dat mij de voorspoedige aankomst van mijn vader meldt. De kou is ingetreden, ik vind het heerlijk thuis te kunnen zitten, en niet om zes uur 's ochtends reisvaardig te hoeven zijn. Dat is tenminste iets; voor een maand of twee heb ik meer dan genoeg van reizen.

Den Haag, december 1862

Ik heb iets gehoord of gelezen over een vertaling door koningin Victoria van een Duits boek dat de dood en het leven na de dood tot onderwerp heeft.[1] De geestelijkheid heeft bezwaren tegen dat boek en beschouwt het als onorthodox, maar prins Albert had het haar eens aanbevolen. In zijn jeugd en de mijne werd het inderdaad aangeprezen, later is het verboden. De godsdienst is strenger en somberder geworden dan vroeger. Wij gaan er niet op vooruit. Wij verstarren. Naar het schijnt nam koningin Victoria het boek op na Alberts dood, zij vond er troost in, en vertaalde het. Dat is een lieve manier om zich te wijden aan de nagedachtenis van de man die zij zo vurig heeft liefgehad.

1. Mogelijk is hier bedoeld een anoniem verschenen boek, getiteld *Neue Philosophie* (1847).

Den Haag, 3 januari 1863

Het nieuws dat ik uit Nice krijg is niet erg gunstig; het klimaat daar lijkt dit jaar niet zo goed als anders, terwijl het hier in Holland juist ongewoon zacht is. Wij hebben nog steeds geen ijs gehad, maar wel verschrikkelijke, onafgebroken wind en regen.

Na een stilte van drie weken ontving ik een brief van Lord Napier. Het is een treurige brief. Hij was verliefd op prinses Helene Kochubey[1]. Misschien hebt u haar in Baden wel eens ontmoet. Zij heeft St.Petersburg verlaten om te kunnen bezuinigen, zoals zoveel geruïneerde Russen doen, en zich voor de duur van een paar jaar in Parijs gevestigd. Hij mist haar heel erg; zij zagen elkaar dagelijks. Ik begrijp dat Lord Napier meer dan genoeg heeft van St.Petersburg.

1. Wellicht een kleindochter van de in Engeland opgevoede Russische staatsman Victor Pawlowitsj Kochubey (1768–1834).

Den Haag, 4 februari 1863

Ik krijg hoe langer hoe meer het land aan de Milbankes.[1] *Zij* is alleen maar een pop, erg mooi om te zien, erg goed gekleed; *hij* is sarcastisch en heeft geen ontwikkeling. Hij zegt: 'Wat heeft een mens er aan boeken te lezen?' Verder hebben zij een mooie vlotte dochter, ook al zonder esprit of opvoeding.

1. Sir James Milbanke was in 1863 benoemd tot Brits gezant in Den Haag.

Den Haag, 17 februari 1863

Toen ik keizerin Eugenie het laatst zag, was zij bezig dikker te worden, maar alle hovelingen roemden om strijd haar uiterlijk. Zij is nog steeds knap, maar ik gaf de voorkeur aan haar *fijne* schoonheid, toen zij er nog uitzag als een tere fee. Zij is een bijzonder mooie vrouw, maar men moet haar gezicht niet te vaak zien, dan verliest het zijn bekoring, omdat er geen zielewarmte van uitgaat. Zij heeft wel passie, snelle intelligentie, zij is handig en kan nobele primitieve gevoelens opbrengen, zoals moed en besluitvaardigheid, maar zij heeft geen plichtsbesef, geen doordachte opvattingen over goed en kwaad – alleen maar impulsen. Deze dingen zeg ik echter aan u alleen, ik zou er nooit over denken haar in het openbaar af te vallen – en ik hoor graag dat zij geprezen en bewonderd wordt.

Hebt u Kinglakes boek[1] gelezen? Ik niet, maar ik zal proberen het te bemachtigen. Alle Britse gezanten in Den Haag voorzagen mij altijd van boeken, maar Milbanke zegt alleen: 'Ik heb plenty couranten en depêches. Ik haat boeken!' En daar houdt het mee op. Hij is nors en onaangenaam.

1. Alexander Kinglake, *The invasion of the Crimea* (1863).

Den Haag, 1 maart 1863

Indien u in de couranten leest, dat mijn oudste zoon verloofd is met zijn lelijke nichtje, geloof daar dan geen woord van. Hoe dat gerucht in de wereld gekomen is, kan ik niet begrijpen, want hij mag haar niet en gaat haar uit de weg. Zij is alledaags, erger dan dat. Zij heeft geen zweem van gratie en haar geest is als haar lichaam, zonder de veroverende charme van de jeugd. Geen vrolijkheid maar altijd een boosaardig lachje, geen frisheid, en haar geest... maar eigenlijk *heeft* zij geen geest. Ik hoop nog altijd dat hij eens met die Engelse prinses zal trouwen...

De Poolse opstand zieltoogt[1]. De laatste vonken doven. Volgens een algemeen rapport hebben Engeland en Oostenrijk een verdrag ondertekend tegen keizer Napoleon. Weet u daar iets van?

1. In januari 1863 was in Polen een opstand uitgebroken, die echter snel en met grote hardheid door de Russen werd neergeslagen.

Den Haag, 9 maart 1863

Onlangs heb ik een heel grote overwinning behaald. U weet hoeveel kwaad de koningin-moeder mij berokkend heeft. Laatst had de koning ruzie met haar gehad. Ik drong er op aan, dat hij naar haar toe zou gaan om haar zijn respect te betuigen; ik ben met hem meegegaan. De oude vrouw weet, dat die verzoening mijn werk was, mijn wraak. Zij zal nu nog vijandiger reageren, maar ik heb mijn plicht gedaan.

Den Haag, 29 april 1863

Garibaldi's bezoek aan Engeland is een zeer ernstig symptoom.[1] Dat de prins van Wales hem heeft opgezocht vind ik betreurenswaardig. Ik bewonder een man, die zijn leven veil heeft voor zijn vaderland, maar ik durf hem niet te bewonderen wanneer hij zich verzet tegen het wettige gezag, wanneer hij een moordenaar als Mazzini[2] zijn vriend en meester noemt. Indien deze houding uitsluitend voorkomt uit haat jegens de keizer, is het nog erger.

1. Garibaldi werd door de Engelse aristocratie als een held ingehaald.
2. Giuseppe Mazzini, radicaal voorstander van het Risorgimento, stichter van de beweging Jong Italië.

Den Haag, 9 mei 1863

Over de conferentie in Londen weet ik *niets*.[1] Ik heb sinds januari nog niet één regel van Lord Clarendon ontvangen, hetgeen ik niet aardig vind. Geen woord over mijn vaders ziekte of over zijn eigen reis naar Parijs, hoewel hij weet hoe ik me daarvoor interesseer. Met al zijn grote, verrukkelijke talenten voor conversatie en sociaal verkeer is hij, dat weet ik wel, egoïstisch en niet erg betrouwbaar. Alleen Lord Napier schrijft altijd.

Koningin Victoria en de prins van Wales schijnen op zeer gespannen voet met elkaar te staan; de koningin is razend omdat haar zoon een bezoek aan Garibaldi heeft gebracht.[2]

1. Over de kwestie Sleeswijk-Holstein. Op 30 maart 1863 had koning Frederik VII van Denemarken Sleeswijk-Holstein geannexeerd. Hierdoor werd het zogenaamde Protocol van Londen uit 1852 geschonden.
2. Koningin Victoria: 'Ongelooflijke dwaasheid en onvoorzichtigheid.'

Stuttgart, 22 mei 1863

Ik kreeg een lange brief van Lord Napier. Hij is, geloof ik, boos omdat zijn depêches alleen maar gedeeltelijk gepubliceerd worden, waardoor hun eigenlijke zin een wijziging ondergaat. Hij schijnt erg pro-Russisch, anti-Pools gezind.

Stuttgart, 23 september 1863

Mijn vader knapt werkelijk een beetje op. Maar hij is heel, heel erg oud geworden, en zo doof. Er is geen contact meer mogelijk. De essentie: zijn belangstelling in het leven is verdwenen. Ik verzorg hem en waak over hem als over een ziek kind, maar al wat onze omgang zo heerlijk maakte, is voor altijd weg.

Den Haag, 27 november 1863

Ik weet geen nieuws, behalve wat de couranten schrijven. Die kwestie met Sleeswijk-Holstein schijnt in Duitsland alle gemoederen in beweging te brengen.[1] Ik heb er geen gevoel voor. Het spijt mij, dat Engeland zo gekant is tegen het Congres[2], ik vind dat *verkeerd* van uw regering. Niet dat ik er altijd toe geneigd ben de keizer gelijk te geven, maar dit is een kans, misschien enige kans, om de vrede te bewaren.

1. De Duitse Rijksdag had in juli 1863 geëist dat Sleeswijk-Holstein aan Denemarken ontnomen werd en onder de heerschappij van een Duits vorstengeslacht geplaatst zou worden. In november besloot men dat Hannover en Saksen troepen zouden sturen om Sleeswijk-Holstein te bezetten. Op 15 november overleed koning Frederik VII van Denemarken; zijn opvolger Christiaan IX zette de politiek van annexatie voort.
2. Frankrijk en Engeland waren het niet eens met de beslissing van de Duitse Rijksdag. Vooral de Engelsen (regering Palmerston) waren pro-Deens. Napoleon III stelde een congres voor, om langs vredelievende weg het geschil op te lossen, maar er kwam niets van.

Den Haag, 13 december 1863

Ik kan het niet met u eens zijn wat betreft uw mening over het congres. Het was een voortreffelijk idee, nobel gedacht, nobel geuit. Het werd afgewezen, omdat het van *hem* kwam, en dat is verkeerd en kleinzielig. Onder andere: de Deense kwestie zou dan nooit zo hoog opgelaaid zijn, want zoiets gebeurt nooit tijdens een congres.

Den Haag, 22 december 1863

Ik weet niet of het waar is, dat de keizer de kant van Duitsland kiest: ik hoop het vurig, want het is het enige dat hem bij de Duitsers een beetje populariteit kan bezorgen. Zij zijn door het dolle heen vanwege Slees-wijk-Holstein. Wat mij aangaat, ik ben volstrekt neutraal, ik interesseer mij voor geen van beide partijen. Maar het is op het ogenblik in Duits-land onmogelijk tegen de stroom in te gaan.

De dagen zijn zo kort, dat alleen al is een ramp. Om negen uur in de ochtend hebben we nog kaarsen nodig; om vier uur 's middags moeten we alweer bellen om ze binnen te laten brengen. Er zijn voortdurend stormen. Ik ga zo vroeg naar bed als ik maar kan, en lees dan nog wat. Om half acht, als het helemaal donker is, komt mijn jongen Alexander bij mijn bed zijn avondgebed zeggen. Hij is mijn lichtstraal, opgewekt en levendig, vol humor, met veel van mijn eigen voorkeuren en ei-genaardigheden in zijn karakter. Zijn gezondheid is veel beter en hij is minder lelijk dan vroeger.

Den Haag, 25 januari 1864

Groothertog Constantijn van Rusland is hier geweest. Hij is een van de meest provocerend onaangename mensen die ik ooit heb ontmoet: in zijn schik wanneer hij iemand kan kwetsen en beledigen. Ik beklaag de arme Polen die in de macht van die man zijn. Ik verwachtte wel dat hij verschrikkelijk was, maar ik vond hem in werkelijkheid nog veel erger. Hij is niet gespeend van slimheid en van een soort van grove slagvaar-digheid, maar zó egoïstisch dat hij alleen maar over zichzelf kan praten.

Thiers' redevoeringen heb ik niet gelezen. Ik voel me te onwel om de pijn te verdragen die ze me zouden bezorgen, en ik ken Thiers te goed om hem au sérieux te nemen. Op een dorre manier loost hij logica en epigrammen. Men kan zijn naam niet verbinden met iets dat waar, nut-tig, vruchtbaar is. Hij kan veel kwaad doen, maar geen goed.

Huis ten Bosch, 25 juli 1864

Weken zijn voorbijgegaan sinds wij elkaar ontmoet hebben. Ik had geen moed om te schrijven.[1] Ik had niets te vertellen. Mijn leven is zo totaal kapot, dat ik niet het gevoel heb iemand te zijn in wie men belang zou kunnen stellen. Ik leef door, en dat is al wat ik vraag.

1. Koning Wilhelm I van Württemberg, de vader van koningin Sophie, stierf op 25 juni 1864.

Huis ten Bosch, 17 augustus 1864

Ik had mijn vaders dood absoluut niet verwacht, ondanks zijn hoge leeftijd en zijn toenemende gebrekkigheid. Het scheen *onmogelijk* dat ik hem zou kunnen verliezen. Hij was mijn Voorzienigheid op aarde. Ik heb meer geleden toen ik mijn kind verloor, maar *dit* verlies maakt een diepe inbreuk op het patroon van mijn leven. Voortaan kan ik nooit meer uitkijken naar een periode van rust, van vrede en behaaglijkheid... en u weet ook, hoeveel ik van die plek gehouden heb, dat mooie paleis in Stuttgart, mijn tehuis.

Huis ten Bosch, 4 september 1864

Ik heb erg veel behoefte aan verandering van omgeving, ook al zijn goede vrienden me komen opzoeken, Lord Napier en Lord Clarendon. Lord Clarendon is nog steeds hier in huis en, hoewel hij zich helemaal niet goed voelt, het aangenaamste gezelschap dat men zich kan voorstellen. Lord Napier vernam, toen hij in Den Haag was, dat hij naar Berlijn wordt overgeplaatst. Hij vond dat jammer, al toonde hij 'bonne mine à mauvais jeu'. Ik denk, dat een deel van zijn hart nog in St.Petersburg vertoeft.

Bazel, Hotel 'Des trois Rois',
13 september 1864

Ik ga naar Luzern.

Als ik iemand uit Stuttgart ontmoet, komt heel de ellende van mijn verlies weer over me en voel ik die leegte waartegen geen kruid gewassen is. De tijd heelt niet, integendeel.

De koning en koningin van Württemberg zijn bijzonder onvriendelijk tegen iedereen, hun eigen moeder niet uitgezonderd.

Luzern, 26 september 1864

Ik leef hier heel rustig, kijk uit over het blauwe meer, de bergen, en geniet van het heerlijke weer. Mijn neef Napoleon is mij komen opzoeken. Hij was hartelijk – maar er zijn maar weinig mensen, die mijn verdriet en mijn gevoel van eenzaamheid kunnen begrijpen.

In de *Revue des deux mondes*[1] heb ik een artikel gelezen waarin Sir Alexander geprezen wordt. Dat deed mij bijzonder veel genoegen. Ik hoop dat u het ook zult lezen. Het heet: 'Des négociations de la diplomatie européenne.'

1. 15 september 1864.

Milaan, 11 oktober 1864

Ik ontving uw brief in Venetië, waar ik vier dagen heb doorgebracht, vier onwerkelijk-mooie zonnige dagen. Dat is de sfeer van Venetië. Het was een droom die niet kon duren. Hier ben ik teruggekeerd tot de werkelijkheid. Deze reis heeft mij goed gedaan. Ik voel dat ik weer leven kan, en dat ik leven moet.

Deel III
1864–1877

'Mijn enige pretentie in deze wereld is,
vrienden te hebben.'
(23 december 1864)

'Mijn zoons (...) zijn mijn steun en
toeverlaat.'
(6 februari 1865)

De periode
1864–1877

Na drie weken in Zwitserland en daarna veertien dagen in Italië te hebben doorgebracht, deed Sophie op de terugreis naar Nederland even Frankfurt aan. Lady Malet, wier echtgenoot toen nog steeds als Brits gevolmachtigde bij de (wankelende) Duitse Bond gaccrediteerd was, behoorde tot degenen die de koningin der Nederlanden kwamen begroeten. Het was de eerste maal dat zij elkaar zagen na de dood van Sophies vader. Lady Malet legde haar indrukken neer in een 'memorandum': 'Zondag de 23ste ging ik naar het station om de koningin van Holland af te halen. Arme ziel, zij was van top tot teen in de diepste rouw gehuld. Haar ogen zochten mij. Zij kon de anderen niet negeren, die daar waren om haar te ontvangen, maar zij omhelsde mij hartelijk. Ik ging met haar mee naar het Kaiser Hotel, wij zaten een uur te praten, met telkens kleine onderbrekingen wanneer er mensen kwamen die haar wilden spreken. Zij gaf toe, dat haar reis haar geestelijk en lichamelijk goed had gedaan (...) Daarna spraken wij over Louis Napoleon. Hij had haar geschreven, maar zij had hem niet ontmoet, en ik kon zien dat zij daar erg ongelukkig om was. De koningin vertelde me, dat hij nu een verhouding heeft met een ordinaire vrouw, mademoiselle Bellanger – voor hem gevonden door [   ][1] om de keizerin te tergen – en dat dit een van de redenen was waarom zij keizerin Eugenie te Schwalbach had opgezocht. Ik zei tegen haar: "Maar u moet zorgen, dat u uw invloed op de keizerin behoudt." Zij antwoordde, haar stem klinkt mij nog in de oren: "O, hij heeft zo'n vreemd karakter, hij loopt rond als een schim." De koningin herhaalde dit woord "schim" enige malen, en zei toen dat de keizerin haar ook verteld had dat Louis Napoleon erg veranderd was na de veldtocht in Italië, zij bedoelde: dat hij moeilijker was geworden om mee om te gaan. De koningin zei, dat zij Eugenie nu veel minder oppervlakkig en hartelijker vond, met meer werkelijkheidszin dan ooit tevoren. De arme koningin had ontstoken ogen van het huilen en zei over zichzelf: "Wanneer men ongelukkig is, wordt men door zijn vrienden in de steek gelaten." Ik begreep, dat dit op mij sloeg, maar ik antwoordde er op dat moment nog niets op. Alleen Lord Napier, zei zij, was aardig, heel aardig geweest: "Op één dag heb ik drie brieven van hem gekre-

1. Opengelaten in de tekst.

gen." In Venetië was zij gelukkig geweest, want daar had zij Lord Clarendon bij zich gehad; zijn buitengewoon aangenaam gezelschap zou iedereen weer in een goed humeur brengen. Voor wij afscheid van elkaar namen, zei ik kalm: "Ik weet wel dat ik u niet dikwijls geschreven heb en dat het, àls ik schreef niet veel bijzonders was, en zeker niet wat u van mij verwachtte, *maar ik kon niet,* ik ben heel, heel erg ziek geweest en was bovendien zelf veel te ongelukkig om iets voor u te kunnen betekenen." Dat was alles, maar zij begreep het dadelijk, en omhelsde mij met echte warmte terwijl de tranen over haar wangen stroomden. Toen ik mij omkeerde om weg te gaan, sloeg zij plotseling van achteren haar armen om mijn hals en kuste mij nog eens heel innig. Zij *vloog* daarna haar kamer in – het was alsof zij dacht dat zij mij nooit meer zou zien, en wie weet?'

Naar de oorzaken van lady Malets verdriet kan men slechts raden. In latere brieven van Sophie komen van tijd tot tijd toespelingen voor op een liaison – en daarna een huwelijk – van Charles d'Aremberg met een zekere prinses Obrenowitsj, geboren gravin Julie Hunyadi, een beeldschone Hongaarse die ooit de geliefde van keizer Frans Jozef van Oostenrijk was geweest. Zodra Sophie van een van haar correspondenten ook maar iets vernam over het doen en laten van dit paar, meldde zij het – tactvol versluierd – aan haar vriendin. Lady Malet had ook veel zorgen in verband met haar oudste zoon Henry, die – net als prins Willem van Oranje – een vrolijk vrijgezellenleven leidde en connecties aanknoopte met het soort van meisjes 'met wie men niet trouwt'. In 1865 brak er in Engeland een schandaal uit, waar lady Malets stiefvader Lord Brougham bij betrokken dreigde te raken. Sophie won via Lord Clarendon informatie in ten behoeve van haar vriendin en citeerde hem in een brief: 'Men heeft een ogenblik gedacht, dat Lord Brougham iets te maken had met een financiële transactie van bijzonder smerige aard, en dat de ontdekking daarvan een smet zou werpen op zijn reputatie (...), maar gelukkig bewijzen de gegevens, waar we intussen de beschikking over gekregen hebben, dat hij volstrekt onkundig was van de hele affaire.' (de ware schuldige bleek Lord Broughams *broer* te zijn). Lady Malet drong kennelijk aan op nog meer bijzonderheden en daarop antwoordde Sophie: 'Ik zal alles aan Lord Clarendon schrijven wat u mij vraagt. Maar hij mag nooit weten dat ik u verteld heb wat hij mij geschreven heeft, want met zijn vele aardige en beminnelijke eigenschappen is hij diep in zijn hart de grootst denkbare diplomaat, altijd bang om zich te compromitteren en in moeilijkheden te raken – heel sympathiek, dat wel, maar hij denkt in de eerste plaats aan zichzelf. Hij is op mij gesteld, maar hij zou mij laten vallen indien hij dacht dat ik het evenwicht in zijn leven zou kunnen verstoren.'

In april 1865 toonde Sophie zich zeer verontrust over het zogenaamde 'politieke testament' van Napoleon III. Toen hij korte tijd tevoren Parijs had verlaten voor een officieel bezoek aan Algerije (zijn en Sophies neef Napoleon was benoemd tot gouverneur over die 'provincie' van Frankrijk) had hij in verband met zijn slechte gezondheid een document opgesteld waarin hij zijn gemalin Eugenie bepaalde prerogatieven toezegde. 'Ik beveel mijn zoon aan in de hoede van de grote staatslichamen, het volk en het leger. Keizerin Eugenie bezit alle eigenschappen die nodig zijn om een regentschap goed waar te nemen.' Hoewel Sophie de keizerin van Frankrijk niet meer zo frivool vond als in vroegere jaren, beschouwde zij Eugenie toch als de negatieve factor in het doen en laten van Napoleon III, zijn struikelblok, en met name als een slechte raadgeefster inzake het Mexicaanse avontuur. Zorgen maakte zij zich ook om Lord Napier, die, na vier jaar in St.Petersburg en anderhalf jaar in Berlijn gezant te zijn geweest, op het punt stond naar India te vertrekken. In januari 1866 had koningin Victoria hem tot gouverneur van Madras benoemd, inplaats van hem weer een belangrijke diplomatieke post toe te wijzen in Europa, waar hij naar Sophies oordeel geheel en al thuishoorde. 'De Pruisische couranten prijzen zijn opvolger hemelhoog,' schreef zij aan Lady Malet, 'en daardoor lijkt het, alsof hèm een zekere blaam treft. Dat heeft hij niet verdiend, maar hij reageert niet op wat men zegt. Ik moet het verdragen. Steeds meer besef ik, hoezeer hij betrokken is geweest bij alle activiteiten van mijn eenzaam bestaan, en in mijn hart gaapt een afgrond van weemoed.'

Wat de overige politieke gebeurtenissen in binnen- en buitenland betreft, had Sophie evenmin veel reden tot opgewektheid. Het werd duidelijk, dat een nieuwe machtsstrijd om de voorrang in de Duitse landen tussen Oostenrijk en Pruisen onvermijdelijk zou zijn, ook al hadden zij zich als elkaars bondgenoten opgesteld *tegen* Denemarken in de kwestie Sleeswijk-Holstein. De Duitse Bond verleende aan Wenen het recht bezettingstroepen te sturen naar de twee hertogdommen, toen die weer door Denemarken geannexeerd waren. Er volgde een kortdurende oorlog; de Oostenrijks-Pruisische legers behaalden de overwinning. Sleeswijk zou onder Pruisisch, Holstein onder Oostenrijks bestuur komen. Maar een paar jaar later kwam het tot het lang gevreesde treffen tussen de twee machtigsten onder de Duitse staten. Het gewapende conflict duurde niet langer dan zes weken. Oostenrijk werd verslagen. Pruisens hegemonie in Duitsland was nu een feit. Dit veroorzaakte toenemende spanningen met Frankrijk, dat geïsoleerd geraakt was omdat het zich in de Sleeswijk-Holstein affaire afzijdig had gehouden. Het wantrouwen jegens Napoleon III groeide. Zijn poging om Luxemburg van Nederland te kopen maakte de Duitsers kwaad en zijn wens (die uitgelekt was) om eventueel België te annexeren, verontrustte de Engelsen. Het Mexicaanse avontuur ontwikkelde zich intussen onweerhoudbaar tot een tragedie. De Amerikaanse regering, die steeds op de hand van de ex-president Juarez was geweest, weigerde het gezag van keizer Maximiliaan te erkennen. Het nieuws van zijn executie op 19 juni 1867 werd bekend, juist toen in Parijs de grote wereldtentoonstelling in volle gang was. 'Wat een ellendig einde voor de keizer van Mexico!', schreef Sophie. 'Dit is een onuitwisbare smet op de regering van Napoleon III.'

Het jaar 1866 bracht in Nederland de ene kabinetscrisis na de andere; het kabinet Thorbecke maakte plaats voor dat van Franssen van de Putte, en dit moest op zijn beurt wijken voor dat van Mijer – Van Zuylen van Nijevelt. 'Met onze binnenlandse aangelegenheden is het zeer slecht gesteld,' schreef Sophie op 16 mei 1866 aan Lady Malet. 'Er is niet één werkelijk bekwame man te vinden, overal alleen maar dwaasheid en besluiteloosheid. Ik denk vaak, dat alle kleine staten over niet te lange tijd zullen verdwijnen: dat geldt ook voor Denemarken en Holland.'

Begin augustus 1866 vernam Sophie via een courantenbericht, dat Sir Alexander Malet van zijn diplomatieke functie was ontheven. 'Ik leef met u mee,' schreef zij dadelijk aan haar vriendin. 'Het is heel hard om op onze leeftijd te moeten breken met gewoonten, sympathieën, die in de loop van veertien jaar zijn opgebouwd. Bovendien zal het u spijten dat u nu niet meer de gelegenheid krijgt Charles d'Aremberg te ontmoeten, u zult de plekken missen die u aan gelukkige dagen van vroeger herinneren… Voor mij waren Frankfurt en uw gastvrije huis altijd een aangename pleisterplaats op mijn reizen. Wéér een wrak dat wegzinkt in de diepte van de tijd…' Kon Sophie vermoeden dat deze terugroeping het einde van Sir Alexanders carrière betekende? Al in februari 1867 stuurde zij haar brieven aan Lady Malet niet langer met de diplomatieke koerier, maar via de gewone postdiensten. Waarschijnlijk heeft Lady Malet toen ook voor het eerst aan Sophie gevraagd of deze op de een of andere manier bemiddelend zou kunnen optreden. Op 28 februari reageerde Sophie als volgt: 'Het is mijn oprechte overtuiging, dat welke vorm van tussenkomst dan ook van de kant van een buitenlands staatshoofd een Engels diplomaat geen goed zal doen in de ogen van zijn landgenoten. Ik zou mij er nooit mee kunnen of willen of mogen bemoeien, behalve terwille van *u*, indien u dit zou wensen.' Kennelijk is in hun correspondentie over dit onderwerp ook de naam van Clarendon genoemd. Sophies commentaar leek weinig bemoedigend: 'Ik ken Clarendon goed genoeg om te beseffen dat – ofschoon hij op mij gesteld is en zich vriendelijk jegens mij gedraagt – voor zover het *zakelijke* aangelegenheden betreft mijn wensen en sympathieën bij hem geen enkel gewicht in de schaal leggen.' En: 'Hij is welwillend en tactvol, maar ook koel en geheel en al op eigenbelang ingesteld.' Mogelijk wilde zij Lord Clarendon, die juist ernstig ziek geweest was en voor herstel van gezondheid met zijn vrouw in Italië verbleef, overlast besparen. In de (weer conservatieve) Engelse regering van dat ogenblik bekleedde hij geen functie. Lord Stanley was hem opgevolgd als minister van buitenlandse zaken.

In mei 1867 nodigde Sophie de goede vriendin van Lord Stanley, Lady Salisbury, te logeren op Huis ten Bosch: 'Alles ziet er zo duister en dreigend uit in de wereld, ik zou het als een groot geschenk van de Voorzienigheid beschouwen indien ik het oordeel mag vernemen van een zo intelligent en helder denkend iemand als u bent.' Lady Salisbury accepteerde de uitnodiging; zij wilde graag gedurende twee dagen gebruik maken van de gastvrijheid van de koningin, wanneer zij na een verblijf in het Duitse Kurort Homburg op doorreis in Nederland was. Sophie maakte nogmaals duidelijk hoezeer zij dat bezoek op prijs zou stellen: 'Het gaat hier bij ons nogal landelijk toe. Wilt u zo vriendelijk zijn mij te laten weten welke van uw kinderen, en hoeveel personeel u meebrengt? Mijn dierbare oude Huis ten Bosch is niet meer dan een *huis* en geen paleis zoals uw kasteel Hatfield. Maar iedereen die u bij u hebt is welkom, en krijgt onderdak, tel quel... God zegene u, lieve Lady Salisbury, heel veel dank voor uw vriendelijke toezegging...'

Zodra Lady Salisbury weer vertrokken was, bracht Sophie verslag uit aan Lady Malet: 'Een of twee maal noemde ik uw naam en zei dat u de meest verheven geest bezit van alle mensen die ik ooit heb ontmoet. Zij glimlachte instemmend, maar zei niets (...) Tijdens een gesprek zei ik als terloops tegen haar, dat ik het prettig zou vinden Sir Alex en u hier in Den Haag te hebben, in plaats van de Milbankes. Zij ging daar niet op in. Ik hoop dat u er mee akkoord gaat dat ik dit gezegd heb. Enige dagen later, na ontvangst van Lady Malets antwoord, schreef Sophie: 'Ik ben blij dat u er geen bezwaar tegen had dat ik mijn wens aan Lady Salisbury kenbaar heb gemaakt. Maar of zij die tegen iemand anders zal herhalen, en aandrang zal uitoefenen, is een tweede.' Met 'iemand anders' bedoelde Sophie uiteraard de Engelse minister van buitenlandse zaken, Lord Stanley. In de volgende weken en maanden bleek er echter niets van enige medewerking zijnerzijds. Sophies commentaar werd beknopter: 'Lord Stanley gedraagt zich niet sympathiek tegenover u, door zich er niet over uit te laten wat hij in de toekomst met u vóór heeft.' 'Milbanke heeft nu zijn pensioen gekregen en zal op 1 september vertrekken.' 'Het is *verkeerd* van Lord Stanley, dat hij niets zegt.' Zelf richtte Sophie zich, zij het na enige aarzeling, en indirect, tot koningin Victoria met het verzoek of Sir Alexander Malet tot Brits gezant in Den Haag kon worden benoemd. Toen zij in de herfst weer voor enkele weken in Engeland was, liet zij Lady Malet weten: 'Als ik Lord Stanley ontmoet, zal ik trachten met hem over u te spreken.' Die kans bestond, aangezien *zij* nu op háár beurt bij Lady Salisbury te gast zou zijn.

Bij Lady Malet waren intussen gevoelens van twijfel en verbittering gerezen, zoals blijkt uit een memorandum van 10 oktober 1867, geschreven nadat Sophie weer uit Londen vertrokken was: 'De koningin van Holland opperde eens, dat wij de Milbankes zouden opvolgen en bood ons haar hulp aan indien wij die nodig mochten hebben. Ik weigerde, vol vertrouwen in de oprechtheid van Lord Stanley. Maar toen ik merkte dat hij met betrekking tot mijn man geen zweem eerlijk gevoel bezat (dat was ook de mening van iedereen die hoorde wat ons overkomen was) wist ik de koningin van Holland ertoe te bewegen een brief aan koningin Victoria te schrijven (daar werd niets mee bereikt. Zij had zich misschien beter tot John Brown[1] kunnen wenden). Aangezien de koningin van Holland in die tijd een reis naar Engeland voorbereidde, en zo zeer op onze hand scheen te zijn, bracht ik haar op de hoogte van onze positie. Ik verbeeldde mij, dat zij haar invloed ten onzen gunste zou aanwenden, hetgeen zij immers gemakkelijk kon doen wanneer zij in Engeland was. (Wéér vergat ik: stel geen vertrouwen in vorsten, vooral niet als zij Russisch bloed hebben!) Net als een vorige maal werd haar hoofd op hol gebracht door de ontvangst die de Clarendons, de Salisbury's en de Derby's haar bereidden – zij had mij bij wijze van spreken liever dood en begraven gezien, dan iets te zeggen dat bij dat stel mensen niet in goede aarde viel. Uit haar brieven, die ik bewaard heb, blijkt ruimschoots in hoeverre men staat op haar kan maken. Lord Stanleys bewering: 'onmogelijk' is een belachelijke leugen. Ik denk dat de koningin hem verkeerd begrepen heeft. Ik schreef haar terug en liet op bescheiden wijze iets doorschemeren van de verachting die ik voel voor de mensen op wie Hare Majesteit zo dol is, en die stuk voor stuk klaarstaan om over haar te roddelen en misbruik van haar te maken, maar zich tegelijkertijd gevleid voelen omdat de sympathie van een begaafde grote vorstin naar hen uitgaat. Zij wil graag een van hen zijn, en haar waardigheid vergeten, zij verlangt ernaar ontvangen te worden in een omgeving waar zij zich kan amuseren. Met al haar vele bijzondere eigenschappen is de koningin van Holland nooit een *betrouwbaar* iemand geweest. Zij is ook geen *moedig* mens, en zij mist werkelijke grandeur van handelen. Zij heeft een scherpe blik, maar toch niet zo erg scherp, en in haar ogen is altijd een bepaalde glinstering die men gewoonlijk aantreft bij mensen die niet oprecht zijn. Haar frenetieke begeerte naar vermaak en bewondering, die ik onbegrijpelijk vind, zijn altijd de oorzaak geweest van de dwaasheden die zij begaan heeft – indien zij durfde, zou zij zelfs een cocotte bij zich ontbieden, alleen maar om afleiding te hebben en niet langer alleen te zijn.'

1. John Brown (1826–1882) was een vertrouwde dienaar ('gilly') van prins Albert geweest. Als zodanig genoot hij ook het vertrouwen van koningin Victoria.

Waarschijnlijk zonder zich bewust te zijn van de beroering die zij te-weeggebracht had in het gemoed van Lady Malet, was Sophie vanuit Londen naar Parijs gegaan, om daar de Grote Tentoonstelling en haar Franse kennissen te bezoeken. Zij logeerde bij die gelegenheid niet in de Tuilerieën of in Fontainebleau, maar op het adres Rue de l'Elysée no.4, in een huis dat aan Napoleon III toebehoorde. Zij bedankte Lady Salisbury met vele malen 'God bless you' voor de genoten gastvrijheid, en gaf haar tevens een indringende beschrijving van de situatie rondom de Franse keizer, die aan een nieraandoening leed, en wiens gesternte, zoals zij het uitdrukte 'ter kimme neigde': '[Eugenie] speelt regentes, dat stuit mij tegen de borst. Ik geloof werkelijk dat het haar niet zou spijten indien iemand haar zou meedelen dat zijn gezondheidstoestand snel achteruitgaat. Zij is er vast van overtuigd dat zij het er beter van af zal brengen dan hij en maakt hem herhaaldelijk scènes in de minister-raad, die hij dan zwijgend over zich heen laat gaan. Hij kwam mij eens op een ochtend bezoeken, lunchte met mij, stak daarna een sigaar op en liep in de kamer heen en weer, terwijl hij kalm tegen mij praatte, niet over politiek, maar over koetjes en kalfjes. Toen hij weggeroepen werd, zei hij: 'Die rust heeft mij goed gedaan.' Natuurlijk had Sophie in deze dagen ook contact met haar nicht Mathilde Bonaparte; deze liet zich tegenover een kennis ontsteld uit over het armoedige voorkomen van de koningin der Nederlanden, die rondliep in een zwarte japon zonder gar-nering of sieraden, terwijl de maîtresse van Willem III (Madame Mu-sard, de echtgenote van een man die aan de Champs-Elysées een be-faamd café-concert exploiteerde) zich op Parijse feesten vertoonde in met een fortuin aan parels geborduurde robes.

Vast en zeker bracht Sophie evenals bij eerder en later verblijf in Pa-rijs, een bezoek aan haar oude vriend en landgenoot, de oriëntalist Ju-lius Mohl en diens vrouw. Zij woonden al sinds vele jaren in de Rue du Bac. Tot hun kring behoorden vooraanstaande geleerden en literaire persoonlijkheden, zoals bijvoorbeeld Ampère, Thiers, Victor Hugo. Julius Mohl werkte in opdracht van de Franse regering aan de vertaling van een Perzisch heldendicht. Madame Mohl, geboren Mary Clarke, een Amerikaanse, was de ongedwongenheid in persoon. Eens, toen Sophie, vergezeld van een hofdame en een haar door Napoleon III toe-gewezen kamerheer, op bezoek kwam, stond Madame Mohl in een oude gescheurde japon, met een muts op en een schort voor, de boekenkasten af te stoffen. De tapijten waren opgerold, het hele huis was in wanorde. Het tekent zowel de bejaarde dame als Sophie, dat madame Mohl aan een kennis kon schrijven: 'Tegenover de koningin kon het mij geen zier schelen, maar die kamerheer, een echte fat, en die hofdame, dat waren ellendelingen, vooral het heerschap.' De schrijver Prosper Mérimée, een vertrouwde vriend van keizerin Eugenie, maakte sarcastische op-merkingen over 'de Nederlandse Majesteit', 'la reine rouge', de 'rode' koningin – zoals Sophie in conservatieve milieus wel betiteld werd – die het appartement op de vierde verdieping in de Rue du Bac en het gezelschap van intellectuelen van de meest diverse pluimage scheen te beschouwen als een aangename onderbreking van de eerbewijzen waarmee de hoogsten in den lande haar omringden.

In ieder geval prefereerde Sophie de omgang met het echtpaar Mohl en hun vrienden boven het milieu van 'hoogsten in den lande' dat haar thuis wachtte. Het ergst vond zij het jaarlijkse verplichte verblijf samen met de koning op Het Loo; de eindeloze maaltijden, de gesprekken met mensen die haar niet interesseerden, het overvloedige drankgebruik. Graaf R.J.Schimmelpenninck, toen ex-minister van financiën, heeft in een brief van juni 1868 een – door discretie getemperd – beeld gegeven van een zomerse logeerpartij op Het Loo: 'Hier begint de dag te 5 à 6 uren voor de heeren, daar de koning reeds vanaf vier ure op is en in beweging en dan met dezen of geenen een tuin-, park- of boschwandeling doet, een of ander werk inspecteert, zijne boerderijen, wildbanen of vischinrichtingen; [na het ontbijt] komen de rijtuigen voor en gaan de daartoe uitgenodigde heeren met den koning en course, het zij tot vischpartij of wel tot een of ander landelijk bezoek aan de fraaiste gedeelten der omstreken. Daar ontmoet men dan op eene geschikte plek niet zelden tegen den middag de koningin met de dames, en versterken den inwendigen mensch met een in de openlucht toebereiden lunch of wel daar aangevoerd koud déjeuner; tegen drie ure keert men gewoonlijk hier terug en blijft dan tot etenstijd vrijelijk beschikken over den tijd, te zes ure dineert men, meestal op het paleis, soms in een jachthuis in het bosch of wel elders in het park in de openlucht. Na het diner gaat Z.M. met een of twee heeren wandelen of een sigaar roken (...) totdat te negen ure men weder tesamen komt aan de theetafel der koningin, die de avond eindigt met eene Whistpartij...'

'Onder mijnsgelijken wil ik in de eerste plaats *mens* zijn, en dan pas vorstin,' schreef Sophie eens aan Lady Salisbury. 'Dat is een belemmering bij vele van mijn (koninklijke) plichten, maar in andere opzichten is het een voordeel. Ik heb altijd verlangd naar sympathie, en zelf kan ik ook sympathie *geven*.' Deze instelling van haar trad wel zeer duidelijk aan de dag in haar verhouding tot Lord Napier. Uit de brieven aan Lady Malet blijkt, dat Sophie zich er zorgen over maakte of hij wel op zijn plaats was in India. Zij kon zich de spirituele 'Lebemann' niet anders voorstellen dan aan Europese hoven. De wijze waarop hij zijn ambt van gouverneur van Madras vervulde, bewijst echter, dat Lord Napier zich met oprechte belangstelling en toewijding verdiept heeft in de problemen van dat uitgestrekte, arme land. Reeds korte tijd na zijn aanstelling werd hij geconfronteerd met ernstige hongersnood in het noordelijke district van het gebied. Hij bracht dadelijk een bezoek aan de getroffen streek en nam maatregelen. Ook hield hij zich intensief bezig met de bevloeiing van de velden en met het bestrijden van epidemieën. Tijdens zijn bestuursperiode was de relatie tussen de Brits-Indische regering en Madras beter dan ooit tevoren of daarna. Hoewel tegen haar zin, moest Sophie erkennen dat het waarschijnlijk Lord Napiers streven was onderkoning van India te worden. Zij schreef dit verlangen echter in de eerste plaats toe aan de noodzaak dat hij zich een fortuin moest verwerven om de toekomst van zijn drie zoons veilig te stellen. Na de moord op de onderkoning, Lord Mayo, in 1872, gaf zij onomwonden te kennen: 'Ik wil niet, dat Lord Napier hem opvolgt. Lord Napier is nu zes jaar in India geweest. Nog eens vijf jaren zouden zijn gestel ruïneren en maken dat hij terugkomt als een oude man, terwijl hij *nu* nog plezier in zijn leven kan hebben en nuttig kan zijn voor zijn vaderland (...) Met zijn gaven en grote charme van conversatie, is hij geen man voor India. Iemand met een meer gesloten, ernstiger en strenger karakter dan het zijne, zou – zelfs met minder kwaliteiten – beter geschikt zijn dan hij.'

Uitgesproken angstig hield zij zich bezig met het wel en wee van Lord Clarendon. Hij werd in toenemende mate gekweld door aanvallen van een toen nog niet duidelijk gediagnostiseerde uitputtende ziekte, die gepaard ging met uiterst pijnlijke gezwellen. Sophie had alleen al daarom graag gezien dat de conservatieve regering Derby in Engeland in het zadel was gebleven, omdat dit Clarendon de gelegenheid gaf zich buiten de 'zaken' te houden en rust te nemen. Dat hij zich verlangend toonde zo gauw mogelijk weer aan het werk te gaan, zodra de omstandigheden het zouden toelaten, schreef Sophie toe aan de invloed van de haars inziens onbegrijpelijk optimistische Lady Clarendon. Toen in 1868 de liberaal Gladstone premier werd, kreeg Clarendon uiteraard de portefeuille van buitenlandse zaken aangeboden. In december 1868 schreef Sophie aan Lady Salisbury: 'Ik had wel verwacht dat Lord Clarendon weer in functie zou treden. Toen ik hem tijdens mijn laatste verblijf in Londen ging opzoeken in het nieuwe gebouw in Downing Street, zei ik tegen hem, dat ik blij was de kamer te hebben gezien waarin hij in de toekomst zo vele uren zal doorbrengen. Het zou hem verbitterd hebben, indien men hem niet had gevraagd. Zonder Lady Clarendon zou hij *misschien* geweigerd hebben. Zij deelde mij met grote beslistheid mede, dat het 'goed voor hem' was. Ik vond dat heel vreemd. Voor mij is zijn gezondheidstoestand een bron van voortdurende zorg.'

Voortdurende zorg berokkende ook de jongere generatie aan Sophie en haar vrienden. Lord Napiers oudste zoon en erfgenaam blonk niet bepaald uit door intelligentie (Clarendon werd ingeschakeld om de jongeman aan herexamens en, later, aan een werkkring in het Foreign Office te helpen); Lady Malets Henry sloot een huwelijk dat aanvankelijk als niet 'passend' werd beschouwd; Sophies petekind Mathilde van Tuyll van Serooskerken trouwde vanuit Huis ten Bosch met een Engels parlementslid, maar ontwikkelde zich daarna, volgens Sophie, tot een 'zelfzuchtige pop'; prins Willem flirtte en fuifde in Londen en Parijs, maar dacht niet aan trouwen, prins Alexanders lichamelijke conditie vereiste langdurige gecompliceerde kuren en behandelingen. In Nederland rommelde het onder de oppervlakte. 'Het ziet er donker uit aan onze politieke horizon,' schreef Sophie in april 1868 aan Lady Malet. 'De regering is nu in handen van een stel mannen zonder principes, die tot alles in staat zijn om de macht en hun salaris te behouden.' Met 'mannen zonder principes' bedoelt Sophie waarschijnlijk: zonder vooruitstrevende, vernieuwende principes. Hoewel er in 1868 een liberaal ministerie was opgetreden, kwam er niets terecht van de toch te verwachten legislatieve hervormingen. Er heerste een toestand van algemene stagnatie.

De internationale situatie gaf haar evenmin reden tot optimisme. Koningin Isabella II van Spanje werd afgezet; er was sprake van, dat de kroon zou worden aangeboden aan een prins uit het Pruisische Huis Hohenzollern. Hierdoor ontstond een crisis, die – vooral vanwege het feit dat keizerin Eugenie 'een klein beetje oorlog' wenste om de steeds meer invloedrijke Franse liberalen de wind uit de zeilen te nemen – leidde tot het uitbreken, op 15 juli 1870, van de oorlog tussen Frankrijk en Pruisen. De Duitsers waren al spoedig overal aan de winnende hand. Napoleon III, tegen medisch advies in door Eugenie gedwongen zijn troepen aan te voeren (na de eerste nederlagen weigerde zij, in haar functie van regentes, hem toe te staan naar Parijs terug te keren), gaf zich bij Sedan over. De Duitsers interneerden hem in het slot Wilhelmshöhe bij Kassel, dat vroeger toebehoord had aan Jérôme Bonaparte, koning van Westfalen. Twee dagen na Sedan werd in Parijs de Derde Republiek uitgeroepen. Eugenie en haar zoontje vluchtten naar Engeland. Na een belegering van vijf maanden bezweek de Franse hoofdstad; in de spiegelzaal van het paleis te Versailles werd op 18 januari 1871 de koning van Pruisen verheven tot keizer Wilhelm I van Duitsland. Alle kleine Duitse staten waren nu tot één geheel verenigd. Een voorlopige Franse regering aanvaardde de harde vredesvoorwaarden die kanselier Bismarck stelde: de Elzas en Lotharingen werden deel van het Duitse keizerrijk, en de Fransen moesten een enorme schadevergoeding betalen. De burgerij van Parijs weigerde akkoord te gaan met die Vrede van Frankfurt. Gedurende twee maanden beheerste een groep radicalen, de Commune, de Franse hoofdstad. Thiers en zijn collega's waren gedwongen geweld te gebruiken om in Parijs hun door algemene verkiezingen verkregen gezag te herstellen. De partijen der legitimisten (aanhangers van het Huis Bourbon), der Orleanisten en der Bonapartisten, hoopten ieder voor zich weer aan de macht te komen. Maar die partijstrijd binnen de Assemblée begunstigde juist het voortbestaan van de Republiek.

Sophie werd, in haar eigen woorden, gemarteld door woede en walging ten aanzien van de Pruisen en vooral van Bismarck, die zij haatte, en door medelijden met haar van zijn voetstuk gevallen held. De zomer van 1870 bracht haar een aaneenschakeling van rampen. Op 27 juni was, na een stoïcijns gedragen lijden, Lord Clarendon overleden, tot zijn laatste ademtocht bezig met depêches en staatsstukken. Sophie was gebroken. '1870 heeft een oude vrouw van mij gemaakt, ik erken dat volmondig, en ik berust erin,' zei zij later. Haar uiterlijk was in korte tijd opvallend veranderd. Mensen die haar ontmoetten werden getroffen door de lijdende uitdrukking van haar gezicht, en de 'ruïne van haar vroegere schoonheid'. Zij wist, na vele consulten bij specialisten in Londen en Parijs, dat haar kwalen niet louter nerveuze aandoeningen waren, maar wel degelijk een bewijs dat er 'inwendig iets ernstig mis' was. 'Ik wil niet heel oud worden,' schreef zij aan Lady Malet. 'Zelfs de meest gezegende ouderdom is een beproeving. Laten we uit dit leven mogen vertrekken zolang onze verstandelijke vermogens nog intact zijn.'

Onder de druk van alle schokkende gebeurtenissen herstelde zich geleidelijk de vertrouwelijke verhouding tussen Sophie en Lady Malet. Sophie constateerde dat de Malets zich ten slotte hadden neergelegd bij het feit dat Sir Alexanders diplomatieke loopbaan ten einde was, en in Lady Malets hart (dat 'bloedde' voor haar vriendin) won medeleven het van grieven en kritiek. Op 5 juli 1870 trouwde Lady Salisbury, die in oktober van het vorige jaar weduwe geworden was, met de door overlijden van zijn vader intussen tot vijftiende graaf Derby bevorderde Lord Stanley. Tijdens de regering onder Gladstone kwamen er belangrijke hervormingen tot stand, maar verkiezingen leidden in 1874 weer tot een conservatief bewind, met Disraeli als premier – een functie die ook volgens hemzelf, Lord Derby toekwam. Sophie had al in 1872 aan Lady Salisbury geschreven: 'Wij hopen allemaal dat Lord Derby binnenkort aan het hoofd van de Engelse regering zal staan. Niemand heeft vertrouwen in de heer d'Israëli [sic], ondanks zijn welbespraaktheid en zijn grote kwaliteiten' (Lord Clarendon had een hekel gehad aan Disraeli). De een na de ander stierven goede oude vrienden: de Württembergse politicus Von Hügel, die Sophie sinds haar kinderjaren had gekend, Julius Mohl, haar secretaris, de heer W.K.A. von Weckherlin, die haar dertig jaar lang trouw terzijde had gestaan, en – de zwaarste slag – ex-keizer Napoleon III, op het landgoed Chislehurst in de Engelse provincie Kent, waar hij met zijn vrouw een toevlucht gevonden had. 'Zolang ik nog leef zal ik om hem treuren, het was onmogelijk hem goed te kennen en niet aan hem verknocht te raken, hem niet om zijn geduld, mildheid en onzelfzuchtigheid lief te hebben en te bewonderen,' schreef Sophie, trouw aan haar romantische jeugd-droom.

Prins Alexander der Nederlanden, intussen meerderjarig, en ten langen leste uitgegroeid tot een jonge man – zij het niet aantrekkelijk om te zien en behept met een huidaandoening – werd nu geleidelijk aan Sophies al te intense moederlijke zorgen onttrokken. Hij moest, evenals destijds zijn oudere broer, onder dienst te land en ter zee. Sophie ergerde zich aan het 'soldaatje spelen' van kleine niet-militaire staten 'waar legers in het openbare leven alleen maar een zeer negatieve rol kunnen vervullen,' en vreesde dat de klimaatwisselingen waaraan Alexander aan boord blootstond zijn gezondheid schade zouden berokkenen. Alexander kreeg ook een eigen woning aan de Kneuterdijk te Den Haag, het zogenaamde Johan de Witt-huis, en ging in Leiden studeren. Het contact met Lord Napier werd na diens terugkeer niet meer wat het geweest was. Hij verwierf in 1872 naast zijn Schotse ook nog een Engelse adellijke titel (Baron Ettrick) en daarmee een zetel in het Hogerhuis, maar kon door gebrek aan financiële middelen geen politieke carrière meer opbouwen. Sophie meende, dat hij op beklagenswaardige wijze gedoemd was tot vegeteren op zijn Schotse landgoed; in werkelijkheid maakte Napier zich in deze jaren verdienstelijk, onder andere door zich in Londen in te zetten voor sociale hervormingen, met name waar het onderwijs en huisvesting betreft. Tijdens de paar haastige bezoeken die hij Sophie nog bracht kwamen deze werkzaamheden blijkbaar niet ter sprake; in haar brieven aan Lady Malet rept Sophie er tenminste niet van. Op 22 oktober 1876 schreef zij: 'Sinds ik u de laatste maal een brief stuurde, heb ik Lord Napier hier gehad, anderhalve dag maar, ik was heel blij hem te zien. Hij lijkt gezond, maar niet opgewekt en evenmin welvarend. Hij is arm en van plan uit Londen weg te gaan. Hij hoopt wat orde op zaken te kunnen stellen door zich gedurende enkele jaren op het land terug te trekken.'

Sophie maakte Lady Malet ook geen deelgenoot van iets, dat voor haar toch stellig zeer belangrijk moet zijn geweest: de publikatie van een groot artikel van haar hand *Les derniers Stuarts* in het juni-nummer 1875 van de *Revue des deux Mondes*. Al twintig jaar eerder had zij eens verklaard dat zij hoopte ooit iets te kunnen schrijven over koning Charles I van Engeland; in hoeverre zij zich daar in de loop der jaren mee bezig heeft gehouden, is niet bekend, wel weten wij uit de brieven aan Lady Malet, dat Sophie in 1867 haar zoon Alexander, toen die weken lang onbeweeglijk op een plank moest liggen, de roman *Waverley* van Walter Scott heeft voorgelezen. Een belangrijk personage in dat verhaal is Bonnie Prince Charlie, Charles Edward Stuart (1720–1788) nazaat van Charles I, zoon van James II, laatste pretendent naar de Engelse troon uit het geslacht der Stuarts. Sophies essay is in hoofdzaak gewijd aan deze romantische figuur met briljante kwaliteiten, die werkeloos en functieloos moest wachten op een kans die nooit kwam: 'Indien zijn karakter en zijn geest ontwikkeld waren geworden door een krachtige opvoeding, indien hij tot een man gerijpt was vóór hij zich vorst voelde, hadden zijn bijzondere eigenschappen hem kunnen brengen naar het doel dat hem voor ogen zweefde.' Door het ontbreken van die essentiële kwaliteit moest hij het afleggen tegen het Huis Hannover, welks stam-vader, George I, in Sophies ogen maar een kleinburger was, 'voor wie er niets ging boven zijn Duitse prinsdommetje, een man die hoe-genaamd niets afwist van Engelse wetten, Engelse gewoonten, en die zelfs de Engelse taal niet kende...' Mogelijk inspireerde Scotts weerga-ve van Bonnie Prince Charlies mislukte poging om in 1745 vanuit Schotland een opstand tegen het Engelse koningshuis te leiden, Sophie tot haar gedegen studie, die zeer de aandacht trok. Aan het slot daarvan veroorloofde zij zich een filosofische uitweiding, waarin zij haar echt negentiende-eeuwse geloof in vooruitgang onder woorden bracht, dat haar tot steun was geweest in zo menig moeilijk ogenblik: 'Mensen en dingen hebben vele verschillende kanten. Wat men in bepaalde opzich-ten bekritiseert en verwerpt, kan vanuit een andere gezichtshoek be-keken, in hoge mate achtenswaardig zijn – en dus ook als zodanig geëerd worden. Er is, diep verborgen in de schepping, een geheim dat de mens tot nu toe tevergeefs tracht te doorgronden. Maar aan niets en niemand is het gegeven de menselijke geest tegen te houden in zijn opvlucht. Vroeg of laat wordt het licht; dat doordringt zelfs de hardnekkigste vooroordelen, en er zal een dag aanbreken dat, als gevolg van een lang-durig en nog onbekend geestelijk proces, de menselijke intelligentie in staat zal blijken de wetten van het denken zelve te veranderen.'

Den Haag, 13 november 1864

Ik ben bezig de brieven te ordenen die ik in de loop der jaren van mijn vader gekregen heb. Toen ik paperassen van vroeger doorkeek, vond ik vele, vele brieven van u. Ik heb ze verbrand. After all, wij kennen elkaar al sinds meer dan twintig jaar, en onze wederzijdse genegenheid is nooit veranderd. God zegene u daarvoor.

Den Haag, 22 november 1864

Ik ben bezig in het boek dat u me gestuurd hebt, *Les mondes habités*, ik vind het uitstekend. Ik tracht de politiek te vergeten. Ik lees nauwelijks meer couranten. Waarom zou ik, hij voor wie ik het deed is er niet meer.

Den Haag, 30 november 1864

Ik denk dat het komt door het intense gevoel van geïsoleerd te zijn, dat ik in de laatste tijd zo veel minder aan de keizer gedacht heb. Ik heb de indruk, dat ik hem niet langer belangstelling kan inboezemen – ik moet me terugtrekken, en dat doe ik ook. Het is een genade van God dat ik nu koeler ben ten opzichte van hem. Ik zou in geen enkel opzicht nuttig voor hem kunnen zijn, ik weet niets, ik hoor niets.

Ik heb schilderijen gekregen, die aan mijn vader hebben toebehoord. Zij bevinden zich nu in mijn kamer. Gedurende de eerste dagen brachten ze zijn dood, het verlies, zo nabij, dat ik het haast niet kon verdragen. Ik voel een hevig Heimweh – als dat Duitse woord u iets zegt, het is onvertaalbaar – *Heimweh* naar Stuttgart, de stad, de bergen... maar nu die akelige vrouw[1] daar is, kan ik er niet meer heengaan. Ik zal proberen mijn zuster te ontmoeten in het voorjaar, misschien in Frankfurt, wanneer ik tenminste niet naar Engeland ga.

1. Sophies schoonzuster, koningin Olga van Württemberg.

Den Haag, 13 december 1864

Ja, ik denk ook dat de keizer veel aan mij te danken heeft. Hij weet, dat mijn genegenheid voor hem belangeloos is, ja waarachtig, dat *is* zo. Het was vaak tegen mijn eigenbelang om zo aan hem verknocht te zijn; maar laat ik niet klagen, zelfs niet bij u. Kwetsuren, wonden, moet men *nooit* tonen.

Prinses Alice heeft mij vriendelijk bericht gestuurd: als ik deze zomer in Engeland mocht komen, zou zij mij met groot genoegen van dienst zijn; hieruit blijkt dat zij mij moet helpen bij koningin Victoria, op wie zij veel invloed heeft. Ik wens geen speciale attenties, maar ik wil wel *beleefd* ontvangen worden... en de koningin schijnt zich tegenwoordig nogal vreemd te gedragen.

Den Haag, 23 december 1864

Ik zend u hierbij een brief van koningin Victoria, aan wie ik altijd schrijf op de sterfdag van Albert. De brief bevat vriendelijkheden voor mij, maar bittere opmerkingen over alle anderen. Ik weet, dat zij mij goed en hoffelijk zal ontvangen, zoals het past voor mijn positie. Maar ik zou het ellendig vinden indien zij mij vraagt een tijd bij haar te blijven logeren, dat moet zo saai en somber zijn. In Londen ga ik *niet* naar bals, alleen naar diners, en op bezoek bij vrienden, dat vind ik heerlijk; mijn enige pretentie in deze wereld is *vrienden* te hebben.

Den Haag, 31 december 1865

Ik vind dat een aardige gewoonte van de Engelsen, om nieuwjaarsdag buiten op het land te vieren, ver weg van het drukke gedoe met visites en dergelijke. Er zijn uren, eenzame uren, wanneer ik mij zo dicht bij mijn vader voel – en toch is de eeuwigheid tussen ons. Hij had zoveel innerlijke rust, zo'n groot geloof in God, in de goddelijke rechtvaardigheid. Maar hij geloofde niet in dogma's. Hij zei altijd: 'Geloof en kerk zijn twee verschillende zaken,' en ik denk dat hij gelijk had. Maar het is verboden dat uit te spreken. Nooit heb ik zo sterk gevoeld hoe gemakkelijk sterven is, als toen hij doodging.

Keur mijn Engelse reis niet af, lieve Lady Malet, die zou me zoveel genoegen doen. Ik heb niets anders om me op te verheugen.

Den Haag, 11 januari 1865

Ik merk, dat de Duitsers zich erg ongerust maken over Pruisen. Denkt u, dat Pruisen de hertogdommen zal houden?[1] Zo ja, dan staat Oostenrijk zeker een onaangename verrassing te wachten. De benoeming van prins Napoleon in de Geheime Raad heeft me veel genoegen gedaan.

Toen ik hem in Zwitserland sprak, zei hij dat de keizer dit wenste, maar hijzelf niet. Ik bezwoer hem te accepteren, en nu schrijft hij: 'Ik heb uw raad opgevolgd.' Hij staat op goede voet met de keizerin, die intussen gevoelens van vriendschap voor hem opgevat heeft. Hij heeft een nobele inborst, is au fond beter dan veel zogenaamde goede mensen die ik gekend heb. Indien hij zich in meer gematigde termen leert uitdrukken, zal men zijn verdiensten nog hoger aanslaan.

1. De aanspraken van het Huis Augustenburg op de hertogdommen Sleeswijk en Holstein waren verworpen. Pruisen en Oostenrijk onderhandelden over wat er verder moest gebeuren. Later in dat jaar werd er in Bad Gastein een overeenkomst gesloten: Pruisen zou Sleeswijk, en Oostenrijk Holstein beheren.

Den Haag, 16 januari 1865

Gisteravond las ik in de *Gazette* het overlijdensbericht van uw moeder.[1] Ik weet niet waar u bent en of u nog op tijd bij haar kon zijn, maar, lieve vriendin, ik denk aan u, met heel mijn hart, ook al was zij geen moeder zoals zij had behoren te zijn, toch zult u om haar rouwen. Het is weer een schakel minder in de wereld, het verlies van een tehuis.

1. Mary Ann, Lady Brougham, stierf op 12 januari 1865.

Den Haag, 6 februari 1865

De dood is een groot raadsel, wij kunnen niet verder komen dan de drempel. Eens zal alles ons geopenbaard worden. Wanneer onze ouders sterven, voelen wij ons dichter bij de dood. *Ik* voel het tenminste zo; mijn vader en mijn kind eisen mij allebei op. Ik betreur het, dat Lord Brougham niet schrijft zoals u graag zou willen dat hij deed, maar heel weinig mannen kunnen hun verdriet onder woorden brengen of er zelfs maar uiting aan geven. Oudere mannen verdringen hun leed, zij vinden het onrechtvaardig dat zij zo getroffen worden, terwijl zij zelf hun einde nabij zijn. Ik maak mij ongerust over mijn arme zuster Marie, die zich helemaal niet goed voelt en nu zij toch al zo weinig meer bezit in deze wereld, het slachtoffer is van de boosaardigheid van koningin Olga... Mijn zoons maken het goed, zij zijn mijn steun en toeverlaat. De koning heeft last gehad van steenpuisten en vertoont zich niet.

Buitenrust, 1 maart 1865

Ik schrijf dit in de nabijheid van het sterfbed van de koningin-moeder. Dat leven van intense zelfzuchtigheid en kwaadaardigheid loopt ten einde. Maar geen sprake van inkeer, van betere gevoelens. Egoïstisch tot het laatste toe, hoe verschrikkelijk zij ook lijdt. Ik ben zelf pas ziek geweest, maar stond op om hier naar toe te gaan.

Den Haag, 9 maart 1865

Toen ik een week geleden op Buitenrust aan u schreef, vermoedde ik niet dat haar dood zo nabij was. Zij stierf nog diezelfde middag, zonder één vriendelijk woord tot wie dan ook, ofschoon zij bij vol bewustzijn was en tot anderhalf uur voor haar overlijden spreken kon. Wij waren allen aanwezig. De geluiden van haar doodsstrijd – hoewel maar kortdurend – waren akelig om te horen. Zij wilde niet gebalsemd worden; de staat van ontbinding was al spoedig onbeschrijfelijk, want tijdens haar ziekte had zij steeds overvloedig gegeten en gedronken. Volgens het afschuwelijke Russische gebruik moet ik er iedere dag naar toe, de stank is niet te harden. Haar testament zal tweedracht zaaien tussen haar kinderen. Ook *na* haar dood zal, net als tijdens haar leven, een twistappel de vrucht van haar doen en laten zijn.

De groothertog en groothertogin van Weimar[1] logeren bij ons. *Hij* is belachelijk, maar heeft een goed karakter, ik mag hem wel. *Zij* is heel intelligent, maar niet oprecht, onbetrouwbaar, haar aanwezigheid is verre van aangenaam.

Het spijt mij meer dan ik zeggen kan, dat ik niet naar Engeland ga. Dat vooruitzicht was het enige dat me overeind hield in deze lange donkere winter. Nu zijn we zo diep in de rouw, dat ik er voor het einde van juni niet aan denken kan op reis te gaan.

De prins van Oranje gedroeg zich uitstekend. Hij is raadsman van zijn vader, die hij tot bedaren brengt in diens helaas te veelvuldige aanvallen van razernij. De begrafenis zal op de 16de plaatsvinden. Dat ellendige lijk moet gedurende *zeventien* dagen boven de aarde blijven staan.

1. De groothertogin van Weimar was vóór haar huwelijk prinses Sophie der Nederlanden, enige dochter van Willem II en Anna Paulowna.

Den Haag, 17 maart 1865

Het testament van de oude koningin werd maandag geopend. Zij heeft de koning onterfd en mijn kinderen zelfs niet genoemd, maar grote legaten geschonken aan de kinderen van de Weimars, aan Rusland, aan de tsaar en diens kinderen. De koning was eerst buiten zichzelf van drift, maar op het ogenblik hebben de groothertogin van Weimar en prins Hendrik, die een sluwe, oneerlijke vent is, hem zo ingesponnen dat hij zelfs afstand heeft gedaan van hetgeen hem rechtens toekomt.

Den Haag, 1 april 1865

Ik ben bezig geweest mijn testament op schrift te stellen, dit werk wilde ik eerst af hebben, voor ik iets anders ging doen. Ik vond dat het mijn plicht was, na alle ellende die het testament van de koningin-moeder heeft aangericht. Ik heb het mijne nog geen minuut geleden beëindigd. Indien ik vóór u kom te sterven, hetgeen ik hoop, zult u een teken van mijn vriendschap ontvangen.

Den Haag, 6 april 1865

Ik verzoek u, als een grote gunst, mij dadelijk het Politiek Testament[1] te sturen, en zo mogelijk ook het hoofdartikel van de *Morning Post*. Ik kan u niet zeggen, van hoe immens grote betekenis dit voor mij is. Er heeft ooit een politiek testament bestaan, dat met nog andere dingen is toevertrouwd aan de hoede van een slecht mens, die het vervolgens Lord Palmerston of een ander in handen heeft gespeeld, of dat alsnog zal doen. Het bericht dat u me zond – waar ik absoluut niets van wist – heeft mijn zenuwen totaal in de war gebracht. Wanneer u er niet in slaagt mij een exemplaar van de *Morning Post* te sturen, laat mij dat dan spoedig weten. Ik zal dan naar Engeland schrijven en het mij laten toezenden, maar ik wil er niet graag zoveel ophef van maken. De keizer is hier in geen geval bij betrokken, daar ben ik zeker van.

1. Veronderstelde Sophie, dat het 'Politiek Testament' op instigatie van keizerin Eugenie tot stand gekomen was?

Den Haag, 13 april 1865

Stel u voor, ik kreeg een lange brief van de tsaar van Rusland, om mij te bedanken voor mijn vriendelijkheid jegens mijn 'belle mère', en voor het feit dat ik de Russisch-orthodoxe ceremonieën van haar begrafenis heb bijgewoond. Ik heb die man nog nooit geschreven en was heel verbaasd. Bovendien heb ik, toen ik vorig jaar via Darmstadt reisde, waar de hele Russische familie op dat ogenblik verzameld was, niet haltgehouden.De moraal: hoe minder notitie men neemt van het Russische hof, des te meer doen *zij*! Maar ik ben gegriefd en teleurgesteld door het zwijgen van Lord Napier. In de laatste paar weken heb ik niets van hem gehoord, geen woord. Het is de eerste keer dat hij mij zoiets aandoet, ik had dat van hem niet verwacht...

Den Haag, 4 mei 1865

De lente is dit jaar mooi geweest, zelfs in Holland. Maar ik verlang naar verandering van lucht. Ik moet echter nog wat geduld hebben. Wij horen niet anders dan treurige dingen: die moordaanslag[1] in Amerika! Het is de grote verdienste van Lincoln geweest, dat hij tweemaal tot president gekozen werd. Het leven kon hem eigenlijk niet méér geven. Hij hoefde de hartstochten van de grote massa niet te bespelen en de nationale vooroordelen niet uit te buiten, hij kon naar hartelust zichzelf zijn. De nieuwe president[2], heeft veel van zijn bezit verloren, zijn familie vernederd gezien, hij zal dus feller zijn in al wat hij doet. Well, ik hoop dat het vrede blijft.

1. Abraham Lincoln, president van de Verenigde Staten van Amerika, werd op de 14de april 1865 doodgeschoten.
2. President Andrew Johnson kwam uit Tennessee.

Den Haag, 16 mei 1865

Mijn reis naar Engeland is nu geregeld, ik hoop op de 26ste of 27ste juni te vertrekken. Ik ben van plan te gaan logeren in Claridge's Hotel, Brook Street, waar ik acht jaar geleden zeer gerieflijk gehuisvest was. Ik vraag me af, of Lord Clarendon iets van zich zal laten horen. Hij heeft het zo druk met zichzelf, zijn familie, zijn zaken, men kan niet op hem rekenen. Maar hoe hoop ik *u* daar aan te treffen, lieve vriendin! Waar logeert u dan? Zou u niet naar Lord Broughams huis kunnen gaan?

Huis ten Bosch, 29 mei 1865

De ruzie tussen de keizer en prins Napoleon is een bron van ellende voor mij. Het betekent een triomf voor hun vijanden. Hoewel ik verre van gelukkig ben met de redevoering, geloof ik dat de keizer zich buiten die onenigheden had moeten houden. Het is jammer dat de keizerin, met al haar goede en beminnelijke eigenschappen, zo weinig de kunst verstaat een verzoenende rol te spelen. Tolerantie, geduld oefenen, liggen niet in haar aard. Dat bewijst dat zij nooit echt geleden heeft.

Ik krijg veel aardige brieven uit Engeland. Men verheugt zich op mijn komst; iedereen, behalve Lord Clarendon, die kennelijk bang is voor mijn aanwezigheid. Vreest hij, dat zijn vriendschap voor mij zijn populariteit in gevaar zal brengen, of dat Milady jaloers zal zijn? Ik weet het niet, het verbaast me.

Het Loo, 1 juni 1865

Lord Clarendon zond mij een vriendelijke uitnodiging om bij hem te dineren op de dag na mijn aankomst. Hij is alleen bang, dat er door toedoen van de prins van Wales iets tussen zal komen; hij is er nog ondersteboven van, dat hij eens 's ochtends om elf uur gevraagd werd om 's avonds om acht uur bij Zijne Koninklijke Hoogheid te komen eten...

Huis ten Bosch, 21 augustus 1865

Het weer is al herfstig, dat deprimeert zo... en de moed zinkt me in de schoenen wanneer ik denk aan de lange, lange winter. Vaak keer ik in gedachten terug naar de aangename uren in Engeland; dan zou ik willen gaan liggen, en doodgaan, als doodgaan niet zo pijnlijk was.

Dresden, 22 oktober 1865

Morgen hoop ik Lord Napier te ontmoeten, maar dat staat nog niet vast. De dood van Lord Palmerston heeft mij diep getroffen.[1] Hij was een figuur van zeer grote historische betekenis. Hij was altijd aardig tegen mij. Wie komt er in zijn plaats?[2] Ik hoop *niet* mijn vriend Lord Clarendon.

Mijn lot hier was niet bepaald aangenaam. Ik vatte kou en ben erg ziek geweest. Om toch in het openbaar te kunnen verschijnen, heb ik mijn toevlucht genomen tot paardemiddelen, onder andere opium. Op het ogenblik verkeer ik in een toestand van halve verdoving. Ik heb nergens plezier in, mijn enige wens is, thuis te zijn en rustig in bed te kunnen liggen – al mijn ledematen doen pijn en ik hoest verschrikkelijk.

1. 18 oktober 1865.
2. John, eerste graaf Russell, werd premier.

Het Loo, 27 oktober 1865

Ik heb Lord Napier gesproken en drie kalme uren met hem doorgebracht. Zijn financiële omstandigheden zijn miserabel, hij heeft ongeveer vijftien à twintigduizend pond schulden en bezit slechts een klein landgoed dat tweeduizend pond aan rente opbrengt. Zijn vrouw heeft vijftien à twintigduizend pond te wachten uit een erfenis, maar daar komt hij niet aan. Zelf zal hij te zijner tijd zoiets als achtduizend pond erven van een ver familielid, dat nog niet erg oud is. Men heeft hem als standplaats Madras aangeboden, buiten koningin Victoria om. Hij vindt het niet prettig om daarheen te gaan, maar hij zegt dat hij *moet*, terwille van zijn kinderen. Het is nu al zover gekomen, dat hij bang is voor het uur waarop de post wordt gebracht. Hij heeft nog geen antwoord betreffende zijn pensioen. Door het sterven van Lord Palmerston is de afhandeling van al dergelijke zaken uitgesteld. Maar Lady Ely[1] heeft mij op de 21ste vanuit Balmoral geschreven: 'Ik vrees, dat Lord Napier tot gouverneur van Madras benoemd is. Dat betekent: zijn vertrek uit Europa. Hij gaat naar een heerlijk klimaat en een uitstekende positie en het zal allemaal heel nuttig voor hem zijn, maar wij vinden het jammer dat we hem kwijtraken, hetgeen natuurlijk zelfzuchtig is. Ik geloof, dat koningin Victoria liever had gezien dat hij in Berlijn bleef.

Het zal de prins van Pruisen[2] erg spijten hem te verliezen, hij deed zo-veel.'

Het lijkt dus in kannen en kruiken. Ik verlies een *vriend*, uit wiens geest, intelligentie en ervaring ik goede raad en vreugde putten kon. Ik heb nooit een sprankje liefde voor hem gevoeld, maar de omgang met hem heeft heel veel betekend in mijn saaie leven, ik zal hem eeuwig missen. Arme Lady Napier! 'Zij zal het grootste deel van de tijd in Engeland moeten doorbrengen,' zei hij. Zijn gezondheid leek mij uitstekend. Hij was vriendelijk, ik merkte hoe graag hij in Europa gebleven zou zijn.

Mijn andere vriend, die tot minister van buitenlandse zaken benoemd[3] is, schrijft mij: 'Die arme Palmerston is gestorven door zijn eigen onvoorzichtigheid, zijn categorische weigering om de meest gewone voorzorgsmaatregelen te nemen tegen kou vatten. Bij het onderzoek post mortem werden al zijn organen in goede staat bevonden, de artsen zeggen dat hij wel negentig had kunnen worden indien hij niet zo hardnekkig het feit was blijven negeren dat hij tachtig was. De politieke wapenstilstand die hij heeft weten te handhaven, is nu ten einde, de partijenoorlog begint opnieuw, en daar de regering weinig invloed heeft in het Lagerhuis zullen de fracties sterk zijn, ik verwacht dus niet dat de huidige regering lang zal aanblijven; ik ben daar niet rouwig om.' Ook van hèm zal ik in de toekomst minder zien en horen. In één klap schijnen mijn twee vrienden nu verder van mij weg dan ooit tevoren.

1. Lady Ely was een hofdame van koningin Victoria.
2. Prins Friedrich van Pruisen, de echtgenoot van koningin Victoria's oudste dochter.
3. Lord Clarendon.

Het Loo, 3 november 1865

Het ziet er in de politiek niet bijster gunstig uit. De *Times* schrijft over Lord Russell, beweert dat zijn aanstelling niet populair is, maar uitsluitend het gevolg van de huidige nood. Dat zijn dus duidelijk de gevoelens die in Engeland heersen. Ik ben er echter absoluut zeker van, dat Gladstone[1] zich niet zal kunnen handhaven indien hij aangesteld wordt. Het zal hem ook moeilijk vallen het Lagerhuis leiding te geven, aangezien hij vast niet populair is, maar ik ben er van overtuigd dat hij genoeg gezond verstand heeft om een andere toon aan te slaan zodra hij voelt welk een grote verantwoordelijkheid er op zijn schouders rust. Wat oratorisch talent en gemak en waardigheid van optreden betreft, vindt hij in die vergadering zijns gelijke niet.

1. William E. Gladstone (1809–1898), leider van de liberale partij, en in de loop der jaren viermaal premier, was in het ministerie Russell minister van financiën.

Het Loo, 8 november 1865
De Nederlandse courant van vanochtend maakt de aanstelling van Lord Napier in Madras bekend. Ik heb hem geen geld cadeau willen geven, maar hem alleen een lening aangeboden. Omdat ik geen geld kan schenken zonder dat de mensen het te weten komen, vroeg ik hem een kostbaar juweel aan te nemen. Hij had mij dan terug kunnen betalen zodra het hem gelegen kwam. Maar nu is dat allemaal niet meer nodig. De teerling is geworpen.

Den Haag, 16 november 1865
Ik ben bezig mijn memoires te schrijven, in het Frans. De vrienden van wie ik het op prijs zou stellen dat zij die lazen, kennen geen Duits. Maar hoewel ik eventueel wel een behoorlijke Franse brief op papier kan zetten, voel ik, dat ik wat stijl betreft tekort schiet in een tekst die geen brief is. Dat is de pech van wie het Frans niet tot moedertaal heeft!

Den Haag, 28 november 1865
Omstreeks de 13de of 14de december zullen Lady Napier en Willie[1] op weg naar Engeland even Den Haag aandoen. *Hij* komt wat later. Hij schrijft mij tegenwoordig vaak, hij heeft het erg druk, en geniet geloof ik van zijn toekomstige machtspositie. Ik stuur u een van zijn laatste brieven. Zijn vrouw is bewonderenswaardig, zij gaat met hem mee; maar voor háár is dat een opoffering: een moordend klimaat, de scheiding van haar kinderen, haar moeder, haar familie... zij accepteert het allemaal terwille van hem.
Is het mogelijk dat Lord Augustus Loftus[2] tot gezant in Berlijn benoemd wordt in plaats van Lord Napier? Als dat waar is: wat een dwaasheid van Lord Clarendon om *die* man te kiezen!

1. William, de oudste zoon van Lord Napier.
2. Lord Augustus Loftus, een van de 'zwarte schapen' van koningin Sophie, werd inderdaad benoemd tot ambassadeur in Berlijn.

Den Haag, 18 december 1865
Ik heb bezoek gehad van Lady Napier en Willie. Arme vrouw, zij is oud geworden. De vier jongens blijven in Engeland, zij gaat met hem mee. Ik heb respect voor haar, maar haar persoonlijkheid ligt mij niet. Ik vroeg haar naar Loftus, waarom hij benoemd is? Zij antwoordde: 'Niemand weet het, niemand is er blij mee, maar wij zijn de laatsten om iets ten nadele van onze opvolgers te zeggen.'

Den Haag, 27 december 1865

Ik geloof toch niet, dat Lord Napier zo gelukkig is met die aanstelling in Madras. Hij is niet eerzuchtig, hij houdt van en hij heeft behoefte aan sociaal contact, waarin hij uitblinkt. Hij zal dat missen, en al de kleine dagelijkse problemen van het ambtenarenbestaan en van de samenwerking met de generaal[1], een man met een hoogst onaangenaam humeur, zullen hem op den duur gaan bedrukken. Bovendien is zijn gestel typisch Noordeuropees. Hij kan ijs en sneeuw verdragen, houdt van de jacht op Russische beren en elanden; het verschrikkelijke loom-makende klimaat daarginds zal een vernietigende uitwerking op hem hebben. Maar het moet nu eenmaal zo zijn. Ik verwacht hem tegen de 8ste van de volgende maand.

1. Sir John Gaspard le Marchant, opperbevelhebber van het garnizoen te Madras van 1865 tot 1868.

Den Haag, 15 januari 1866

Neen, Lord Napier is nog niet gekomen. Hij kondigde zijn bezoek aan voor de 8ste. Op die dag hadden wij een diner voor de Belgische ambassade; de trein uit Berlijn kwam om half vijf aan. Ik verwachtte een berichtje van hem, dat had kunnen komen terwijl ik mij aan het kleden was; ik stelde vast een antwoord op, maar de tijd ging voorbij, er kwam géén bericht en hij verscheen niet. De volgende dag wachtte ik, ontving geen andere mensen, maar hij kwam niet. Op de 10de een kort briefje: hij zou de 14de komen. Op de 14de, gisteren, géén Lord Napier. Vandaag krijg ik een telegram: hij komt op de 18de. Geeft geen redenen op. Zijn audiënties zijn afgelopen; hij is vast weer verliefd. Ik heb alles, zakelijke aangelegenheden, recepties, afgezegd om vrij te zijn. Ik beklaag me niet, zo zijn mannen nu eenmaal, à nous de souffrir...

Den Haag, 31 januari 1866

Een kort bezoek van Lord Napier. Zijn gezondheidstoestand liet te wensen over en hij was uit zijn humeur. Ik ken die norse buien van hem, maar toch vond ik het jammer, dat hij daar last van had op onze laatste, allerlaatste ontmoeting. Na zijn vertrek voel ik mij als verdoofd. Ik heb weinig te verliezen in mijn troosteloze bestaan, maar dit is een heel harde slag! Ik begrijp het wel: hoewel hij het niet wil toegeven, heeft hij spijt van wat hij gedaan heeft; hoe meer de dag van zijn verbanning nadert, des te meer vreest hij die. Indien koningin Victoria hem maar één enkel woordje had gestuurd – dat zij het betreurde dat hij uit de diplomatieke dienst ging, waarin hij zulk nuttig werk heeft verricht – dan zou hij gebleven zijn. Hij haastte zich van hier naar Devonshire, waar zijn vrouw en zijn vier zoons bij zijn schoonmoeder zijn. Op de 18de februari zal hij per schip naar Italië vertrekken.

Den Haag, 6 februari 1866

Wij zitten midden in een ministeriële crisis. De koning wil geld hebben, om aan zijn maîtresse te geven. Thorbecke weigerde, maar de minister van koloniën heeft een toezegging gedaan. Het is een smerige boel – een uiterst weerzinwekkende, immorele gang van zaken.[1]

1. Geldt deze insinuatie de 'conservatieve koloniale deskundige' Mijer die in het begin van 1866, na de val van het kabinet Fransen van de Putte, accepteerde om tot en met de behandeling van de begroting als minister van koloniën te fungeren – in de verwachting daarna de vacante positie van gouverneur-generaal van Nederlands Indië te krijgen? Inderdaad werd hij op 16 september tot gouverneur-generaal benoemd, en dit gaf aanleiding tot felle kritiek en tot debatten over de bevoegdheid van de koning om in laatste instantie te beslissen in zaken die het bestuur over de koloniën betroffen.

Den Haag, 13 februari 1866

Lord Clarendon denkt niet dat de huidige regering in Engeland standhoudt. Ik geloof niet dat er een goede verhouding is tussen hem en Lord Russell.

Ik kreeg een heel, heel treurige brief van Lord Napier. Wanhoop maakt zich geleidelijk van hem meester. Degene die hem de benoeming in Madras heeft bezorgd[1], is met pensioen gegaan. Dat is een zware slag voor Lord Napier, want daarmee zijn zijn kansen om ooit gouverneurgeneraal van India te worden verkeken. En dat was zijn heimelijke hoop, zijn eigenlijke doel...

1. Sir Charles Wood, later Burggraaf Halifax, was minister van koloniën voor India tijdens het ministerie Palmerston; hij behield die functie onder Russell. In 1866 nam hij echter ontslag. Lord Napier verloor daardoor zijn promotor, die hem stellig eens tot onderkoning benoemd zou hebben.

Den Haag, 20 februari 1866

Ik ontving uw vriendelijke schrijven. Ik ben zo blij voor u, dat u het grote genoegen gesmaakt hebt Charles d'Aremberg te ontmoeten. Dat zal u voor enige tijd *rust* geven, de knagende pijn van twijfel is weg. Ik heb juist onlangs naar hem gevraagd bij prinses Hendrik[1], zij kwam hier vrijdag jongstleden. Ja, zij heeft hem gesproken, en vond hem een aangenaam mens hoewel wat sarcastisch; heel groot, knap, maar niet opvallend. Hij zei, dat hij het niet prettig vindt in Brussel, en daar alleen maar heen gaat als het absoluut nodig is, voor zaken, of om zijn moeder te zien. Prinses Hendrik is een heel eerlijke vrouw.

1. De echtgenote van koningin Sophies zwager prins Hendrik der Nederlanden.

Den Haag, 26 februari 1866

In haast alle Haagse families heersen de mazelen. Ik ben bang, dat mijn jongen ze ook zal krijgen. Zo ja, dan ben *ik* waarschijnlijk de volgende patiënt, want ik heb nooit mazelen gehad en ik voel mij al niet goed.

Ik hoor niets wat de internationale politiek betreft. Tussen Oostenrijk en Pruisen is er storm op til. Een van de twee moet toegeven of er komt een gewapend conflict.

Den Haag, 7 maart 1866

Ik heb geen mazelen gekregen en mijn zoon ook niet – goddank! Eén avond leek het er zo verdacht veel op, omdat wij allemaal keelpijn en koorts hadden en verkouden waren, dat ik maatregelen nam om toch dicht bij mijn jongen te kunnen zijn wanneer ik zelf ook in bed zou moeten blijven. Ik ben blij dat we hiervoor gespaard gebleven zijn, en dat we verder kunnen leven zonder nieuwe narigheid.

Neen, ik wist niet dat koningin Victoria geldzorgen heeft. Zij leidt een zo teruggetrokken en bescheiden leven dat ik mij afvraag waar al dat geld dan naar toe gaat. Ik hoorde van iemand die haar goed kent, dat zij alleen maar iets geeft om de mensen die bij haar in huis wonen en die zij regelmatig ziet. Haar hovelingen, haar ministers, zelfs haar dochters vergeet zij op den duur wanneer die niet in haar onmiddellijke nabijheid zijn. Dat is geen blijk van warm, actief gevoel. Zij verlangt niet naar liefde die boven de primitieve aandrift uitgaat.

De keizerin doet erg dwaas over Marie Antoinette, zij kleedt zich op dezelfde manier, bootst haar na, praat over haar als over een heilige – maar dat is allemaal ongevaarlijk. Daarentegen heeft zij in de laatste tijd aangedrongen op een aantal bijzonder onverstandige maatregelen: de prefect van politie, een volkomen integer, eerbaar en bekwaam man, die gedurende acht lange jaren over het leven van de keizer gewaakt heeft en hem beschermd heeft tegen moordaanslagen en samenzweringen, is door háár toedoen uit zijn ambt ontzet, omdat uit zijn rapporten aan de keizer bleek welk een slechte invloed haar lichtzinnige coterie uitoefent op de openbare zeden en de publieke opinie. Zij stond er op dat hij weg moest en de keizer was zo zwak toe te geven. Deze man was een van de weinige mensen die hem werkelijk *toegedaan* waren.

Amsterdam, 12 april 1866

Er wordt hier veel gesproken over koningin Victoria in verband met haar Schotse 'gilly', John Brown. Natuurlijk is het absurde kletspraat, maar zij heeft wel een eigenaardige voorkeur voor hem, hij moet altijd bij haar zijn, zelfs bij de opening van het parlement; hij draagt haar dozen met depêches en hij leidt haar pony aan de teugel – wel zeer uitéénlopende werkzaamheden! Op een dag in de winter heeft men op de muren van Kasteel Windsor borden ontdekt met opschrift 'Mrs.John Brown'. Ik ben er van overtuigd, dat zij niets voor hem voelt, maar zich een soort van huiselijke gemeenzaamheid met hem veroorlooft die haar prettig aandoet. Zij is niet *verheven*, zelfs niet in haar rouw. Arme vrouw! Eenzaam temidden van al haar grandeur.

19 april 1866

Ik geloof steeds minder dat er oorlog komt. Het zal wel weer de eeuwige geschiedenis worden van stijlloos geharrewar. Maar de democratie blijft zich ontwikkelen. De sociale toestanden in Duitsland zijn allesbehalve bevredigend. Er zijn teveel voorrechten, er is teveel misbruik van die voorrechten, de lagere klassen van de bevolking verdragen dat niet langer. De huidige koning van Pruisen is negenenzestig, maar als hij sterft zullen zijn zoon en diens eerzuchtige, felle vrouw, precies hetzelfde doen wat de Bismarcks – die zij zo haten – willen doen, dat ligt nu eenmaal in de aard der dingen.

Zelfs in Holland gebeurt er van allerlei vreemds. Onze koloniën moeten op een andere wijze bestuurd worden, maar we weten niet hoe of met welke middelen – op een dag ontglippen ze ons, dan zijn we ze kwijt. Vrijheid, vooruitgang, manifesteren zich overal, als de bloedsomloop in een lichaam. Zodra dat ophoudt, volgt de dood.

Den Haag, 8 mei 1866

Ik zoek steun bij u, in deze duistere verwarde tijd. Nu moet ik wel geloven dat er oorlog komt, hetgeen ik nog niet eerder gedaan heb[1]. Oorlog en eindeloze ellende. Ik vind de redevoering van de keizer betreurenswaardig. Een zinloze zaak: geen enkele Bonaparte kan iets voelen voor de verdragen van 1815, maar waarom moet hij dat op dit ogenblik nog eens herhalen? Er blijkt uit, dat hij geen verantwoordelijkheidsbesef heeft. Hoefde ik maar geen couranten meer te lezen.

Ik zend u ingesloten een brief die ik ontving uit Madras, ver van het toneel van de politieke strijd in Europa: een opgewekte brief. Voorlopig zal hij wel gelukkig zijn en zich amuseren, maar na een tijd krijgt hij er genoeg van, dan verlangt hij naar het gezelschap van zijns gelijken, naar iets dat hem werkelijk interesseert, naar de soort van afleiding die het leven in het verre Oosten niet bieden kan. Macht kan veel betekenen voor een man, maar hij wil méér. Ik schrijf hem met iedere post, maar correspondentie is saai wanneer men niet dadelijk antwoord krijgt. Die aanslag op Bismarck is schokkend. Men zegt, dat hij grote moed en tegenwoordigheid van geest getoond heeft. Moed is zijn beste eigenschap, maar is ook een extra gevaar op de plaats die hij nu bekleedt. Ik denk, dat de Engelse regering neutraal zal blijven, al valt daar niet veel eer mee te behalen. Russell noch Gladstone willen afstand doen van hun macht, en de Tories zijn niet klaar. Dizzy is hun 'drawback'.

Ons land wordt bedreigd door cholera; er waren gevallen in Rotterdam. Onze regering kreeg zoveel verwijten te horen omdat zij niets gedaan heeft om de runderpest te bestrijden, dat zij nu weer overdrijft met maatregelen tegen de epidemie. Maar er is nog geen geval van cholera in Den Haag voorgekomen.

1. Op 9 april 1866 had Bismarck een motie ingediend ter hervorming van de Duitse Bond. Hij wist, dat Oostenrijk zou tegenstemmen, de crisis die hij verwachtte, bleef niet uit.

Den Haag, 12 juni 1866

Jongstleden vrijdag ben ik naar het cholera-hospitaal geweest, om de zieken daar te bezoeken. Ik schrok wel van een stervende vrouw, die helemaal blauw was. De anderen waren niet zo akelig om te zien. Ik ging, omdat de mensen in het land in paniek raakten. De gemeente is zo dom, om degenen die aan cholera gestorven zijn na zonsondergang te begraven; als de mensen van hun werk naar huis gaan, of een avondwandeling maken, jagen al die zwarte rouwstoeten hen angst aan. Nu heb ik laten zien, dat het meevalt. Cholera is niet gevaarlijk wanneer men dadelijk maatregelen neemt. Het is dodelijk als men daarmee wacht, en de zaak op zijn beloop laat.

Het Loo, 27 juni 1866

Het is dus afgelopen met deze Engelse regering[1]. Dat zal mijn vriend Clarendon vervelend vinden. Maandag, de 25ste schreef hij: 'Ik heb het gevoel alsof ik sta aan de voet van een vulkaan, die tekenen vertoont van een naderende verschrikkelijke uitbarsting. Ik zou nooit vluchten voor die dreiging en evenmin mijn plicht verzaken, maar ik kan het niet opbrengen spijt te hebben van de verandering in de regering hier, die me onvermijdelijk schijnt. Drie uur geleden had ik waarschijnlijk het tegenovergestelde geschreven, want toen besloot de hele liberale partij om als het ware een brug voor de regering te vormen, dat wil zeggen, om met ere aan te blijven en zo het beginsel van hervorming levend te houden, maar dat gaat Gladstone niet ver genoeg. Hij wil over zijn tegenstanders zegevieren, hij is niet tevreden wanneer zij geen bakzeil halen en die genoegdoening geven zij hem niet. En dus blijven wij volharden in ons besluit af te treden. Russell en Granville gaan morgen naar Windsor om de koningin te ontmoeten, zodra zij daar aankomt. Zij kon zelfs niet even een oponthoud in Londen inlassen, om hen de tijd en de moeite van die tocht te besparen.'

1. Russell trad af, toen hij er niet in geslaagd was het parlement te bewegen om zijn Reform Bill, een wet ter uitbreiding van het kiesrecht, te aanvaarden.

Huis ten Bosch, 5 juli 1866

Helaas, de Oostenrijkers zijn verslagen, definitief verslagen[1]. Daaraan valt niet meer te twijfelen. Gaven ze nu Venetië maar op, dan konden zij met de troepen die ze daar hebben dat afschuwelijke Pruisen vernietigen, dat zich veel verraderlijker gedragen heeft dan destijds Napoleon I, toen hij Spanje binnenviel.

Lord Clarendon schreef mij dinsdag jongstleden: 'Ik ga morgen met Stanley praten, en ik denk dat ik vrijdag voor hem het veld zal moeten ruimen op buitenlandse zaken. Het corps diplomatique is niet erg op zijn komst gesteld. Hij is zo dor en stijf, en heeft zulke vreemde theorieën over zijn taak.'

Om u de waarheid te zeggen, Engelands lankmoedigheid, die neutraliteit genoemd wordt, is beneden de waardigheid van een groot volk. Die maakt dat Engeland in Europa zijn rang verliest.

Ik begrijp niet, waarom de keizer van Frankrijk toenadering zoekt tot Pruisen, dat mettertijd een zeer onaangename en lastige buurman zal worden.

1. In de slag bij Königgrätz, of Sadowa, op 3 juli 1866. De Oostenrijkers verloren 24000 man, er werden 12000 krijgsgevangen gemaakt. De Pruisen verloren 9000 man.

Huis ten Bosch, 9 juli 1866

Ik weet alleen, wat de Belgische, Franse en Hollandse couranten schrijven. Oostenrijk is verslagen. Charles d'Aremberg is stellig niet dood en ook niet gewond. Dat zouden wij wel gehoord hebben.

Bismarck zit vast in het zadel. De Pruisen schijnen te beschikken over voortreffelijke vuurwapens. Indien Pruisen er in slaagt de overwinning te behalen, dan zij God ons genadig. Ik *hoop*, dat de Fransen eindelijk tussenbeide zullen komen, maar zij hebben nu dat eigenaardige penchant voor Pruisen. Ik las twee brieven die keizer Napoleon geschreven heeft, één aan de koning van Pruisen, één aan de koning van Italië. De eerste is bepaald hartelijk, de andere bevelend van toon.

Huis ten Bosch, 31 juli 1866

Er komt vrede, een beschamende vrede[1]. Wij zullen een Pruisisch tijdvak beleven, zoals we eens een Napoleontisch tijdperk hebben gehad.

1. 26 juli 1866, de Vrede van Nikolsburg betekende het einde van de Duitse Bond. De Duitse Staten ten noorden van de rivier de Main zouden de Noordduitse Statenbond moeten vormen onder leiding van Pruisen. Hannover, Hessen, Nassau en Frankfurt werden door Pruisen geannexeerd. De Zuidduitse Staten bleven onafhankelijk, maar moesten schadevergoeding betalen.

Den Haag, 28 oktober 1866

Er is nogal wat beroering in ons land. De beide Kamers zijn ontbonden, morgen worden er nieuwe verkiezingen gehouden, maar ik betwijfel of de regeringspartij een meerderheid zal behalen[1]; het is alles bijelkaar een treurige situatie. Het staat wel vast, dat Pruisen graag Holland zou annexeren, wij behoren ons dus kalm en evenwichtig te gedragen.

1. Conservatieven en conservatief-liberalen verenigden zich tegen de liberale plannen tot hervorming, vooral waar het de koloniën betrof. De conservatieven verwierven bovendien nieuwe aanhang van katholieke zijde.

Den Haag, 19 december 1866

Lady Napier heeft steeds tegen mij gezegd, dat zij na een jaar naar Engeland zou terugkeren, om de meerderjarigheid van haar oudste zoon te vieren, maar zij heeft maar zes of zeven maanden in Europa doorgebracht en is daarna weer naar India gegaan. Haar gezondheid is goed, zij rijdt veel paard, maar aangezien *hij* voortdurend op reis is in dat enorm uitgestrekte gebied, leven zij meestal gescheiden. *Zij* woont in de heuvels, en *hij* heeft rondgezworven aan wat hij noemt 'de melodieuze kusten van Malabar'. Ik merk, dat hij zich gelukkig voelt. Maar ik weet niet of hij dat kan blijven. Ieder jaar tast het klimaat daarginds een Europees gestel meer aan; de bekoring van het nieuwe, van een machtspositie, zal slijten.

Den Haag, 11 januari 1867

Ja, de ster van de keizer verbleekt. Alles en iedereen keert zich tegen hem, zelfs in de liefde heeft hij geen succes meer. Mexico: een volslagen mislukking. Rome, Pruisen, wenden zich van hem af. Hij schreef mij een treurige, heel treurige brief met nieuwjaar, alsof hij sombere voorgevoelens heeft.

Den Haag, 25 januari 1867

Lord Napier heeft mij herhaaldelijk geschreven over de hongersnood in India. Hij zegt, dat het de schuld van de regering is, die niets heeft gedaan om de bevloeiing van de rijstvelden beter te regelen. Hij denkt, dat een dergelijke ramp niet meer zal voorkomen, wanneer de bevloeiingswerken die men nu ontworpen heeft uitgevoerd zullen zijn. Ik merk dat hij maar één ding wenst en nastreeft, en dat is: gouverneur-generaal worden.

Den Haag, 2 februari 1867

Lord Clarendon schreef mij over de binnenlandse politiek in Engeland: 'Wat onze partij nodig heeft, is controle en saamhorigheid, anders valt zij uiteen. Er is nooit veel interne discipline geweest en de afwezigheid van de leiders heeft heel wat ergenis gewekt. Men heeft Gladstone aan zijn verstand gebracht, dat hij nu niet in Parijs moet gaan flaneren en Russell, dat hij niet zijn zieke kind moet blijven verplegen in Nîmes, waar hij de afgelopen veertien dagen heeft doorgebracht – ik geloof dat zij deze week allebei terugkomen. Dizzy is volkomen meester van de situatie en windt Lord Derby, die geen sprankje morele moed bezit, om zijn vinger. En dus verwacht ik, dat er heel wat op touw gezet zal worden om de 'Reform' uit te stellen, en dat dit de steun van het Hogerhuis zal krijgen, dat nu eenmaal bang is voor hervorming en vreest ontbonden te zullen worden. Het zal vermakelijk zijn getuige te wezen van het enorme vertoon van hypocrisie op de vergadering, maar het resultaat van alles zal wel zijn, denk ik, dat de huidige regering blijft zitten, behalve wanneer Gladstone er in slaagt de leden meer vertrouwen in te boezemen dan hij genoot toen het Parlement uitééenging.'[1]

Tot zover Lord Clarendon. Hij zegt nooit iets over *buitenlandse* politiek, ik vraag hem daar ook nooit naar, 'et pour cause'.

1. Lord Clarendon zinspeelt hier op de ingewikkelde wordingsgeschiedenis van de tweede Reform Act. De Whigs, onder Russell, waren er niet in geslaagd het stemrecht uit te breiden. Ironie van het lot: de Tories onder Derby, met Disraeli als zijn rechterhand, voerden een nog veel radicalere maatregel in, die in augustus 1867 wettelijk bekrachtigd werd.

Den Haag, 18 maart 1867

Het valt mij moeilijk te antwoorden op de vragen die u stelt. Wij zullen Luxemburg stellig over niet al te lange tijd kwijtraken. Waarom? Dáár gaat het om. Er is iemand, die in deze zaak een kwalijke rol speelt, en dat is prins Hendrik.

Den Haag, 15 april 1867

Die kwestie betreffende Luxemburg is in een impasse geraakt, en wordt nu aan een commissie voorgelegd.[1] Wij houden het niet, dat voel ik. Ik heb een afschuw van het idee dat men iets verkoopt waarop men door zijn geboorte *recht* heeft. Prins Hendrik ageert op een heel onsympathieke manier tegen de belangen van mijn zoons, zijn eigen neven. Vanavond komt mijn oudste jongen uit Parijs terug – hij zal met zijn frisse energieke aard wel weten hoe hij tegen dat duistere gekonkel moet optreden.

1. Als groothertog van Luxemburg (en tevens vanwege het bezit van de provincie Limburg) was Willem III lid van de Duitse Bond. Nu Pruisen zo machtig geworden was, leek het gevaar niet denkbeeldig dat het ten opzichte van Nederlands grondgebied annexatieplannen smeedde. In ieder geval eiste Bismarck dat er betreffende Luxemburg en Limburg een voor Pruisen bevredigende regeling zou worden getroffen. In verband hiermee zocht Nederland de steun van Engeland en Frankrijk. Napoleon III bleek niet ongenegen Luxemburg over te nemen, te kopen. De onderhandelingen hierover wakkerden nu weer de vijandige gevoelens tussen Pruisen en Frankrijk aan. Sophie was er kennelijk van overtuigd, dat prins Hendrik zich met deze kwestie bemoeide om in troebel water te kunnen vissen; volgens haar wilde hij graag heerser worden over een onafhankelijk Luxemburg. Dat betekende in haar ogen een aantasting van het erfgoed van de Oranjes.

Amsterdam, 25 april 1867

Zouden de Pruisen de Fransen kunnen verslaan? Zij winnen dan in feite maar heel weinig, want geen enkele Franse provincie zal Pruisisch willen worden. In Polen zien we wat de gevolgen zijn van gedwongen onderwerping. Indien daarentegen de Fransen de Pruisen zouden verslaan, zouden zij zich een deel van de Rijnprovincies toeëigenen. De Pruisen zouden dan hun prestige verloren hebben en weer voor den dag komen als wat ze ook *zijn*, de meest onaangename lieden op aarde.

Ik ben nu in Amsterdam, temidden van veel drukte en gedoe en dat zou wel prettig zijn, als ik er lichamelijk maar tegen opgewassen was. Ik heb heel pijnlijke krampen in mijn benen en voeten, hetgeen naar men zegt een symptoom is van een zwak hart. Daarom kan ik ook niet tegen vermoeienis en inspanning.

Huis ten Bosch, 6 juli 1867

Ik lig nog steeds in bed met reumatische koortsen. De artsen zeggen, dat het beter zal worden, dat ik over een tijd geen pijn meer zal hebben in mijn borst en mijn zij. Op het ogenblik heb ik nog hoge koorts en erge pijn in mijn ledematen, maar het is waar dat ik vrijer kan ademhalen.

Wat verschrikkelijk zijn die tragische gebeurtenissen in Mexico! Is het niet ongelofelijk, dat de Verenigde Staten niets konden doen om die ongelukkige Maximiliaan te redden!

Huis ten Bosch, 23 juli 1867

Het is hier op het ogenblik zo eenzaam als in de woestijn – niemand om mee te praten – geen vreemdelingen, geen reizigers – alles en iedereen gaat naar Parijs. Maar wie ik wèl ontmoet heb: Lady Napier. Zij kwam voor de duur van vierentwintig uur hier, liet haar kinderen, haar moeder en haar vrienden in de steek en stak de Noordzee over om mij op te zoeken. Dat was aardig van haar. Zij zag er goed uit, gebruind door de zon van India. Zij vertrouwde mij toe, dat zij het leven in Madras prefereert boven dat in St.Petersburg. Zij zegt, dat haar man zich gelukkig voelt en het erg druk heeft. Zij leggen geld opzij, betalen hun schulden af, en steunen hun zoons in hun loopbaan. Zij hoopt, dat haar man onderkoning van India wordt als de huidige met pensioen gaat. Is daar kans op? Toen zij wegging voelde ik mij zeer, zeer eenzaam; ik ging bedroefd en vol zorg in bed liggen.

Weet u, wat u me vertelt over d'Aremberg maakt me verdrietig. Voor mij komt er nooit een einde aan werkelijke *genegenheid*. Dat gevoel ondergaat wel eens veranderingen, maar het *blijft*. Waarom zou het bij u anders zijn? Misschien is hij wel eens onrechtvaardig en wreed geweest, zoals mannen kunnen zijn, maar uw wederzijdse genegenheid of vriendschap – noem het zoals u wilt – blijft toch bestaan. Hij zal u niet vergeten. Wie u eens gekend heeft, kan dat niet, daarvan ben ik overtuigd.

Huis ten Bosch, 4 augustus 1867

Het is heel moeilijk voor mij om aan koningin Victoria te schrijven[1]. Ik schrijf haar *nooit*, behalve bij speciale gelegenheden, sterfgevallen, geboorten, huwelijken. *Zij zou mij stellig verwijzen naar haar ministers.* Wat ik kan doen, is een officiële brief schrijven aan prinses Alice, die deze dan doorstuurt naar de koningin. Ik kan mij alleen tot Victoria richten als Nederlands koningin tot Engelands soeverein, en ik kan nergens om vragen, maar ik kan eventueel wèl via een derde een wens uiten – een *wens*, geen eis. Ik geloof dat – indien ik officieel om de benoeming van u en uw man zou vragen – zoiets beschouwd zou worden als een reden om mijn verzoek *niet* in te willigen. Ik herinner mij, dat mijn vader destijds officieel uiting gaf aan zijn wens, dat Mr. Willoughby in Stuttgart geplaatst zou worden, en dat hij toen een weigerend antwoord kreeg.

Wilt u dat ik aan prinses Alice schrijf? En waar bevindt prinses Alice zich op het ogenblik? Op Marlborough House of te Osborne? In ieder geval zou ik het zo willen inkleden, dat die brief aan de koningin wordt voorgelegd. Ik vrees, dat de zaak al beklonken is, en dat Mr. Harris de aanstelling heeft gekregen, maar ik zal doen wat ik kan.

1. Over een eventuele benoeming van Sir Alexander Malet tot ambassadeur in Den Haag. Door de Vrede van Nikolsburg (het einde van de Duitse Bond) had hij zijn functie in Frankfurt verloren en was gepensioneerd.

Huis ten Bosch, 5 augustus 1867

Gisteren ontving ik uw beide brieven. Ik stuur u een afschrift van mijn brief aan prinses Alice, die met de post van vandaag naar Darmstadt gaat. Ik heb informatie ingewonnen en gehoord dat zij daar een dezer dagen terugkeert.

[Ingesloten afschrift:] 'Mevrouw, Uwe Koninklijke Hoogheid zal misschien verbaasd zijn een brief van mij te ontvangen. Ik schrijf u ten behoeve van een goede vriend, een trouw onderdaan van de koningin, uw moeder.

Sir Alexander Malet heeft gedurende vele jaren de Britse kroon bekwaam en met succes gediend. Door de gebeurtenissen van 1866 is hem zijn functie ontvallen.

De diplomatieke post in Den Haag is vrijgekomen, daar Sir James Milbanke zijn pensioen heeft aangevraagd. Ik zou het beschouwen als een bewijs van vriendschap jegens mij en mijn familie, indien Hare Majesteit Sir Alexander benoemt tot haar gezant in Nederland. Lady Malet en ik zijn sinds vijfentwintig jaar met elkaar bevriend. Het is een daad van rechtvaardigheid, iemand die in een moeilijke positie altijd met zoveel waarachtig gezond verstand, bekwaamheid, discretie en loyaliteit gehandeld heeft, opnieuw een verantwoordelijke post toe te vertrouwen. Met verontschuldigingen aan Uwe Koninklijke Hoogheid voor deze inmenging, maar tevens met de vraag, of u dit verzoek onder de aandacht van uw moeder wilt brengen, blijf ik, dear Madam, uw liefhebbende nicht, Sophia.'

Huis ten Bosch, 8 augustus 1867

Harris[1] heeft niet veel zin om hier gezant te worden. Hij vreest de duurte in Den Haag en de noodzaak veel te ontvangen – iets, dat hij in Baden nooit deed. Indien u Den Haag niet krijgt, zou u dan Bern willen hebben? Dat is, wat ik persoonlijk na Den Haag het liefst voor u zou willen, omdat ik u daar dan ieder jaar zou kunnen ontmoeten.

Lord Stanley moet *weten*, dat ik u graag hier zie komen. Ik heb het niet alleen gezegd, ik heb het tot tweemaal toe *geschreven* aan Lady

Salisbury en bij mijn brieven aan haar boodschappen voor Lord Stanley gevoegd, die zij hem gegeven heeft.

1. Sir Edward Harris was van 1867 tot 1877 Brits gezant in Den Haag.

Het Loo, 20 augustus 1867

Ik ben hier alléén heengegaan, zonder mijn zoons. De koning stelde het mij voor, en ik doe mijn best nooit te weigeren wat hij vraagt. Men fluistert dat zijn verhouding met die vreselijke vrouw, Musard[1], ten einde loopt. Indien ik niet naar Het Loo had willen gaan, had de *onrechtvaardige* buitenwereld kunnen zeggen: 'Het is háár fout, *hij* wilde dat zij bij hem kwam, maar *zij* wilde niet.' En dus ging ik, met tegenzin, verliet mijn huis, waar het juist nu zo heerlijk is, en Den Haag, in de levendigste periode van het seizoen.

1. Elisa Parker, alias Madame Musard, echtgenote van de eigenaar van het Concert Musard aan de Champs Elysées te Parijs.

Het Loo, 25 augustus 1867

Het is nu officieel bekend, Harris heeft de aanstelling in Den Haag gekregen. Hoewel ik niet verwachtte dat uw man benoemd zou worden, aangezien droeve ervaring mij geleerd heeft *nooit* te geloven dat wat ik graag wil ook gebeuren zal, betekende de officiële aankondiging toch een slag voor mij. Harris is niet geschikt. Er is hier niet zo heel veel te doen op zakelijk gebied, en verder alleen wat koloniale problemen, waarvoor tact, voorzichtigheid en een gematigd optreden vereist zijn. Hij bezit geen van deze vereisten, en hij zal zich hier ook niet op zijn gemak voelen. Het grotere huis waar het Engelse gezantschap voor de komende twintig jaar gevestigd zal zijn, is duur om in te richten en hij heeft geen eigen fortuin.

Huis ten Bosch, 31 augustus 1867

Lady Milbanke komt vandaag afscheid van mij nemen. Zij gaat dinsdag weg. Milbanke wacht op Harris en hoopt dat die zijn meubilair over wil nemen, maar Harris heeft nog niets van zich laten horen en niemand weet wanneer hij komt.

Helaas, in deze wereld is misverstand de bron van alle kwaad. Indien we alles konden uitspreken, zou het ook te dragen zijn. 'Tout comprendre c'est tout pardonner,' zei Spinoza, de grootste Nederlander die ooit geleefd heeft[1].

1. Deze uitspraak is niet van Spinoza, maar van madame de Staël, uit haar roman *Corinne*.

Huis ten Bosch, 15 september 1867

Ik heb een brief geschreven aan koningin Victoria op 26 augustus, toen mijn reis naar Engeland vaststond[1], om haar dat mee te delen. 'Ofschoon ik geen hoop mag koesteren Uwe Majesteit te ontmoeten acht ik het mijn plicht mijn komst aan te kondigen, enz. enz.' Tot op heden, 15 september, heb ik *geen* antwoord ontvangen, en aangezien zij mijn brief korte tijd na die van prinses Alice moet hebben gekregen, meen ik uit een en ander te moeten opmaken dat er sprake is van Hoog Misnoegen. Never mind, ik heb gedaan wat naar mijn idee juist was.

1. Op 11 september 1867 schreef Sophie aan Lady Salisbury, of zij op 21 september mocht komen logeren op het landgoed Hatfield: 'Staat u me toe twee hofdames en een heer mee te brengen: de oude mevrouw Pabst, freule Van Dedem, en graaf Bylandt, die Engels spreekt als een Engelsman, omdat zijn moeder een Engelse was.'

24 september 1867

Ik heb achtenveertig uur in Londen doorgebracht, waar ik drie mensen heb gesproken, Lady Westmorland, Lady William Russell, en Mr. Newton van het Brits Museum[1]. Zaterdag ben ik hier in Hatfield House aangekomen, ik vind de sfeer aangenaam en de gastvrouw heel aardig.[2] Wanneer ik Lord Stanley ontmoet, zal ik trachten met hem over u en uw man te praten.

1. Waarschijnlijk Sir Charles Newton, archeoloog en conservator van de Griekse en Romeinse oudheden in het British Museum.
2. Lady Salisbury.

Parijs, 4 Rue de l'Elysée, 6 oktober 1867

Op een dag, toen ik met Lord Stanley een wandeling maakte, heb ik over u gesproken. Ik zei, dat het mij juist leek dat Sir Alexander een aanstelling kreeg, en dat er naar mijn mening te weinig gebruik van zijn capaciteiten was gemaakt. Het antwoord luidde: 'Hij heeft nu zijn pensioen van negenhonderd pond per jaar, en dan is het onmogelijk om weer in de buitenlandse dienst te komen.'

Parijs, 4 Rue de l'Elysée, 21 oktober 1867

Ik heb de keizer tweemaal ontmoet. Hij zag er goed uit, maar leek erg verstrooid en zei heel weinig. Hij was vriendelijk, dat zeker, maar ik vind dat hij tegenover zo'n oude vriendin als ik ben wel wat aardiger had kunnen zijn. In de afgelopen dagen heb ik hem niet gezien, maar ik ga om een audiëntie vragen.

Parijs, 22 oktober [z.j.]
Gisteren ben ik naar St.Cloud gegaan. De keizer was hartelijk en scheen wat opgewekter. Ik vond dat de keizerin er ziek en vermoeid uitzag.

Den Haag, 11 november 1867
Ik heb me in Parijs geamuseerd, ik voelde me gestimuleerd, tevreden, maar ik was veel gelukkiger in Engeland. Ik heb maar één enkel goed gesprek met de keizer kunnen voeren. Toen was hij vriendelijk en mild als vroeger, maar hij had geen tijd. Ik zou u zoveel willen vertellen, maar dat kan ik niet zwart op wit zetten.

Ik ben hier in diepe stilte, diepe eenzaamheid. De eenzaamheid zal spoedig nog dieper zijn, daar ik op de 15de voor twee weken naar Het Loo ga. Maar ik heb mijn vrienden ontmoet en een heerlijke tijd gehad, ik moet dankbaar zijn.

Het Loo, 20 november 1867
Na mijn terugkeer wachtte mij een zware beproeving. De gezondheidstoestand van mijn jongste zoon berokkent me een voortdurende, knagende ongerustheid. De dokter die hem sinds zijn geboorte bekwaam en vol liefde behandeld heeft, schijnt *niet* te hebben begrepen wat hem eigenlijk scheelt. Ik heb nu eindelijk advies van andere medici gekregen. God geve, dat het resultaat heeft. Er is geen onmiddellijk gevaar, maar er ligt een leven vol ellende vóór hem. Vergeef me, maar ik kan niet over iets anders schrijven. Ik had een dergelijke schok niet verwacht en moet bidden om de nodige kracht te verzamelen.

Den Haag, 29 november 1867
Alexander groeit hard, nadat hij lange tijd heel klein gebleven is. Zijn ruggegraat werd krom en zijn linker schouder veel hoger dan de rechter. Wij, dat wil zeggen, zijn gouverneur en ik, waren erg bang dat hij een bochel of een andere misvorming zou krijgen. Alexander ging naar Parijs voor het beste medische advies en ik was vastbesloten, indien een langdurige behandeling nodig geacht zou worden, met hem dáár te gaan wonen waar het voor hem het beste zou zijn. De arts stuurde hem terug, stelde ons gerust. Maar ik denk er anders over, volgens mij is het een van de grootste rampen voor een man of een vrouw om in enigerlei opzicht lichamelijk mismaakt te zijn. De onverschilligheid van de koning, die aan niets anders denkt dan aan de jacht, zijn maîtresse, zijn smerige vermaken, is onvoorstelbaar.

Mijn jongen kwam terug uit Parijs, en ik van Het Loo. De koning is daar gebleven, hoewel er een ministeriële crisis is[1] en er alom in het land een soort van sombere verwarring heerst. Ik voel mij zeer moedeloos.

1. Op diezelfde dag schreef Sophie aan Lady Salisbury: 'Wij hebben weer een ministeriële crisis. Er dreigt ontbinding van de Staten-Generaal, hetgeen ik een betreurenswaardige en niet te verdedigen maatregel zou achten. De oppositie heeft zich van enkele kwalijke argumenten als wapen bediend, maar de minister van binnenlandse zaken [Heemskerk] heeft heftige, al te persoonlijke uitlatingen gedaan. Er is aan beide zijden een intens gevoel van ressentiment – ik vind de stand van zaken hier verontrustend.' In december zou, nadat de door minister Van Zuylen ingediende begroting verworpen was, Kamerontbinding volgen. In de jaren 1866–1868 werd de tegenstelling tussen parlementaire en monarchale regering uitgevochten. Hoewel Willem III duidelijk geheel en al voor de laatste regeringsvorm was, legde hij zich neer bij de uitslag, maar liet daarna sterker dan ooit blijken dat staatszaken hem niet interesseerden.

Den Haag, 9 december 1867

Sinds mijn terugkeer ligt Alexander uren achter elkaar plat op een plank, hij mag niet schrijven, krijgt al zijn lessen terwijl hij op die harde ondergrond ligt. Ik hoop, dat hij over zijn afwijking heen groeit. Volgens de arts in Parijs – en de dokter hier bevestigt het – is het een gevolg van de pleuritis die hij zeven jaar geleden gehad heeft. Dit bewijst hoezeer we moeten oppassen en voor een goede behandeling zorgen. Ik denk er dag en nacht aan en verlies er mijn gemoedsrust bij.

Jammer dat u niet van Parijs houdt. Ik heb altijd van die stad gedroomd, als van een prachtig oord waar ik 's winters zou willen wonen, in mijn verbeelding vol met aardige Engelsen, die genieten van hun 'chasse' en van winterse bezigheden in een mild, zonnig klimaat. Maar er waren in Parijs, toen ik er logeerde, vreselijke stormen, en op het ogenblik is het er ongewoon koud voor de tijd van het jaar.

Heb ik u verteld, dat ik daar een oude kennis van ons ontmoet heb? Op een dag was er een schitterende parade geweest in het Bois de Boulogne. Ik reed naar huis, met de hertogin van Cambridge, mijn jongen en graaf Walsch, een kamerheer van de keizer, die me begeleidde. Toen ik voor mijn deur uitstapte, zei graaf Walsch: 'Daar gaat monsieur Thiers juist naar binnen.'[1] Ik liep snel het huis in, maar hij was verdwenen; de bedienden zeiden, dat hij en een andere heer zich in de eetkamer bevonden. Dat was een heel donker vertrek, met een dakraam. Ik ging er binnen, zag Thiers en begroette hem. 'Wie hebt u bij u?' vroeg ik. Hij stelde die ander voor. Ik boog even, zij liepen met mij mee naar de salon, waar het ook donker was – vijf uur in de middag. Zij bleven twee minuten. Ik vroeg Thiers hoe het met hem ging, hij gaf antwoord, en toen vertrokken ze weer, met het excuus dat zij mij niet wilden ophouden: ik droeg immers hoed en shawl. Ik heb alleen maar zijn stem gehoord, hem niet gezien. Het was niet prettig – ik voelde mij opgelucht toen hij de kamer verliet. Dit lijkt nu allemaal zo ver weg, hoewel ik pas op 29 oktober uit Parijs ben weggegaan. Maar mijn gedachten zijn op het ogenblik geheel en al vervuld van mijn jongen.

1. Ondanks Thiers' oppositie tegen het Tweede Keizerrijk, bleef koningin Sophie op bevriende voet met hem omgaan.

Den Haag, 18 december 1867
Ik heb Mr. Harris en zijn vrouw pas eenmaal ontmoet sinds hun komst en mijn terugkeer. Zij zijn onbemiddeld, ontvangen niet en hebben een zoon die iedere avond dronken is. De politie zou hem zeker oppakken wegens het veroorzaken van overlast, als hij niet de zoon van de Britse gezant was.

Den Haag, 9 januari 1868
Alexanders toestand wordt niet slechter, dat is tenminste iets. Maar ik durf er niet méér van te zeggen en als geheel is zijn gezondheid verre, verre van bevredigend. Ik vind hem wel opgewekter dan eerst, dat bewijst dat hij zich geestelijk beter voelt. Zijn beminnelijk humeur, zijn genegenheid voor mij, zijn onveranderd. Bij hem te zijn, met hem te praten, is mijn enige genoegen. Ik lees hem heel vaak voor, terwijl hij op zijn plank ligt. Ik kende *Waverley*[1] nog niet, dat heb ik hem voorgelezen.

1. *Waverley* (1814), de eerste roman van Sir Walter Scott (1771–1832).

Den Haag, 28 januari 1868
Mijn oudste zoon gaat *niet* trouwen, hij heeft er zelfs nooit over gedacht, hoewel ik ieder huwelijk zou toejuichen. Maar de opvoeding die hij, ver van mij, heeft gekregen, heeft egoïsme in hem aangekweekt. Ik begrijp niet, hoe het verhaal van dat huwelijk in de wereld gekomen is.
    Ik zend u Lord Napiers laatste brief, alstublieft, stuur me die terug. Ik heb hem een heel mooi schilderij van Jozef Israëls cadeau gegeven, 'Les travailleurs de la mer'. Hij vroeg me wat hij mij kon sturen en ik zei: 'Geborduurde mousseline.' In plaats daarvan heeft hij mij een tapijt gezonden!

Den Haag, 29 februari 1868
Well, Dizzy is dus premier geworden[1]. Niemand schijnt dat prettig te vinden. Lady Westmorland schrijft me: 'Hij zal geen moeilijkheden

hebben in het Lagerhuis, maar de regering zal betreurenswaardig zwak staan in het Hogerhuis'. Lord Stanley blijft minister van buitenlandse zaken. Het spijt me voor u.

1. 29 Februari 1868.

Amsterdam, 27 april 1868

Ik leid hier een werkzaam leven, bezoek scholen en inrichtingen. Ik heb het druk, dat is de beste troost voor een neerslachtig gemoed. Morgen gaan wij terug naar Den Haag.

Lieve Lady Malet, indien *u* niet de voorkeur geeft aan een ander onderdak, heb *ik* het liefst dat u in mijn huis logeert. Het Huis ten Bosch is een kwartier rijden van Den Haag, heen en terug bent u een half uur kwijt. Wanneer u onder mijn dak vertoeft – waar u volkomen vrij bent – kan ik genieten van ieder ogenblik dat u mij zou kunnen en willen geven. Sir Alexander zou alle gelegenheid hebben naar zijn vroegere Club te gaan, 's avonds whist te spelen, enz. Lord Clarendon, Lady Salisbury, de Napiers hebben bij mij gelogeerd. Waarom u niet? Mijn gasten kunnen doen en laten wat zij willen, daarover zult u zich niet hoeven te beklagen. Mijn huis is mooi en geriefelijk, geen trappen op, trappen af. Alstublieft, kom! Ik installeer mij daar omstreeks de 20ste. Indien u de 22ste arriveert, zou ik dat zo heerlijk vinden.[1]

1. De gasten van koningin Sophie genoten, volgens een familielid van Lady Salisbury, van een 'schitterend en geriefelijk' logies. Het Haagse Bos was 's avonds vaak geïllumineerd, zij ging er dan met haar gasten een rijtoer maken, toegejuicht door de bewoners van de residentie die zij op haar tocht tegenkwam.

Den Haag, 15 mei 1868

Toen ik het nieuws van Lord Broughams dood vernam, dacht ik aan u, hoe diep u daardoor getroffen zult zijn. Heel het verleden zal weer in uw gedachten opkomen, de tijd toen zijn geest nog briljant, zijn hart warm en vol genegenheid was. Niemand kan zo met u meevoelen in uw verdriet als ik, ik heb genoeg geleden om alle soorten van verdriet te kunnen begrijpen. Indien u toch nog in mijn huis komt logeren: het is geen huis vol vrolijkheid, ik geloof dat niemand er, zelfs in de diepste rouw, iets in zou kunnen vinden dat op frivole afleiding lijkt en bezwaren naar voren zou kunnen brengen. Ik geef geen grote diners, zeker niet in de beginperode van mijn verblijf, maar indien u liever in juli komt, welnu, in juli ben ik er óók. Mijn jongen wordt niet naar een badplaats gestuurd. Hij moet zich rustig houden. Ik geef er echter de voorkeur aan, u *nu* te zien – hoe eerder, hoe beter, en ik hoop dat u de 23ste kunt komen. Het zal zo'n troost, zo'n zegen voor mij zijn u te spreken, na alles wat ik meegemaakt heb. Alstublieft, kom! Indien u verhinderd mocht zijn, wilt u mij dan een telegram sturen? Maar *kom*, als het maar even mogelijk is.[1]

1. Dat Lady Malet inderdaad op Huis ten Bosch gelogeerd heeft, valt op te maken uit een brief van koningin Sophie van 5 juni 1868. In afwachting van het bezoek van een Oostenrijkse aartshertogin schrijft zij: 'Ik voel mij niet opgewassen tegen de taak anderen te amuseren. Voor *u* was dat niet nodig.'

Het Loo, 21 juni 1868

Het weer hier op Het Loo is verrukkelijk. Sommige delen van het park zijn een wildernis van rozen. Er is één rozenstruik zo groot, dat een hofdame en ik er samen rechtop onder kunnen staan, met onze hoeden, crinolines en mantilla's. Dit is geen overdrijving. Tot zover de mooie kant van het tableau. De akelige kant: de afwezigheid van al wat interessant zou kunnen zijn, de eindeloze maaltijden. De lunches duren anderhalf uur, op het heetst van de dag. Het diner is *walgelijk* lang.

Huis ten Bosch, 21 juli 1868

Indien ik niet spoedig opknap, ga ik misschien eind augustus naar Ems om daar baden in koolzuurhoudend mineraalwater te proberen. Men bericht er ware wonderen over. Ik kan niet in Engeland komen vóór de tweede helft van oktober.

Ems, Hotel d'Angleterre, 9 september 1868

Ik houd helemaal niet van deze plek. De lucht is er drukkend, zwoel. Ems ligt ingesloten, niet schilderachtig, het is er saai, er heerst geen ontspannen sfeer. Men ontmoet er vreemde mensen aan wie men niets heeft, ik voel me niet vrij. Ik ken hier geen sterveling.

Torquay, Royal Hotel, oktober 1868

Het was aanvankelijk mijn bedoeling rechtstreeks van Calais naar Torquay te gaan, maar gezien de slechte aansluiting – en dat met al mijn bagage – gaf men mij de raad via Londen te reizen. Ik heb daar de Clarendons ontmoet. Lord Clarendon is er van overtuigd, dat hij weer aan de macht komt. Ceci entre nous, alstublieft.

Gistermiddag laat kwamen we hier aan met prachtig weer. Ik vond de route bijzonder mooi. Vanochtend regende het helaas en er staat een felle wind, maar het is niet koud. Ik zou het heerlijk vinden indien u de volgende week kunt komen.

Calais, Hotel Dupin, 26 november 1868
Wij hadden een veilige overtocht. Ik was – natuurlijk – erg zeeziek,
maar dat is nu allemaal weer voorbij. Het weer is bitter koud aan deze
zijde van het Kanaal. We hebben nog een lange reis voor de boeg. God
zegene en behoede u. Heel veel dank voor de grote vriendelijkheid die
u mij betoond hebt. Ik ben dat van u gewend, dat is waar, maar ik zal
het nooit vergeten.

Den Haag, 30 november 1868
De enige, die ik hier tot nu toe gesproken heb, is mevrouw Tuyll. Ik
ging naar haar toe, vanwege kiespijn in sjawls en bont gewikkeld. Sinds
mijn vertrek in oktober is zij niet achteruitgegaan. Haar energie is wonderbaarlijk. Zij praat maar steeds over die operatie die zij graag zou willen hebben, maar de arts heeft verklaard dat die onuitvoerbaar is. Zij
heeft haar zoon geschreven om hem te vragen over te komen. Het gaat
hem goed, hij verdient veel geld in Indië.

Den Haag, 16 december 1868
Mijn leven is de eentonigheid zelf somber, saai, stil. Ik moet mensen
ontvangen, die *allemaal* hetzelfde verhaal vertellen, dezelfde bekrompen blik hebben op personen en gebeurtenissen – en dat iedere dag opnieuw. Ik weet, dat ik er wel weer aan zal wennen.
    Die arme mevrouw Tuyll gaat nu hard achteruit. Zij verlaat nauwe-
lijks meer haar bed, worstelt om nog in leven te blijven tot haar zoon,
naar wie zij erg verlangt, uit Indië komt. Hij is de enige die iets kan
doen voor de jongere kinderen. Mijn hart breekt als ik er aan denk.
    Zodra mijn dagtaak voorbij is, zit ik 's avonds alleen in mijn kamer en
tracht te lezen. Maar dat lukt mij niet altijd. Ik heb het 's nachts zo te
kwaad.
    Het weer is ongewoon zacht. In onze tuin bloeien hier en daar nog
rozen. Maar in de nacht waait het hard, dat is zo'n somber geluid.
    De dood van uw schoonmoeder zal geen groot verlies voor u zijn.[1]
Het zou me verheugen, indien u het daardoor financieel ruimer (meer
vrijheid) zou krijgen. Dáár is geld goed voor...

1. De moeder van Sir Alexander Malet stierf op 21 december 1868.

Den Haag, 26 december 1868
Lord Clarendon erft een zwaarbelaste functie. Overal pakken zich wolken samen – het ergst in Amerika – ze zijn daar niet te goeder trouw en
we beschikken hier in Europa niet over middelen om hen onder dwang

te zetten.[1] Clarendon schrijft in grote haast, kennelijk in zijn schik omdat hij het heft weer in handen heeft. Hij teert op zijn krachten.

1. Koningin Sophie zinspeelt hier op de onderhandelingen tussen Engeland en de Verenigde Staten over onder andere de vaststelling van de grens tussen Brits Columbia en de Staat Washington. De Amerikaanse eisen waren exorbitant.

Den Haag, 8 januari 1869

Mevrouw Tuyll is stervende, maar zo langzaam. Zij lijdt nu onder de vreselijke angst en rusteloosheid, die aan het einde voorafgaan. Haar lichaam is opgezwollen, zij kan niet langer dan een paar minuten in dezelfde houding blijven liggen. Morfine – die gezegende medicijn – geeft haar enkele uren rust, maar de uitwerking wordt geleidelijk minder. Zondag jongstleden liet zij vragen of ik kwam. Ik dacht toen dat ik haar voor het laatst gezien had. Haar gezicht was al door de dood getekend. Maar op maandag kon zij mij toch weer ontvangen, het leek alsof zij het minder benauwd had. Dit is een van die gevallen, die men moeilijk begrijpen kan. Waarom moet een mens, van wie de opvoeding van *zeven* kinderen afhangt, sterven, terwijl er zovelen blijven leven die nergens voor deugen?

Het weer is nog altijd prachtig. Ik heb sinds mijn terugkeer uit Engeland nog geen spoortje sneeuw gezien. De struiken lopen uit en zelfs de grote bomen prijken met dikke glimmende knoppen, als in het voorjaar. Dit is allemaal niet normaal. Ik geloof werkelijk, dat we wat koude nodig hebben om de lucht te zuiveren.

Den Haag, 16 januari 1869

Kunt u met die driehonderd pond méér, uit de erfenis van uw schoonmoeder, niet een prettig huis kopen? Het zou een opluchting voor mij zijn als ik wist dat u naar uw zin geïnstalleerd was.

Den Haag, 29 januari 1869

Ik ben blij, dat u eindelijk een huis gevonden hebt. Ik houd van Kensington, daar is meer frisse lucht en minder walm dan in andere wijken van Londen. Ik hoop, dat de woning die u daar kunt krijgen precies is wat u zoekt.

Den Haag, 4 februari 1869

Toch geen huis! Wat naar. Ik hoopte, dat u al druk bezig was uw mooie toekomstige verblijf in orde te brengen en in te richten.

Den Haag, 12 februari 1869

Mevrouw Tuyll is overleden. In deze lange maanden van onafgebroken lijden heeft zij laten zien uit welk hout zij gesneden was. Geen klacht, geen protest kwam ooit over haar lippen. En zij had in wezen een heftige, ongeduldige aard. Gedwee, onderworpen verliet zij dit leven. Gedurende de acht maanden van haar ziek-zijn heb ik haar iedere dag opgezocht. Zij laat een grote leegte achter in mijn bestaan. Juist omstreeks de tijd dat zij ziek werd, vorig jaar, bent u uit Den Haag vertrokken, ik herinner mij dat gevoel van gemis. Maar u lééft, u schrijft mij en wij kunnen elkaar weer ontmoeten. Ik hield niet zoveel van haar als van u, maar zij was hier in Den Haag de enige met wie ik praten kon, die een levendige belangstelling had voor alles wat er gebeurt, en die volstrekt gespeend was van het benepen kleinsteedse geklets.

Ik voel me zeer eenzaam. Als ik blijf leven en als ik het van de koning gedaan kan krijgen, zou ik de volgende winter graag willen doorbrengen in Torquay of in Rome – ik geef de voorkeur aan Torquay, aangezien ik meer vrienden heb, die dáár bij mij kunnen komen.

Den Haag, 26 februari 1869

Ik ben het met u eens, dat geld macht betekent. Macht maakt vrienden. Ik ben nooit erg rijk geweest en zal het ook nooit zijn. Ik heb mijn eigen bescheiden inkomen, daar moet ik het mee doen. De koning geeft mij zestienhonderd pond, hetzelfde bedrag dat ik van zijn grootvader kreeg toen wij trouwden. De koning geeft zijn maîtresse twintigduizend pond per jaar.

Huis ten Bosch, 1 oktober 1869

Alexanders gezondheidstoestand is op het ogenblik redelijk wel. Vorig jaar om deze tijd ging het hem ook heel goed, dat bleef zo tot Kerstmis, toen begon hij weer te kwijnen, steeds meer, tot april toe. Ik ben erg blij dat de beproeving van de Hollandse winter hem ditmaal bespaard blijft, maar ik betwijfel ten zeerste of een zeereis wel zo ideaal voor hem is.[1] Zeeman is ongeveer het laatste beroep waar hij geschikt voor is, en aan boord zal hij op de een of andere manier dienst moeten doen. Het is zonneklaar dat dit allemaal is opgezet om mij te kwellen, om mij te beletten met hem mee te gaan. Ik ben zijn vertrouwelinge, zijn verpleegster in ziekte en pijn, zijn beste vriendin! Ik kan hem nooit dankbaar genoeg zijn voor zijn fijngevoeligheid, zijn attenties ten opzichte van mij.

1. Prins Alexander moest zijn dienstplicht bij de Marine vervullen.

Den Haag, 19/20 november 1869

Deze week hebben wij hier een nationaal feest gehad: de inwijding van een monument ter ere van onze onafhankelijkheid in 1813. Ik was erg bang voor de kou en voor eventuele anti-Franse toespraken, maar het verliep allemaal beter dan ik verwachtte en het weer was dragelijk. Het Chinese gezantschap was voltallig aanwezig: heel merkwaardige mensen, ik vond hen buitengewoon vermakelijk. Een van hen, een oude man, heeft een zeer intelligent gezicht; hij spreekt geen Frans maar verstaat het wel, en er was een handige, snelle tolk bij, die alles vertaalde.

Den Haag, 29 november 1869

Zelfs in lezen vind ik op het ogenblik geen afleiding. Mijn gedachten dwalen steeds af. Lichte lectuur interesseert me niet. Wetenschap en geschiedenis kan ik niet volgen. Ik zit te breien; dit is een van de zwarte perioden van mijn leven. Uw brieven zijn hartelijk, doen me goed – en óók die van Lord Napier. *Die* man heeft een hart, een ziel. Ik ben altijd bang, dat de mensen zullen denken dat ik verliefd op hem ben. Dat kan ik niet zijn, maar mijn genegenheid voor hem is wel een van de meest intense gevoelens die ik ooit gekend heb.

Den Haag, 5 februari 1870

Hoewel ik niet precies op de hoogte ben van wat er aan de hand is, voel ik uw zorg, uw verdriet om uw oudste zoon wel aan. Ik heb nogal wat treurige ervaring in dat opzicht. Voor Henry zullen verandering van omgeving, van lucht en vooral wat omgang betreft, misschien óók heilzaam zijn. Op een dag voelen we, dat wij niets voor onze zoons kunnen doen, behalve bidden.

Mijn lieve Alexander heeft mij een telegram gestuurd uit Messina. Het weer in Italië is verschrikkelijk, deze winter. Sneeuw en koude!

Londen, Claridge's Hotel, 18 maart 1870

De jachtigheid van het leven in Londen, de gevolgen van een hevige verkoudheid, die steeds erger werd, mijn bezoek aan Windsor Castle... dat alles belette mij u te schrijven, maar ik heb voortdurend en vol dankbaarheid aan u gedacht.

Ik vond koningin Victoria er veel beter uitzien: gedecolleteerd, in een elegant toilet, uitstekend gehumeurd. Wij zaten met zijn twaalven aan tafel, onder andere de Clarendons, de prinsessen en ik. Het was ijskoud, met sneeuw en een snijdende wind. De kamers waren nauwelijks verwarmd. Koningin Victoria liet desondanks tijdens het diner een raam openzetten. Maar zij was vriendelijk en ik had alle reden om tevreden

te zijn over haar ontvangst. Londen is vol bekenden en oneindig heerlijk. Iedereen is erg aardig voor mij, maar ik ben heel voorzichtig wat
betreft het accepteren van uitnodigingen. Op een avond heb ik bij de
Gladstones gedineerd. Lord Clarendon ziet eruit als een geest. Ik hoop
dat hij zijn ontslag neemt!

Den Haag, 2 april 1870

Het spijt mij, het spijt mij heel erg, dat ik uit Londen moest vertrekken.
Lord Clarendon zat, toen ik afscheid kwam nemen, met hevige reumatiek in beide knieën hulpbehoevend in zijn stoel, een heel oude zieke
man.

De overtocht was verschrikkelijk. Onpasselijk, uitgeput, kwam ik in
Calais aan. De volgende dag bracht ik een bezoek aan Brussel, waar ik
hoffelijk ontvangen werd. Ik heb niets van de stad gezien behalve het
paleis, dat imposant is, net een paleis in Duitsland. Ik kwam hier doodmoe aan, maar nu knap ik weer op, ik denk aan de heerlijke dagen die
ik gehad heb, en ben erg, erg dankbaar. Alexander vaart nu tussen Bar-
celona en Marseille.

Den Haag, 8 mei 1870

Geen mens kan uw verdriet zo goed begrijpen als ik. Ik heb hetzelfde
meegemaakt, en maak het nog dagelijks mee. Ik zeg óók: 'O, was Alexander maar de oudste' of: 'Als God mijn dierbare Maurits maar niet had
weggenomen...' Het gebrek van mijn oudste zoon is: volslagen egoïsme, van alle karakterfouten misschien wel de meest ontmoedigende.
Toen ik onlangs zo ziek lag, in Amsterdam, vroeg Alexander of hij bij
mij mocht blijven, maar Willem ging weg, hoewel hij in Den Haag volstrekt niets te doen had. Zijn slechte opvoeding, onder leiding van mensen die mijn vijanden waren, heeft veel goeds in hem vernietigd – ik kan
niets meer doen, behalve hopen dat op een dag zijn ogen geopend zullen
worden en zijn betere gevoelens de overhand krijgen. Moge dat met uw
zoon Henry óók het geval zijn.

Het Loo, 8 juli 1870

Ik heb geprobeerd eerder te schrijven. Ik was er niet toe in staat. De indruk die Lord Clarendons dood[1] op mij gemaakt heeft, is onuitsprekelijk groot. In vele opzichten had hij voor mij de plaats ingenomen van
mijn lieve vader. Hij schreef mij iedere week en ik schreef ook iedere
week terug. Hij hield zo veel van mij als zijn koele temperament toeliet.
Ik gaf hem al de genegenheid die ik durfde geven. Zijn vriendschap was
een lichtpunt in mijn leven, vaak dacht ik dat mijn vader, nog in het

jaar waarin hij stierf, Clarendon tot mij gezonden had om mijn leidsman te zijn.

De schok kwam volkomen onverwacht. Woensdag de 22ste kreeg ik een brief van hem, gedateerd op de vorige dag. Hij zei, dat hij zich beter voelde, wat sterker, maar dat er in de volgende zes weken 'hard gewerkt' zou moeten worden in het Hogerhuis, hetgeen hem eigenlijk niet gelegen kwam, en waar hij ook geen zin in had. En toen, woensdag, heeft hij een groot diner bijgewoond, voelde zich onwel door diarree en ging vroeg weg. Donderdag kwam hij in het Hogerhuis, zag er uit als een lijk, vroeg nog hoe laat de volgende dag de lunch bij koningin Victoria te Windsor was en zei *dat hij daarheen wilde gaan*. Maar hij kon niet. Lady Clarendon ging wel. Toen zij terugkwam vond zij een briefje van zijn arts, met een ongunstig verslag van het onderzoek; zij moest hem in bed houden. Maar hij bleef beneden in zijn studeerkamer werken tot twee uur 's nachts. Zaterdag stond hij niet op, liet zijn rode dozen met staatsstukken naar zijn slaapkamer brengen. Twee artsen werden geroepen. Zondag dachten die, dat zij de ziekte meester waren. Maar zijn vrouw zei tegen hem, dat hij in levensgevaar verkeerde. Hij vroeg aan de dokters of dat waar was. Een uur later verloor hij het bewustzijn en zes uur later was het afgelopen.

1. 26 juni 1870.

Huis ten Bosch, 18 juli 1870

Ik leef in vrees en beven – mijn geboorteland, mijn familie, aan de ene kant – de keizer aan de andere, en voor allen komt dit onverwacht.[1] Wij Hollanders hopen strikte neutraliteit te bewaren. Wij hebben ons leger om die te handhaven.

1. Op 18 juli betuigden de Franse Senaat en de Kamer van afgevaardigden hun loyaliteit jegens de keizer. Op 19 juli verklaarde Frankrijk de oorlog aan Pruisen.

Huis ten Bosch, 10 augustus 1870

Ik kan slechts herhalen hoezeer ik u wens te zien, hoe temidden van deze verschrikkelijke gebeurtenissen[1] uw aanwezigheid een van de weinige verheugende dingen zou zijn. Dat op het op de grote wegen volmaakt veilig is, bewijzen de zwermen reizigers die nog steeds naar Holland komen, en ik kan *garanderen* dat men zich op de enige weg tussen Frankrijk en België en op de routes in België zelf, onbelemmerd kan voortbewegen. De post komt iedere dag op tijd. In Aken, aan de grens, hebben de treinen misschien oponthoud, dat is het geval in veel steden in Duitsland, of er worden gewone passagiers geweigerd omdat die treinen voor de troepen gereserveerd zijn – maar in de richting van Holland is daar geen sprake van, het neutrale België beschermt ons. Ik zou u dringend willen vragen bij mij te komen. U zult een gebroken mens vinden. Ik geloof, dat de keizer en zijn keizerrijk verloren zijn.

1. Maarschalk MacMahon, de bevelhebber van de Franse legers, werd op 4 augustus 1870 bij Worth, en op 6 augustus bij Weissenburg verslagen door de Pruisen, onder aanvoering van kroonprins Friedrich. Metz werd belegerd.

Huis ten Bosch, 30/31 augustus 1870

Ik ben bezig oude brieven nog eens over te lezen. De uwe verbrand ik haast allemaal. Ik geloof dat het beter is, want ik heb een voorgevoel dat de Pruisen op een dag zullen trachten Holland te annexeren. Maar dat zal nog wel even duren.

Ik besef, dat ik nu veel, veel meer dan in de afgelopen jaren op de keizer gesteld ben, omdat hij ongelukkig en – dat weet ik – *onverdiend* ongelukkig is. In ogenblikken van massale opwinding is er ook altijd sprake van massale wreedheid.

Huis ten Bosch, 7 september 1870

Tweemaal ben ik aan een brief begonnen, en tweemaal voelde ik, dat het onmogelijk ging. Vandaag probeer ik het weer. Ik weet, dat u aan mij gedacht hebt. Ik wilde, *dat hij gestorven was*, die vriend tegen wie ik altijd met bewondering, eerbied en toewijding heb opgezien en met wie het nu zo ellendig moet aflopen.[1] Ik heb gehoord, dat zijn zoontje gisteren in Ostende op de boot naar Engeland is gezet. Ik weet niet waar de keizerin is, maar mijn nichten Mathilde en Clothilde zijn in veiligheid. Zo begint voor deze Bonapartes een tweede periode van ballingschap.

Pruisen zal de Elzas, Lotharingen, Metz, bezetten. Het zuiden van Duitsland, Beieren, Württemberg: in status gereduceerd, om de rol te spelen van commissarissen van de Duitse keizer. De Duitse provincies van Oostenrijk zullen de gebruikelijke weg volgen, dat wil zeggen, de verliezende partij aan zijn lot overlaten en zich aansluiten bij de sterkste. Er begint een nieuw hoofdstuk in de geschiedenis. Daarvoor ben ik te oud, te verknocht aan wat goed en rechtvaardig is.

1. 1 september 1870: slag bij Sedan. Na een heldhaftige strijd gaf Napoleon III zich over, om verder bloedvergieten te voorkomen. Hij werd geïnterneerd in Wilhelmshöhe. Op 4 september drong een volksmenigte het gebouw van de Assemblée te Parijs binnen en riep de Republiek uit.

Huis ten Bosch, 29 september 1870

Bismarck is een monster; het zaad der tweedracht, dat hij nu uitstrooit, zal opkomen en vrucht dragen. Ik maak dat niet meer mee, anderen wel: Pruisen wordt eens onder de voet gelopen en in stukken gedeeld en niemand zal dat betreuren. Men had dat al in 1866 kunnen doen. De keizer van Frankrijk heeft het toen niet gedaan, nu moet hij boeten voor zijn immorele transacties met Bismarck in 1865. Een wrede vergelding. In de afgelopen vijftig jaar, sinds 1815, heeft Frankrijk in geen enkel opzicht Duitsland benadeeld. Duitsers gingen naar Frankrijk, maakten er fortuin, maar de Fransen gingen niet naar Duitsland om daar rijk te worden. De Fransen haatten de Duitsers niet. Zij haatten zichzelf.

Engeland moet nu zijn bondgenoot in de Krimoorlog niet vergeten. Een van de eerste gevolgen van de huidige situatie zal zijn: vernietiging van de voorwaarden van de Vrede van Parijs van 1856. Rusland zal het Nabije Oosten binnenvallen, Constantinopel innemen – wij hier weten, dat Pruisen van plan is Holland te bezetten en Engeland zal ons niet te hulp komen. U, Engelsen, hebt uw positie op het vasteland van Europa volledig verloren.

Ik denk er op het ogenblik niet over Holland te verlaten. Volgende week ga ik terug naar de stad, de lange winter begint. Mijn zoon Alexander vertrekt naar Livorno, ik blijf alleen.

Keizerin Eugenie heeft me geschreven. Ik weet *uit de meest betrouwbare bron* en ik verzoek u dat verder te vertellen, dat zij niets achter de hand hebben. Zij heeft een inkomen van vierduizend pond per jaar, de jongen tweeduizend pond; zesduizend pond per jaar is niet veel. Misschien kan zij haar juwelen verkopen, die zijn magnifiek. Die zijn zeker honderdduizend pond waard, maar wat betekent dat voor iemand die gewend is geweest in miljoenen te rekenen?

Den Haag, 29 oktober 1870

Nu Metz gevallen is, moet er vrede komen.[1] Honderddertigduizend man hadden *kunnen, moeten* vechten. Het is als de val van het Romeinse Rijk. Aan de beschrijving daarvan, door Gibbon[2], moet ik voortdurend denken. De Goten en Vandalen, Alarik en Theodorik, zijn destijds even weerzinwekkend geweest als nu Wilhelm en Bismarck – en toch hebben zij de overwinning behaald. Maar de sporen van de Romeinse beschaving, de Romeinse literatuur, bestaan nog altijd, zijn zelfs nog steeds onderwerp van onze studies en onze verrukte bewondering – precies als de overblijfselen van de cultuur der overwinnaars uit het Nabije Oosten. Iets dergelijks zal ook nu het geval zijn.

Ik weet niet wat er op het ogenblik aan de hand is, maar ik hoop van ganser harte, in het belang van de keizer, dat hij zijn carrière als geëindigd beschouwt. Zijn naam zal voor altijd verbonden blijven aan wat hij

Frankrijk gegeven heeft – en hij heeft véél gegeven. De keizerin probeert nu reeds haar juwelen te verkopen. Ik kan ze niet van haar overnemen, maar ik denk er over de mijne te koop aan te bieden. Ik denk, dat wij *allen* over kortere of langere tijd onze kostbaarheden moeten verkopen. Indien ik te zeer zou verarmen, trek ik me terug in Engeland; misschien kan ik gaan schrijven om mijn inkomsten te vergroten.

1. Maarschalk Bazaine had het fort Metz met 173000 manschappen overgegeven.
2. Edward Gibbon (1737–1794), Engels historicus, schreef het zesdelige werk *History of the Decline and Fall of the Roman Empire* (1776–1788).

Den Haag, 10 november 1870

Ik heb keizerin Eugenie gesproken, toen zij terugkwam van Wilhelmshöhe[1]. Zij heeft een paar uur in Den Haag doorgebracht, was gedurende enkele minuten bij mij, bracht mij een brief vol genegenheid van de gevangene – het leken wel de woorden van een stervende. Ik stond er op, dat zij de koning zou ontmoeten, en liet hem roepen, maar hij was bezig. Tot viermaal toe stuurde ik hem een boodschap. Eindelijk kwam hij en was welwillend tegen haar. Het was mijn plicht, en in mijn belang, dat hij op de hoogte werd gebracht van haar bezoek. Wat een zorg, welk een emotie ook, om als bannelinge, vluchtelinge, de vrouw bij mij te zien die nog maar zo kort geleden, toen ik afscheid van haar nam, zo trots en ijdel en hooghartig tegenover mij stond. Ik kon haar niet vragen naar – en geen antwoord verwachten op – al wat ik had willen weten. Maar ik heb wel duidelijk gezegd: 'Oh! Pour qui avez-vous fait cette guerre?'

Het enige prettige vooruitzicht dat ik mijzelf gun, is dat ik in maart of in mei naar Engeland kan gaan. Ik zou wel een paar dagen in Malvern willen doorbrengen. Men zegt, dat de streek mooi is, lucht en water heerlijk fris en dat er gemakkelijk goede accomodatie te vinden is. Wilt u erover nadenken? Kunt *u* mij herbergen? Ik wil liever niet in Londen logeren. Nu Lord Clarendon dood is, heb ik een afkeer van die voortdurende drukte, de festiviteiten. Ik geef de voorkeur aan een verblijf op het land, met een paar vrienden.

Mijn arm vaderland Württemberg is verloren, wordt een provincie van Pruisen. Dat is één grief temidden van vele andere redenen tot treurigheid.

1. Keizerin Eugenie, officieel nog steeds regentes van Frankrijk, had haar in Wilhelmshöhe geïnterneerde echtgenoot opgezocht.

Den Haag, 23 december 1870
Ik zie in de toekomst drie grote mogendheden: een verschrikkelijk Pruisen, een zeer machtig Rusland, een dreigend Amerika. Frankrijk en Engeland, die twee lichten van de moderne wereld: ingekrompen, en naar verhouding obscuur geworden.

Den Haag, 10 februari 1871
Er is nu een stemming van rust ingetreden, het moorden heeft een einde genomen, maar gezien de pretenties van de Pruisen kan er geen sprake zijn van vertrouwen in de toekomst. Wat kleinzielig van de koning van Pruisen, om vijf dagen te willen verblijven in de Tuilerieën, waar hij drie jaar geleden *gast* is geweest! Dat heeft hij alleen gedaan om Frankrijk nog eens extra te vernederen.[1]

Lord Napier blijft nog één jaar in Madras. Dat is een grote teleurstelling voor mij. Ik heb de maanden tot zijn terugkeer geteld: in de komende lente zou het zover zijn. Ik betwijfel, of hij ooit rijk zal worden, geld verdienen is niet zijn sterkste punt, maar hij kan tenminste uit India vertrekken zonder schulden. Na zijn terugkeer krijgt hij misschien wat hij zo graag wil hebben: een zetel in het Hogerhuis.[2]

1. Op 18 januari 1871 was Wilhelm I in de Spiegelzaal van het paleis te Versailles tot Duits keizer uitgeroepen.
2. Lord Napiers adellijke titels waren Schots. Om zitting te kunnen hebben in het Hogerhuis moest hij eerst een Engelse titel krijgen.

Den Haag, 24 februari 1871
Drieëntwintig jaar geleden was dit een grote, glorieuze dag. Toen leefden we in 1848.[1]

1. Koningin Sophie zinspeelt hier op de abdicatie van Louis Philippe en het einde van de heerschappij van het Huis Orléans.

Den Haag, 3 maart 1871
Wat een afschuwelijke vrede. De keizer vertrekt vrijwel onmiddellijk daarna naar Engeland.[1]

1. Op 1 maart 1871 aanvaardde de Franse volksvertegenwoordiging de volgende Duitse vredesvoorwaarden: afstand van Elzas-Lotharingen, de betaling van vijf biljoen franken en een Duits bezettingsleger tot deze som voldaan zou zijn.

Den Haag, 28 april 1871

Ik voel mij wat beter, maar ik ben nog zo zwak, dat ze me de trappen af moeten dragen opdat ik in de buitenlucht kom. U weet dat luiheid niet een van mijn slechte eigenschappen is. Ik veronderstel, dat het allemaal weer in orde komt zodra het warmer wordt. Het lijkt een soort van kramp, precies zoals de internationale politiek, die er met de dag somberder uitziet. Zelfs Gladstones positie schijnt in gevaar te zijn; het was stellig al met hem afgelopen geweest, indien zijn tegenstanders klaar waren.

Mijn oudste jongen is maandag naar St.Petersburg vertrokken, zeer weinig geneigd om een huwelijk aan te gaan – maar misschien wordt hij er verliefd, en verandert alles op slag. Ik hoop het, hoewel een Russische bruid niet mijn eerste keuze zou zijn. Op de terugweg moet hij Berlijn aandoen, dat maakt hem *razend*; ik vrees hun onbeschoftheid en slechte bedoelingen jegens Nederland.

Den Haag, 13 mei 1871

Mijn oudste zoon is terug uit St.Petersburg en Berlijn. Hij heeft erg veel succes geoogst. De tsarina van Rusland, groothertogin Helena en verschillende anderen schreven mij met iets als hartelijkheid, om te zeggen dat zij hem aardig hadden gevonden en dat hij bij het grote publiek populair geworden is. Ondanks zijn intense afkeer heeft hij zich in Berlijn heel fatsoenlijk gedragen; zij op hun beurt waren beleefd, en de kroonprinses liet me weten dat onze Nederlandse ambulances voor de zieken en gewonden in de oorlog de beste waren geweest. Of die jongen van mij – voorwerp van zoveel liefde, vreugde en zorg – ooit aan trouwen zal denken: dat weet geen mens.

Huis ten Bosch, 25 mei 1871

Al dat brandstichten in Parijs is afschuwelijk en kinderachtig.[1] Wat een verschil met de eerste revolutie! Wat er nu gebeurt lijkt op de vernielzucht van wilde dieren. Maar het zijn niet alleen Fransen die dat doen, het uitvaagsel van de hele wereld bevindt zich in Parijs, rovend, brandend, vernietigend. Ik praat er niet graag over, ik kan die couranten niet lezen. Op het ogenblik tracht ik alles te vergeten, te genieten van de bloemen en dieren in mijn tuin. Ik heb drie zwarte zwanen, mijn lievelingen. Zij kennen mijn stem; ik voeder hen altijd.

1. Een toespeling op de activiteiten van de Parijse Commune. Thiers had troepen gezonden om het door radicale elementen beheerste Parijs te ontruimen. Op 21 mei waren de straatgevechten tussen regeringstroepen en Communards uitgebroken.

Huis ten Bosch, 25 juni 1871
Ja, ik geloof ook dat er onder de arbeiders negatieve, gevaarlijke neigingen leven. Zelfs in Holland, waar maar weinig fabrieken zijn en er hoge lonen betaald worden, horen we over vreemde praat, toespelingen en dreigementen. Wat ertegen te doen? In Nederland bestaan geen privileges; iedereen die intelligent is, in staat tot een *conceptie*, en die door anderen laat uitvoeren, kan fortuin maken. Ik sprak met iemand die juist uit Parijs terug is; hij was onder de indruk van de verbeten, woeste gezichten die men daar ziet. De mensen zeggen: 'Wij zijn van plan wéér te beginnen.' De wereldtentoonstelling heeft in dit opzicht veel kwaad aangericht. Er kwamen daar werklieden uit andere landen, zij ontmoetten elkaar, wisselden klachten uit, spraken over wraak en vergelding.

Huis ten Bosch, 24 juli 1871
Wij zijn verbaasd over de gebeurtenissen in Engeland. Een staatsgreep is smakeloos; wat een eigenaardig mengsel van radicalisme en despotisme is Gladstone.[1]

Wij hebben het druk gehad met het huwelijk, met diners en bals ter ere van de bruidegom.[2] Zij gaan morgen weg. Het zal dan mijn taak zijn mijn arme lieve oude oom Frederik te troosten.

Ik hoor niets van de keizer – ik weet alleen, dat hij Lord Cowley gevraagd heeft een kleine buitenplaats in de buurt van Londen voor hem te zoeken, omdat Camden House te groot en te kostbaar is voor zijn inkomen.

1. W.E. Gladstone, voor de eerste maal premier (1868–1874), had een aantal als zeer vooruitstrevend (en dus in die tijd door velen als te radicaal) ervaren hervormingen doorgevoerd.
2. Prinses Marie der Nederlanden, de jongste dochter van prins Frederik, trouwde met prins Wilhelm von Wied.

[In september 1871 ging Sophie weer op reis. Op weg naar Italië bezocht zij in Zwitserland haar neef Napoleon en diens vrouw Clothilde: 'Zij leven in waardige teruggetrokkenheid, in een kleine villa, zij hebben het paleis dat hij destijds heeft laten bouwen, verkocht. Het terrein is bekoorlijk – het mooie meer van Konstanz en de bergen geven aan die plek een grote charme, en *hun* instelling en oordeel zijn volmaakt evenwichtig, zonder enige bijsmaak van verbittering.']

Bologna, 3 oktober 1871
Gisteren ben ik naar Ravenna geweest. Ik heb deze meest merkwaardige van alle Italiaanse steden, half Byzantijns, half Gotisch, en buiten de

toeristische route gelegen, bezichtigd. Morgen gaan we door naar Napels. Tot 25 oktober is mijn adres: het Nederlandse consulaat generaal. Ik kan haast niet schrijven, het is zo warm!

Op de heenweg kwam ik door de tunnel van de Mont Cenis, een van de schitterendste constructies van onze eeuw. Men gaat er snel en geriefelijk doorheen. Het werk strekt tot eer van de Franse en Italiaanse ingenieurs. De locomotieven zijn bijzonder knap en eenvoudig van bouw.

Hier in Italië: eindeloos veel schilderijen, kerken en monumenten...

Napels, 13 oktober 1871

Ik bevind mij in dit paradijs op aarde, kijk uit over de blauwe zee, en in de blauwe hemel, maar er is niemand die ik ken, behalve onze brave consul en zijn dikke vrouw. Het bezwaar zijn de walgelijke stank en het vuil. Sorrento is onvergetelijk...

Rome, 31 oktober 1871

Rome is beslist zindelijker dan vroeger, en oneindig veel schoner dan dat smerige, *allersmerigste* Napels. Wanneer men dáárvandaan komt, treft dat als een aangename verrassing. Het bevalt mij hier werkelijk erg goed en het spijt me dat ik volgende week, op 7 november, wegga. Ik moet de 16de weer thuis zijn. Er blijven maar vier dagen over voor Florence. Het zonnige weer, de zuivere heldere lucht, zijn verrukkelijk. Indien ik wilde, zou ik hier ook mensen kunnen ontmoeten, want men stroomt naar Rome toe, maar ik geef de voorkeur aan alleen-zijn. Daardoor ben ik vrij om schilderijen en beeldhouwwerken te gaan bewonderen. *Die* geven mij het grootste genot; ook vind ik het heerlijk om 's middags tussen drie en vijf een rit te maken door de 'campagna' of over een paar van de liefelijke heuvels in de omgeving van Rome. Het zou verrukkelijk zijn hier rustig, zonder haast, een winter te kunnen doorbrengen. Nu voel ik mij soms erg moe; ik heb niet meer de energie van vroeger.

Ik smeek u, zeg nooit iets ten nadele van de keizer *tegen mij*. Ik moet hem voor eeuwig toegedaan blijven – en nu hij het zo verschrikkelijk moeilijk heeft, kan ik het helemaal niet verdragen.

Den Haag, 19 november 1871

In Florence heb ik tweemaal koning Victor Emmanuel van Italië ontmoet en met hem gesproken. Hij lijkt mij iemand met veel gezond verstand, scherp inzicht, en zelfs met finesse, maar in de grofste verpakking die men zich kan voorstellen. Hij ziet er vies en slordig uit, heeft de nek van een stier; de greep van zijn ongewassen handen is verpletterend, maar ik kan begrijpen dat er een bepaalde invloed van hem uitgaat. Hij is een van de merkwaardigste figuren van onze tijd. Ik ben blij dat ik hem ontmoet heb.

In de schilderijenverzameling van het Palazzo Pitti zag ik een portret dat Titiaan gemaakt heeft van de Venetiaanse edelman Cornaro. Zijn ogen lijken zo op die van Lord Clarendon, dat ik tot tranen toe bewogen was – ik zal dat schilderij laten kopiëren.

Den Haag, 30 december 1871

Ziet u dan niet hoe Bismarck zich meer en meer aanmatigt? Proberen *Duits* in te voeren als officiële voertaal inplaats van Frans![1] De Duitsers zullen zich meer gehaat maken dan de Fransen ooit geweest zijn, want hoewel even *overstelpend*, ontbreekt het hen aan het savoir faire en de goede smaak van de Fransen. Zo eindigt 1871. Ik moet dankbaar zijn – ik heb dit jaar niet zo geleden als in 1870, en gelukkige uren gekend, die van uw bezoek aan Den Haag behoren tot de beste.

Hebt u ooit vernomen wie Lord Napier in Madras gaat opvolgen? Ik las nog nergens iets over een aanstelling en de tijd van zijn terugkeer nadert. Ik heb reumatiek in mijn vingers, dat doet veel pijn, daarom is mijn handschrift slechter dan ooit. Schrijft u mij spoedig weer? Ik hoop dat uw zoon Henry u nu meer genegenheid betoont.

1. In Elzas-Lotharingen.

Den Haag, 11 januari 1872

Ik hoop, dat u al bericht van uw zoon Edward gekregen hebt. China wordt tegenwoordig niet meer beschouwd als zo heel ver weg – het is dichterbij dan Zuid-Amerika zou zijn, en de post is veel regelmatiger dan vroeger – de post is het belangrijkste middel om afstand teniet te doen, en dan is er nog de telegraaf, die een vaste instelling geworden is. Ik besef, dat dit allemaal maar een schrale troost betekent; hij is weg en u hebt verdriet.

Den Haag, 28 januari 1872

Ons land is even in rep en roer geweest, omdat *wij* onze kolonie in West-Afrika, aan de Engelsen, en *zij* hun deel van Sumatra aan ons hebben gegeven.[1] Die ruil is verstandig en niet dadelijk onvoordelig in de praktijk, maar de bevolking in Afrika stuurde een gezant om te protesteren en te zeggen dat zij geen onderdanen van Engeland willen worden – waarna alle couranten hier kabaal zijn gaan maken. Velen, die niets van deze zaken afweten, schreeuwen mee. De Engelse regering zond de toekomstige gouverneur van de Westafrikaanse kolonie, Mr. Pope Hennessy naar Nederland, voor een gesprek en overleg met onze mensen.

1. Nederland en Engeland hadden in 1872 een verdrag gesloten, onder andere om het gedeelte van Sumatra dat sedert 1824 (het einde van het Engelse tussenbewind over de koloniën) Engels was geweest, te ruilen tegen het aan Nederland behorende deel van de Goudkust van West-Afrika. Door de opening van het Suezkanaal, in 1869, voeren er meer schepen dan voordien langs de kusten van Sumatra; die werden vaak aangevallen door zeerovers. Dit euvel zou pas bestreden kunnen worden, wanneer Nederland ook in het Noorden van Sumatra (Atjeh) gezag uitoefende.

Den Haag, 15 februari 1872

Hoe attent van u aan mij te denken, toen u hoorde van de moord op Lord Mayo[1]. Die gebeurtenis heeft mij zeer pijnlijk getroffen. Ik begrijp niet hoe het mogelijk is, dat een gouverneur-generaal van India, die toch omringd moet zijn door adjudanten, doodgestoken kan worden door een dwangarbeider, die geen dolk of mes binnen handbereik mag hebben. Ik weet, dat Lord Napier in de eerste tijd de functie van gouverneur-generaal moet waarnemen, want vóór hij hier wegging, zei hij, toen hij mij uitlegde waaruit zijn toekomstige taak zou bestaan: 'Indien de onderkoning sterft, moet de gouverneur van Madras in zijn plaats optreden, die is dus de tweede man op het Indische schiereiland.'

Ik ontving een brief van Lord Napier, gedateerd 20 januari, waarin hij schrijft: 'Ik weet niets over mijn opvolger en het kan mij niet schelen ook. Mijn eerste gedachte is: hier weg te gaan. Venetië, Den Haag – en dan naar huis.' Helaas! Zijn terugkeer zal nu wel uitgesteld worden, want de nieuwe onderkoning kan natuurlijk niet onmiddellijk vertrekken. Lord Napier had op de 31ste maart weg zullen gaan, en op 20 mei hier bij mij zullen komen. Van de maand mei tot oktober is de Rode Zee vanwege de hitte voor een Europeaan zo goed als onbevaarbaar. Wat het klimaat van China betreft, hoeft u zich voor uw zoon Edward geen zorgen te maken. Laatst sprak ik iemand, die vier jaar in China heeft gewoond en nooit last met zijn gezondheid heeft gehad; het klimaat is volgens hem uitstekend.

1. Lord Mayo, een conservatief politicus, was in 1869 tot onderkoning van India benoemd.

Den Haag, 17 maart 1872

Toen koningin Olga van Württemberg onlangs in St.Petersburg arriveerde, is er iets geks gebeurd. Ik nam mijzelf voor het u te vertellen.

Er waren natuurlijk rijtuigen aan het station om haar en haar gevolg en haar bagage af te halen. Toen de Württembergse lakei, aan wiens hoede haar kostbare juwelen toevertrouwd waren, in de wagen zat die hem naar het paleis van de tsaar moest brengen, merkte hij tot zijn verbazing, dat er geen bediende van het hof aanwezig was om hem en de sieraden te begeleiden. Maar omdat het al laat was, verzocht hij de koetsier te vertrekken. Ze reden een hele tijd en toen drong het tot hem door dat ze niet dichter bij het paleis kwamen. Vier mannen hielden het rijtuig aan. Hij schreeuwde en verweerde zich, geholpen door een grote hond, die grootvorst Michael van Rusland in Stuttgart gekocht had en die zijn zuster Olga voor hem had meegenomen naar St.Petersburg. Eindelijk kwam de politie. De mannen gingen ervandoor, de koetsier werd gearresteerd en bekende dat er een complot was om de juwelen te roven en de lakei te doden. De hond is de held van het verhaal.

Den Haag, 19 april 1872
Wij hebben een week in Amsterdam doorgebracht. Het was interessant, soms ook amusant, en ik werd *zeer vriendelijk* ontvangen. Er is op het ogenblik een prachtige tentoonstelling van oude schilderijen uit particulier bezit of die eigendom van instellingen zijn. Men krijgt ze nooit te zien, zij hangen verborgen in donkere ruimten, maar nu zijn zij in al hun glorie aan het licht gekomen. Sommige van de mooiste Rembrandts ter wereld, een portret van een burgemeester Six, 'Shakespeare-achtig' geschilderd. Als ik alléén naar dat alles had kunnen kijken en er van genieten, zou ik die uren tot de onvergetelijkste van mijn leven gerekend hebben. Maar er is altijd een officiële receptie, men moet onderhand een gesprek voeren – en ik kan niet tegelijkertijd luisteren en kijken. Ik moest aan u denken: ook u zou die schilderijen en hun historie mooi gevonden hebben...

Lord Napier verlaat Calcutta op de 23ste april en komt tegen het einde van mei in Engeland aan. Ik merk, dat hij genoegen schept in zijn positie van onderkoning. Ik hoop, dat men iets voor hem doen zal bij zijn terugkeer, hem een zetel in het Hogerhuis geven, want alléén het sobere landelijke leven in Schotland zou hem in de toekomst niet bevredigen.[1]

1. Na zijn terugkeer kreeg Lord Napier inderdaad een Engelse 'peerage': hij werd Baron Ettrick.

Huis ten Bosch, 17 mei 1872
Uw brief is vol droefheid en ook de mijne zal niet vrolijk zijn. Vandaag wordt mijn arme schoonzuster begraven[1]. Ik hoor de rouwsalvo's van de kanonnen terwijl ik zit te schrijven; zij wordt nu naar de grafkelder van de Oranjes in Delft gebracht – die zich meer en meer vult. Zij was

veel jonger dan ik. Ik had nooit gedacht dat zij vóór mij zou sterven. Ik heb mij drie dagen geleden in Huis ten Bosch geïnstalleerd om haar broer hier te kunnen ontvangen, aangezien de koning er niet aan gedacht heeft die familieleden onderdak aan te bieden. Hij is als gewoonlijk onvriendelijk en onhebbelijk, maar daar is nu eenmaal niets aan te doen. Onze rouw is heel zwaar, overdreven; bij warm weer zou die kleding verschrikkelijk hinderlijk zijn.

De groothertogin van Weimar is hier ook. Zij is in één woord *afschuwelijk* en ruikt zo vies uit haar mond, dat men niet in haar buurt kan komen. Bovendien bootst dat kleine vette propje de manieren en houdingen van haar moeder na, hetgeen uitermate lachwekkend is. Ik zit naar haar te luisteren alsof zij de schim van koningin Anna Paulowna is, uit het graf herrezen om mij te plagen en te kwellen.

1. Prinses Amalia van Saksen-Weimar, echtgenote van prins Hendrik der Nederlanden. Zij was tweeënveertig jaar.

Huis ten Bosch, 8 juni 1872

Op het ogenblik logeert Lady Clarendon bij mij. Zij ziet er kalm en fris uit met haar weduwenkapje, treurt heel stil om haar Lord. Zij is geen amusant gezelschap, maar zij heeft voortreffelijke manieren. Zij heeft veel gezien en gehoord en dertig jaar lang geleefd aan de zijde van die alleraardigste man. Ik beschouw haar als een familielid dat recht heeft op mijn consideratie en aandacht, maar ik kan niet zeggen dat ik echt op haar gesteld ben.

Onze eerste minister is overleden.[1] Hij was een man van karakter. Het is een verlies voor het land, vooral voor mij; een nieuwe kabinetscrisis is op komst. Over veertien dagen ga ik met mijn oom Frederik naar Silezië, naar zijn landgoed Muskau[2], om hem te helpen over verdrietige indrukken heen te komen. Hij is daar nooit meer geweest sinds de dood van zijn vrouw. Wilt u uw brieven dáárheen sturen?

1. Johan Rudolf Thorbecke (1798–1872), voor de derde maal premier van 1871 tot 1872.
2. Een slot, dat prins Frederik geërfd had van zijn vader, koning Willem I.

Muskau, 28 juni 1872

Ik bevind mij op het buiten van mijn beste oude oom, om hem wat op te vrolijken – hegeen een aangename taak is. Maar ik heb een hekel aan dit oord, het is er zo somber en eenzaam, en geen water om zich te wassen, onzindelijke gewoontes, waar ik niet tegen kan. De eerste dag kon ik wel huilen, toen men mij, in plaats van een badkuip, een kom met één fles water bracht. Ik geloof dat ze hier niet eens begrijpen wat ik wil met al dat water waar ik om vraag. Er zijn geen buren, niemand behalve het zwijgzame personeel van mijn oom; het is erg saai. Wanneer wij de bomen hebben bewonderd, die prachtig zijn, en de bloemen, die goed verzorgd worden, zijn we uitgepraat. Er is geen bibliotheek. Maar ik ben erg op oom Frederik gesteld, en gelukkig omdat ik hem van enig nut kan zijn. Hij wordt oud en zwak.

Een van de opvallende dingen in deze streek is, dat al het werk door *vrouwen* gedaan wordt; de mannen zijn als soldaten onder dienst. Er wordt hier in de buurt een nieuwe spoorweg aangelegd: ongeveer dertig vrouwen zijn bezig het zware graafwerk te verrichten, voor minder loon dan mannen zouden krijgen, en dat in de verschrikkelijke hitte. Ik vind het wreed, maar dit is een wreed land. Zij mogen dan overwinnaars zijn in de huidige oorlog, maar zij kunnen nooit een beschavende, veredelende rol spelen. Jaren geleden heb ik enige tijd doorgebracht in Midden-Frankrijk[1]. Daar waren de mensen ongeletterd, maar vol van kinderlijke vriendelijkheid en voorkomendheid. Wat een verschil met dit norse, hardwerkende, onaangename volk. Toen ik het Franse plaatsje verliet, voelde ik sympathie voor die mensen van het platteland; als ik hier wegga, hoop ik deze mensen nooit meer te zien. Ik ga volgende week naar Dresden en ben van plan de 6de juli rechtstreeks naar Den Haag terug te reizen. Silezië maakt, dat ik van Holland ga houden. Ik heb werkelijk het gevoel alsof ik in *Siberië* ben.

1. In St.Seine l'Abbaye bij Dijon, een zeer eenvoudig kuuroord, dat in de jaren zestig gepatroniseerd werd door keizerin Eugenie. Sophie was er met prins Alexander heengegaan om hem daar een koudwaterkuur te laten doen.

Huis ten Bosch, 21 juli 1872

Toen ik uw brief kreeg, lag ik in bed met leverontsteking; ik had zoveel pijn, dat ik het wel kon uitgillen. Die aandoening heeft maar kort geduurd, maar ik blijf belachelijk zwak en ik durf niet te eten, heb voortdurend dorst. Ik zit nu op mijn balkon, de mooie bloemen vervullen de lucht met hun zoete geur en ik kijk hoe de wolken voorbijdrijven.

Helaas, twee van mijn zwarte zwanen zijn dood. Eén stierf er tijdens mijn afwezigheid; ik hoorde, dat men hem verwaarloosd had. De andere werd ziek toen ik terugkwam. Zo gauw ik weer op mijn benen kon staan, sleepte ik mij naar de vijver en als ik zelf niet kon gaan, stuurde ik anderen om op te letten. We hebben gedaan wat we konden. Van de drie zwanen, die van mij hielden, is er nog maar één over. De eieren die we vonden bleken leeg te zijn.

De Napiers hadden juist omstreeks deze tijd hier zullen komen, maar zij zijn eerst naar Schotland gegaan. Ik ben dankbaar dat zij later komen, wanneer ik weer wat op krachten zal zijn. Op den duur zal hij misschien een functie in het kabinet of aan het hof krijgen, waardoor hij dan meer geld heeft voor de dingen die hij altijd graag wil.

Huis ten Bosch, 11 augustus 1872

Ik heb een kort, zeer kort bezoek gehad van Lord Napier. Lady Napier was ziek, kwam dus niet. Hij was vriendelijk en prettig in de omgang als altijd, maar gehaast en *verstrooid*. Gedachten aan andere dingen, misschien toekomstvisioenen, schenen zijn geest in beslag te nemen. Het is een vreemde, treurige gewaarwording, wanneer twee mensen elkaar na een lange scheiding weer ontmoeten en dan ontdekken dat zij eigenlijk in totaal verschillende werelden leven. Dat gevoel had ik met Lord Napier, en hoewel ik het heerlijk vond hem weer eens te zien, bleef er toch iets in mij achter van pijn en droefenis. Uiterlijk is hij heel weinig veranderd.

Huis ten Bosch, 9 september 1872

De Internationale heeft hier geen succes gehad.[1] De Hollandse arbeiders moeten er niets van hebben en gaven blijk van hun gezonde verstand door weg te blijven. De redevoeringen van de Belgen waren minder goed dan die van de Fransen. Iedere vorm van maatschappelijke orde moest vernietigd worden door moorden en roven. Dergelijke uitwassen houden geen stand; zij hebben onderling al ruzie, nog even, en de Internationale valt uiteen...

1. Koningin Sophie bedoelt de Nederlandse sectie van de in 1864 door Karl Marx te Londen opgerichte Internationale Arbeiders Associatie, die na 1871 een kwijnend bestaan leidde, terwijl het Algemeen Nederlandse Werklieden-verbond dat de klassenstrijd afwees en samenwerking tussen patroons en arbeiders voorstond, wel tot bloei kwam.

Den Haag, 7 oktober 1872

Ik hoop woensdag de 16de in Londen aan te komen. De hemel mag weten hoe laat! Hollandse schepen en Hollandse kapiteins haasten zich niet. Zij zeggen dat de overtocht achttien uren zal duren, een afschuwelijk vooruitzicht. Maar het weer klaart op, wordt mooi, ik mag een rustige reis verwachten.

In de afgelopen dagen zijn we op Huis ten Bosch bijna verdronken. Mijn hele tuin was als één grote vijver en er stond een felle wind. Op een zondagavond, de 29ste september, zat ik heel rustig in mijn kamer, toen er een lakei kwam binnenstormen met de boodschap dat de bliksem ingeslagen was in de Grote Kerk te Delft, waar de grafkelder van de Oranjes is, en dat de trap naar beneden in brand stond. De bedienden klommen op het platform op het dak, zij konden daar de vlammen zien. De volgende morgen vroeg reed ik met mijn zoon Alexander naar Delft. Goddank was het vuur op wonderbaarlijke wijze gedoofd door de regen; alleen het bovenste gedeelte van de trap was weg. Toch gaf dit mij een akelig gevoel, als een slecht voorteken.

Den Haag, 29 november 1872
De koning, die ik sinds juni maar éénmaal gezien heb, keert vandaag terug van Het Loo. Dat maakt mijn leven alleen maar somberder, aangezien hij *nooit* goedvindt dat ik gasten uitnodig voor het diner en mij slechts toestaat in de avonduren een paar mensen te ontvangen. Dit zijn de donkere maanden van het jaar, altijd heel moeilijk, tot ik weer gewend ben aan mijn gevangenis.

Den Haag, 9 december 1872
Tijdens mijn laatste verblijf in Engeland, deze zomer, had ik het volgende gesprek met Lord Derby (ik dacht dat ik u dat al verteld had). Wij zaten aan tafel, bij een diner. Ik keek om mij heen en zei: 'Behalve Lady Cowley ken ik van alle mensen hier u het langst, langer dan degenen met wie ik gewoonlijk omga.' 'Ja,' zei Lord Derby. 'Onze gemeenschappelijke kennis terwille van wie ik naast u mag zitten komt niet meer in aanmerking voor een benoeming.' Ik keek hem aan en zei: 'U hebt zich ten opzichte van hem niet goed gedragen.' Hij antwoordde: '*Ik* had Sir Alexander best in Brussel willen aanstellen, maar de koningin wilde het niet.' 'Waarom niet?' 'Dat weet ik niet, ik heb het tweemaal geprobeerd, maar zij bleef weigeren, en ik was gedwongen de zaak op te geven.' 'Maar u was óók niet erg geschikt wat betreft het pensioen.' 'O,' zei hij, nogal scherp. 'Dat was niet mijn schuld, dat is de wet. Het Lagerhuis stond mij niet toe van de regel af te wijken.' Dit is een letterlijke weergave van het gesprek.

Den Haag, 19 december 1872
Mijn mening is: indien u uw zoon volledig vrijlaat om te trouwen met wie hij wil, of niet te trouwen, hebt u zich later – wat ook het resultaat moge zijn – niets te verwijten. Vaak zeg ik tegen mijzelf: als ik destijds mijn zoon niet belet had te trouwen met dat Engelse meisje[1] op wie hij verliefd was, zou hij nu misschien een gelukkiger mens zijn.

1. Lady Diana de Vere Beauclerk. Prins Willem had haar in de zomer van 1863 tijdens zijn bezoek aan Engeland het hof gemaakt.

Den Haag, 14 januari 1873

Ja, ik ben gebroken door het nieuws van zijn dood[1], maar óók zeg ik steeds tegen mijzelf: 'Hij heeft nu rust'. Na zoveel leed, met zoveel grootheid van ziel gedragen, zou dat mij moeten verheugen, maar hoewel ik dit inzie, is de wereld voor mij toch leeg zonder hem die gedurende lange jaren mijn gedachten vervuld heeft, en hoop en vrees in mij heeft gewekt. In ballingschap gestorven! Zonder dat hem recht geschied is! Ik houd nu nog meer van de Engelsen dan ik altijd al gedaan heb, vanwege hun sympathie, hun rechtvaardigheid ten opzichte van hem. Toen ik op de 18de oktober jongstleden in Chislehurst arriveerde, stond hij bij het station. Zodra de mensen hem herkenden, juichten zij hem toe. Ik zei: 'Het doet me goed dat te horen,' en hij antwoordde: 'Zij zijn altijd bijzonder aardig voor mij.' Ik geloof dat hij gestorven is als gevolg van een overmatig gebruik van chloroform en andere verdovende middelen, *niet* door zijn ziekte, hoe pijnlijk die ook was. Toen ik hem voor het eerst weer zag, was ik ontzet door zijn gezwollen uiterlijk. Zijn gelaatskleur, die altijd tamelijk vaal is geweest, was rood, zoals een opgezette wang of hand rood kan zijn. Zijn mooie handen – nooit heb ik mooiere handen gezien – waren ook gezwollen. Maar toen ik hem voor de laatste maal sprak, was dit wat beter en ook zijn gezicht had weer die wat grauwe tint van vroeger.

1. Ex-keizer Napoleon III stierf op 9 januari 1873 aan de gevolgen van een blaasaandoening.

Den Haag, 24 januari 1873

Ik wilde, dat ik over iets anders kon spreken en schrijven dan over dat ene, dat voortdurend in mijn gedachten is, de dood van de keizer. Ik verafschuw de Fransen en hun ondankbaarheid, uitgezonderd die paar eenvoudige mensen uit het volk, die naar de begrafenis kwamen en bij zijn kist neerknielden.

Ik ben blij, dat uw toekomstige schoondochter er zo lief uitziet. Schoonheid en gratie zijn belangrijk; in uw nabijheid en met een intelligente echtgenoot aan haar zijde, kan zij haar geest ontwikkelen. Voor een vrouw is omgang met verstandige mensen meer waard dan een knap uiterlijk.

Den Haag, 11 februari 1873

O ja, met hoeveel vreugde zou ik mijn lijfrente verdelen, als mijn oudste zoon aan trouwen dacht! Hij is heel evenwichtig, zachtmoedig en vriendelijk tegen mij – maar hij moet niets hebben van een huwelijk met een prinses. Mijn hele bestaan draait om die twee jongens. Alexander is nu

bijna zo lang als zijn broer, hij is erg lelijk, opvallend lelijk zelfs; ik betwijfel of dit ooit zal verbeteren. Ik denk, dat het bedoeld is als een straf
voor mij, omdat ik altijd teveel waarde gehecht heb aan schoonheid.

Stuttgart, 27 februari 1873
Ik ontving in Stuttgart uw brief van de 24ste met de interessante beschrijving van het huwelijk van uw zoon.[1] Ik werd hierheen ontboden,
aangezien mijn stiefmoeder op sterven ligt: een hartkwaal, waterzucht.
Zij is drieënzeventig jaar oud. Ik ging dus, reisde twintig uur zonder
oponthoud. Zij was blij mij te zien. Het gaat haar iets beter, maar er is
geen mogelijkheid van herstel. Het kan zo nog weken duren, maar ik
moet op de 8ste maart weer vertrekken. Stuttgart is een dodenstad voor
mij – de meeste van mijn vroegere vrienden liggen op het kerkhof. De
stad heeft zich ontzaglijk uitgebreid – er zijn nu bijna honderdduizend
inwoners – maar is er niet zindelijker op geworden. Wel zijn er werkelijk mooie huizen, en er is een geweldige groei van handel en industrie.
Het weer is te slecht om van de bergen en het natuurschoon te genieten.
De winter is opnieuw begonnen.

1. Henry Malet trouwde op 19 februari 1873 met Laura Jane Hamilton.

Den Haag, 17 maart 1873
Tegen de avond kwam gisteren het overlijdensbericht van de koningin-
moeder van Württemberg. Alleen haar dochter Cathérine was bij haar.
Soms was zij geestelijk in de war, dan beschuldigde zij koningin Olga
ervan haar vergiftigd te hebben. Al dadelijk na haar dood – zij was bij
wijze van spreken nog niet koud – zei de koning: 'Het is heel onaangenaam als zoiets in het voorjaar gebeurt. Het bederft ons genoegen.'
Zoiets: de dood van zijn moeder!

Amsterdam, 27 april 1873
Ik ben weer hier in Amsterdam voor het jaarlijkse bezoek, heb het ellendig koud, huiver in dit verschrikkelijke weer. Ik heb veel bezoeken gebracht aan scholen en andere openbare instellingen, de mensen waren
erg aardig. Maar het slechte nieuws uit Indië werpt een schaduw over
alles.[1]

1. In verband met het Sumatra-traktaat met Engeland had Nederland de onafhankelijkheid van Atjeh geëerbiedigd tot 1871, toen Nederland het Engelse deel
van Sumatra kreeg in ruil voor het Nederlandse gebied aan de Goudkust van
Afrika. Daar de Atjehers door bleven gaan met zeeroverij, verklaarde Nederland in 1873 Atjeh de oorlog.

255

Huis ten Bosch, 25 juli 1873

Alle mensen die ik bij mij verwachtte, hebben vreemde ongelukken gekregen die hun komst beletten, of maken dat zij op hun bezoek moeten
uitstellen. Wat Lord Napier betreft, de treurige staat waarin zijn financiën verkeren verhindert hem ten enenmale om op reis te gaan. Hij deelt
mij dat vol spijt mee. Ik vrees, dat hij heel onvoorzichtig geweest is. Hij
denkt er over het gedeelte van zijn grondbezit dat niet tot het onver-
vreemdbaar erfgoed behoort, te verkopen en moet nu naar Schotland
om die kwestie te regelen.

Ik voel, dat het goed voor mij zou zijn mensen te ontmoeten, maar ik
ben te zwak, kan niet slapen en heb steeds pijn in mijn rug. Ik lees wel
wat, maar zonder plezier of echte belangstelling.

Genève, Hotel Metropol, 4 november 1873

Ik ben moe, maar ik heb genoten van mijn reis. Het merkwaardigst van
alles vond ik Hongarije. Ik heb twee dagen gelogeerd op het buiten van
graaf Esterhazy. Wat ik van Hongarije gezien heb, leek mij te getuigen
van kolossale, misdadige verwaarlozing door de autoriteiten. Geen wegen, geen scholen: die twee belangrijkste middelen om de volksontwik-
keling te bevorderen. Grote landgoederen – maar de eigenaars daarvan
doen niets voor hun mensen. Graaf Esterhazy zelf, een van de meest intelligente mannen die ik ken, treft evenveel blaam als de rest – misschien nog meer – aangezien hij, die lange tijd in Engeland, Frankrijk,
en andere landen gewoond heeft, vergelijkingen zou moeten maken en
dan dienovereenkomstig zou moeten handelen. Ik geloof, dat zij bang
zijn, dat wat beschaving hun despotische macht zou vernietigen. De
omgang met hem en zijn familie was heel aangenaam, maar in zijn woning – paleis noemen ze het daar – vond ik geen spoor van de geriefelijk-
heid die men in een Engels huishouden aantreft.

Den Haag, 20 november 1873

U schijnt te denken dat ik in Rome geweest ben, maar dat is niet zo. Van
Wenen ging ik naar Triëst, Milaan, Genua, Turijn, toen naar Genève
en vandaar naar huis.

Wenen is een heel vrolijke stad, heel mooi ook, maar ik zou er niet
willen wonen. De riolering is er verschrikkelijk. De grootste troef is het
theater. De opera is prachtig, veel mooier dan in Parijs.

Den Haag, 11 december 1873

Mijn zondagen worden opgevrolijkt door de aanwezigheid van Alexander, die 's zaterdags uit Leiden komt en dan de hele volgende dag bij mij

blijft. Wij lezen samen en maken wandelingen. Dat is prettig, maar de kerkgang, de lange Hollandse preken, de koude vochtige kerkgebouwen vol vieze luchtjes, vind ik onaangenaam. Ik dineer altijd alleen met mijn twee zoons, soms hebben we heel veel plezier met elkaar. Overigens is mijn leven op het ogenblik somber en saai, ik ken niemand in Den Haag met wie ik openhartig over mensen en toestanden kan praten – behalve natuurlijk mijn beste oom Frederik, maar ik zie met bevend hart hoe oud en krom hij wordt.

Den Haag, 17 januari 1874

Onze Atjehse vijanden op Sumatra bestrijden ons verbeten. Zij lijken wel wat op de Sikhs[1] in uw India; zij zijn goed bewapend en, hoewel niet zeer gedisciplineerd, vechten zij met de moed der wanhoop. *Wij* zullen uiteindelijk wel overwinnen. Dat heeft dan misschien een gunstig effect op ons zeer 'vredelievende' leger en onze zo goed als ingeslapen vloot.

1. Een toespeling op de opstand in India in 1857.

Huis ten Bosch, 5 juni 1874

Lord Napier kwam; zijn bezoek heeft achtenveertig uur geduurd – te kort! Ik vroeg hem langer te blijven. Hij stemde half en half toe, maar liet toen een lange brief brengen waarin hij schreef, dat er interne familieaangelegenheden waren, waarover hij niet kon spreken, en dat zijn vrouw rekende op *gehoorzaamheid*. Dat vond ik een eigenaardig woord – maar ik voelde wat hij verzweeg en drong niet verder aan; hij was mij er dankbaar voor. Ik geloof dat zij, op haar lieve manier, iets van een dwingeland heeft en veeleisend is. Zij passen niet bij elkaar en hij heeft, ofschoon hij over gehoorzaamheid spreekt, meer dan één slippertje op zijn geweten. Maar voor mij, zijn goede vriendin, is hij buitengewoon aangenaam gezelschap.

Mariënbad, 27 juni 1874

Het bronwater bekomt mij goed, tenminste om te drinken. De baden vind ik niet prettig; mijn arts laat ze mij warm nemen, en ik ben gewend aan koude baden. Wij leiden hier een uiterst sober leven: staan om zes uur op, dan de drinkkuur, wandelen van zeven tot negen, baden om twaalf uur, dineren om twee uur, de avondmaaltijd om half acht, en om negen uur naar bed. De tijd gaat vlug voorbij met al die zuiver lichamelijke besognes.

Ik ben werkelijk al weer in staat om te lopen, zelfs om trappen te klimmen, terwijl ik in mijn tuin in Den Haag met de grootste moeite maar een paar stappen kon strompelen, of wankelen. Ik neem hier ook modderbaden, die naar men zegt uitstekend helpen tegen reumatiek; het is een soort van aarde die sterk naar hars ruikt. Het ziet er uit als chocolade. Gelukkig is Mariënbad geen mondain oord: men kan hier rondlopen met een gewone hoed op, in een donkere japon, precies zoals men zelf wil. Er zijn hier ontzettend veel dikke vrouwen, haast geen enkele die er aardig uitziet; de meeste komen uit Noord-Duitsland, hun onaangename sissende accent jaagt mij op de vlucht...

Huis ten Bosch, 21 september 1874

Mijn lieve Alexander is naar Berlijn en St.Petersburg geweest. In Rusland was men erg aardig voor hem. Hij heeft Moskou bezocht; hij, met zijn juist oordeel, liet zich niet verblinden door al die pracht en praal van een Oost-europees hof. In Berlijn was de oude keizer heel vriendelijk. Dat was echter niet het geval met de jongeren, de kroonprins en zijn vrouw – voor wier kinderen, toen die in Scheveningen waren, ik (al zeg ik het zelf) vol attenties ben geweest.

Huis ten Bosch, 29 september 1874

Mijn jongste zoon is mijn oogappel. Morgen installeert hij zich in zijn nieuwe eigen woning, vlak bij het paleis. Hij is ernstig en beschouwelijk van aard, maar kan ook vol grappen en vrolijkheid zijn. Wat zijn gezondheid betreft, wordt hij steeds sterker, en hoewel hij om te zien nooit knap zal zijn, is er in dit afgelopen jaar toch een verbetering merkbaar geworden in zijn gezicht en zijn hele voorkomen.

Den Haag, 13 oktober 1874

Ik hoor maar zelden iets van Lord Napier, en áls dat gebeurt, zijn zijn brieven mistroostig en gehaast, als van iemand die niet graag over zichzelf en zijn doen en laten praat. Dat maakt mij bedroefd. Ik had veel meer contact met hem, toen hij ver weg in India zat. Ik neig er toe te geloven, dat er in zijn leven sprake is van de een of andere zonde, die hij voor zijn vrouw en voor anderen verborgen tracht te houden.[1]

1. Lord Napier had het in die tijd juist bijzonder druk met zijn zeer vooruitstrevende sociale activiteiten, met name het bevorderen van volksonderwijs en volksgezondheid.

Den Haag, 3 maart 1875

Een van de meest kenmerkende symptonen van oud worden is geloof ik:

gebrek aan belangstelling. Ik heb alle lust verloren om nieuwe kennissen te maken, een verlangen dat vroeger altijd heel sterk in mij leefde. Ik raak steeds meer gehecht aan mijn oude vrienden en geef niet meer om nieuwe gezichten. En toch verandert de wereld voortdurend. Wanneer ik nadenk over de ideeën die in onze jeugd heersten – wat een verschil met tegenwoordig! De spoorwegen en de telegraaf zijn grote revolutionaire uitvindingen, zij veranderen onze denkbeelden op een veel ingrijpender wijze dan feiten het doen.

Den Haag, 23 maart 1875

Alexander verliet mij de vorige week op een donkere en bitter koude dag. Hij is naar Berlijn om de keizer van Duitsland geluk te wensen met diens (waarschijnlijk laatste) verjaardag[1], om prinsessen te ontmoeten en voor zichzelf uit te maken of er een bij is die in zijn smaak valt. Hij is vriendelijk ontvangen, maar tot nu toe schrijft hij nog niet uitvoerig. Een en ander houdt mij erg in spanning. Ik wil graag dat hij trouwt, kinderen krijgt, gelukkig is – zonder mij. Ik zeg tegen hem, dat hij zich niet aan mij moet vastklampen, daar ik immers lang vóór hem sterven zal. Het leven is werkelijk één voortdurende beproeving, tenminste voor ons vrouwen.

1. De keizer zou nog dertien jaar leven!

Den Haag, 18 april 1875

Indien ik op het ogenblik aan mijn eigen genoegens zou denken en mijn arme jongen in zijn teleurstelling alleen zou laten, zou dat heel verkeerd van mij zijn. Ik ben ook niet in staat ergens plezier in te hebben. Er speelt zich achter de schermen iets vreemds af, waar we nog geen hoogte van hebben. Zijn aanzoek werd gretig geaccepteerd, hij keerde vol van het blijde nieuws bij ons terug, maar na tien dagen kwam er een 'neen', dat we niet kunnen begrijpen. De een of andere slinkse manoeuvre! Wij hebben geschreven, en wachten nu gespannen op antwoord.

Den Haag, 22 november 1875

Neen, ik heb geen *nieuwe* zorgen. Mijn hele bestaan drukt als een loden last op mij. De koning vernietigt zo wreed, zo onnoemelijk wreed, de toekomst van zijn zoon. Niets, geen woord, kan uitdrukken wat Alexander voor mij betekent. Terwille van hem moet ik blijven leven – en zal ik trachten het uit te houden.

Den Haag, 29 december 1875

De koning kan het mij niet vergeven dat ik niet, zoals hij verwachtte, gestorven ben. Hij komt *nooit* bij mij, laat ook nooit vragen hoe het met mij gaat. Toen ik er in mijn laatste ziekte het ergst aan toe was, zong hij en liet hij iemand hard pianospelen onder mijn slaapkamer.

Cannes, Hotel des Anglais, 15 januari 1876

Ik woon hier op de heuvels, met in de verte de zee. Ik heb een mooi uitzicht op de met sneeuw bepoederde toppen van het Esterelgebergte. Ik beschik over een groot terras en een naar beneden aflopende tuin. Dat terras is iets heerlijks; ik kan daar in de warme zonneschijn zitten. De rozen staan in bloei. Het is alles bijelkaar een prachtig oord.

Mijn lieve oudste jongen is bij mij. Hoewel het verblijf hier voor hem bepaald niet amusant kan zijn, is hij heel aardig en attent.

Cannes, 27 januari 1876

Mijn gezondheidstoestand blijft vrijwel stationair. De arts zorgt goed voor mij, hij geeft mij digitalis, verbiedt mij te lopen, maar laat mij zo vaak uit rijden gaan als ik wil, op voorwaarde dat ik om vier uur thuis ben, vóór het fatale uur van zonsondergang. In hun eentonigheid gaan de dagen heel snel voorbij. Alleen de avonden zijn vervelend. Ik lees, ik werk, en ga vroeg naar bed. De heldere zonneschijn is, wat het verblijf hier aangenaam maakt: het licht, dat zo heel anders is dan het licht bij ons.

Cannes, 7 februari 1876

Mijn oom, prins Frederik, logeert bij mij. Op negenenzeventigjarige leeftijd heeft hij, terwille van mij, die verre reis gemaakt.

Cannes, 2 maart 1876

De laatste dagen hebben mij geen goed gedaan. Het weer is benauwd, de wind beneemt me de adem, het stof is prikkelend als rook. Ik had een aanval van de lever, die mijn toestand verergerde. Ik geloof niet, dat iemand of iets mij kan genezen. Ik zal dus altijd een patiënt blijven, dat is hard. Vreemd, zoals ziekte iemand een gevoel van isolement geeft. Het lijkt me, alsof ik altijd *alleen* heb moeten worstelen om deze pijn te dragen. Mijn lieve Alexander is nog steeds in Algerije, hij zwerft daar rond, vindt het er heerlijk. Ik mag hem niet terugroepen, maar ik mis hem, het schijnt zo onnatuurlijk dat hij niet hier is. Ik schrijf weinig, want schrijven maakt mij benauwd.

Cannes, 16 maart 1876

Terwijl half Europa onder water staat, wil het in Cannes maar niet regenen. Het stof en de windvlagen zijn verschrikkelijk. Men is bang, dat de olijfbomen geen vrucht zullen dragen. Toch blijft het een prachtige streek; hoe meer ik zie van het achterland, des te mooier vind ik het hier.

Cannes, 23 maart 1876

Ik geloof niet, dat doodgaan moeilijk is. Leven is een veel zwaardere opgave.

Den Haag, 28 april 1876

Europa verandert in ieder opzicht. Ik veronderstel dat Duitsland, dat wil zeggen Pruisen, in de nabije toekomst de leidende grote mogendheid zal zijn. Een agressieve macht – en dat zal zo blijven, totdat er een algemene coalitie wordt gevormd om de aanmatiging van Duitslands militaire despotisme te vernietigen. Maar dan? De hemel mag het weten, ik zal het niet meer meemaken. Ik geloof dat die enorme legers – een soort van kanker in het lichaam van een grote staat – afgeschaft moeten worden. Zij verslinden de meest waardevolle hulpbronnen van een volk. In de toekomst zou er een internationaal scheidsgerecht moeten worden ingesteld.

Biarritz, 13 november 1876

Ik vrees, dat binnen een paar maanden oorlog weer onvermijdelijk zal zijn. De Turken kunnen niet alles opgeven, de Russen hebben ongelijk...[1]

1. Het wanbestuur van de zogenaamde Oud-Turken had in 1875 tot een staatsbankroet geleid. In de door Turkije beheerste Zuidslavische landen braken telkens opstanden uit, die bloedig werden onderdrukt. Rusland wilde van de onrust in de Balkan profiteren.

Parijs, Hotel B., 5 december 1876

Ja, ik heb een groot verdriet. Het betreft mijn oudste zoon. Ik zie, hoe dit nobele Huis van Oranje, dat glorieuze geslacht, uitsterft en hoe die valse slechte vrouw, de groothertogin van Weimar[1], klaarstaat om de vruchten van de opvolging te plukken. Ik kan er niet over schrijven, maar het maakt mij zo dodelijk bedroefd. Mijn tweede zoon is een voortreffelijk mens, maar hij heeft geen charme voor vrouwen en hij voelt ook niets voor hèn. Misschien komt dat allemaal nog. Voorlopig is het niet het geval.

1. Groothertogin Sophie van Weimar was inderdaad gedurende korte tijd de vermoedelijke erfgenaam van de kroon, toen koningin Wilhelmina nog ongetrouwd was.

8 januari 1877

De geschiedenis die nu in Constantinopel wordt 'gemaakt', is bepaald niet briljant. Intriges en leugens, een stervende natie, die dapper vecht voor zijn bestaan, een regime zonder scrupules dat op zijn gemak oprukt, en de rest van Europa, die zonder gewetensbezwaar het spel meespeelt...[1]

1. Servië en Montenegro verklaarden Turkije de oorlog. De Europese mogendheden erkenden tegenover Rusland de onschendbaarheid van het Turkse Rijk, maar trachtten tegelijkertijd de Turkse regering te dwingen tot minder hardvochtig bestuur in de Balkan; voerden dus een dubbelzinnige politiek.

26 januari 1877

Ik geloof, dat de Russen gaan vechten. Een voorwendsel is gauw gevonden: een Serviër heeft een schram opgelopen, er is een koe gestolen, enzovoort. De Turken zullen zich goed verweren, maar ik geloof dat zij, in het algemeen gesproken, verloren zijn – al gaat de ontbinding van hun rijk misschien langzaam.

Parijs, 3 februari 1877

Ik heb niet het flauwste idee wat u bedoelt met 'afstand doen'. Wie moet afstand doen, de koning of zijn zoon? Geen van tweeën denkt er over om afstand te doen, de eerste niet van zijn *huidige*, de ander niet van zijn *toekomstige* rechten. Alstublieft, stuur mij uw exemplaar van de courant waar dat in staat, het interesseert mij erg. Al sinds vele maanden woont mijn oudste zoon in Parijs, hetgeen ik betreur, maar zijn gedachten zijn vol van de toekomst, en van wat hij zal doen wanneer het *zijn* beurt is. Wat de vader betreft, hij is zo'n door en door *slechte* vader, het kan hem nauwelijks schelen wat zijn zoon doet, en hij denkt *nooit* aan de dood. Zijn gezondheid is zo uitstekend, dat hij denkt dat hij het eeuwige leven heeft.

Ik hoor maar zelden iets van Lord Napier, omdat hij ongelukkig is – en dan schrijft hij niet. Hij woont in Schotland, heel arm, en verveelt zich, denk ik. Zijn actieve geest heeft meer ruimte nodig dan dat kleine landgoed, waar de administratie, het snoeien van zijn heesters, en het catalogiseren van zijn bibliotheek zijn voornaamste bezigheden zijn. Begin januari kreeg ik een brief van hem – daarna niets meer.

Parijs, 12 februari 1877
Mijn oudste zoon is niet uit het leger gegaan, hij heeft alleen ontslag genomen als inspecteur-generaal van de cavalerie, een functie die hij gedurende zestien jaar heeft vervuld. Hoewel ik het betreur en getracht heb het te voorkomen, zijn er toch vele gegronde redenen voor zijn besluit: binnen vier jaar hebben wij *zes* ministers van oorlog gehad. Sommigen daarvan waren zeer eigenaardige onberekenbare mensen. Mijn zoon kreeg er genoeg van, omdat hij zag dat hij toch geen invloed ten goede kon uitoefenen en er overal verkeerde dingen gebeurden. Hij deed dus afstand van dat erebaantje. Natuurlijk wordt hem dit van alle kanten verweten.

Niemand heeft veel belangstelling voor de Turken. Zij schijnen voorbestemd om ten onder te gaan, maar de valsheid van de Russen, hun voortdurende geïntrigeer, betekenen misschien een groter gevaar voor de rest van Europa.

3 maart 1877
Ik denk nu, dat er weer wat meer kans op vrede is. Als Servië en Montenegro vrede sluiten met Turkije, lijkt het uitgesloten dat Rusland een oorlog kan beginnen – zeker, nu het altijd heeft volgehouden dat het belangeloos optreedt.

Den Haag, 14 april 1877
Amsterdam was vol drukte en vrolijkheid in het licht van de vroege lente, vanwege een internationale tentoonstelling van planten en bloemen, die veel vreemdelingen en een stroom van nieuwe ideeën in de stad heeft gebracht. Maar ik ben te zwak en te uitgeput om het lang te kunnen uithouden; na drie dagen ben ik teruggekeerd naar mijn rustige huis.

Den Haag, 8 mei 1877
Al is het oorlogsgebeuren ver weg, het geeft me toch een gevoel van argwaan en bezorgdheid.[1] Na de Russische leiders is Gladstone de voornaamste schuldige. Zijn onwaarachtige filantropische denkbeelden, zijn haat jegens Disraeli, hebben hem een minderwaardige rol doen spelen. De Russen hoopten, dat de huidige Engelse regering zou vallen en dat zij dan wel alles gedaan zouden kunnen krijgen bij de opvolgers. Vol-

gens mij was het de plicht van Engeland geweest tegenover Rusland, tegenover de hele wereld, te verklaren dat het 'fair' was om Turkije tijd en gelegenheid te geven zijn nieuwe systeem te proberen.[2]

Zo mogelijk ga ik na Pinksteren naar Huis ten Bosch, maar ik zie erg op tegen het gedoe van verhuizen en inpakken – het is niet meer de moeite waard.

1. Op 24 april had Rusland aan Turkije de oorlog verklaard.
2. In december 1876 hadden de Turken een nieuwe grondwet uitgevaardigd. Theoretisch hield dit in dat er hervormingen zouden plaatsvinden, die maatregelen van de zijde der Europese mogendheden overbodig maakten.

Den Haag, 10 mei 1877

Mijn toestand berokkent me veel last. Soms ben ik zo benauwd, zo opgezwollen, dat ik niet van de ene kamer naar de andere kan lopen, en mijn schoenen en mijn japonnen mij niet meer passen – en dan gaat het ineens weer wat beter, zijn mijn voeten en mijn lichaam niet meer zo dik. Iedere dag neem ik digitalis in. Het leven is een last. Mijn lieve Alexander verpleegt mij, waakt over mij, beknort me wanneer ik de indruk maak mij onvoorzichtig te gedragen. Zijn aanwezigheid is mij een vreugde. Hij heeft beloofd met mij naar Huis ten Bosch te gaan, wanneer ik mij daar einde mei zal installeren.

Den Haag, 13 mei 1877

Ik geloof niet, dat de Russen erover denken in Europa op veroveringen uit te gaan; misschien wèl aan de grenzen van Azië. Zij willen hun suprematie weer terug. Het is ongelooflijk, dat Gladstone met zijn intelligentie zo blind (of zo achterbaks) is.

Maar de tijd is voorbij dat ik mij voor politiek interesseerde. De mensen voor wie ik voelde, zijn er niet meer. Ik vind het verachtelijk dat de huidige Franse regering haar ambassadeur naar Duitsland gestuurd heeft, om de keizer geluk te wensen[1], die op zo'n lage en laffe manier Metz van Frankrijk heeft afgenomen. In plaats van dankbaarheid te voelen, vinden de Pruisen de Fransen belachelijk, en kijken ze op hen neer.

Ik was, en ben nog steeds, helemaal niet goed, en ik weet niet of ik tegen het einde van de maand naar Huis ten Bosch zal kunnen gaan, zoals ik gehoopt had. Ik zal mijn leven voortslepen tot het einde.

Alstublieft, laat mij weten of u goede berichten hebt van uw zoon Edward, en of u zich nu wat beter voelt naar lichaam en geest.

Ever yours truly,
Sophie

1. Met diens zevenentachtigste verjaardag.

[Noot in Lady Malets handschrift bij de brief van 13 mei 1877:

Haar laatste brief! Ik was zo ziek, dat ik niet schrijven kon. Toen kreeg ik bericht, dat zij in levensgevaar verkeerde. Ik krabbelde een briefje aan haar: 'Dearest Madam. Al mijn gedachten zijn bij u. Uw ziekte breekt mijn hart. Mrs. Lecky[1] zal u dit voorlezen, een groet van de vriendin die zoveel jaren van u gehouden heeft, M.D. Malet.'

Dit telegram meldt, dat zij het ontving:

'Koningin ontving uw brief toestand minder verontrustend vandaag grote zwakte.'

Koningin Sophie stierf op 2 juni 1877 in Huis ten Bosch.]

---

1. Dit was de vroegere hofdame Elizabeth van Dedem, die in september 1867 in Sophies gevolg mee naar Engeland was gereisd. In januari 1871 meldde Sophie aan Lady Salisbury de verloving van freule Van Dedem met de Engelse historicus William Lecky: 'Ik geloof dat zij een goede keuze heeft gedaan, dat hij een voortreffelijk mens is, en bovendien buitengewoon begaafd (...) Voor mij betekent dit een zeer groot verlies, ik zal haar heel erg missen. Ons beider lieve vriend Clarendon was op haar gesteld.' Elizabeth van Dedem en Lecky trouwden in juni 1871 op Huis ten Bosch. Zij woonden daarna in Londen.

William Lecky (1838–1903) schreef onder andere *History of Rationalism, History of European Morals* en *History of England in The 18th Century.*

Slot
juni en juli 1877

Elizabeth Lecky-van Dedem en Lady Sherbourne
aan Lady Malet

Elizabeth Lecky-van Dedem aan Lady Malet

1 juni 1877

Ik heb twee telegrammen ontvangen uit Den Haag, één van 1 uur 40: 'Toestand onveranderd, met heldere ogenblikken. Ik was zo gelukkig haar even te mogen zien. Pauline[1].' En een ander van 5 uur 29: 'Toestand slechter ondanks korte verbetering, niemand bij haar toegelaten, kom indien je dat wenst, Pauline.' Ik wil morgen gaan, of zij nog leeft of overleden is, ik wil bij haar zijn. Ik heb nu zo veel te doen dat ik niet meer bij u kan komen, ik kan u ook niet laten weten wanneer ik nog thuis zal zijn, maar ik beloof u dat ik u zal schrijven uit Den Haag, waar ik zondag hoop te arriveren.

1. Pauline van Dedem, een zuster van Elizabeth, die als hofdame in dienst getreden was toen Elizabeth met de Engelse historicus Lecky trouwde.

Elizabeth Lecky-van Dedem aan Lady Malet

3/4 juni 1877

Eergisteren kreeg ik een telegram van mijn zuster: 'Het einde van dat voor ons zo kostbare leven kwam om twaalf uur!' Dit is een verschrikkelijke slag voor ons allemaal, en ook voor Nederland. Ik ben zaterdag niet vertrokken maar heb uw briefje per eerstvolgende post aan mijn zuster gestuurd, haar gezegd dat zij er naar omstandigheden mee moest handelen. Onze lieve koningin was zo zwak; ik ging niet weg omdat ik mij niet goed voelde en omdat mijn zuster getelegrafeerd had: 'Overkomst zinloos, niemand mag bij haar.' Iedereen die van haar hield wilde naar haar toe en dat was natuurlijk onmogelijk. Waarschijnlijk vertrek ik morgen naar Den Haag, vandaar zal ik u schrijven. Mijn oudste broer was vandaag hier, op weg naar het huwelijksfeest van Lord [   ][1] hij heeft mijn zuster Pauline gisteren gesproken, vlak nadat zij bij de koningin was geweest. De koningin was zich ten volle bewust van haar toestand.

1. Opengelaten in de tekst.

15 juni 1877

Mijn zuster gaf mij het hierbij ingesloten briefje, dat ik u terugzend – het kwam te laat. Zij heeft het zelf zo druk met brieven beantwoorden en moet nog steeds haar droeve plicht vervullen bij de kist; daarom heeft zij mij gevraagd u te schrijven. Mijn aankomst was onuitsprekelijk triest. Ik begaf mij rechtstreeks naar Huis ten Bosch en vroeg dadelijk of ik onze lieve koningin mocht zien. Men had haar op een divan gelegd, precies zoals zij het zelf gewenst had, gekleed in witte zijde en bedekt met een sluier van witte tule. Haar zachte blonde krullen waren op de gewone manier gekapt. Haar gezicht had iets jongs, maar was tegelijkertijd getekend door intens lijden, hartbrekend om te zien. Witte bloemen lagen over haar heen gestrooid. Het was haar wens geweest, dat diegenen die van haar hielden afscheid konden nemen, en dus bleef zij zo een paar dagen liggen. Haar lichaam was gebalsemd, na de lijkschouwing, waar zij óók om gevraagd had. Men heeft ontdekt, dat al haar organen gezond waren, behalve het hart, dat vele malen te groot was. Op het laatst kreeg zij last van waterzucht. Zij moet ontzettend geleden hebben door aanvallen van benauwdheid. Telkens dacht men dat zij stervende was. Zij wilde zo erg graag nog wat blijven leven, dat heeft zij zelf gezegd. Zij was nog maar net aangekomen in Huis ten Bosch, waar zij zoveel van hield. Diezelfde avond al voelde zij zich onwel. Aanvankelijk was er geen reden tot ongerustheid. Tot vrijdag had haar omgeving goede hoop op herstel, maar vrijdagmorgen vroeg, tussen vier en vijf uur, werd zij overvallen door een zo hevige benauwdheid, dat het einde nabij leek. Men liet prins Frederik halen en stuurde een telegram naar de koning op Het Loo. Zij kwam weer wat bij. De koning arriveerde om elf uur, en bleef enkele ogenblikken bij haar. Mijn zuster zag haar op die dag óók. Zij was heel zwak, maar wel bij bewustzijn, en allervriendelijkst en teder tegen iedereen. Tijdens haar laatste ziekte heeft zij verschillende malen over de dood gesproken, maar het is niet zeker of zij zich werkelijk realiseerde dat zij stervende was, daar de artsen dit niet tegen haar wilden zeggen. Het leek alsof zij opleefde toen de prins van Oranje donderdag kwam, zij kuste hem innig en keek met ontroerende genegenheid naar hem op. Prins Alexander lag in bed met een zeer zware verkoudheid, maar toen zij zo ziek werd in de nacht van donderdag op vrijdag, heeft men hem overgebracht naar Huis ten Bosch en daar is hij verder ook gebleven. Haar einde was vredig. Zij is rustig ingeslapen. U, die haar zo goed gekend, en zo veel van haar gehouden hebt, zult begrijpen hoe groot het verlies is voor dit land, waar zij al wat goed, nuttig en mooi is in bescherming nam, waar zij het middelpunt vormde van het maatschappelijke leven: de enige overgebleven echte vorstin, degene tot wie iedereen opzag, die vreemdelingen welkom heette en gastvrij ontving. Niemand hier kan in dat opzicht haar plaats innemen. Voor de mensen die het voorrecht hadden dagelijks met haar te mogen omgaan, is het verlies nog veel groter. Huis ten Bosch is in diepe rouw gedompeld. De kist staat in de grote Oranjezaal. Het weer blijft mooi, de tuin waar zij zoveel van hield is een en al bloeiende pracht. Het is allemaal zo treurig, wij kunnen aan niets anders denken, over niets anders spreken. Mijn zuster, die haar van harte was toegedaan, is erg onder de indruk. Het is een troost, dat wij nu bij elkaar zijn. De 30ste van deze maand wordt het hof van de koningin ontbonden, dan gaat mijn zuster voor enige tijd met ons mee naar Duitsland en Zwitserland.

Het spijt mij erg, dat ik niet meer bij u kon komen. Ik hoop, dat u weer aan de beterende hand bent, en dat ik u over niet te lange tijd eens mag opzoeken. Het zal altijd een troost zijn over de koningin te kunnen praten met iemand die haar zo goed gekend heeft, en die zo op haar gesteld was als u. Ik zou graag vernemen wat uw plannen voor de toekomst zijn. Ik weet niet wat prins Alexander moet beginnen zonder zijn liefhebbende moeder. Hij is kalm, maar diep getroffen, en hetzelfde geldt voor de prins van Oranje.

Lady Sherbourne[1] aan Lady Malet

juni 1877

Zojuist kom ik thuis van een soiree bij de heer Millais[2]. Ik zat daar enige tijd naast de hertog van Teck[3], en vroeg hem naar de begrafenis van koningin Sophie der Nederlanden. Hij zegt, dat het een ongelooflijk indrukwekkend schouwspel was. Tweederde van de bevolking van Leiden was uitgelopen, met nog andere grote massa's mensen van elders, de menigte was zo enorm, dat de stoet er drieënhalf uur over gedaan heeft om van Huis ten Bosch naar Delft te komen, waar zij begraven is. Hij zegt, dat het hele land om haar rouwt – nog nooit heeft hij een dergelijke collectieve uitbarsting van emotie meegemaakt.

1. Lady Sherbourne was een vriendin van Lady Malet.
2. Vermoedelijk de schilder John Evertt Millais, een der pre-Rafaëlieten.
3. De hertog van Teck, een prins uit het Württembergse huis, neef van Sophie, was getrouwd met prinses Mary van Cambridge.

Lady Sherbourne aan Lady Malet

24 juni 1877

Ik heb vandaag in Holland House[1] de heer Van Bylandt[2] gesproken. Hij beloofde mij dat hij u zeer binnenkort zal opzoeken, want er is heel veel betreffende onze arme lieve koningin waarover hij met u wil praten. Hij vertelde mij één ding, dat ik zeer ontroerend vond en dat u misschien nog niet gehoord hebt. Toen de koning op Huis ten Bosch arriveerde, ging de prins van Oranje hem tegemoet, niet tot de deur van het paleis, maar tot die van de de slaapkamer van de koningin. De prins stak zijn hand uit, de koning nam die in de zijne, en hand in hand liepen zij naar het bed van de koningin. Toen zij dat zag, straalde haar gezicht van vreugde en zij zei: 'Voilà mes deux Guillaumes enfin réunis'.

De heer van Bijlandt sprak over haar op een manier die u deugd zou hebben gedaan. Hij zei: 'C'était la perfection d'un caractère féminin.'

1. Holland House, de woning in Londen van Lord en Lady Russell.
2. Graaf van Bylandt, lijfarts van Sophie.

[Later heeft Lady Malet onder deze brief een iets andere lezing over het voorval genoteerd, die zij vernomen had van een kennis met relaties aan het hof in Den Haag: 'Toen de koning kwam, was de prins van Oranje bij de koningin. Hij ging de koning tegemoet tot aan de deur van haar kamer. De koning drukte zijn hand, en toen riep de koningin, met een liefdevolle blik in haar ogen, hen toe: 'Meine beiden Wilhelm!']

Elizabeth Lecky-van Dedem aan Lady Malet

[Uit St.Moritz] 23 juli 1877

Het heeft lange tijd geduurd vóór ik antwoorden kan op uw vriendelijke brief. Gedurende de dagen die ik nog in Holland heb doorgebracht, had ik zoveel te doen, en op reis is men na aankomst in een hotel onderweg vaak zo vermoeid, dat zelfs het schrijven van een brief verschrikkelijk veel inspanning vergt. Nu wij ons hier voor een poosje hebben geïnstalleerd (voor een week of vier, denk ik), wil ik het niet langer uitstellen.

Daar de koningin zich niet in staat voelde uw briefje zelf te beantwoorden, gaf zij dit aan haar secretaris met het verzoek u te bedanken, en dat heeft hij toen telegrafisch gedaan, aangezien hij het zo druk had met die onafgebroken stroom van blijken van belangstelling. Arme, lieve koningin! Wij spreken voortdurend over haar en er gaat geen dag voorbij dat wij niet door een of ander voorval aan haar herinnerd worden. Zij was zich zeer scherp bewust van de humoristische kant van de dingen, en ondanks haar zorgen had zij plezier in alles wat daar maar enige aanleiding toe gaf. Ik heb nooit iemand gekend bij wie dat zo sterk het geval was als bij haar. Ik geloof niet, dat er nog vorstinnen bestaan zoals zij er een is geweest. Zij keek dwars door alle conventies heen, zij waardeerde mensen op grond van hun persoonlijke verdiensten en daarin ging zij heel ver. Hebt u gelezen wat Renan over haar geschreven heeft in *La Revue des deux Mondes* van 15 juni jongstleden? Er heeft ook een goed artikel over haar gestaan in het Nederlandse tijdschrift *De Gids* en ik veronderstel dat er nog meer publicaties zullen volgen, maar het is nog haast te vroeg, en zeker te vroeg om in te gaan op de intieme details van haar leven. Bij de begrafenis bleek, hoe groot en algemeen de rouw om haar heengaan is. Duizenden mensen zijn naar Den Haag gekomen om de stoet te zien voorbijtrekken en de stilte en eerbied waren zeer indrukwekkend. U zult beter dan wie ook begrijpen, hoe triest het schouwspel was, toen de kist, onder bloemen bedolven, langzaam de trappen van de hoofdingang van Huis ten Bosch afgedragen en in de lijkwagen geplaatst werd... en toen die koets zich vervolgens met de hele stoet door het Bosch verwijderde bij het geluid van de rouwsalvo's en van sombere uitvaartmuziek. Het was een dag die ik nooit zal vergeten. De verlatenheid van het Huis, toen alles voorbij was, kan ik niet beschrijven.

Mijn zuster moest alle persoonlijke eigendommen van de koningin inpakken, zowel in Huis ten Bosch als in het paleis in de stad. Nu is zij hier bij ons in de versterkende berglucht die wij allen zeer nodig hebben. Mijn echtgenoot moet begin september terug zijn in Engeland in verband met zijn boek. Hij hoopt er voor het einde van het jaar twee delen van te kunnen publiceren (de koningin was er zo in geïnteresseerd. Helaas!) Ik ga misschien nog voor een dag of veertien met mijn zuster mee naar Holland.

Ik hoop dat de zomer u weer gezond maakt, lieve Lady Malet. Ik verheug mij erop u te zien en met u te spreken over vroeger.

Genealogische overzichten

Het Huis Bonaparte

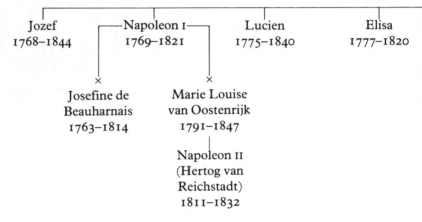

Carlo Bonaparte
1746–1785

Jozef
1768–1844

Napoleon I
1769–1821

Lucien
1775–1840

Elisa
1777–1820

×
Josefine de
Beauharnais
1763–1814

×
Marie Louise
van Oostenrijk
1791–1847

Napoleon II
(Hertog van
Reichstadt)
1811–1832

Maria Laetitia Ramolini
1750–1836

Louis	Pauline	Caroline	Jérôme
1778–1846	1780–1825	1782–1839	1784–1860
×			×
Hortense de			Catherine van
Beauharnais			Württemberg
1783–1837			1783–1835

Napoleon	Louis	Jérôme	Mathilde	Prins Napoleon
Louis	Napoleon,	1814–1847	1820–1904	1822–1891
1804–1831	Napoleon III			×
	1808–1873			Clothilde van
	×			Savoye
	Eugenie de			1843–1911
	Montijo			
	1826–1920			

Het Huis Oranje
in de 19e eeuw

Louise
1770–1819

Willem II
1792–1849
×
Anna Paulown
1795–1865

Willem III	Alexander	Hendrik	Ernst Casimir	Sophie
1817–1890	1818–1848	1820–1879	21.5–22.10.1822	1824–189
×		×		×
Sophie van		1. Amalia van		Karl Alexande
Württemberg		Saksen-Weimar		van
1818–1877		1830–1853		Saksen-Weima
		2. Maria van Pruisen		1818–1901
		1855–1888		

Willem	Maurits	Alexander
1840–1879	1843–1850	1851–1884

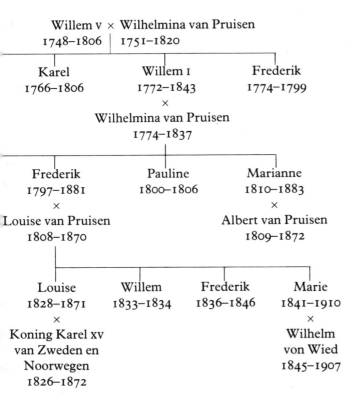

Willem V × Wilhelmina van Pruisen
1748–1806 | 1751–1820

Karel
1766–1806

Willem I
1772–1843
×
Wilhelmina van Pruisen
1774–1837

Frederik
1774–1799

Frederik
1797–1881
×
Louise van Pruisen
1808–1870

Pauline
1800–1806

Marianne
1810–1883
×
Albert van Pruisen
1809–1872

Louise
1828–1871
×
Koning Karel xv
van Zweden en
Noorwegen
1826–1872

Willem
1833–1834

Frederik
1836–1846

Marie
1841–1910
×
Wilhelm
von Wied
1845–1907

Het Huis Romanow

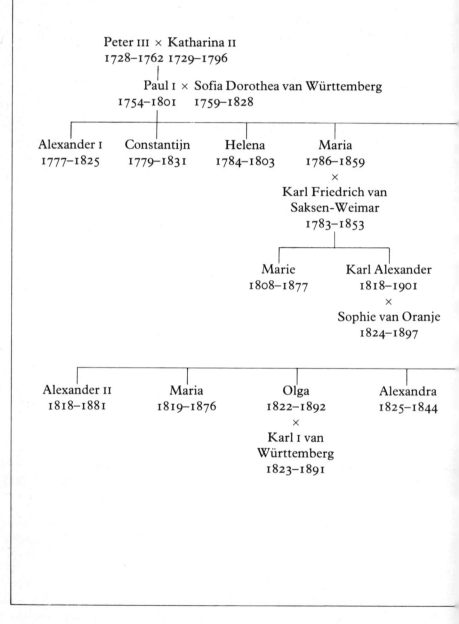

Peter III × Katharina II
1728–1762 1729–1796

Paul I × Sofia Dorothea van Württemberg
1754–1801   1759–1828

Alexander I   Constantijn   Helena   Maria
1777–1825   1779–1831   1784–1803   1786–1859
×
Karl Friedrich van
Saksen-Weimar
1783–1853

Marie   Karl Alexander
1808–1877   1818–1901
×
Sophie van Oranje
1824–1897

Alexander II   Maria   Olga   Alexandra
1818–1881   1819–1876   1822–1892   1825–1844
×
Karl I van
Württemberg
1823–1891

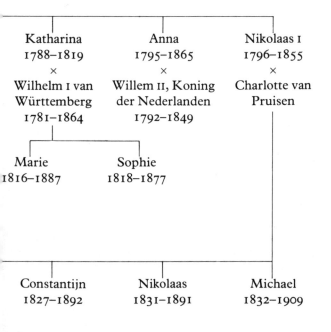

Katharina
1788–1819
×
Wilhelm I van
Württemberg
1781–1864

Anna
1795–1865
×
Willem II, Koning
der Nederlanden
1792–1849

Nikolaas I
1796–1855
×
Charlotte van
Pruisen

Marie
1816–1887

Sophie
1818–1877

Constantijn
1827–1892

Nikolaas
1831–1891

Michael
1832–1909

Het Huis Württemberg

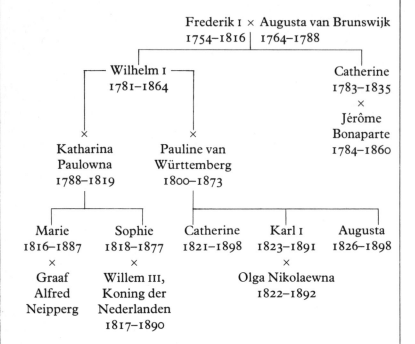

Frederik I × Augusta van Brunswijk
1754–1816 | 1764–1788

Wilhelm I
1781–1864

Catherine
1783–1835
×
Jérôme
Bonaparte
1784–1860

×
Katharina
Paulowna
1788–1819

×
Pauline van
Württemberg
1800–1873

Marie
1816–1887
×
Graaf
Alfred
Neipperg

Sophie
1818–1877
×
Willem III,
Koning der
Nederlanden
1817–1890

Catherine
1821–1898

Karl I
1823–1891
×
Olga Nikolaewna
1822–1892

Augusta
1826–1898